Entwicklung der Verkäufersicherungsrechte
an beweglichen Sachen in Frankreich

Europäische Hochschulschriften
Publications Universitaires Européennes
European University Studies

Reihe II
Rechtswissenschaft

Série II Series II
Droit
Law

Bd./Vol. 3145

PETER LANG
Frankfurt am Main · Berlin · Bern · Bruxelles · New York · Oxford · Wien

Verena Haase

Entwicklung der Verkäufersicherungsrechte an beweglichen Sachen in Frankreich

PETER LANG
Europäischer Verlag der Wissenschaften

Die Deutsche Bibliothek - CIP-Einheitsaufnahme

Haase, Verena:

Entwicklung der Verkäufersicherungsrechte an beweglichen Sachen in Frankreich / Verena Haase. - Frankfurt am Main ; Berlin ; Bern ; Bruxelles ; New York ; Oxford ; Wien : Lang, 2001
(Europäische Hochschulschriften : Reihe 2, Rechtswissenschaft ; Bd. 3145)
Zugl.: Münster (Westfalen), Univ., Diss., 1999
ISBN 3-631-37939-0

D 6
ISSN 0531-7312
ISBN 3-631-37939-0

www.peterlang.de

Inhaltsverzeichnis

2. KAPITEL: ENTWICKLUNG DES VERKÄUFERSCHUTZES IM 19. JAHRHUNDERT IM RAHMEN VON RECHTSPRECHUNG UND KAUTELARPRAXIS

3. KAPITEL: REAKTION DES FRANZÖSISCHEN GESETZGEBERS IM 19. JAHRHUNDERT AUF DIE NEUEN GEGEBENHEITEN

3. KAPITEL: REFORMBESTREBUNGEN ZUR EINFÜHRUNG EINES DEUTSCHEN EIGENTUMSVORBEHALTS SEIT 1976

4. KAPITEL: ENTWICKLUNG DER VERKÄUFERSICHERUNGSRECHTE SEIT 1980

Literaturverzeichnis

Die Arbeit übernimmt für die französischsprachige Literatur die landesübliche Zitierweise.

Acher, J.: Un cas douteux de vente à tempérament; La réserve de propriété au vendeur de meubles dans les ventes par mensualités,
Annales de droit commercial, 1904, p. 249 ss.

Acquaviva, Jean/ Bacrot, Cyrille: La clause de réserve de propriété en droit des affaires,
Gazette du Palais, 1980, p. 526 ss.

Altorfer, Peter: Die Mobiliarhypothek - Ein Beitrag zur Reform des Fahrnispfandrechts,
Dissertation, Zürich 1981.

Amtenbrink, Fabian/ Schneider, Claudia: Die europaweite Vereinheitlichung von Verbrauchsgüterkauf und -garantien,
Verbraucher und Recht 1996, S. 367 ff.

Appleton, C.: Note sous C.A. Lyon, 10. août 1888,
Recueil Sirey 1890, 2, p. 113 ss.

Arnaud, André-Jean: Les origines doctrinales du Code civil français,
Paris 1969.

Arnold, Hans: Das französische Gesetz über den Eigentumsvorbehalt,
Betriebsberater 1981, S. 268 ff.

Arnold, Hans: Ist die Gegenseitigkeit bei der Anerkennung und Vollstreckung von Urteilen gegenüber Frankreich verbürgt?,
Außenwirtschaftsdienst des Betriebsberaters 1967, S. 131 ff.

Arnswaldt, Hans-Dietrich von: Der handelbare Orderlagerschein unter besonderer Berücksichtigung des ausländischen Lagerschein- und Lagerhausrechts,
Berlin 1930.

Aubry, Charles/ Rau, Charles-Frédéric: Cours de droit civil français d'après la méthode de Zachariae, tome V,
6. éd., Paris 1947, par Paul Esmein.

Bachelot-Villeneuve, Maurice: Du Nantissement du fonds de commerce, Thèse, Nantes 1903.

Bader, Karl Siegfried (Hrsg.): Baden im 19. und 20. Jahrhundert, Karlsruhe 1953.

Baeumer, Albrecht: Der Eigentumsübergang im französischen Recht unter besonderer Berücksichtigung der Ausnahmen vom Vertragsprinzip, Dissertation, Köln 1954.

Bar, Christian von: Gemeineuropäisches Deliktsrecht, Bd. I, München 1996.

Bar, Christian von: Gemeineuropäisches Deliktsrecht - Ein Forschungsprojekt an der Universität Osnabrück, in: Hans-Werner Rengeling (Hrsg.): Europäisierung des Rechts. Ringvorlesung anlässlich des zehnjährigen Bestehens des Instituts für Europarecht der Universität Osnabrück, Köln et al. 1996, S. 167 ff.

Bar, Christian von: Vereinheitlichung und Angleichung von Deliktsrecht in der Europäischen Union, Zeitschrift für Rechtsvergleichung, Internationales Privatrecht und Europarecht 35 (1994), S. 221 ff.

Barazetti, Caesar: Einführung in das Französische Civilrecht und das Badische Landrecht, Frankfurt a. M. 1889.

Batard, Maurice: Du nantissement des fonds de commerce, Thèse, Nantes 1910.

Baudry-Lacantinerie, G.: Traité théorique et pratique de droit civil: De la vente et de l'échange, Paris 1990, par Baudry-Lacantinerie, G. et Saignat, Leo; Des obligations, tome 1, 1. éd. 1897, tome 2, 3. éd. 1907, par Baudry-Lacantinerie, G. et Barde, L.; Du contract du louage, tome 1, 2. éd. 1900, par Baudry-Lacantinerie, G. et Wahl, A.

Baur, Jürgen F./ Stürner, Rolf: Sachenrecht, 17. Auflage, München 1999.

Beaumanoir, Philippe de: Coutumes de Beauvaisis, tome 1, éd. Salomon, Paris 1899.

Becker, Hans-Jürgen: Das Rheinische Recht und seine Bedeutung für die Rechtsentwicklung in Deutschland im 19. Jahrhundert, Juristische Schulung 1985, S. 338 ff.

Behagel, Wilhelm: Das Badische bürgerliche Recht und der Code Napoléon, Bd. 2, Tauberbischofsheim 1892.

Bellenger, A. J.: La clause de réserve de proprieté, apropos d'un postglossateur, Revue de jurisprudence commerciale, 1981, p. 325 ss.

Benezra, Philippe: Les innovations apportées par la loi du 10. juin 1994 au régime de l'action en revendication, Gazette du Palais, 1994, n° 320, 321, p. 9 ss.

Berger, Wolfgang: Eigentumsvorbehalt und Anwartschaftsrecht - Besitzloses Pfandrecht und Eigentum, Frankfurt a.M. et al., 1984.

Berman, Harold J./ Reid, Charles J.: Römisches Recht in Europa und das ius commune, Zeitschrift für Europäisches Privatrecht 1995, S. 3 ff.

Bernays, Jacques: La défaillance de l'acheteur et la préservation des droits du vendeur dans les ventes à crédit, Revue critique de législation et de jurisprudence, 1934, p. 618 ss.

Bernstorff, Christoph Graf v.: Der Eigentumsvorbehalt in den EG-Staaten, Recht der Internationalen Wirtschaft 1993, S. 365 ff.

Blomeyer, Arwed: Studien zur Bedingungslehre, Berlin 1939.

Blumenthal, Jacques: Les droits du vendeur non payé en cas de faillite de liquidation judiciaire de l'acheteur, Thèse, Paris 1890.

Böckenhoff, Johannes: Der Eigentumsvorbehalt im französischen Unternehmenssanierungsgesetz, Dissertation, Bielefeld 1994

Böckenhoff, Johannes: Der Begriff der Vorbehaltsware "en nature" im französischen Insolvenzrecht, Recht der Internationalen Wirtschaft 1994, S. 465 ff.

Böckenhoff, Johannes: Reform des französischen Insolvenzrechts, Recht der Internationalen Wirtschaft 1994, S. 1053 ff.

Bodenstein, Friedel/ Eberth, Rolf/ Jahn, Uwe: Kreditsicherung im Geschäftsverkehr mit dem Ausland, Bd. 1: Frankreich, Köln 1977.

Boehmer, Gustav: Der Einfluss des Code civil auf die Rechtsentwicklung in Deutschland, Archiv für civilistische Praxis 151 (1950), S. 289 ff.

Boehmer, Henning von: Der Eigentumsvorbehalt und sonstige Warenkreditsicherungsmittel bei Lieferungen nach Frankreich, Dissertation, Bonn 1970.

Boehmer, Henning von (Hrsg.): Deutsche Unternehmen in Frankreich, Stuttgart 1991.

Bornemann, Wilhelm: Systematische Darstellung des preußischen Zivilrechts mit Benutzung der Materialien des allgem. Landrechts, Bd. 3, 2. Auflage, Berlin 1843.

Boucher, Jean: Vente à tempérament des meubles corporels au point de vue économique, Thèse, Paris 1906.

Bouloc, Bernard: Les problèmes juridiques et financières posés par la vente à crédit, Revue international de droit comparé, 1973, p. 617 ss.

Brauer, J. N. Fr.: Erläuterungen über den Code Napoléon und die Großherzoglich Badische bürgerliche Gesetzgebung, Bd. 3: Von den erwerbenden Rechtsgeschäften, Karlsruhe 1810.

Braun, Theo: Das Vertragssystem des Code civil beim Eigentumsvorbehalt an Mobilien, Dissertation, Köln 1937.

Brauneder, Wilhelm: Europäisches Privatrecht - aber was ist es? Zeitschrift für neuere Rechtsgeschichte 1993, S. 225 ff.

Bravard-Veyrières: Traité de droit commercial, tome V, 2. éd., Paris 1891, par Demangeat, Ch.

Breban: Note sous C. A. de Versaille, 30. juin 1994, Gazette du Palais, 1995, n° 15-17, p. 25 ss.

Breitenstein, Detlev von: Der Eigentumsvorbehalt im französischen Recht, Recht der internationalen Wirtschaft 1980, S. 682 ff.

Brissaud, Jean: Manuel d'histoire du droit privé, Paris 1935.

Brocca, Antoine: Manuel de la clause de réserve de propriété, Lyon 1982.

Brödermann, Eckart J.: Der Eigentumsvorbehalt in Frankreich und Deutschland, Zeitschrift für Vergleichende Rechtswissenschaft 1984, S. 178 ff.

Brünneck, A. W. M. v.: Über den sogenannten Möbelleih-Vertrag, Gruchots Beiträge zum preußischen Recht, 10 (1866), S. 344 ff.

Bueler: Observations présentées au colloque sur les garanties de ventes à crédit dans le droit allemand, Revue du marché commun, 1962, n° 49, p. 298 ss.

Burada, Alexandre: Droits du vendeur d'effets mobiliers non payé, Thèse, Paris 1912.

Bürge, Alfons: Das französische Privatrecht im 19. Jahrhundert, 2. Auflage, Frankfurt a.M. 1995.

Bürge, Alfons: Der Einfluss der Pandektenwissenschaft auf das französische Privatrecht im 19. Jahrhundert: Vom Vermögen zum patrimoine, in: Reiner Schulze (Hrsg.): Europäische Rechts- und Verfassungsgeschichte, Berlin 1991, S. 221 ff.

Bürge, Alfons: Geld- und Naturalwirtschaft im vorklassischen und klassischen Römischen Recht, Zeitschrift der Savigny-Stiftung für Rechtsgeschichte, Romanistische Abteilung 99 (1982), S. 143 ff.

C.N.R.S.: Rapport en éxecution de la convention de Recherche n° 74.50004 passée entre le Ministère de la Justice et le Service de Recherches Jurdiques Comparatives (C.N.R.S.) sur l'étude comparative des effets de la clause de reserve de propriété; Rapport préliminaire nov. 1975, Rapport mars 1976.

Cabrillac, Michel: La protection du créancier dans les sûretés mobilières conventionelles sans dépossession, Paris 1954.

Cabrillac, Michel: Les accessoires da la créance, Mélanges A. Weill, Paris 1983, p. 109 ss.

Cabrillac, Michel: Les créanciers munis de sûretés dans les procédures de faillite en droit français, Rabels Zeitschrift für das ausländische und internationale Privatrecht 44 (1980), S. 737 ff.

Cabrillac, Michel/ Mouly, Christian: Droit des sûretés, Paris 1993.

Cabrillac, Michel/ Pétel, Philippe: Juin 1994, le printemps des sûretés réelles?, Les Petites Affiches,1994, numéro spécial: La réforme du droit des entreprises en difficulté, p. 59 ss.

Calendini, Jean-Michel: La situation des créanciers titulaires de sûretés réelles spéciales après la loi du 10 juin 1994, Revue des procédures collectives, 1994, n° 4, p. 495 ss.

Campana, Marie-Jeanne: Les créanciers antérieurs à la procédure après la réforme du 10. juin 1994, Revue des procédures collectives, 1994, n° 4, p. 489 ss.

Campana, Marie-Jeanne/ Legais, Dominique: Le nouvel article 40 de la loi du 25 janvier 1985, Les Petites Affiches, 1994, n° 110, p. 49 ss.

Candé, Patrice de: L'évolution de la jurisprudence en matière de clause de réserve de propriété,
Les Petites Affiches, 1993, p. 133 ss.

Carpentier, A./ Frèrejouan de Saint, G.: Répertoire général alphabétique du droit francais, tome 36, Paris 1905.

Cas, Gérard/ Bout, Roger/ Ferrier, Didier: Lamy commercial: Concurrence, Distribution, Consommation,
Paris 1986.

Chaput, Yves: La clause de réserve de propriété (commentaire de la loi n° 80-335, du 12. mai 1980),
La Semaine Juridique, 1981, Doctrine, n° 3017.

Chartier, Yves: Rapport de Synthèse,
Revue de jurisprudence commerciale, 1982, numéro spécial: L'évolution du droit des sûretés, p. 150 ss.

Chauveau, Ismael: De la vente à tempérament d'objets mobiliers ses analogies avec la vente et avec le louage,
Thèse, Paris 1909.

Clement, Jean-François: La propriété en tant qu'instrument de crédit, tome II,
Thèse, Grenoble 1994.

Cohen, Arthur: Die geschichtliche Entwicklung des Eigentumsvorbehaltes,
Grünhuts Zeitschrift für das private und öffentliche Recht, Bd. 21 (1894), S. 689 ff.

Coing, Helmut: Europäisches Privatrecht,
Bd. I: Älteres Gemeines Recht, 1500 bis 1800,
München 1985.

Coing, Helmut: Europäisierung der Rechtswissenschaft,
Neue Juristische Wochenschrift 1990, S. 937 ff.

Colin, Ambroise/ Capitant, Henri: Cours élementaire de droit civil francais, tome II,
10. éd., Paris 1953.

Colmet de Santerre, E.: Cours analytique de Code civil, tome VII,
Paris 1887.

Coppens, Pierre: Apercu de l'avant-projet de convention européenne sur la faillite, dans: Idées nouvelles dans le droit de la faillite, Traveaux de la quatrième Journée d'études juridiques Jean Dabin, Brüssel 1969, p. 171 ss.

Coppens, Pierre: Le problème des clauses de réserve de propriété dans l'avant-projet de convention européenne sur la faillite, dans: Idées nouvelles dans le droit de la faillite, Traveaux de la quatrième Journée d'études juridiques Jean Dabin, Brüssel 1969, p. 235 ss.

Cornu, Gérard: La loi du 18. janvier 1951 relative au nantissement de l'outillage et du matèriel d'équipement, dans: Hamel, Joseph: Le gage commercial, Paris 1953, p. 443 ss.

Cornudet: Exposé des motifs,
Lois annotées 1863, p. 27.

Corville: Vente et louage de choses,
Thèse, Lille 1926.

Cotelle: Note sous Cass. civ. 21. 7. 1897,
Recueil Dalloz Périodique, 1898, 1, p. 271 ss.

Courtier, Jean-Loup: L'action en revendication de l'article 121, Loi du 25. janvier 1985, en cas de clause de réserve de propriété,
Les Petites Affiches, 1995, n° 84, p. 15 ss.

Cretschmar, Cornelius: Das rheinische Zivilrecht in seiner heutigen Geltung,
4. Auflage, Düsseldorf 1896.

Crocq, Pierre: La clause de réserve de propriété et le nouvel article 153-4 de la loi du 25. janvier 1985,
Les Petites Affiches, 1994, n° 110, p. 81 ss.

Crocq, Pierre: Propriété et Garantie, Tome II,
Thèse, Paris 1992.

Crome, Carl: Allgemeiner Teil der modernen französischen Privatrechtswissenschaft,
Mannheim 1892.

Crome, Carl: Die Grundlehren des französischen Obligationsrechts,
Mannheim 1894.

Crome, Carl: Intensive und extensive Bedeutung des französischen Privatrechts,
Rheinische Zeitschrift für Zivil- und Prozeßrecht 1 (1908/09), S. 6 ff.

Dédé, André-Charles: Des problèmes juridiques que pose la clause de réserve de propriété,
Revue critique de législation et de jurisprudence, 1937, p. 340 ss.

Delebecque, Philippe: L'attribution du bien l'originalité du gage commercial,
Revue de jurisprudence commercial, 1994, n° 11, p. 126 ss.

Démolombe, Charles: Traité des contrats et des obligations conventionelles, tome 1, 2. éd., Paris 1870.

Demoures, Yves: La vente avec réserve de propriété et la loi du 12. mai 1980,
Revue trimestrielle de droit commercial et de droit économique, 1982, p. 33 ss.

Depser, Ingrid: Der neue französische Eigentumsvorbehalt,
Recht der internationalen Wirtschaft 1984, S. 176 ff.

Depser, Ingrid: Eigentumsvorbehalt und Sicherungsübereignung im deutschen und französischen Recht unter besonderer Berücksichtigung konkursrechtlicher Aspekte,
Dissertation, Mainz 1983.

Dernburg, Heinrich: Lehrbuch des Preußischen Privatrechts und der Privatrechtsnormen des Reichs,
Bd. 1: Die allgemeinen Lehren und das Sachenrecht des Privatrechts Preußens und des Reichs,
5. Auflage, Halle/Saale 1894.

Derrida, Ferand: La clause de réserve de propriété et le droit de la faillite, dans: La clause de réserve de propriété, sous la direction de W. Garcin et J. Thieffry, Paris 1980, p. 81 ss.

Derrida, Ferand: La clause de réserve de propriété et le droit des procédures collectives,
Recueil Dalloz Sirey, 1980, Chronique, p. 293 ss.

Derrida, Ferand/ Godé, Pierre/ Sortais, Jean-Pierre: Redressement et liquidation judiciaires des entreprises, Paris 1991.

Derrida, Ferand/ Sortais, Jean-Pierre: La réforme du droit des entreprise en difficulté, Recueil Dalloz Sirey, 1994, n° 34, p. 268 ss.

Despierres, Charles-J.-Léon: Des droits du vendeur en cas de faillite de l'acheteur, Thèse, Paris 1881.

Desticker, Maurice: Des droits du vendeur de marchandises non payé, Thèse, Paris 1891.

Destors, Maurice: Etude de la vente à tempérament, Thèse, Paris 1909.

Diedrich, Frank: Chancen und Ziele von Einheitsrecht für den internationalen Handelsverkehr, Bericht über den UNICITRAL-Kongreß "Einheitliches Handelsrecht im 21. Jahrhundert", Praxis des Internationalen Privatrechts 1992, S. 408 ff.

Dölemeyer, Barbara: Einflüsse von ALR, Code civil und ABGB auf Kodifikationsdiskussionen und -projekte in Deutschland, in: Helmut Coing (Hrsg.), Ius commune - Veröffentlichung des Max-Planck-Instituts für Europäische Rechtsgeschichte, Bd. VII, Frankfurt a. M. 1978, S. 179 ff.

Dreyer, Heinrich: Nebengedinge beim Kaufvertrag, Annalen der Großherzoglichen Badischen Gerichte, Bd. 37, 1871, S. 134 ff.

Drobnig, Ulrich: Empfehlen sich gesetzliche Maßnahmen zur Reform der Mobiliarsicherheiten? in: Verhandlungen des 51. DJT, Stuttgart 1976, Bd. 1, Gutachten F.

Drobnig, Ulrich: Der Eigentumsvorbehalt, Masseansprüche und Vorrechte, sowie Sicherungsrechte an Transportmitteln im revidierten Entwurf eines EG-Konkursübereinkommens von 1984, in: Vorschläge und Gutachten zum Entwurf eines EG-Konkursübereinkommens, vorgelegt von Gerhard Kegel, Tübingen 1988, S. 497 ff.

Drobnig, Ulrich/ Kronke, Herbert: Die Anerkennung ausländischer Mobiliarsicherungsrechte nach deutschem internationalen Privatrecht, in: Max-Planck-Institut für ausländisches und internationales Privatrecht Hamburg (Hrsg.): Deutsche zivil-, kollisions- und wirtschaftsrechtliche Beiträge zum X. Internationalen Kongress für Rechtsvergleichung in Budapest, Tübingen 1978, S. 91 ff.

Drukarczyk, Jochen/ Duttle, Josef/ Rieger, Reinhard: Mobiliarsicherheiten: Arten, Verbreitung, Wirksamkeit, Köln 1985.

Ducouloux-Favard,Claude/ Kopp, Sylvia/ Pernazza, Ferderico: La clause de réserve de propriété dans le system de droit allemand, français et italien, Les Petites Affiches, 1994, n° 110, p. 99 ss.

Duncker: Das pactum reservati dominii, Neues Rheinisches Museum für Jurisprudenz, 5 (1833), S. 160 ff.

Duquesne, J.: Le Code civil Allemand dans la terre d'empire du 1er janvier 1900 au 11. novembre 1918, L'introduction du droit civil français en Alsace et Lorraine, Etudes d'histoire de droit par un groupe de magistrats, d'avocats et de proffesseurs, Paris/Straßbourg 1925.

Durand, Bernard: L'évolution historique de la règle, La Semaine Juridique, Supplément 5: Faut-il retarder le transfert de la propriété?, 1995, n° 46, p. 2 ss.

Duraton, A.: Cours de droit français, tome XIX, Paris 1835.

Ebenroth, Carsten Thomas: Herausforderung für das internationale Wirtschaftsrecht, Recht der Internationalen Wirtschaft 1994, S. 1 ff.

Eckert, Jörn/ Nebel, Andreas: Abwehrklausel in Einkaufsbedingungen, verlängerter Eigentumsvorbehalt und Globalzession, Zeitschrift für Wirtschafts- und Bankrecht, Wertpapier-Mitteilungen 1988, S. 1545 ff.

Ehrig, Malte: Das Faustpfandprinzip und die dinglichen Sicherheiten an beweglichen Sachen im französischen Recht, Dissertation, Frankfurt a. M. 1969.

Esmein, A.: Cour élémentaire d'histoire du droit français, 15. éd., Paris 1925.

Esmein, Paul: Note sous Cass civ. 28. mars 1934 et 22. oct. 1934, Recueil Sirey, 1935, I, p. 337 ss.

Ewald, François/ Bellivier, Florence: Naissance du Code civil, Chevilly-Larue 1989.

Falletti, François: La vente à crédit des biens de consommation, Paris 1994.

Fangain, P.: Réserve de propriété, Illusion sur ses effets économiques, Gazette du Palais, 1980, n° 3, p. 260 ss.

Fargeaud, Philippe: Le gage sans dépossession comme instrument de crédit et le marché commun, Paris 1963.

Féblot, Jean/ Mezger, Ernst: Eigentumsvorbehalt und Rücktrittsklausel bei Lieferungen nach Frankreich, Rabels Zeitschrift für ausländisches und internationales Privatrecht 20 (1955), S. 662 ff.

Feder, Edgard: Les aspects juridiques de la vente a tempérament des meubles corporels, Thèse, Paris 1934.

Federer, Julius: Beiträge zur Geschichte des Badischen Landrechts, in: Karl Siegfried Bader (Hrsg.): Baden im 19. und 20. Jahrhundert, Karlsruhe 1953.

Fenet, Pierre Antoine: Recueil complet des traveaux préparatoires du Code civil, Paris 1827.

Fehrenbach, Elisabeth: Traditionelle Gesellschaft und revolutionäres Recht: die Einführung des Code Napoléon in den Rheinbundstaaten, 3. Auflage, Göttingen 1983.

Ferid, Murad/ Sonnenberger, Hans J.: Das Französische Zivilrecht, Bd. 1, 1. Teil: Allgemeine Lehren des französischen Zivilrechts, 2. Auflage, Heidelberg 1994; Bd. 2: Schuldrecht: Die einzelnen Schuldverhältnisse und Sachenrecht, 2. Auflage, Heidelberg 1986; Bd. 4, 1. Teil: Ergänzungen, 2. Auflage, Heidelberg 1993.

Foyer, Jean: Le principe du gage sans dépossession, La loi de 1863 et ses précédents, dans: Hamel, Joseph: Le gage commercial - Etudes de droit commerciale, Paris 1953, p.15 ss.

Franken, Oskar: Die grundlegenden Entscheidungen des deutschen Reichsgerichts auf dem Gebiet des rheinischen Rechts, Berlin 1893.

Friedel, Georges: Déplacement volontaire du moment du transfert de la propriété, dans: Hamel, Joseph: La vente commerciale de marchandises, Paris 1951, p. 117 ss.

Friedel, Georges: Les stipulations tendant a déplacer le moment du transfert de la propriété, Revue du marché commun, 1962, n° 49, p. 274 ss.

Fuld: Eigentumsvorbehalt bei Verkäufen, Zeitschrift für französisches Civilrecht (PucheltsZ), Bd. 17 (1887), S. 130 ff.

Ganshof, Louis F.: L'élaboration d'un droit européen de la faillite dans le cadre de la CEE, Cahiers de droit européen, 1971, n° 1, p. 175 ss.

Ganshof, Louis F.: Le projet de convention CEE relative à la faillite, Cahiers de droit européen, 1983, n° 1, p. 163 ss.

Garcin, William: Editorial, Droits et Affaires, numéro spécial, La Loi du 12. Mai 1980 sur les effets de la clause de réserve de propriété dans les contrats de ventes, 1980, n° 380, p. 1 ss.

Garcin, William: La clause de réserve de propriété, serait-elle d'ores et déja doteé d'une plein efficacité en France?, Droit et Affaires, 1980, n° 376, p. 63 ss.

Garcin, William: La loi du 12. mai 1980 relative aux effets des clauses de réserve de propriété dans les contrats, dans: La clause de réserve de propriété, sous la direction de W. Garcin et J. Thieffry, Paris 1980, p. 17 ss.

Garcin, William: La réserve de propriété à la lumière des statistiques françaises et allemandes,
Droit et Affaires, 1976, n° 363, p. 1 ss.

Garcin, William: La réserve de propriété et ses sources économiques,
Droit et Affaires, 1976, n° 323/324, p. 1 ss.

Garcin, William/ Querenet, Jacques: Les législations de la vente dans les pays du Marché commun et leurs conséquences économiques,
Gazette du Palais, 1963, n° 7-8, p. 60 ss.

Garcin, William/ Thieffry, Jean: La clause de réserve de propriété serait-elle deja pleinement valable en France ou le sera-t-elle bientôt ?,
Gazette du Palais 1980, n° 2, p. 193 ss.

Gaudemet, Eug.: Les idées et le rôle de la commission de Straßbourg, L'introduction du droit civil fançais en Alsace et en Lorraine, Etudes d'histoire de droit par un groupe de magistrats, d'avocats et de proffesseurs, p. 74 ss.

Gavalda, Christian: Les aspects bancaires de la clause de réserve de propriété, dans: La clause de réserve de propriété, sous la direction de Garcin, W./Thieffry, Jean, Paris 1980, p. 163 ss.

Gérard, Y.: La pratique commerciale du gage sans dépossession,
Revue de jurisprudence commerciale, numéro spécial: Le gage commercial, 1994, n° 11, p. 54 ss.

Gérardin, E.: De la vente à tempérament et de l'abus de confiance, Thèse, Rennes 1912.

Gerth, Axel: Rechtsfragen der Abtretung gesicherter Forderungen nach französischem Recht,
Zeitschrift für Wirtschafts- und Bankrecht, Wertpapier-Mitteilungen 1984, S. 793 ff.

Ghestin, Jacques: La clause de réserve de propriété et le Droit Civil, dans: La clause de réserve de propriété, sous la direction de W. Garcin et J. Thieffry, Paris 1980, p. 35 ss.

Ghestin, Jacques: Reflexion d'un civilist sur la clause de réserve de propriété,
Recueil Dalloz Sirey, 1981, Chron., p. 1 ss.

Ghestin, Jacques/ Jamin, Christophe: Etude sur l'opportunité d'éventuelles modifications à apporter à la loi du 12. mai 1980,
Paris 1989.

Ghozi, Anne: La clause de réserve de propriété en droit anglais, belge et français,
Thèse, Paris 1987.

Gindre, Thérèse: La vente à crédit des véhicules automobiles,
Thèse, Lyon 1958.

Giovanoli, Mario: Le crédit-bail (Leasing) en Europe: Développement et nature juridique, Etude comparative avec référence particulière aux droits français, allemand, belge, italien et suisse,
Paris 1980.

Glück, Christian Friedrich: Ausführliche Erläuterungen der Pandekten nach Hellfeld, ein Commentar, Bd. 16,
Erlangen 1814.

Goldschmidt, Otto: Warenrecht und Landwirtschaft in Frankreich,
Archiv für bürgerliches Recht, Bd. 30 (1907), S. 315 ff.

Goode, Roy M.: A Credit Law for Europe?, The International and Comparative Law Quarterly, 23 (1974), pp. 290.

Granger, Roger: Le warrant des magasins généraux, dans: Hamel, Joseph: Le gage commercial, Paris 1953, p. 157 ss.

Grasmann, Günther: Einführung in die großen Rechtssysteme der Gegenwart; auf Grundlage des Werkes "Les grands systèmes des droit contemporains" von René David,
2. Auflage, München 1988.

Gravenbrucher Kreis: Große Insolvenzrechtsreform gescheitert, Zeitschrift für Wirtschaftsrecht (ZIP) 1990, S. 476.

Gravenhorst, Wulf: Mobiliarsicherheiten für Darlehens- und Warenkredite in den sechs Ländern der europäischen Gemeinschaften, Frankfurt a.M. 1972.

Groeben, Hans von der/ Thiesing, Jochen/ Ehlermann, Claus-Dieter (Hrsg.): Kommentar zum EU-/EG – Vertrag 5. Auflage, Baden-Baden 1997.

Gross, Norbert J.: Der Code Civil in Baden: eine deutsch-französische Rechtsbegegnung und ihr Erbe, Baden-Baden 1993.

Guillenschmidt, Jacqueline de: La fiducie, Pour quoi faire?, Présentation de l'avant projet de loi relatif à la fiducie, Revue de droit bancaire et de la Bourse, 1990, n° 12, p. 105.

Guillouard, L.: Traités de la vente et de l'échange, tome I, Traité du louage, tome II, 3. éd., Paris 1902.

Guyon, Y.: Note sous Metz 29. oct. 1980, Recueil Dalloz 1981, p. 138.

Haber, André-Francois: La vente à tempérament, la location vente, Thèse, Paris 1931.

Hachenburg, Max: Das Badische Landrecht unter Berücksichtigung des Rheinischen Rechts, Mannheim 1887; Ergänzungsband, Mannheim 1896.

Hadding, Walther/ Schneider, Uwe (Hrsg.): Recht der Kreditsicherheiten in europäischen Ländern, Teil 2: Frankreich, Berlin 1978.

Hänsemeyer, Ludwig: Vorbehaltskauf und Finanzierungsleasing im geltenden und künftigen Insolvenzrecht, in: Ulrich Huber / Erik Jayme (Hrsg.): Festschrift für Rolf Serick zum 70. Geburtstag, Heidelberg/Bonn 1992, S. 153 ff.

Hamel, Joseph (Hrsg.): La vente commerciale de marchandises, Paris 1951.

Hamel, Joseph (Hrsg.):	Le gage commercial, Paris 1953.
Hamel, Joseph/ Lagarde, Gaston/ Jauffret, Alfred:	Traité de droit commercial, tome II, Paris 1966.
Hardoin, Pierre:	La vente à tempérament, Thèse, Paris 1900.
Hattenhauer, Hans:	Europäische Rechtsgeschichte, 3. Auflage, Heidelberg 1999.
Hausmann, Wilhelm:	Die Veräußerung beweglicher Sachen gegen Ratenzahlung, Berlin 1891.
Hausmaninger, Herbert/ Selb, Walter:	Römisches Privatrecht, 8. Auflage, Wien, Köln 1997.
Heide, Helmut:	La réserve de propriété dans le cadre des opérations commerciales transfrontalières, Revue international de droit comparé, 1995, n° 2, p. 459.
Hémard, Jean:	Le domaine d'application de la reglementation des ventes à crédit ou à tempérament, 1975, p. 447.
Hinfray, Antoine:	La réforme des procédures collectives: Les nouveaux droits des créanciers, Gazette du Palais, 1995, n° 216, 217, p. 3.
Hirsch, Alain:	Vers l'universalité de la faillite au sein du marché commun?, Cahiers de droit européen, 1970, n° 1, p. 50.
Hofmann, Werner:	Zur Geschichte der Reform des Insolvenzrechts, Deutsche Richterzeitung 1994, S. 411 ff.
Höhne:	Der sogenannte Leihvertrag, Berlin 1884.
Holzschuher, Rudolf Frhr. v.:	Theorie und Casuistik des gemeinen Civilrechts, Bd. 2, 3. Auflage, Leipzig 1864.

Hondius, Ewoud: Kaufen ohne Risiko: Der europäische Richtlinienentwurf zum Verbraucherkauf und zur Verbrauchergarantie, Zeitschrift für Europäisches Privatrecht 1997, S. 130 ff.

Honsell, Heinrich: Kommentar zum UN-Kaufrecht, Berlin 1997.

Honsell, Heinrich/ Mayer-Maly, Theo/ Selb, Walter: Römisches Recht, 4. Auflage, Berlin/Heidelberg/New York 1987.

Hormadka, Wolfgang: Die Entwicklung des Faustpfandprinzips im 18. und 19. Jahrhundert, Köln/Wien 1971.

Hot, Louis: Des droits du vendeur non payé, Thèse, Paris 1893.

Houin, Roger: Faillites et Réglements judiciaires, dans: Dalloz, Répertoire de droit commercial, tome 2, Paris 1957, S. 3.

Houin, Roger: Innovation de la loi française en matière de faillite et de procédures collectives, dans: Idées nouvelles dans le droit de la faillite, Traveaux de la quatrième Journée d'études juridiques Jean Dabin, Brüssel 1969, p. 119.

Houin, Roger: L'évolution du droit des sûretés, Revue de jurisprudence commerciale, 1982, numéro spécial: L'évolution du droit des sûretés, p. 7.

Houin, Roger: L'introduction de la clause de réserve de propriété dans le droit français de la faillite, La Semaine Juridique. éd. G, 1980, Doctrine, n° 2978.

Hübner, Ulrich: Zur dogmatischen Einordnung der Rechtsposition des Vorbehaltskäufers, Neue Juristische Wochenschrift 1980, S. 729 ff.

Hübner, Ulrich: International-privatrechtliche Anerkennungs- und Substitutionsprobleme bei besitzlosen Mobiliarsicherheiten, Zeitschrift für Wirtschaftsrecht und Insolvenzpraxis (ZIP) 1980, S. 832 ff.

Hübner, Ulrich/ Constantinesco, Vlad: Einführung in das französische Recht, 3. Auflage, München 1994.

Huc, Théophile: Commentaire théorique et pratique du Code civil, tome X, Paris 1897.

Impallomeni, Giambattista: Auf der Suche nach einem positiven Europäischen Recht, Zeitschrift für Rechtsvergleichung, Internationales Privatrecht und Europarecht 38 (1997), S. 1 ff.

Jauffret, Alfred: Rapport sur la vente à tempérament en droit français, dans: Traveaux de l'Association Henri Capitant pour la culture juridique français, Paris 1956, p. 296.

Jonas, Jean Claude: Les nouvelles conditions de vente et la clause de réserve de propriété, Paris 1980.

Jourdan, Emmanuel: Evolution et formes du crédit réel mobilier, Thèse, Montpellier 1934.

Juan, Régine: Conseils pour la rédaction d'une clause de réserve de propriété, Gazette du Palais, 1981, n° 1, Doctrine, p. 11.

Jupiter: Rapport en éxecution d'une Convention de Recherche passée entre le Minisère de la Justice et l'Institut Jupiter; Rapport de 1976: La réserve de propriété et ses conséquences économiques, Droits et Affaires, 1976, n° 323; Rapport de 1979: Le crédit inter-entreprises et les aspects économiques de la réserve de propriété, Droits et Affaires, 1979, n° 363.

Kah, Karl: Das Badische Landrecht, Freiburg i. B. 1860.

Kah, Karl: Rechtsfälle aus dem Geltungsgebiet des französischen Rechts mit Rücksicht auf die badischen Zusätze, die Haftpflicht beim Betriebe von Fabriken, Steinbrüchen u. Gräbereien, sowie das Anfechtungsgesetz, Bd. 2, Heidelberg 1888.

Kalomiris, Alexander: Verlängerter Eigentumsvorbehalt, Ersatzaussonderung des Weiterverkaufspreises, Sicherungs(global)zession und ihre Kollision im deutsch-französischen Warenverkehr, insbesondere im Konkurs des Käufers, Dissertation, München 1992.

Kaser, Max: Das römische Privatrecht, Abschnitt I: Das altrömische, das vorklassische und das klassische Recht, 2. Auflage, München 1971; Abschnitt II: Die nachklassischen Entwicklungen, 2. Auflage, München 1975.

Kay, Hans-Joachim: Möglichkeiten der Vereinheitlichung des deutschen und französischen Zivilrechts auf dem Gebiet der Mobiliarsicherheiten, Dissertation, Tübingen 1969.

Kegel, Gottfried (Hrsg.): Vorschläge und Gutachten zum Entwurf eines EG-Konkursübereinkommens, Tübingen 1988.

Kieninger, Eva-Maria: Mobiliarsicherheiten im Europäischen Binnenmarkt, Dissertation, Baden-Baden 1996.

Klein, Christian: Schutzwirkung des Eigentumsvorbehalts im französischen Insolvenzverfahren, Recht der Internationalen Wirtschaft 1991, S. 809 ff.

Klenner, Hermann: Rechtsentwicklung in Frankreich und Deutschland nach der Französischen Revolution, Neue Justiz 1989, S. 266 ff.

Knütel, Rolf: Ius commune und Römisches Recht vor Gerichten der Europäischen Union, Juristische Schulung 1996, S. 768 ff.

Kramer, Ernst A.: Die Gültigkeit der Verträge nach den UNIDROIT Principles of International Commercial Contracts, Zeitschrift für Europäisches Privatrecht 1999, S. 209 ff.

Krauss, Volker: Die Warenkreditsicherung im Wirtschaftsverkehr mit Frankreich, Dissertation, Bochum 1969.

Kreuzer, Karl Friedrich Die Europäisierung des internationalen Privatrechts, in: Peter-Christian Müller-Graff (Hrsg.): Gemeinsames Privatrecht in der Europäischen Gemeinschaft, 2.Auflage, Baden-Baden 1999, S. 457 ff.

Kreuzer, Karl: La reconnaissance des sûretés mobilières conventionnelles étrangères, Revue critique de droit international privé, 1995, n° 3, p. 465.

Kreuzer, Karl: Europäisches Mobiliarsicherungsrecht oder: Von den Grenzen des Internationalen Privatrechts, in: Walter A. Stoffel / Paul Volken (Hrsg.): Festschrift für Alfred E. von Overbeck, Fribourg 1990, S. 613 ff.

Kropholler, Jan: Internationales Privatrecht, 3. Auflage, Tübingen 1997.

Kunzler, Gertrud: Das Nantissement du Fonds de commerce, Frankfurt a.M./Berlin 1960.

Kurtoglu, Serda: Les sûretés mobiliéres conditionnelles sans dépossessions du propriétaire en droit français et en droit turc, Thèse, Lausanne 1957.

Lambsdorff, Hans Georg Graf: Handbuch des Eigentumsvorbehaltes im deutschen und ausländischen Recht, Frankfurt a.M. 1974.

Lando, Ole: The Principles of European Contract Law, Part I+II, Den Haag 1999.

Lapp, Charles: La Loi Malingre, dans: Hamel, Joseph: Le gage commercial, Paris 1953, p. 211.

Larem, Arnold F.: Die Entwicklung und Regelung des Eigentumsvorbehaltes im deutschen, schweizerischen und französischen Recht unter besonderer Berücksichtigung der heutigen Reformbestrebungen, Dissertation, Basel 1958.

Laurent, F.: Principes de droit civil, tome 24, Paris 1877.

Lazarus, Johann: Das Recht des Abzahlungsgeschäfts nach geltendem Recht und nach dem Bürgerlichen Gesetzbuch, Berlin 1898.

Lemontey, H. J.: Exposé lors de la journée d'ètude sur la réserve de propriété organisée par l'association national des juristes de banque, Gazette du Palais, 1981, Doctrine, p. 90.

Lemontey, Jacques: Bericht über das Übereinkommen über den Konkurs, Vergleiche und ähnliche Verfahren, in: Vorschläge und Gutachten zum Entwurf eines EG- Konkursübereinkommens, vorgelegt von Gerhard Kegel, Tübingen 1988, S. 93 ff.

Lévy-Bruhl, Henri: Etude historique sur la revendication du vendeur de meubles en matière de faillite, Annales de droit commercial, 1938, p. 295.

Litaudon, Anne-Marie: Der Eigentumsvorbehalt und die neuen Zielsetzungen des Insolvenzrechts in Frankreich, Recht der Internationalen Wirtschaft 1987, S. 348 ff.

Locré, J. G.: La législation civil, commercial et criminelle de la France, 1830, tome XIX, p. 327.

Loussouarn, Yvon: Des résolutions amiables ou judicaires de ventes mobilières pendant la période suspecte, Revue trimestrielle de droit commercial, 1949, p. 274 ss.

Luig, Klaus: Natürliches Privatrecht. Die Rolle des Privatrechts in den naturrechtlichen Gesellschaftsentwürfen des 17. und 18. Jahrhunderts, in: Reiner Schulze (Hrsg.): Europäische Rechts- und Verfassungsgeschichte, Berlin 1991, S. 103 ff.

Lussot, D.: Vente et transfert de propriété en droit allemand, Thèse, Paris 1994.

Lwowski, Hans-Jürgen: Das Recht der Kreditsicherung, 8. Auflage, Berlin 2000.

Lyon-Caen, Ch./ Renault, L.: Traité de droit commercial, tome III, 4. éd., Paris 1906; tome VIII, 4. éd., Paris 1916.

Lyonnet, Bernhard: La faillite de la faillite; Clause de réserve de propriété et masse des créanciers, Gazette du Palais 1980, n° 1, p. 119 ss.

Maciejczyk, Sophie: La clause de réserve de propriété dans les procédures collectives, Thèse, Clermont-Ferand 1992.

Magnus, Ulrich: Wesentliche Fragen des UN-Kaufrechts, Zeitschrift für Europäisches Privatrecht 1999, S. 642 ff.

Malaurie, Philippe: Rapport synthèse, La Semaine juridique, Supplement 5: Faut-il retarder le transfert de la propriété, 1995, n° 46, p. 46 ss.

Malaurie, Philippe: Repertoire Civil Dalloz, Ventes Généralités, Paris 1976.

Malaurie, Philippe/ Aynès, Laurent: Cours de droit civil, Les sûretés, La publicité foncière, tome IX, 7. éd., Paris 1995.

Marcadé, Victor: Explication théorique et pratique du Code Napoléon, tome IV, 5. éd., Paris 1859.

Marcadé, V./Pont, P.: Droit civil, tome VI, Paris 1919.

Margellos, Théophile: La protection du vendeur à crédit d'objets mobiliers corporels à travers la clause de réserve de propriété, Thèse, Paris 1983 und in der Neuauflage: Paris 1989.

Margellos, Théophile: La réserve de propriété en Europe, Les effets de la clause de réserve de propriété dans les procédures collectives en Europe, Cahiers juridiques et fiscaux de l'exploitation, n° 4 spécial 1987.

Marotzke, Wolfgang: Die dinglichen Sicherheiten im neuen Insolvenzrecht, Zeitschrift für Zivilprozeß 109 (1996), S. 429 ff.

Martel-Tribes, Annick de: Les clauses de réserve de propriété: deux enseignements tirés d'un échec, La Semaine Juridique, 1977, éd. G., Doctrine, n° 2875.

Martin: Pactum reservati domonii et hypothèque mobilière, Thèse, Genève 1903.

Martin, Didier: Du conflit relatif à la créance du prix de revente d'une marchandise acquise sous réserve de propriété, Recueil Dalloz Sirey, 1986, Chronique, p. 323 ss.

Martin, Olivier: Histoire de la coutume de la privoté et vicompté de Paris, tome I, II, Paris 1929.

Martin, Olivier: La Coutume de Paris, Trait d'union entre le droit romain et les législations modernes, Paris 1925.

Martiny, Dieter: Europäisches Internationales Vertragsrecht - Ausbau und Konsolidierung, Zeitschrift für Europäisches Privatrecht 1999, S. 247 ff.

Massin, Ernest: Rapport géneral de discussion, Revue du marché commun, 1962, n° 49, p. 302 ss.

Mayer, Hans: Die Stellung des Vorbehaltseigentümers gegenüber Dritten und im Konkurs im in- und ausländischen Recht, Dissertation, Bonn 1933.

Mayer, Pierre: Les conflits de lois en matière de réserve de propriété après la loi du 12. mai 1980, La Semaine Juridique, 1981, n° 3019.

Mayer-Maly, Theo Locatio conductio: eine Untersuchung zum klassischen Römischen Recht, Wien 1976.

Mazeaud, Henri/ Mazeaud, Léon/ Mazeaud, Jean: Leçons de droit civil, tome III, volume 2, 6. éd. Paris 1987, par Michel de Juglart.

Meester, Hector-Th. de/ Mortier, Georges de: De la réserve de propriété et de la vente à tempérament, Thèse, Paris 1931.

Meinhart, Anton: Dogmengeschichtliches und Dogmatisches zum Eigentumsvorbehalt, Zeitschrift der Savigny-Stiftung für Rechtsgeschichte, romanistische Abteilung, 105 (1988), S. 729 ff.

Meissner, Gérard: L'opposabilité de la propriété mobilière aux tiers en droit allemand et specialement de la réserve de propriété, Gazette du Palais, 1972, p. 369 ss.

Merk, Walther: Der Eigentumsvorbehalt in rechtsvergleichender Darstellung, Dissertation, Heidelberg 1935.

Merk, Walther: Die Entwicklung der Fahrnisverfolgung im französischen Recht, Rheinische Zeitschrift für Zivil- und Prozeßrecht, 7 (1914/15), S. 81 ff.

Merle, P.: L'interpretation jurisprudentielle de la clause de réserve de propriété, Revue Banque, 1986; n° 464, p. 645 ss.

Mertens, Hans Joachim: Eigentumsvorbehalt und sonstige Sicherungsmittel des Verkäufers im ausländischen Recht, Berlin 1964.

Mestre, Jacques: La subrogation personnelle, Thèse, Aix 1979.

Mestre, Leon: Des moyens employés par la pratique pour protéger le vendeur à tempérament de meubles corporels, Thèse, Montpellier 1936.

Meteye, Thierry: L'ags dans la loi du 10 juin 1994, Gazette du Palais, 1994, n° 320/321, p. 13 ss.

Mezger, Ernst: Das französische Gesetz vom 12. Mai 1980 über den Eigentumsvorbehalt, Zeitschrift für Wirtschaftsrecht und Insolvenzpraxis (ZIP) 1980, S. 406 ff.

Mezger, Ernst: Das neue französische Gesetz über die erleichterte Mantelzession,
Recht der internationalen Wirtschaft 1981, S. 213 ff.

Mezger, Ernst: Zur neuesten Entwicklung des kaufmännischen Registerpfandrechts in Frankreich,
Zeitschrift für das gesamte Handels- und Konkursrecht 115 (1952), S. 150 ff.

Michelet, Joseph: Des procédés employés par les vendeurs de meubles pour échapper aux conséquences de la faillite de l'acheteur,
Thèse, Poitiers 1933.

Micklitz, Hans-W.: Ein einheitliches Kaufrecht für Verbraucher in der EG,
Europäische Zeitschrift für Wirtschaftsrecht 1997, S. 229 ff.

Misera, Karlheinz: Zum Eigentumsvorbehalt im klassischen römischen Recht, in: Ulrich Huber / Erik Jayme (Hrsg.): Festschrift für Rolf Serick zum 70. Geburtstag, Bonn/Heidelberg, 1992, S. 275 ff.

Mittermaier, F.: Französische Handelsgesetzgebung vom Jahre 1875,
Zeitschrift für das gesamte Handelsrecht 23 (1877), S. 174 ff.

Mousseron, Jean Marc: La clause de réserve de propriété,
Cahiers de droit de l'entreprise, 1980, n° 4, p. 1 ss.

Mousseron, Jean-Marc/ Pérochon, Claude: Juristische Gesichtpunkte des neuen Eigentumsvorbehaltes in Frankreich (Übersetzung), in: Aktuelle Probleme aus dem deutschen und französischen Kauf- und Gesellschaftsrecht, Bericht über das dreizehnte Gemeinsame Seminar der Juristischen Fakultäten von Montpellier und Heidelberg, Heidelberg 1982, S. 113 ff.

Muhleisen, G.: Le Code civil en Alsace et Lorraine de 1804 à 1900, dans: L'introduction du droit civil français en Alsace et Lorraine, Etude d'histoire et de droit par un groupe de magistrats, d'avocats et de professeurs, Paris/Strasbourg, 1925, p. 34 ss.

Müller: Über das pactum reservati dominii,
Archiv für die civilistische Praxis, 12 (1829), S. 247 ff.

Müller-Graff, Peter-Christian: Europäisches Gemeinschaftsrecht und Privatrecht, Neue Juristische Wochenschrift 1993, S. 13 ff.

Müller-Graff, Peter-Christian: Gemeinsames Privatrecht in der Europäischen Gemeinschaft, 2. Auflage, Baden-Baden 1999.

Näf: Bedungener Eigenthums-Vorbehalt bei Fahrnis-Verkäufen, Annalen der Großherzoglichen Badischen Gerichte, Bd. 50, (1884), S. 229 ff.

Neumayer, Karl H.: La vente á crédit, Revue international de droit comparé, 1973, p. 597 ss.

Niggemann, Friedrich: Das französische Unternehmenssanierungsgesetz vom 25.1.1985 nach der Reform vom 10.6.1994, in: Bundesstelle für Außenhandelsinformation – BfA-Rechtsinformation, Berichte und Dokumente zum ausländischen Wirtschafts- und Steuerrecht: Frankreich, Insolvenzrecht, Köln 1995.

Niggemann, Friedrich/ Lutz, Paul: Das französische Unternehmenssanierungsgesetz vom 25.1.1985, in: Bundesstelle für Außenhandelsinformation – BfA-Rechtsinformation, Berichte und Dokumente zum ausländischen Wirtschafts- und Steuerrecht, Nr. 207, Köln 1986.

Noel, Jean/ Lemontey, Jacques: Aperçus sur le projet de convention européenne relative à la faillite, aux concordats et aux procédures analogues, Revue trimestrielle de droit européen, 1968, p. 703 ss.

Nürck, Stephan: Systematische Darstellung des in Elsaß-Lothringen geltenden bürgerlichen Rechts, Metz 1901.

Obermüller, Manfred: Auswirkungen der Insolvenzrechtsreform auf Kreditgeschäft und Kreditsicherheiten, Zeitschrift für Wirtschafts- und Bankrecht, Wertpapier-Mitteilungen 1994, S. 1829 ff.

Obermüller, Manfred: Insolvenzrecht in der Bankpraxis, 5. Auflage, Köln 1997.

Oeckinghaus, Arne: Kaufvertrag und Übereignung beim Kauf beweglicher Sachen im deutschen und französischen Recht, Dissertation, Berlin 1973.

Oesterreich, Carl: Der Eigentumsvorbehalt im französischen Recht und die Kreditsicherung unter Berücksichtigung der deutschen Lehre und Rechtsprechung, Dissertation, Köln 1937.

Ohl, Daniel: La clause de réserve de propriété mobilère et son application à la masse en droit français, Droit et pratique du commerce international, 1980, n° 1, p. 589 ss.

Olivier-Martin, François: Histoire du droit français des origines à la révolution, Paris 1984.

Ortsscheidt, Pierre: Possession et clause de réserve de propriété en droit français et allemand, Revue international de droit comparé 1983, n° 1, p. 767 ss.

Padis, Pierre: Unwirksamkeit des Eigentumsvorbehaltes und der Sicherungsübereignung in der französischen Praxis, Außenwirtschaftsdienst des Betriebsberaters 1970, S. 227 ff.

Paffrath, Karl/ Grossmann, Franz: Das bürgerliche Gesetzbuch mit den dazugehörigen Nebengesetzen für Elsaß-Lothringen, Straßburg, 1901.

Palandt (- Bearbeiter): Bürgerliches Gesetzbuch, Kommentar 59. Auflage, München 2000.

Patault, Anne-Marie: Introduction historique au droit des biens, Paris 1989.

Pédamon, Michel: Considérations comparatives sur la loi du 12. mai 1980, dans: Etudes offertes à René Rodière, 1981, p. 209 ss.

Pédamon, Michel: La réserve de propriété en droit allemand et en droit français, Revue de jurisprudence commerciale, n° spécial: L'évolution du droit des sûretés, 1982, n° 2, p. 57 ss.

Pédamon, Michel: L'expérience allemande de réserve de propriété, Cahiers de droit de l'entreprise, 1980, n° 6, p. 33 ss.

Percerou, J.: La clause de réserve de propriété dans les ventes mobilières, Annales de droit commercial, 1931, p. 189 ss.

Pérochon, Françoise: La réforme 1994 de la réserve de propriété, La Semaine Juridique, 1995, Supplément 5: Faut-il retarder le transfert de la propriété?, p. 25 ss.

Pérochon, Françoise: La réserve de propriété dans la vente de meubles corporels, Paris 1988.

Pérochon, Françoise: La revendication de biens fongibles par le vendeur, Les Petites Affiches, 1994, n° 110, p. 82 ss.

Pérochon, Françoise: La revendication de marchandises vendue sans réserve de propriété: la condition d'identité, Les Petites Affiches 1990, n° 16, p. 14 ss.

Pérochon, Françoise: Note sous Cass. com. 20 Juin 1989, Recueil Dalloz, 1989, I, 431.

Pick, Eckhart: Die (neue) Insolvenzordnung - ein Überblick, Neue Juristische Wochenschrift 1995, S. 992 ff.

Planiol, Marcel/ Ripert, Georges: Traité élémentaire de droit commercial, tome II, 4. éd., Paris 1952, par Boulanger, Jean.

Planiol, Marcel/ Ripert, Georges: Traité pratique de droit civil français, tome VI, 2. éd., Paris 1952, par Esmein, Paul; tome X, 2. éd., Paris 1956, par Hamel, Joseph; tome XII, 2. éd. Paris 1953, par Becqué.

Plantenius, A.: Grundriss des badischen Landrechts mit Ausschluss des Obligationenrechts, Freiburg 1896.

Plesmann, Hans Eduard: Der Eigentumsübergang beim Kauf im französischen Recht, Dissertation, Göttingen 1929.

Pontavice, Emmanuel du: Intéret et limite de la clause de réserve de propriété, La Revue Banque, 1980, p. 2 ss.

Potthast, Klaus-Peter: Probleme eines Europäischen Konkursübereinkommens, Frankfurt a.M. 1995.

Pottschmidt, Günter/ Rohr, Ulrich: Kreditsicherungsrecht, 4. Auflage, München 1992.

Pringsheim, Fritz: Eigentumsübertragung beim Kauf, Zeitschrift der Savigny-Stiftung für Rechtsgeschichte, romanistische Abteilung, 50 (1930), S. 333 ff.

Priso, Lyna-Laure: Le sorte des sûretés réelles dans les procédures collectives après la réforme du 25. janvier 1985, Thèse, Paris 1991.

Rabel, Ernst: Das Recht des Warenkaufs, Bd. I, Berlin 1964.

Randa, Anton: Das Eigentumsrecht nach österreichischem Rechte mit Berücksichtigung des gemeinen Rechts und der neueren Gesetzbücher, 1. Hälfte, 2. Auflage Leipzig 1893.

Ranieri, Filippo: Rezeption und Assimilation ausländischer Rechtsprechung, dargestellt am Beispiel des europäischen Einflusses der französischen Judikatur im 19. Jahrhundert, in: Helmut Coing (Hrsg.): Ius commune - Veröffentlichungen des Max-Planck-Instituts für Europäische Rechtsgeschichte, Band VI, Frankfurt a.M. 1977, S. 202 ff.

Ranieri, Filippo: Eine Dogmengeschichte des europäischen Zivilrechts?, Einige Thesen zum Beitrag der Rechtsgeschichte zu einer europäischen Zivilrechtswissenschaft, in: Reiner Schulze (Hrsg.): Europäische Rechts und Verfassungsgeschichte, Berlin 1991, S. 95 ff.

Rault, Jean: Des clauses par lesquelles le vendeur de meubles tente d'échapper à la loi du dividende, Revue génerale du droit des faillites et liquidations judiciaires, 1936, p. 393 ss.

Reichard, D./ Kühnel, W./ Wittig, R./ Grebner, R.: Eigentumsvorbehalt und Sicherungsübereignung im Ausland, 3. Auflage, Heidelberg 1973.

Reinicke, Dietrich/ Tiedtke, Klaus: Kaufrecht, 6. Auflage, Neuwied et al. 1997.

Reinecker, Heinrich: Die neue Regelung des Eigentumsvorbehalts in Frankreich durch das Gesetz vom 12. Mai 1980, Sparkasse 1980, S. 348 ff.

Reinecker, H./ Petereit, W.: Recht der Kreditsicherheiten in Frankreich in: Walther Hadding / Uwe H. Schneider (Hrsg.): Recht der Kreditsicherheiten in europäischen Ländern, Teil 2: Frankreich, Berlin 1978.

Reiss, Werner: Die Finanzierung des Kreditkaufs von Konsumgütern nach französischem Recht, Außenwirtschaftsdienst des Betriebsberaters 1971, S. 23 ff.

Rengeling, Hans-Werner: Europäisierung des Rechts. Ringvorlesung anlässlich des zehnjährigen Bestehens des Instituts für Europarecht der Universität Osnabrück, Köln et al. 1996

Renouard, Augustin-Charles: Traité des faillites et banqueroutes, tome II, Paris 1844.

Riotte, Jean: La nouvelle réserve de propriété dans ses applications pratiques aprés la Loi du 12. mai 1980, Les Petites Affiches, 1981, n° 39, p. 12 ff.

Rittner, Fritz: Das Gemeinschaftsprivatrecht und die europäische Integration, Juristenzeitung 1995, S. 849 ff.

Rives-Lange, Jean-Louis: Chronique de jurisprudence bancaire, La Revue Banque, 1989, n° 491, p. 211 ss.

Robine, Eric: La clause de réserve de propriété depuis la loi du 12. mai 1980, Paris 1990.

Roblot, René/ Ripert, George: Traité élémentaire de Droit commerciale, tome 2, 9. éd., Paris 1984.

Rosskopf, Christian: Die Sicherungsrechte des Verkäufers beim Fahrniskauf in Frankreich,
Dissertation, Freiburg i. Breisgau 1955.

Roure, Paul de: La conférence generale des tribunaux de commerce à Versailles, Rapports géneraux de synthèse,
Les Petites Affiches, 1981, n° 5, p. 3 ss.

Rühl, Helmut: Eigentumsvorbehalt und Abzahlungsgeschäft einschließlich des Rechts der Teilzahlungsfinanzierung,
Berlin 1930.

Salvage-Gerest, Pascale: Les sûretés, La publicité foncière,
Grenoble 1994.

Sandmann, Egbert: Zur Geschichte des Eigentumsvorbehalts in Deutschland,
Dissertation, Marburg 1972.

Savigny, Friedrich Carl von: Das Obligationenrecht als Teil des heutigen römischen Rechts, Berlin 1851-1853.

Savigny, Friedrich Carl von: System des heutigen römischen Rechts, Bd. 1-8,
Berlin 1840-1849.

Scarano, Jean-Pierre: Opposabilité de la clause de réserve de propriété,
Droit et pratique du commerce international, 1991, n° 1, p. 123 ss.

Scarano, Jean-Pierre: Opposabilité ou inopposabilité de la clause de réserve de propriété, Les Petites Affiches, 1991, n° 23, p. 10 ss.; Revue trimestrielle de droit commercial et de droit économique, 1990, n° 4, p. 535 ss.

Schauer: Die handelsrechtliche Mobiliarhypothek des französischen Rechts,
Leipziger Zeitschrift für Handels-, Konkurs- und Versicherungsrecht 1911, S. 46 ff.

Schember: Nochmals der Eigentumsvorbehalt,
Annalen der Großherzoglichen Badischen Gerichte, Bd. 53 (1887), S. 12 ff.

Scheuermann, W.: Welche rechtliche Wirkung hat das bei Kaufverträgen gewöhnlich vorkommende Gedinge des Eigentumsvorbehalts?,
Annalen der Großherzoglichen Badischen Gerichte, Bd. 14, (1846), S. 3 ff.

Schiemann, Gottfried: Über die Funktion des pactum reservati dominii während der Rezeption des römischen Rechts in Italien und Mitteleuropa,
Zeitschrift der Savigny-Stiftung für Rechtsgeschichte, romanistische Abteilung, 93 (1976), S. 161 ff.

Schlechtriem, Peter: Verbraucherkaufverträge - ein neuer Richtlinienentwurf,
Juristenzeitung 1997, S. 441 ff.

Schmeling, Günter: Der Kreditkauf von Mobilien und seine Kaufpreissicherung nach französischem Recht,
Dissertation, Kiel 1953.

Schmidt, Dominique/ Gramling, Philippe: La loi n° 81-1 du 2. janvier 1981 facilitant le crédit aux entreprises,
Recueil Dalloz Sirey 1981, Chronique, p. 217 ss.

Schmidt, Dominique/ Niggemann, Friedrich: Die Stellung der Gläubiger im französischen Unternehmenssanierungsgesetz,
Recht der Internationalen Wirtschaft 1986, S. 246 ff.

Schmuki, Anton: Der Mietkaufvertrag,
Dissertation, St. Gallen 1956.

Schnyder, Anton K./ Straub, Ralf M.: Das EG-Grünbuch über Verbrauchsgütergarantien und Kundendienst - Erster Schritt zu einem einheitlichen EG-Kaufrecht?,
Zeitschrift für Europäisches Privatrecht 1996, S. 8 ff.

Schöndorf, Friedrich: Materialien zur Frage von der Mobiliarhypothek,
Zeitschrift für das Gesamte Handelsrecht und Konkursrecht 68 (1910), S. 483 ff.

Schubert, Werner: Französisches Recht in Deutschland zu Beginn des 19. Jahrhunderts,
Köln 1977.

Schulte, Hans: Zur Möglichkeit stillschweigenden Eigentumsvor-behalts, Betriebsberater 1977, S. 269 ff.

Schulte-Nölke, Hans/ Schulze, Reiner: Europäische Rechtsangleichung und nationale Privat-rechte, Baden-Baden 1999.

Schulze, Erich: La clause de réserve de propriété en droit civil et international privé franco-allemand comparé, Thèse, Paris 1958.

Schulze, Reiner/ Schulte-Nölke, Hans: Casebook europäisches Verbraucherrecht, Baden-Baden 1999.

Schulze, Reiner (Hrsg.): Europäische Rechts- und Verfassungsgeschichte, Berlin 1991

Schulze, Reiner (Hrsg.): Französisches Zivilrecht in Europa während des 19. Jahrhunderts, Berlin 1994

Schulze, Reiner: Französisches Recht und europäische Rechtsgeschichte im 19. Jahrhundert., in: Reiner Schulze (Hrsg.): Französisches Zivilrecht in Europa während des 19. Jahrhunderts, Berlin 1994, S. 9 ff.

Schulze, Reiner: Gemeineuropäisches Privatrecht und Rechtsgeschichte, in: Peter-Christian Müller-Graff (Hrsg.): Gemeinsames Privatrecht in der Europäischen Gemeinschaft, 2.Auflage, Baden-Baden 1999, S. 127 ff.

Schulze, Reiner: Vom Ius commune bis zum Gemeinschaftsrecht - das Forschungsfeld der Europäischen Rechtsgeschichte, in: Reiner Schulze (Hrsg.): Europäische Rechts- und Verfassungsgeschichte, Berlin 1991, S. 3 ff.

Schulze, Reiner/ Zimmermann,Reinhard: Basistexte zum europäischen Privatrecht: Textsammlung, Baden-Baden 2000.

Schumacher, Detlef: Das Rheinische Recht in der Gerichtspraxis des 19. Jahrhunderts, Stuttgart 1969.

Schwartz, I.E.: Perspektiven der Angleichung des Privatrechts in der Europäischen Gemeinschaft,
Zeitschrift für Europäisches Privatrecht 1994, S. 559 ff.

Seeliger, Gerd: Konkursfestigkeit dinglicher Mobiliarsicherheiten im deutsch-französischen Warenverkehr,
Frankfurt a.M. 1985.

Serick, Rolf: Das Französische Gesetz über den Eigentumsvorbehalt aus Sicht eines deutschen Beobachters, in: Aktuelle Probleme aus dem deutschen und französischen Kauf- und Gesellschaftsrecht, Bericht über das dreizehnte Gemeinsame Seminar der Juristischen Fakultäten von Montpellier und Heidelberg, Heidelberg 1982, S. 129 ff.

Serick, Rolf: Die Mobiliarsicherheiten im Referentenentwurf zur Insolvenzrechtsreform,
Betriebsberater 1990, S. 861 ff.

Serick, Rolf: Eigentumsvorbehalt und Sicherungsübertragung,
Bd. I: Der einfache Eigentumsvorbehalt,
Heidelberg 1963.

Serick, Rolf: Eigentumsvorbehalt und Sicherungsübertragung: Neue Rechtsentwicklungen,
2. Auflage, Heidelberg 1993.

Serick, Rolf: Mobiliarsicherheiten im Diskussionsentwurf zur Reform des Insolvenzrechts - Möglichkeiten der Enteignung von Vorbehaltslieferanten zum Nulltarif,
Zeitschrift für Wirtschaftsrecht (ZIP) 1989, S. 409 ff.

Servos, Joseph: La vente sous réserve de propriété en droit allemand,
Revue international de droit comparé, 1968, p. 395 ss.

Siehr, Kurt: Vereinheitlichung des Mobiliarsachenrechts in Europa, insbesondere im Hinblick auf Kulturgüter,
Rabels Zeitschrift für ausländisches und internationales Privatrecht 59 (1995), S. 454 ff.

Simler, Philippe/ Delebecque, Philippe: Droit civil, Les sûretés, La publicité foncière,
2. éd., Paris 1995.

Simonson: Das französische Warenrecht, Zeitschrift für das gesamte Handelsrecht, Bd. 33, (1887), S. 207 ff.

Soinne, Bernard: La réforme de la loi de 1985, Les Petites Affiches 1994, n° 82, p. 14 ss.

Soinne, Bernard: La transmission de la réserve de propriété, Gazette du Palais 1985, Doktrin, p. 287 ss.

Soinne, Bernard: Le démantelement du droit de la révendication, Revue des procédures collectives, 1994, n° 4, p. 471 ss.

Soinne, Bernard: Le nouveau droit de la revendication issu de la loi du 10 juin 1994, Les Petites Affiches, 1994, n° 110, p. 75 ss.

Soinne, Bernard: Problématique de la nouvelle loi sur le redressement et la liquidation judiciaire, Gazette du Palais 1985, n° 2, Doctrine, p. 400 ss.

Soinne, Bernard: Survie ou disparition du droit de faillite: L'application jurisprudentielle de la loi du 12. mai 1980 relativ à la clause de réserve de propriété, La Semaine juridique 1982, n° 13903, p. 589 ss.

Sommade, Robert: La vente à crédit, biens de consommation, automobile, matériel d'équipement, Paris 1959.

Sonnenberger, Jürgen: Französisches Handels- und Wirtschaftsrecht, 2. Auflage, Heidelberg 1991.

Spieß, Pirmin: Französisches Recht in Deutschland zu Beginn des 19. Jahrhunderts, Juristische Schulung, 1978, S. 869 ff.

Staudinger, Julius von Kommentar zum Bürgerlichen Gesetzbuch, 13. Bearbeitung, Berlin 1995

Stief, Albert: Die Verpfändbarkeit des Unternehmens im deutschen, französischen und englischen Recht, Dissertation, Breslau 1940.

Storp, Roger: Eigentumsvorbehalt und Aussonderungsverfahren nach der Reform des französischen Insolvenzrechts, Recht der Internationalen Wirtschaft 1996, S. 464 ff.

Stritt: Wer trägt beim pactum reservati dominii die Gefahr?, Annalen der Großherzoglichen Badischen Gerichte, Bd. 52 (1886), S. 126 ff.

Strub, Andreas: Das Europäische Konkursübereinkommen, Europäische Zeitschrift für Wirtschaftsrecht 1996, S. 71 ff.

Stulz, Günter: Der Eigentumsvorbehalt im in- und ausländischen Recht, Berlin 1930.

Stumpf, Herbert: Eigentumsvorbehalt und Sicherungsübereignung im in- und ausländischen Recht, 4. Auflage, Heidelberg 1980.

Stumpf, Herbert: L'expérience allemande de la réserve de propriété, dans: Idées nouvelles dans le droit de la faillite, Traveaux de la quatrième Journée d'études juridiques Jean Dabin, Brüssel 1969, p. 287 ss.

Sumien, P./Acher, J.: La réserve de propriété au vendeur de meubles dans les ventes par mensualités, Annales de droit commercial, 1904, S. 347 ss.

Szamek, Ladislas: La réserve de propriété en matière de ventes mobilières, Thèse, Paris 1933.

Tallon, Denis: Réflexions comparatives sur la réserve de propriété et les differents modes de crédit mobilier, in: Marcus Lutter (Hrsg.): Recht und Wirtschaft in Geschichte und Gegenwart, Festschrift für Johannes Bärmann zum 70. Geburtstag, München 1975, S. 921 ff.

Tene-Boukary, Zampou: La réserve de propriété dans les ventes à crédit, Thèse, Straßbourg 1984.

Thaller, Edmond: Note sous Cass. req. 17. juillet 1895, Recueil Dalloz Périodique, 1896, I, p. 57 ss.

Thaller, Edmond: Traité élémentaire de droit commercial, 5. éd. Paris 1916, par Percereou, J.

Thaller, Edmond: Traité générale de droit commercial, des faillites et banqueroutes et des liquidations judicaires, tome I, II, Paris 1913, par Percereou, J.

Theewen, Eckhard Maria: Napoleons Anteil am Code civil, Berlin 1991

Theuerkauf, Georg: Die Verpfändung gegen Domizilpfandschein im französischen Recht: Ein Beitrag zur europäischen Harmonisierung auf dem Gebiet des Registerpfandrechts und der Sicherungsübereignung, Dissertation, Frankfurt a.M. 1971

Thibaut, Anton: System des Pandektenrechts Bd. II, 8. Ausgabe, Jena 1832.

Thiemann, Bernd: Die Entwicklung der Eigentumsanwartschaft beim Vorbehaltskauf in der neueren deutschen Privatrechtsgeschichte, Dissertation, Münster 1974.

Thieme, Jürgen: Der Entwurf eines Konkursübereinkommens der EG-Staaten von 1980, Rabels Zeitschrift für ausländisches und internationales Privatrecht 45 (1981), S. 459 ff.

Thilo, Emile: Pactum reservati dominii et vente à tempérament, Thèse, Lausanne 1906.

Tilmann, Winfried: EG- Kodifikation des wirtschaftsnahen Zivilrechts, Praxis des Internationalen Privatrechts 1992, S. 62 ff.

Timme, Michael: Zu Chancen und Grenzen einer Europäischen Ordnung des Zivilrechts, Zeitschrift für Rechtspolitik 2000, S. 301 ff.

Tonner, Klaus: Die Rolle des Verbraucherrechts bei der Entwicklung eines europäischen Zivilrechts, Juristenzeitung 1996, S. 533 ff.

Tropolong, V.: Des privilèges et hypothèques, tome I, Paris 1833.

Troullier, Albert/ Adolphe-Lacan, Roger: La location-vente et les divers contrats qui s'y rattachent, Paris 1935.

Uhlenbruck, Wilhelm: Das neue Insolvenzrecht - Insolvenzordnung und Einführungsgesetz nebst Materialien, Herne/Berlin 1994.

UNIDROIT: Etude de droit comparé préparé par l'UNIDROIT: Vente à tempérament et a crédit d'objets mobiliêrs corporels dans les états membres du Conseil de l'Europe, Straßbourg 1970.

Valéry: Du louage de meubles et spécialement du louage de sacs et futailles, Annales de droit commercial, 1895, p. 93 ss.

Vallat, Henry: Ventes à tempérament de valeurs de bourse et d'objets mobiliers, Thèse, Paris 1900.

Vallens, Jean-Luc: A propos de la réforme de la loi sur les entreprises en difficulté: Rapport du Groupe du travail de la Justice, Les Petites Affiches, 1994, p. 11 ss.

Vallens, Jean-Luc: La clause de réserve de propriété et la procedure de redressement judiciaire, La Semaine Juridique, éd. E., 1986, n° 14651, p. 88 ss.

Vandamme: Note sous Cass. civ. 28 mars et 22. oct. 1934, Recueil Dalloz Périodique, 1934, p. 151 ss.

Vivier, Gérard: Les précédents du warrant industriel, le warrant hôtelier, le warrant pétrolier, le warrant stocks, dans: Hamel, Joseph: Le gage commercial, Paris 1953, p. 300 ss.

Wadle, Elmar: Französisches Recht und deutsche Gesetzgebung im 19. Jahrhundert, in: Reiner Schulze (Hrsg.): Europäische Rechts- und Verfassungsgeschichte, Berlin 1991, S. 201 ff.

Weber, Hansjörg: Kreditsicherheiten, Recht der Sicherungsgeschäfte, 6. Auflage, München 1998.

Wehser, Eckart: Die Sicherung von Warenkredit bei Verkäufen nach Frankreich, Außenwirtschaftsdienst des Betriebsberaters 1972, S. 602 ff.

Wesenberg, Gerhard/ Wesener, Gunter: Neuere deutsche Privatrechtsgeschichte im Rahmen der europäischen Rechtsentwicklung, 4. Auflage, Wien 1985.

Westphal, Jörg: Eigentumsvorbehalt im internationalen Vergleich - unter Berücksichtigung des Rechts ausgewählter osteuropäischer Reformstaaten, in: Ernst C. Stiefel (Hrsg.): Iusto Iure, Festgabe für Otto Sandrock zum 65. Geburtstag, Heidelberg 1995, S. 55 ff.

Wieacker, Franz: Lex commissoria - Erfüllungszwang und Widerruf im römischen Kaufrecht, Berlin 1932.

Wieacker, Franz: Privatrechtsgeschichte der Neuzeit, unter besonderer Berücksichtigung der deutschen Entwicklung, 2. Auflage, Göttingen 1967.

Wieandt, Paul: Bewegliche Sachen als Objekte der Kreditsicherung im französischen Recht, Dissertation, Münster 1968.

Windscheid, Bernhard: Lehrbuch des Pandektenrechts, Bd. I, 7. Auflage, Frankfurt a.M. 1891.

Windscheid, Bernhard/ Kipp, Theodor: Lehrbuch des Pandektenrechts, 8. Auflage, Frankfurt a. M. 1906.

Witz, Claude: Analyse critique des règles régissant le transfert de propriété en droit français à la lumière du droit allemand, in: Michael Martinek (Hrsg.): Festschrift für Günther Jahr zum 70. Geburtstag: vestigia iuris, Tübingen 1993, S. 533 ff.

Witz, Claude: Der neue französische Eigentumsvorbehalt im deutsch-französischen Handel, Neue Juristische Wochenschrift 1982, S. 1897 ff.

Witz, Claude: La fiducie en droit privé francais, Thèse, Straßbourg 1980.

Witz, Claude: La fiducie - sûreté en droit français, chronique d'une réforme ajournée, in: Friedrich Graf von Westfalen / Otto Sandrock (Hrsg.): Lebendiges Recht, Festschrift für Reinhold Trinkner, Heidelberg 1995, S. 795 ff.

Witz, Claude: La fiducie sûreté en droit français, Revue de jurisprudence commercial, numéro spécial: L'évolution du droit des sûretés, 1981, p. 67 ss.

Witz, Claude: L'avant-projet de loi français relatif à la fiducie à la lumière des expériences étrangères, Rapport de clôture, Revue Banque, 1991, p. 225 ss.

Witz, Claude: Réflexions sur la fiducie-sûreté, La Semaine juridique, éd. E., 1993, n° 18, Etudes, p. 231 ss.

Witz, Claude/ Wolter, Gerhard: Das neue französische Verbrauchergesetzbuch, Zeitschrift für europäisches Privatrecht 1995, S. 35 ff.

Yung, Pierre: La vente à tempérament en France, Thèse, Paris 1933.

Zervudacki-Farnier, Martine: Le redressement judiciaire et les modifications apportées par la loi du 10. juin 1994 et son décret d'application du 21 octobre 1994, Les Petites Affiches 1995, n° 112, p. 6 ss.

Zimmerer, Carl/ Roger, Emmanuel: Frankreich als Investitionsstandort, in: Henning von Boehmer (Hrsg.): Deutsche Unternehmen in Frankreich, Stuttgart 1991, S. 7 ff.

Zimmermann, Reinhard: Das römisch-kanonische ius commune als Grundlage europäischer Rechtseinheit, Juristenzeitung 1992, S. 8 ff.

Abkürzungsverzeichnis

a.A.	anderer Ansicht
AcP	Archiv für civilistische Praxis
AGB	Allgemeine Geschäftsbedingungen
Annal.	Annalen der Großherzoglichen Badischen Gerichte
Annal. dr. com.	Annales de droit commercial
AWD	Außenwirtschaftsdienst des Betriebsberaters
Banque	La Revue Banque
BB	Betriebs-Berater
BOAC	Bulletin Officiel des Annonces Commerciales
Bull. civ.	Bulletin des arrêts des Chambres civiles de la Cour de Cassation
Bull. Soc. Et. Législ.	Bulletin de la Société d'Etudes Législatives
C. c.	Code civil
C. com.	Code de commerce
C. proc. civ.	Code de procédure civile
Cah. dr. entr.	Cahiers de droit de l'entreprise
Cah. dr. eur.	Cahiers de droit européen
Cass. civ.	Entscheidungen der Cour de Cassation Chambre civile
Cass. com.	Entscheidungen der Cour de Cassation Chambre commerciale et financière
Cass. req.	Entscheidungen der Cour de Cassation, Chambre des requêtes (bis 1947)
CNRS	Centre National de la Recherche Scientifique

D.	Recueil Dalloz Sirey (Chr. = Chronique; I.R. = Information Rapides; Somm. = Sommaire)
D.H.	Dalloz, Recueil Hebdomadaire
DJT	Deutscher Juristentag
D.P.	Dalloz, Recueil Périodique (1 = Entscheidungen der Cour de Cassation; 2 = Entscheidungen der Cour d'appel)
DRiZ	Deutsche Richterzeitung
Droit et pratique	Droit et pratique du commerce international
éd.	édition
EugVÜ	Übereinkommen der Europäischen Gemeinschaft über die gerichtliche Zuständigkeit und die Vollstreckung gerichtlicher Entscheidungen in Zivil- und Handelssachen vom 17.9.1968
EuZW	Europäische Zeitschrift für Wirtschaftsrecht
G.P.	Gazette du Palais
GrünhutsZ	Grünhuts Zeitschrift für das private und öffentliche Recht
h.M.	herrschende Meinung
i.d.R.	in der Regel
J.C.P.	Juris Classeur Périodique = Semaine Juridique (éd. G. = édition génerale, éd. E. = édition Entreprises)
J.O.	Journal Officiel
Juris-Data	Französische Datenbank für Entscheidungen
JuS	Juristische Schulung
JZ	Juristen-Zeitung
LZ	Leipziger Zeitschrift für Handels-, Konkurs- und Versicherungsrecht
m.E.	meines Erachtens

M.m.	Mindermeinung
Museum	Neues Rheinisches Museum für Jurisprudenz
Neue Justiz .	Neue Justiz-Zeitschrift für Rechtssetzung und Rechtsanwendung
NJW	Neue Juristische Wochenschrift
Ortsangabe mit Datum	Entscheidung der jeweiligen Cour d'appel (Paris, 20.5.1980)
Petites Affiches	Les Petites Affiches
PucheltsZ	Puchelts Zeitschrift für französisches Civilrecht
RabelsZ	Zeitschrift für ausländisches und internationales Privatrecht begründet von Ernst Rabel
Rapid	Datenbank
Rec.	Recueil
Rev. cr. dr. i. p.	Revue critique de droit international privé
Rev. cr. lég. jur.	Revue critique de législation et de jurisprudence
Rev. dr. banc.	Revue de Droit bancaire
Rev. franc. dr. aérien	Revue française de droit aérien
Rev. gén. dr. faillites	Revue génerale du droit des faillites et liquidations judiciaires
Rev. huiss.	Revue des huissiers
Rev. int. dr. comp.	Revue international de droit comparé
Rev. Intégr. europ.	Revue d'Intégrateion européen
Rev. jur. d'Alsace et Lorraine	Revue juridique d'Alsace et Lorraine
Rev. jur. com.	Revue de jurisprudence commercial
Rev. proc. coll.	Revue des procédures collectives
Rev. trim. dr. com	Revue trimestrielle de droit commercial
Revue trim. dr. eur.	Revue trimestrielle de droit européen

RGZ	Entscheidungen des Reichsgerichts
RheinZ	Rheinische Zeitschrift für Zivil- und Prozeßrecht
RIW	Recht der Internationalen Wirtschaft
S.	Recueil Sirey
SZ rom. Abt.	Zeitschrift der Savigny-Stiftung für Rechtsgeschichte, romanistische Abteilung
t.	tome
Trib. civ.	Tribunal civil
Trib. com.	Tribunal de commerce
UCC	Uniform Commercial Code
UNCITRAL	United Nations Commission on International Trade Law
UNIDROIT	Institut International pour l'Unification du Droit Privé, Rome
VuR	Verbraucher und Recht
WM	Wertpapier Mitteilungen, Zeitschrift für Wirtschafts- und Bankrecht
ZEuP	Zeitschrift für Europäisches Privatrecht
ZfRV	Zeitschrift für Rechtsvergleichung, Internationales Privatrecht und Europarecht
ZHR	Zeitschrift für das gesamte Handelsrecht und Konkursrecht
ZIP	Zeitschrift für die gesamte Insolvenzpraxis, später: Zeitschrift für Wirtschaftsrecht
ZNR	Zeitschrift für Neuere Rechtsgeschichte
ZRP	Zeitschrift für Rechtspolitik
ZVglRWiss	Zeitschrift für vergleichende Rechtswissenschaft
ZZP	Zeitschrift für Zivilprozeß

A.) EINLEITUNG

"Sicher ist, daß die französische und deutsche Rechtsordnung aufeinander angewiesen sind und in der Vereinsamung verkümmern würden."
(Carl Crome[1])

I.) Problemstellung

Die Entwicklung der Verkäufersicherungsrechte im französischen Recht ist vor dem Hintergrund der allmählichen Herausbildung eines europäischen Privatrechts von großem Interesse. Mag auch die Frage kontrovers diskutiert werden[2], inwieweit und gemessen an welchen Maßstäben eine "Europäisierung" des Privatrechts wünschenswert ist, so schreitet diese doch in zunehmendem Maße fort und erfaßt immer weitere Bereiche des nationalen Rechts.[3]
In Rechtswissenschaft und Rechtspolitik verstärken sich Bestrebungen, langfristig eine Angleichung in Kernbereichen des Zivilrechts, insbesondere im Vermögensrecht, zu erreichen. Dementsprechend hat das europäische Parlament[4] bereits zweimal ausdrücklich die Forderung nach einer Kodifikation des europäischen Zivilrechts erhoben.[5] Bislang wurde eine Angleichung des Zivilrechts der einzelnen Mitgliedstaaten auf der Gemeinschaftsebene vor allem im Bereich des Verbraucherrechts erreicht: die Europäische Kommission hat Richtlinien erlassen, die inhaltliche Vorgaben u.a. für die Haustürwiderrufsgeschäfte, die Verbraucherkreditgeschäfte und Pauschalreisen enthalten.[6] Mitte 1996 hatte die

---

1 *Crome*, RheinZ 1 (1908/09), S. 6.

2 Siehe Beiträge in: *Müller-Graff*, Gemeinsames Privatrecht in der Europäischen Gemeinschaft, positiv: *Timme*, ZRP 2000, S. 301; *Coing*, NJW 1990, S. 938; *v. Bar*, in: Europäisierung des Rechts, S. 167; *Micklitz*, EuZW 1997, S. 229; von einer "Zukunftsvision" sprechen: *Müller-Graff*, NJW 1993, S. 23; *Rittner*, JZ 1995, S. 855; kritisch: *Tonner*, JZ 1996, S. 534; *Schwartz*, ZEuP 1994, S. 569; w.N. bei *Rittner*, JZ 1995, S. 853, *Schnyder/Straub*, ZEuP 1996, S. 31.

3 *Timme*, ZRP 2000, S. 301; umfassend: *Schulte-Nölke/Schulze*, Europäische Rechtsangleichung.

4 Entschließung des Europäischen Parlaments vom 25.05.1989, ZEuP 1993, S. 613 und vom 06.05.1994, ZEuP 1995, S. 667.

5 ABl. EG Nr. C 158 v. 26.06.1989, S. 400, abgedruckt in ZEuP 1993, S. 613 und ABl. EG Nr. C. 205 v. 25.07.1994, S. 518, Dok A. 3-0329/94, abgedruckt in ZEuP 1995, S. 667.

6 *Timme*, ZRP 2000, S. 301; *Tonner*, JZ 1996, S. 534; *Micklitz*, EuZW 1997, S. 230; *Müller-Graff*, NJW 1993, S. 14; ausführlich: *Schulte-Nölke/Schulze*, Europäische Rechtsan-

Fortsetzung nächste Seite

Europäische Kommission einen Vorschlag für eine Richtlinie über Verbrauchsgüterkauf und -garantien vorgelegt, der auf eine Angleichung der bestehenden einzelstaatlichen Regelungen an das internationale Kaufrecht zielt.[7] Der geänderte Vorschlag der Richtlinie wurde inzwischen verabschiedet und ist in Kraft.[8] Zwischenzeitlich ist auch die Ausarbeitung der "*Principles of European Contract Law*" durch die Commission of European Contract Law (die sog. Lando-Kommission) abgeschlossen und veröffentlicht.[9]
Ziel der Vereinheitlichung umfassender Bereiche des Privatrechts ist vor allem die bessere Gewährleistung der Verwirklichung des Binnenmarktes.[10] Es müssen gleiche oder zumindest vergleichbare Bedingungen hergestellt werden, um das Funktionieren des Wettbewerbs im Binnenmarkt zu garantieren.[11] Dies gilt besonders für den Warenkauf, da die Verwirklichung des Europäischen Binnenmarktes zu einer stetigen Zunahme internationaler Geschäftsbeziehungen im Bereich des Warenkaufs führt.[12] Ein möglichst ungehinderter Austausch von Waren ist dabei Voraussetzung für eine Steigerung des Wirtschaftswachstums und die Sicherung des Lebensstandards in den Mitgliedstaaten.[13]
Im Zuge des fortschreitenden Zusammenwachsens von Europa hat sich auch der deutsch-französische Warenverkehr ständig intensiviert. Beide Länder sind für

---

gleichung; *Schulze/Schulte-Nölke*, Casebook Europäisches Verbraucherrecht; *Martiny*, ZEuP 1999, S. 256.

7 Vorgelegt am 18.06.1996. *Micklitz*, EuZW 1997, S. 229; ausführlich: *Amtenbrink/Schneider*, VuR 1996, S. 367; *Schnyder/Straub*, ZEuP 1996, S. 9.

8 Geänderter Vorschlag der Richtlinie des Europäischen Parlaments und des Rates über den Verbrauchsgüterkauf und -garantien, ABl. EG 1998 C 148/12, KOM (1999) 6 endg. vom 19.01.1999; ausführlich: *Hondius*, ZEuP 1997, S. 130 ff.; *Schlechtriem*, JZ 1997, S. 441 ff.; *Schnyder/Straub,* ZEuP 1996, S. 8 ff.; *Magnus*, ZEuP 1999, S. 646; *Schulte-Nölke/Schulze*, Europäische Rechtsangleichung; *Schulze/Schulte-Nölke*, Casebook Europäisches Verbraucherrecht; *Schulze/Zimmermann*, Basistexte zum europäischen Privatrecht.

9 *Lando*, The Principles of European Contract Law; *Kramer*, ZEuP 1999, S. 209 ff.; *Tilmann*, IPRax 1992, S. 62; *Schulze/Zimmermann*, Basistexte zum Europäischen Privatrecht.

10 *Rittner*, JZ 1995, S. 854; *Micklitz*, EuZW 1997, S. 234.

11 *Micklitz*, EuZW 1997, S. 234. Die Europäische Kommission führt dazu im Rahmen ihres Vorschlags zum Verbraucherrecht wie folgt aus: "*Die Schaffung eines gemeinsamen Mindestsockels von unabhängig vom Ort des Kaufs der Waren in der Gemeinschaft geltenden Rechts für die Verbraucher stärkt das Vertrauen der Verbraucher und gestattet es ihnen, die durch die Schaffung des Binnenmarktes gebotenen Vorzüge besser zu nutzen.*" Vorschlag der Europäischen Kommission, KOM (95) 520 endg. v. 18.06.1996; abgedruckt in ZIP 1996, S. 1845.

12 *Drobnig/Kronke,* S. 91; *Diedrich*, IPRax 1992, S. 408, 411; *Ebenroth*, RIW 1994, S. 1.

13 *Schnyder/Straub*, ZEuP 1996, S. 9.

einander die wichtigsten Handelspartner.[14] Wirtschaftsverflechtung und die Entstehung regionaler grenzüberschreitender Wirtschaftsräume wirken sich auf Unternehmen aller Größenordnung aus, die geschäftliche Aktivitäten im Ausland entfalten.[15] Dabei müssen Lieferanten jedoch stets berücksichtigen, daß die im Inland gängigen Mobiliarsicherheiten jenseits der Grenze anderen Voraussetzungen unterliegen. Liefert beispielsweise ein deutscher Warenlieferant auf Grundlage seiner allgemeinen Geschäftsbedingungen nach Frankreich, beurteilt sich die Zulässigkeit und Wirksamkeit des Eigentumsvorbehalts entsprechend dem im internationalen Sachenrecht geltenden Grundsatz der "*lex rei sitae*"[16] nach dortigem materiellen Recht, sobald die Ware ins Ausland gelangt.[17] Das französische Recht kannte jedoch bis 1980 keinen konkursfesten Eigentumsvorbehalt und erkennt bis heute die Formen des verlängerten und erweiterten Eigentumsvorbehalts nicht an, so daß der Anspruch des Warenlieferanten bei Verarbeitung seiner Ware nicht mehr gesichert ist. Die Divergenzen der deutschen und französischen Rechtsordnung auf dem Gebiet der Mobiliar-sicherheiten führen zu Rechtsunsicherheit und sind für die deutsch-französischen Rechts- und Handelsbeziehungen hinderlich.[18]

Da bislang vor allem die Rechte der privaten Verbraucher vereinheitlicht wurden, muß durch die Vereinheitlichung des Verkäufersicherungsrechts der Entstehung eines wirtschaftlichen Ungleichgewichts entgegen gewirkt werden.[19] Das unterschiedliche Recht der Mobiliarsicherheiten des Verkäufers führt zu einer Verzerrung der Wettbewerbsbedingungen.[20] Eine Konvention, Richtlinie oder Verordnung, die die Mobiliarsicherheiten vereinheitlicht, würde dazu beitragen, einen ungestörten Warenaustausch zwischen den Einzelwirtschaften der

---

14 1995 erreichten die deutschen Exporte nach Frankreich einen Wert von 84.493 Millionen DM, was einem Anteil von 11,6 % des Gesamtexports entspricht. Die Importe aus Frankreich beliefen sich 1995 auf 68.074 Millionen DM, was wiederum einem Anteil von 10,7 % des deutschen Gesamtimports gleichkommt. Angaben des Statistischen Bundesamtes, Fachserie 7, Außenhandel, Reihe 1.

15 *Kreuzer*, Europäisches Mobiliarsicherungsrecht, S. 617; *Zimmerer/Roger*, S. 10.

16 Die lex rei sitae Regel, die fast weltweit gilt, besagt, daß sich Erwerb und Verlust dinglicher Rechte an unbeweglichen und beweglichen Sachen sowie ihr Inhalt nach dem jeweils aktuellen Belegenheitsrecht richten. BGHZ 39, 173; BGHZ 100, 321, 324; Cass. req. 24.05.1933, D.H. 1933, p. 378; Cass. 08.07.1969, JCP 1970 II, 16182; *Kieninger*, S. 30 m.w.N.

17 *Kropholler* § 54 I, III.

18 *von der Groeben/Thiesing/Ehlermann - Bardenhewer*, Art. 7 a, Rdn. 27; *Kieninger*, S. 233, 243; *Goode*, p. 252.

19 *Kieninger*, S. 234.

20 *von der Groeben/Thiesing/Ehlermann - Bardenhewer*, Art.7 a, Rdn. 27; *Kieninger*, S. 233, 243; *Goode*, p. 252.

Mitgliedsländer der EU zu gewährleisten und die Erhaltung und Ausdehnung der Handelsbeziehungen des europäischen Binnenmarktes zu fördern. Die binnenmarktlichen Wirtschaftsverflechtungen begründen daher auch für den Bereich der Kreditsicherheiten, namentlich der Mobiliarsicherheiten, ein Bedürfnis nach harmonisierten Regeln.[21]
Eine Gemeinschaftsregelung der gegenseitigen Anerkennung von Mobiliarsicherheiten existiert jedoch bislang nicht. Wie im Rahmen der Arbeit noch genauer aufgezeigt werden wird, waren bisher alle Versuche der Vereinheitlichung des materiellen Rechts auf diesem Gebiet erfolglos.[22] Dabei stellt die Angleichung des deutschen und des französischen Rechts auf dem Gebiet der Mobiliarsicherheiten eines der wesentlichen Probleme der europäischen Harmonisierungsbestrebungen dar.[23] Denn gerade diese beiden nationalen Rechtsordnungen sind beispielhaft für die tiefgreifenden Differenzen und die stark unterschiedlichen Gestaltungen und Entwicklungen der einzelnen nationalen Rechtsordnungen.[24]

II.) Bedeutung und Funktion des Eigentumsvorbehalts in Deutschland

In Deutschland ist der Eigentumsvorbehalt das wichtigste Sicherungsmittel des vorleistenden Verkäufers.[25] Durch den einfachen Eigentumsvorbehalt, d.h. die aufschiebend bedingte Übereignung bei unbedingt abgeschlossenem Kaufvertrag, behält sich der Veräußerer, z.B. der Warenlieferant, bis zur vollständigen Bezahlung des Kaufpreises das Eigentum vor.[26] Zwar liegt der Übertragungstatbestand in Form der Einigung der Parteien über den Eigentumsübergang und der Besitzübertragung damit vor, der Eigentumsübergang ist aber durch die Kaufpreiszahlung aufschiebend bedingt.[27] Der Erwerber wirkt damit nach außen als Eigentümer, da er berechtigt ist, die Sachen in Besitz zu nehmen, sie zu benutzen und gegebenenfalls zu verwerten; der Vorbehaltsverkäufer behält aber das dem Eigentum innewohnende Sicherungs- und Verwertungsrecht. Mit Ein-

---

21 *Kieninger*, S. 152 ff., 215 ff.; *Hübner*, ZIP 1980, S. 832; *Kreuzer*, Europäisches Mobiliarsicherungsrecht, S. 631; *Müller-Graff*, NJW 1993, S. 15.

22 E.) V.).

23 Ähnlich schwerwiegende Probleme treten bei der haftungsrechtlichen Rechtsangleichung zwischen deutschem und französischem Recht auf, vgl. *v. Bar*, Gemeineuropäisches Deliktsrecht, Bd. I 1996, S. 367.

24 *Kieninger*, S. 24.

25 *Drukarczyk/Duttle/Rieger,* S. 64; *Staudinger-Honsell*, § 455, Rdn. 2.

26 *Lwowski*, Rdn. 964. Diese Definition des Begriffs "Eigentumsvorbehalt" wird den folgenden Ausführungen zugrunde gelegt.

27 *Staudinger-Honsell*, § 455, Rdn. 2; *Baur/Stürner*, § 59 I, Rdn. 2; *Serick*, Eigentumsvorbehalt, Bd. I, § 11 I 2, S. 244.

tritt der vereinbarten Bedingung, d.h. der vollständigen Bezahlung, geht das Eigentum direkt auf den Erwerber über, ohne daß es einer nochmaligen Einigung bedarf.
Bis zum Eintritt der Bedingung hat der Vorbehaltskäufer ein Anwartschaftsrecht an der unter Eigentumsvorbehalt veräußerten Sache. Die h. M. betrachtet das Anwartschaftsrecht als ein "wesensgleiches Minus zum Eigentum".[28] Es wirkt dinglich und wird wie ein Vollrecht behandelt. Während der Käufer hinsichtlich der Sache selbst noch Nichtberechtigter ist und eine wirksame Weiterübertragung nur mit Genehmigung oder bei gutgläubigem Erwerb möglich ist, kann er über das Anwartschaftsrecht - insbesondere zu Kreditzwecken - bereits als Berechtigter verfügen.
Im Falle der Insolvenz des Käufers steht dem Eigentumsvorbehaltsverkäufer ein Aussonderungsrecht zu, sofern er nach § 455 BGB wirksam zurückgetreten ist.[29] Der Verkäufer kann die Sache nach § 985 BGB als Eigentümer herausverlangen. Die für die Behandlung des Eigentumsvorbehalts maßgeblichen Vorschriften der Konkursordnung (§ 43 KO) wurden entsprechend in die Insolvenzordnung vom 01.01.1999 übernommen (§ 47 InsO).[30]
Kraft gesetzlicher Zulassung wird die Publizität beim Eigentumsvorbehalt vernachlässigt.[31] Eine Registereintragung oder sonstige Form der öffentlichen Bekanntmachung ist nicht erforderlich.[32]
Der einfache gesetzlich normierte Eigentumsvorbehalt wurde im deutschen Recht durch zahlreiche Verlängerungs- und Erweiterungsformen zu einem umfassenden Schutzsystem ausgebaut.[33] Die wichtigsten Sonderformen des Eigentumsvorbehalts sind der *erweiterte Eigentumsvorbehalt*, insbesondere in Form des Kontokorrentvorbehalts, und der *verlängerte Eigentumsvorbehalt.*[34] Bei ersterem wird der Eigentumsübergang von der Bezahlung sämtlicher aus der Geschäftsverbindung des Vorbehaltsverkäufers mit dem Käufer herrührender

---

28 *Serick*, Eigentumsvorbehalt, Bd. I, § 5 I 1, S. 75; *Weber*, § 9 IV, S.178; BGHZ 20, 99; *Baur/Stürner*, § 59 V, Rdn. 33 m.w.N. Eine Übersicht über den Meinungsstreit findet sich bei *Staudinger-Honsell,* § 455, Rdn. 34.

29 *Baur/Stürner*, § 59 I, Rdn. 26 ff; *Serick*, Eigentumsvorbehalt, Bd. I, § 5 I 1, S. 77.

30 *Staudinger-Honsell,* § 455, Rdn. 49; *Marotzke*, ZZP 109 (1996), S. 431; *Obermüller*, Insolvenzrecht in der Bankpraxis, S. 820, Rdn. 6.355.

31 *Baur/Stürner*, S. 558.

32 *Staudinger-Honsell*, § 455, Rdn. 9.

33 Übersicht bei *Staudinger-Honsell,* § 455, Rdn. 52 ff.

34 Seltener gebrauchte Unterformen des erweiterten Eigentumsvorbehalts sind der nachgeschaltete Eigentumsvorbehalt, der weitergeleitete Eigentumsvorbehalt und der Konzernvorbehalt, wobei den beiden letzteren häufig wegen Verstoßes gegen § 9 AGB oder wegen Sittenwidrigkeit die Wirksamkeit versagt wird. Ausführlich dazu: *Reinicke/Tiedtke*, Rdn. 1176 ff.

Forderungen abhängig gemacht.[35] Häufig gebraucht wird vor allem der meist in Allgemeinen Geschäftsbedingungen enthaltene *verlängerte Eigentumsvorbehalt*, bei dem der Vorbehaltsverkäufer dem Käufer die Veräußerung und Verarbeitung der unter Eigentumsvorbehalt erworbenen Sache im gewöhnlichen Geschäftsverkehr erlaubt (§ 185 BGB).[36] Der Verkäufer läßt sich bei der Weiterveräußerung durch den Käufer dafür die künftigen Kaufpreisforderungen aus dem Weiterverkauf abtreten. Bei der Verarbeitung durch den Käufer schließt der Eigentumsvorbehaltsverkäufer in einer Verarbeitungsklausel die Anwendbarkeit des § 950 BGB aus oder läßt sich sicherungshalber durch vorweggenommenes Besitzkonstitut das Eigentum an der durch Verarbeitung erlangten Sache bzw. am Erlös übertragen.[37]

Die Sicherungsübereignung als wichtigste Form des eigennützigen Treuhandeigentums steht damit im deutschen Verkäuferschutzsystem in unmittelbarem Zusammenhang mit dem Eigentumsvorbehalt. Bei der Sicherungsübereignung ist die Eigentumsübertragung mit der Abrede verbunden, die zur Sicherung übereignete Sache nur bei Nichterfüllung der gesicherten Forderung zu verwerten; rechtlich erfordert sie Einigung und anstelle der Übergabe der Sache die Vereinbarung eines konkreten Besitzkonstituts, wobei die Sicherungsübereignung in der Regel selbst als derartiges Besitzmittlungsverhältnis anerkannt wird. Häufig wird die Sicherungsübereignung zur Absicherung eines Bankkredits eingesetzt, den der Vorbehaltskäufer aufnimmt, um den dem Weiterverkauf entgegenstehenden einfachen Eigentumsvorbehalt durch Zahlung zum Erlöschen zu bringen, mit dem seine Ware belastet ist. Auch diese Art der Kreditsicherung vollzieht sich nach deutschem Recht ohne besondere Offenlegung nach außen. Sie läßt den Sicherungsgeber vielmehr gegenüber anderen Gläubigern nach wie vor als solvent erscheinen.[38]

Durch das im Rahmen des Eigentumsvorbehalts entwickelte Verkäuferschutzsystem wird auch der Kaufmann im Falle der Zahlungsunfähigkeit seines Kunden wirksam geschützt. Dies ist vor allem im Hinblick darauf von Bedeutung, daß der Kaufmann sich nicht auf den Schutz des 1990 in Kraft getretenen Verbraucherkreditgesetzes berufen kann.[39] Das Verbraucherkreditgesetz normiert beim Kreditvertrag für den Rücktritt und seine Folgen besondere Vorschriften (§§ 7, 13 VerbrKrG) zum Schutz der Verbraucher, schützt aber gemäß § 1 VerbrKrG nur Nichtkaufleute.

---

35 *Reinicke/Tiedtke*, Rdn. 1173; *Staudinger-Honsell*, § 455, Rdn. 65.

36 *Staudinger-Honsell*, § 455, Rdn. 52; *Lambsdorff*, Rdn 299 ff.; *Palandt-Putzo*, § 455, Rdn. 17.

37 *Staudinger-Honsell*, § 455, Rdn. 64.

38 *Baur/Stürner*, § 56 I, S. 558.

39 Das Verbraucherkreditgesetz löste am 17.12.1990 das frühere Abzahlungsgesetz ab.

Grund für die weite Verbreitung des Eigentumsvorbehalts in Deutschland ist, daß er im Vergleich zur Bürgschaft oder zum Akkreditiv wesentlich kostengünstiger ist, formlos vereinbart werden kann und sowohl den Interessen des Verkäufers als auch den Interessen des Käufers dient: Dem Käufer werden Zahlungsziele oder Möglichkeiten zur Ratenzahlung eingeräumt und die Nutzung der Ware gewährt, ohne ihr Kreditbedürfnis zu offenbaren; der Verkäufer erhält für seine Vorleistung eine wirksame Sicherheit.[40]

III.) Ziel der Arbeit

Angesichts der bedeutenden Stellung, die der Eigentumsvorbehalt in Verbindung mit seinen Verlängerungs- und Erweiterungsformen im deutschen Recht unter den Verkäufersicherungsrechten eingenommen hat, stellt sich die Frage, warum dieser im französischen Recht nicht die gleiche Anerkennung erlangt hat. Die Gründe dafür liegen in der unterschiedlichen Entwicklung der beiden Rechtsordnungen und liefern gleichzeitig eine Erklärung für die schwierige Vereinheitlichung oder Angleichung dieser Rechtsbereiche.
Die Rechtsgeschichte macht darauf aufmerksam, daß es eine gemeinsame europäische Rechtskultur auf der Grundlage des aus dem Römischen Recht erwachsenen "*ius commune*" im Privatrecht bereits gegeben hat[41] und daß europäische Gemeinsamkeit jahrhundertelang eine Selbstverständlichkeit war.[42] Bis zum Ende des 18. Jahrhunderts waren die Völker von Portugal bis ins Baltikum, von Sizilien bis nach Skandinavien mit ihren grundlegenden Rechtseinrichtungen in einem einzigen Rechtskreis verbunden.[43] Dieser stellte über Jahrhunderte hinweg eine geistige Einheit dar, die von einer gemeinsamen Ausbildungs- und Wissenschaftstradition geprägt war.[44] Diese einheitliche europäische Privatrechtswissenschaft basierte auf dem Römischen Recht[45], das in erster Linie

---

40 *Pottschmidt/Rohr*, Rdn 372; *Hänsemeyer*, S. 153.

41 *Wadle*, in: Europäische Rechts- und Verfassungsgeschichte, S. 202; *Berman/Reid*, ZEuP 1995, S. 3 ff.; *Rittner* spricht sogar von einem "Jus commune Europaeum, dem über Jahrhunderte hinweg die Völker folgten, und das von einer gemeinsamen Rechtswissenschaft verbreitet, analysiert und tradiert wurde", JZ 1995, S. 853 m.w.N.; kritisch zur pauschalen Bezeichnung als "europäisches Privatrecht": *Brauneder*, ZNR 1993, S. 225.

42 *R. Schulze*, in: Europäische Rechts- und Verfassungsgeschichte, S. 19; *Coing*, Europäisches Privatrecht, Bd. I, S. 7; derselbe, NJW 1990, S. 853; *Zimmermann*, JZ 1992, S. 12; *Ritter*, JZ 1995, S. 853; *Knüttel*, JuS 1996, S. 768.

43 *R. Schulze*, in: Gemeinsames Privatrecht in der Europäischen Gemeinschaft, S. 129; *Tonner*, JZ 1996, S. 534.

44 Editorial, ZEuP 1993, S. 1.

45 *Kreuzer*, in: Gemeinsames Privatrecht in der Europäischen Gemeinschaft, S. 460; *Coing*, Europäisches Privatrecht, Bd. I, S. 39.

durch die Universitäten Italiens, Frankreichs, Spaniens, später auch Deutschlands (1347 Prag, 1365 Wien, 1419 Rostock), Polens (1364 Krakau), Ungarns (1367 Pecs), Skandinaviens (1478 Kopenhagen) und endlich im 16. Jahrhundert auch Schottlands verbreitet wurde.[46] Einheitliche wissenschaftliche Sprache war Latein.[47] Die Einheit verblaßte erst mit der Entstehung der Nationalstaaten und ihrer großen Kodifikationen.[48] Der mit dem Gedanken des Nationalstaates zusammenhängende Anspruch, ein eigenes nationales Recht zu besitzen[49], bedeutete den Bruch der Einheit der europäischen Rechtswissenschaft.[50]
Im Laufe des 19. Jahrhunderts verfestigten sich unterschiedliche nationale Rechtswissenschaften und Rechtstraditionen, die notwendigerweise den Juristen, die das Recht anwenden sollten, in ihrer Gesamtheit nicht mehr verständlich sein konnte.[51] Allmählich entstanden zahlreiche nationale Gesetzgebungen, deren Vereinheitlichung im Rahmen der europäischen Rechtsangleichung und allmählichen Herausbildung eines europäischen Privatrechts teilweise nahezu unüberwindbare Probleme aufwirft.[52]
Eine der ersten Zivilrechtskodifikationen des 19. Jahrhunderts war der Code civil von 1804. Er wurde zu Anfang des 19. Jahrhunderts als das Vorbild für eine Zivilrechtskodifikation schlechthin und als Verwirklichung der Idee des modernen nationalen Gesetzbuches betrachtet und gefeiert.[53] Der Code civil zeichnet sich, unter anderem aufgrund der Federführung Napoleons, durch eine präzise bürgernahe Sprache und eine straffe, durchsichtige Struktur aus und war als erstes privatrechtliches Gesetzbuch der Neuzeit auf den Typ des ständelosen, vor dem Gesetz gleichen und grundsätzlich freien Bürgers zugeschnitten.[54]

---

46 *v. Bar*, ZfRV 35 (1994), S. 221; *Impallomeni*, ZfRV 38 (1997), S. 1.

47 *Ranieri*, in: Europäische Rechts- und Verfassungsgeschichte, S. 95; *Impallomeni*, ZfRV 38 (1997), S. 1.

48 *Tonner*, JZ 1996, S. 534.

49 *R. Schulze*, in: Europäische Rechts- und Verfassungsgeschichte, S. 18.

50 *Wadle*, in: Europäische Rechts- und Verfassungsgeschichte, S. 202.

51 *Impallomeni*, ZfRV 38 (1997), S. 1.

52 Zu der Streitfrage, inwieweit eine völlige Vereinheitlichung realisierbar und erstrebenswert ist, vgl. Fn. 2.

53 *Dölemeyer*, Ius commune 1978, S. 181; *Wadle*, in: Europäische Rechts- und Verfassungsgeschichte, S. 202; *Schubert*, S. 2; *Boehmer*, AcP (151) 1950, S. 289; *R. Schulze*, in: Französisches Zivilrecht in Europa während des 19. Jahrhunderts, S. 23; *Bürge*, Das französische Privatrecht im 19. Jahrhundert, 1991.

54 *Wieacker*, Privatrechtsgeschichte der Neuzeit, S. 344; *Klenner*, Neue Justiz 1989, S. 266; *G. Boehmer*, AcP 151 (1950), S. 290; Vgl. zur Entstehungsgeschichte des Code civil: *P. Antoine Fenet,* Recueil complet des traveaux préparatoires du Code civil suivi d'une édition de ce Code, Paris 1829; *François Ewald/Florence Bellivier,* Naissance du Code Civil, Chevilly-Larue 1989; *Eckhard Maria Theewen,* Napoleons Anteil am Code civil,

Fortsetzung nächste Seite

Neben der Rationalität der Rechtsnormen und dem "starken politischen Pathos, das ihm eine geistige Geschlossenheit und Stilreinheit gibt"[55], ist es vor allem auch der kapitalistische Regelungsgehalt des Code civil, der ihn zum erfolgreichsten Gesetzbuch der neueren Zeit und zur Leitkodifikation des 19. Jahrhunderts werden ließ.[56] Zahlreiche Länder wurden vom Code civil direkt oder indirekt geprägt.[57] Dadurch erreichte Frankreich eine juristische Dominanz, von der es politisch und ökonomisch nur träumen konnte.[58] Die schnelle und weitgefächerte Ausbreitung des Code civil ließ das französische Recht beinahe als ein neuartiges "*ius commune*" erscheinen.[59]
Auch auf die deutsche Rechtsentwicklung übte das französische Recht wesentlichen Einfluß aus. Dieser manifestierte sich einerseits in dem Vorbildcharakter des französischen Rechts für die deutsche Gesetzgebung des 19. Jahrhunderts, andererseits in der Tatsache, daß der Code civil in Gestalt des Rheinischen Rechts lange Zeit in weiten Teilen Deutschlands galt und bereits Gegenstand zahlreicher wissenschaftlicher Untersuchungen war.[60] Die Auseinandersetzung mit französischem Recht im deutschsprachigen Raum war intensiv, wenngleich sich die Verfasser des BGB, dem politischen Zeitgeist entsprechend, teilweise für eine gegenteilige Regelung entschieden[61] und - um in den Worten Christian von Bars zu sprechen - geradezu einen "Anti-Code civil" schrieben.[62]
Dem Einfluß des deutschen Rechts auf die Rechtsentwicklung Frankreichs wurde dagegen bislang wesentlich weniger Bedeutung beigemessen; er fand vor allem im Rahmen der Verbreitung der deutschen Pandektenwissenschaft des

---

Berlin 1991; *André-Jean Arnaud,* Les origines doctrinales du Code civil français, Paris 1969.

55 *Wieacker*, Privatrechtsgeschichte der Neuzeit, S. 344.

56 Ebenda; *Dölemeyer*, Ius commune 1978, S. 181; *Klenner*, Neue Justiz 1989, S. 266; *R. Schulze*, in: Französisches Zivilrecht in Europa während des 19. Jahrhunderts, S. 15.

57 Ägypten, Argentinien, Belgien, Bolivien, Brasilien, Chile, Ecuador, Guatemala, Haiti, Honduras, Indonesien, Italien, Kolumbien, Costa Rica, Luxemburg, Mexiko, Monaco, Niederlande, Panama, Paraguay, Portugal, Spanien, Uruguay, Venezuela.

58 *Klenner*, Neue Justiz 1989, S. 266.

59 *R. Schulze*, in: Französisches Zivilrecht in Europa während des 19. Jahrhunderts, S. 24.

60 *Wadle*, in: Europäische Rechts- und Verfassungsgeschichte, S. 203; *Becker*, JuS 1985, S. 338; *Spieß*, JuS 1978, S. 869; *Ranieri*, Ius Commune 1977, S. 202; *R. Schulze*, in: Französisches Zivilrecht in Europa während des 19. Jhr., S. 9; *G. Boehmer*, AcP 151 (1950), S. 289; ausführlich v.a.: *Schumacher*, Das Rheinische Recht in der Gerichtspraxis des 19. Jhr., 1969; *Fehrenbach*, Traditionelle Gesellschaft und revolutionäres Recht, 1973; *Schubert*, Französisches Recht in Deutschland zu Beginn des 19. Jhr., 1977.

61 So vor allem im Deliktsrecht, vgl. *v. Bar*, Gemeineuropäisches Deliktsrecht, S. 367.

62 *v. Bar,* Gemeineuropäisches Deliktsrecht, S. 367; derselbe ZfRV 6 (1994), S. 221.

19. Jahrhunderts Beachtung.[63] Obwohl der deutsche Einfluß auf die Rechtsentwicklung in Frankreich insgesamt gesehen unzweifelhaft weniger ausgeprägt ist als der französische Einfluß auf das deutsche Recht, hat auch das deutsche Recht in der Folgezeit zeitweise sogar Vorbildcharakter für die französische Rechtsentwicklung erlangt.
Ziel dieser Arbeit ist es, die von der deutschen Entwicklung grundlegend abweichende Entwicklung der Verkäufersicherungsrechte in Frankreich darzustellen. Anhand der Entwicklung des Eigentumsvorbehalts in Frankreich wird dabei der Einfluß des deutschen Rechts auf die französische Rechtsentwicklung untersucht. Es soll aufgezeigt werden, daß die Gesetzgebung zu dem nunmehr im französischen Recht enthaltenen, konkursfesten Eigentumsvorbehalts nach deutschem Vorbild erfolgte. Dazu wird untersucht, wann, wo und in welcher Intensität ein deutscher Einfluß auf die französische Rechtsentwicklung festzustellen ist und ob es zu einer Übernahme des deutschen Rechts kam. Besonders herausgestellt werden sollen dabei geschichtliche Ereignisse, anhand derer sich eine Orientierung des französischen Rechts am deutschen Recht zeigt.

IV.) Gang der Darstellung

Die Arbeit widmet sich der schrittweisen Fortentwicklung und Erweiterung der Verkäufersicherungsrechte im französischen Privatrecht vom frühen 19. Jahrhundert bis zur Gegenwart. Sie beschränkt sich auf die Betrachtung der dinglichen Mobiliarsicherheiten an körperlichen beweglichen Sachen, die zur Sicherung einer Kaufpreisforderung nutzbar gemacht werden können. Im Mittelpunkt der Untersuchung steht die Ausbildung von Vorstufen und Sonderformen des Eigentumsvorbehalts und schließlich dessen weitgehende Ausbildung in der neueren französischen Gesetzgebung, Rechtsprechung und Lehre.

Nach einem Überblick über die Verkäufersicherungsmittel, die vor Erlaß des Code civil bestanden (B.) I.) , II.)) und über die Sicherungsmöglichkeiten, die der Code civil von 1804 für den Verkäufer vorsieht (C.), 1. Kapitel), wendet sich die Arbeit schwerpunktmäßig den Entwicklungen der Verkäufersicherungsrechte im Verlaufe des 19. Jahrhunderts in der Rechtsprechung, der Kautelarpraxis und der Gesetzgebung zu (C.), 2. und 3. Kapitel). Dadurch wird deutlich, welche Lücken die gesetzlichen Regelungen von 1804 aufwiesen und wie diese im Rahmen der Rechtsfortbildung durch Gesetzgebung und Rechtsprechung im Laufe der Zeit geschlossen wurden.

---

63 *Bürge*, Das französische Privatrecht im 19. Jh., 1991; derselbe in: Europäische Rechts- und Verfassungsgeschichte, S. 221.

Es soll aufgezeigt werden, daß im französischen Wirtschaftsleben zunächst vielerlei Varianten des heutigen Eigentumsvorbehalts verwandt wurden, daß all diesen Instituten aber durch die Rechtsprechung die entscheidende Schutzwirkung im Konkurs versagt wurde. Weiter soll gezeigt werden, wie die Gesetzgebung die dadurch hervortretende Problematik in der zweiten Hälfte des 19. Jahrhunderts zu mildern suchte und wie sich bereits früh einige Stimmen in Frankreich mit Bezug auf die Rechtslage in Deutschland für eine Fortentwicklung des Eigentumsvorbehalts aussprachen. Untersucht wird dabei auch die Rechtslage in den Gebieten des französischen Rechts in Deutschland im 19. Jahrhundert und die Situation in Elsaß Lothringen, wo sich bereits zu Beginn des 20. Jahrhunderts eine Übernahme des deutschen Eigentumsvorbehalts anbot (C.), 4. Kapitel).
Im folgenden behandelt die Arbeit den zunehmenden deutschen Einfluß auf die Rechtsentwicklung in Frankreich während des 20. Jahrhunderts (C.), 4. Kapitel; D.) 1. Kapitel, IV.), 2. Kapitel, V.)). Es wird aufgezeigt, daß es sich dabei um einen langjährigen Entwicklungsprozeß handelte, der sich zunächst in der Literatur, dann in der Rechtsprechung und schließlich in der Gesetzgebung vollzog. Es soll weiterhin gezeigt werden, daß die Gesetzgebung auch im 20. Jahrhundert ständig bemüht war, den wirtschaftlichen Bedürfnissen nach effektiven Verkäuferschutzrechten durch zahlreiche Spezialgesetze gerecht zu werden (D.) 1., 2. Kapitel) und daß es schließlich die Rechtsvergleicher waren, die dem deutschen Eigentumsvorbehalt in Frankreich 1980 zum Durchbruch verhalfen (D.), 1., 2., 3. Kapitel). Im Anschluß daran werden die neueren Entwicklungen des Eigentumsvorbehalts und seine Stabilisierung im Rahmen der französischen Rechtsprechung dargestellt sowie neuere Entwicklungstendenzen aufgezeigt (D.), 4. Kapitel).

B.) RECHTSLAGE VOR ERLAß DES CODE CIVIL

Das französische Recht zählt wie das deutsche Recht zur kontinental-europäischen Rechtsfamilie.[64] Wie in vielen anderen Rechtsordnungen dieser Rechtsfamilie[65] stößt man bei der Suche nach den Ursprüngen des französischen Rechts auf römisch-rechtliche Wurzeln.[66]

I.) Verkäuferschutz im Römischen Recht

In der altrömischen und teilweise auch noch in der vorklassischen Zeit des römischen Rechts ging man zunächst vom Barkaufprinzip aus.[67] Beim Barkauf lag der rechtserhebliche Kaufakt in der Übergabe der Ware und der gleichzeitigen Hingabe des Kaufpreises.[68] Der Barkauf bedeutete also rechtlich die Einheit von Kauf und Übereignung, während der Einigung nach frühem römischen Recht keine eigenständige Bedeutung beigemessen wurde.[69] Begriffe wie Kausal- und Erfüllungsgeschäft waren in diesem Stadium noch völlig fremd.[70] Der Kauf bestand vielmehr in zeitgleichen Leistungen, die zwei Eigentumsübertragungen entsprachen: Übereignung der Kaufsache gegen Übergabe des Geldes. Aufgrund der Einheit von Kauf und Übereignung, die das Barkaufprinzip rechtlich beinhaltet, waren beim Barkauf keine besonderen Sicherungsrechte für den Verkäufer wegen des ausstehenden Kaufpreises erforderlich.[71]

In der klassischen Zeit kam in Rom der Konsensualvertrag auf, der beim Kauf synallagmatische Leistungspflichten in Form von Lieferpflicht und Zahlungspflicht begründete und unabhängig von der Übergabe bestand.[72] Grundlage für die Abwicklung des Kaufes waren nunmehr die Parteiabreden. Die Einigung der Parteien über Ware und Preis war die Basis von beiderseitigen Leistungspflich-

---

64 *Hübner/Constantinesco,* S. 1.

65 Vgl. hierzu *Paul Koschaker*, Europa und das römische Recht, München 1947; *Berman/Reid,* ZEuP 1995, S. 3.

66 *Schulze*, in: Französisches Zivilrecht in Europa während des 19. Jahrhunderts, S. 12; *Plesmann*, S. 1; *Braun*, S. 15; *Hübner/Constantinesco*, S. 3; *Hattenhauer*, S. 459; *Knütel*, JuS 1996, S. 768.

67 *Kaser*, § 130 II 1, S. 545.

68 Ebenda, S. 545.

69 *Honsell/Mayer-Maly/Selb,* § 114, S. 304.

70 *Misera*, in: Festschrift für Rolf Serick, S. 275; *Honsell/Mayer-Maly/Selb*, § 114, S. 305 .

71 *Sandmann*, S. 3.

72 *Larem*, S. 16; *Misera*, in: Festschrift für Rolf Serick, S. 275; *Hormadka*, S. 13; *Kaser*, § 9 III 1, S. 46, § 33 I 2, S. 133; *Honsell/Mayer-Maly/Selb,* § 114, S. 306.

ten.[73] Damit war der Kauf begrifflich von dem sachenrechtlichen Erwerbsgeschäft gelöst und zu einem schuldrechtlichen Konsensualvertrag geworden.[74] Nach heutigem Verständnis war damit das Trennungsprinzip eingeführt. Der Eigentumsübergang resultierte jetzt allein aus der materiellen Übergabe der Sache, während durch den Vertrag an sich nur ein Schuldverhältnis entstand.

Durch das Auseinanderfallen des einheitlichen Geschäfts und die Verselbstständigung des Kausalgeschäfts und seiner Entwicklung zum eigenständigen, vom Erfüllungsgeschäft getrennten Verpflichtungsgeschäft ergaben sich zwangsläufig Probleme der Sicherung des Verkäufers, der vorleistete, um dem Wunsch des Käufers nach alsbaldiger Nutzung der gekauften Sache nachzukommen, und dabei den Kaufpreis stundete oder eine Ratenzahlung vereinbarte.[75] Das römische Recht stellte dem Verkäufer ein hochentwickeltes und umfassendes Schutzsystem zur Verfügung: Das Pfandrecht (*pignus*), die Hypothek (*hypotheka*), die Sicherungsübereignung (*fiducia cum creditore*), das Zurückbehaltungsrecht und das Auflösungsrecht (*lex commissoria*).[76]

Durch die Trennung von dinglicher Übergabe und obligatorischem Geschäft hatte sich im klassischen römischen Recht wirtschaftlich und rechtlich auch die Möglichkeit der Ausbildung eigentumsvorbehaltsähnlicher Institute wie des "*precarium*" und der "*location conductio*" ergeben.[77] "*Precarium*" bedeutet "in einer auf Bitten widerruflich gewährten Weise".[78] Die Parteien vereinbarten, die Sache sollte so verkauft sein, daß der Käufer sie zwar gleich, aber bis zur vollständigen Bezahlung des Kaufpreises nur bittweise, also auf Widerruf, erhalten solle.[79] Damit wurde dem Käufer die Nutzung bis zur Fälligkeit der Zahlung ermöglicht. Geriet der Käufer mit der Zahlung in Verzug, konnte der Verkäufer die Ware zurückfordern.[80] Auf diese Weise behielt der Verkäufer seine volle dingliche Rechtsstellung.[81] Erst mit der Zahlung sollte der Verkäufer aufhören

---

73 *Honsell/Mayer-Maly/Selb*, § 114, S. 306.

74 *Kaser*, § 130 II 2, S. 546.

75 *Misera*, in: Festschrift für Rolf Serick, S. 276; *Sandmann*, S. 3.

76 *Hausmaninger/Selb*, S. 247 ff.; *Honsell/Mayer-Maly/Selb*, § 78, S.195 ff.; *Hormadka*, S. 17 ff.; *Kaser*, § 110 ff.; *Altorfer*, § 2 II ff.; *Merk*, RheinZ, 7 (1914/15), S. 83.

77 *Sandmann*, S. 5; *Thiemann*, S. 38; *Pringsheim*, SZ, rom. Abt. 50 (1930), S. 407.

78 *Meinhart*, SZ, rom. Abt. 105 (1988), S. 730.

79 *Meinhart*, SZ, rom. Abt. 105 (1988), S. 730.

80 Als Mittel standen ihm hierfür das "*interdictum de precario*" und die "*rei vindicatio*" zur Verfügung. *Meinhart*, SZ, rom. Abt. 105 (1988), S. 730.

81 *Kaser*, § 96, S. 340.

zu besitzen und der Käufer durch seinen Willen beginnen, die Sachen als eigene zu besitzen.[82]
Die "*locatio conductio*" ist ein Rechtsinstitut, das die Vertragsformen zum Inhalt hatte, die heute in Miet-, Pacht-, Dienst- und Werkvertrag aufgegliedert werden.[83] Dabei konnte der Verkäufer zur Sicherung seines Zahlungsanspruchs eine Pacht- oder Mietabrede vereinbaren. Diese Abrede sicherte den Verbleib des Eigentums beim Verkäufer bis zur Zahlung der letzten Kaufpreisrate. Der Pächter/Mieter war nur der tatsächliche Inhaber.[84] Während der Pacht/Mietzeit war keine Ersitzung möglich. Da sich der Pacht- oder Mietvertrag mit der Zahlung der letzten Rate erledigte, hing der Eigentumserwerb von der Zahlung des Kaufpreises ab.[85] Der Verkäufer blieb also solange als Vermieter oder Verpächter Eigentümer, bis der Käufer den Kaufpreis vollständig gezahlt hatte.[86] Die dingliche Rechtsstellung des Verkäufers änderte sich durch die Übergabe der verkauften Sache nicht.

Im Justinianischen Recht fand sich eine Regelung, die das Eigentum trotz Übergabe der Sache erst mit Zahlung, Sicherstellung oder Stundung des Kaufpreises auf den Käufer übergehen ließ.[87] Damit war zumindest im Justinianischen Recht ein gesetzlicher Eigentumsvorbehalt legalisiert worden.[88] Justinian führte diese Regelung auf einen Satz des altrömischen Zwölftafelgesetzes zurück, nach dem ein Käufer, dem übergeben wurde, nur dann Eigentum erwarb, wenn er den Preis bezahlt oder Sicherheit (*stipulatio*) geleistet worden war.[89] Eine solche Rückforderung war jedoch in jedem Fall nur dann möglich, wenn der Verkäufer den Kaufpreis nicht gestundet hatte.[90] Im Falle der Kaufpreisstundung ging das Eigentum unmittelbar mit der Übergabe der Sache auf den Käufer über. Grund dafür war, daß die römischen Juristen der Ansicht waren, daß im Falle der Stundung der Verkäufer dem Käufer gutgläubig vertraut habe und in diesem guten

---

82 *Meinhart*, SZ, rom. Abt. 105 (1988), S. 732.

83 *Misera*, in: Festschrift für Rolf Serick, S. 279.

84 Ebenda, S. 279.

85 Ebenda, S. 280.

86 *Sandmann*, S. 8; *Mayer-Maly*, S. 61.

87 *Thiemann*, S. 42; *Sandmann*, S. 4 beide mit Quellenangaben.

88 *Larem*, S. 6; *Thiemann*, S. 42; *Sandmann*, S. 4.

89 *Honsell/Mayer-Maly/Selb*, § 62, S. 161; *Sandmann*, S. 4; *Thiemann*, S. 42; *Kaser*, § 100 IV 3, S. 418. Die Herkunft dieses Satzes, seine Bedeutung und seine Übersetzung sind jedoch sehr umstritten. Übersicht über den Rechtsstreit bei *Sandmann*, S. 4.

90 *Larem*, S. 6; *Burada*, p. 15; *Thiemann*, S. 43.

Glauben nicht geschützt sei, so daß ihm bei Zahlungsunfähigkeit des Käufers keine bevorzugte Behandlung zukomme.[91]

In späteren Jahrhunderten entzündete sich ein heftiger Streit, ob es sich bei den römisch-rechtlichen Konstruktionen des "*precarium*" und der "*locatio conductio*" bereits um das gemeinrechtliche "*pactum reservati dominii*" handle oder ob dieses eine Schöpfung des deutschen Rechts sei.[92] "*Pactum reservati dominii*" ist mit "Abrede" oder "Vereinbarung zur Zurückbehaltung des Eigentums" zu übersetzen. Diese Bezeichnung trat erstmalig im 16. Jahrhundert auf und bürgerte sich im 18. Jahrhundert als Bezeichnung für den Eigentumsvorbehalt im gemeinen deutschen Recht ein.[93] Zwar war den römisch-rechtlichen Konstruktionen des "*precarium*" und der "*locatio conductio*", wie auch der Übergabe der verkauften Sache an den Käufer als Pfand, gemein, daß sich der Verkäufer bis zur vollständigen Zahlung des Kaufpreises trotz Übergabe der verkauften Sache eine dingliche Rechtsstellung an dem Kaufobjekt sichern wollte. Dennoch überwiegt in der rechtshistorischen Literatur die Ansicht, daß bei diesen Instituten, ausgehend von der strengen begrifflichen Definition des Eigentumsvorbehalts, die im wesentlichen auf die durch die Kaufpreiszahlung bedingte Übereignung abstellt, nur eine äußerliche Ähnlichkeit mit dem "*pactum reservati dominii*" festgestellt werden kann.[94] Denn das "*pactum reservati dominii*" nach gemeinem Recht kannte beim Eigentumsvorbehalt keine Verbindung von Miete und Kauf.[95] Das Eigentum verblieb kraft Parteivereinbarung beim Verkäufer, ohne daß dieser die Stellung eines Vermieters oder Verpächters einnahm. Sandmann und Thiemann weisen darauf hin, daß insgesamt gesehen die Anhaltspunkte in den Quellen zu spärlich seien, als daß sich eine genaue Charakterisierung und rechtliche Einordnung dieser Vereinbarungen vornehmen lasse.[96] Auch die im 19. Jahrhundert h.M. ging davon aus, daß im klassischen

---

91 *Desticker*, p. 3.

92 Übersicht bei *Duncker*, Rheinisches Museum 5 (1833), S. 65; *Sandmann*, S. 37 ff.; *Schiemann*, SZ, rom. Abt. 93 (1976), S.163; *Pringsheim*, SZ, rom. Abt. 50 (1930), S. 407 ff.; vgl. auch *Wieacker*, Lex commissoria, S. 61; *Misera*, in: Festschrift für Rolf Serick, S. 289; *Mayer-Maly*, S. 62; *Kaser*, § 100 IV 3, S. 418; *Bürge*, SZ 99 (1982), S. 151; *Larem*, S. 7.

93 *Berger*, S. 63.

94 *Schiemann*, SZ, rom. Abt. 93 (1976), S.163; *Sandmann*, S. 7; *Meinhart*, SZ, Rom. Abt. 105 (1988), S. 229; *Berger*, S. 54; *Larem*, S. 7.

95 *Sandmann*, S. 8; *Meinhart*, SZ, Rom. Abt. 105 (1988), S. 229.

96 *Sandmann*, S. 9; *Thiemann*, S. 39.

römischen Recht der Eigentumsvorbehalt als Sicherungsmittel unbekannt gewesen sein müsse.[97]
Festgehalten werden kann demnach, daß das römische Recht einen Eigentumsvorbehalt bei der Kreditierung des Kaufpreises zwar nicht als Institution kannte, dessen Sicherungswirkung zugunsten eines auf Kredit veräußernden Verkäufers aber dadurch erreicht wurde, daß der Käufer bis zur Kaufpreiszahlung in die Stellung eines Mieters oder Prekaristen gebracht wurde.[98]

II.) Entwicklung der Verkäufersicherungsrechte im Ancien Droit

Im französischen Süden konnte sich das römische Recht seit der Spätantike halten ("*droit écrit*"). Im Norden[99] des Landes war ihm dagegen kein so großer Erfolg beschieden, da es weitgehend durch die "*coutumes*" verdrängt wurde ("*droit coutumier*").[100] "*Coutumes*" sind Bräuche, die sich aus germanischen Stammesrechten ("*leges barbarorum*") entwickelte hatten, die nach dem Untergang des römischen Reiches in Frankreich durch den Einzug germanischer Stämme eingeführt worden waren .[101]
Im Laufe der Zeit fing das römische Recht jedoch auch im Norden an, die *"coutumes"* zu durchdringen.[102] Für die Bereiche, die durch die "*coutumes*" nicht ausreichend oder gar nicht abgedeckt waren, wie teilweise das Vertragsrecht, wurde auf das ausgeformte und durchgebildete römische Recht zurückgegriffen.[103] Auch in den Bereichen, die von den *"coutumes"* geregelt waren, aber teilweise nur rudimentäre Grundsätze enthielten, wurde das römische Recht als "*ratio scripta*" ergänzend und erläuternd herangezogen, sobald die *"coutumes"* auf eine bestimmte Frage keine Antwort gaben.[104]

---

97 *Cohen*, GrünhutsZ 21 (1894), S. 694; vgl. auch *Larem*, S. 4; *Thiemann*, S. 39; *Berger*, S. 51 jeweils m.w.N.

98 *Honsell/Mayer-Maly/Selb*, § 62, S. 163; *Berger*, S. 54.

99 Bis zum 12. Jahrhundert bildete sich eine klare Trennungslinie heraus, die in Höhe der Loire verlief. Diese Trennung blieb bis 1789 im wesentlichen erhalten. *Hübner/Constantinesco,* S.1.

100 *Hübner/Constantinesco,* S. 1; *Olivier-Martin*, Histoire du droit français, p. 427, n° 323; *A. Esmein*, Cours élémentaire d'histoire, p. 682.

101 *Hübner/Constantinesco,* S. 1; *E. Schulze*, La clause de réserve de propriété, p. 21.

102 *Olivier-Martin*, Histoire du droit français, p. 427, n° 323; *A. Esmein*, Cours élémentaire-d'histoire, p. 682.

103 *A. Esmein*, Cours élémentaire d'histoire, p. 682; *Wesenberg/Wesener*, S. 61; *Jourdan*, p. 44; *Grasmann*, S. 103; *Martin*, Histoire de la coutume de la prévoté et vicompté de Paris, t. II, p. 123.

104 *A. Esmein*, Cours élémentaire d'histoire, p. 686.

Der vordringende Einfluß des römischen Rechts wirkte sich im 14. Jahrhundert dahingehend aus, daß sich in den Gebieten des "*droit coutumier*" beim Eigentum die unbeschränkte Fahrnisverfolgung durchsetzte und zunächst auch die römische Mobiliarhypothek Anwendung fand, bei der keine Übergabe an den Gläubiger notwendig war.[105] Nur für das Pfandrecht blieb der germanische Grundsatz der beschränkten Fahrnisverfolgung (Fahrnis hat kein Geleit) weiterhin gültig.[106] Aufgrund dieser beschränkten Gültigkeit wurde der germanische Grundsatz in den "*coutumes*" neu formuliert: "*meubles n'ont pas de suit par hypothèque*".[107]
Da die Mobiliarhypothek durch ihre Publizitätslosigkeit Quelle für Mißbrauch und Rechtsunsicherheit war, wurde sie Mitte des 15. Jahrhunderts weitgehend abgeschafft.[108] Mit dem Untergang der Mobiliarhypothek setzte sich der Grundsatz "*meubles n'ont pas de suite par hypothèque*" in ganz Frankreich gegenüber dem römischen Recht durch.[109]
Das Vordringen des römischen Rechts hatte weiterhin zur Folge, daß in einigen Gebieten des "*droit coutumier*" das römisch-rechtliche Zurückbehaltungsrecht und das Rückforderungsrecht ebenfalls übernommen wurden.[110] Hinsichtlich des Vertragsauflösungsrechts wurde die römische Überlieferung in den "*pays de droit coutumier*" dahingehend abgewandelt, daß den Vertragsparteien bei allen synallagmatischen Verträgen im Falle der Nichterfüllung unmittelbar und ohne ausdrückliche Vereinbarung ein Vertragsauflösungsrecht gewährt wurde.[111] Dadurch entstand als Vertragsauflösungsrecht der "*pacte commissoire tacite*".

Neben den aus dem römischen Recht bereits bekannten Verkäufersicherungsrechten bildete sich im 16. Jahrhundert zum Schutz des Kreditverkäufers in den *"coutumes"* ein bis dahin unbekanntes Recht des Verkäufers auf bevorzugte Be-

---

105 So in der Normandie, in der Bretagne, in Main und Anjou. *Ehrig*, S. 30.

106 *Ehrig*, S. 29; *Jourdan*, p. 47.

107 *Jourdan*, p. 47. Dieser Grundsatz wurde später in Art. 2119 C.c. übernommen.

108 *Schöndorf*, ZHR, 68 (1910), S. 484; *Duncker*, Rheinisches Museum, 5 (1833), S. 172; *Szamek*, p. 31; *Thiemann*, S. 46.

109 Jourdan kommentierte dies wie folgt: "*Ainsi, des deux institutions qui avaient vécu côte à côte quelques siécles, c'était cell de 'origine germanique qui triomphait dès la fin du XVIe siècle das la presque totalité de la France.*" *Jourdan*, p. 44.

110 *Burada*, p. 52; *Desticker*, p. 4; *Brissaud*, p. 502; *Despierres*, p. 79; *Pateault*, p. 290. Nach der Aufzeichnung der Coutumes de Paris 1510 wurde das Rückforderungsrecht in Art. 194 normiert. Die Formulierung wurde in Art. 176 der Coutumes de Paris von 1580 beibehalten: "*Qui vend aucune chose mobiliaire sans jour et sans terme, espérant être payé promtement, il peut la chose poursuivre, en quelque lieu qu'ele soit transportée, pour être payé du prix qu'il a vendue.*" zitiert nach *Despierres*, p. 79.

111 *Brissaud*, p. 505; *Burada*, p. 23; *Desticker*, p. 4.

friedigung an der Sache vor den anderen Gläubigern heraus: das "*privilège*".[112] Dies war als Reaktion auf die Bedürfnisse der Praxis nach einer Schutzmöglichkeit des Kreditkäufers zu sehen, die trotz des noch seltenen Auftretens des Kreditkaufs erforderlich wurde.[113] Begründet wurde die Entstehung dieses Rechts mit Gerechtigkeitserwägungen: Es sei ungerecht, daß sich die Gläubiger des Käufers aus einer Sache befriedigen könnten, die der Verkäufer, ohne seinerseits den Kaufpreis erlangt zu haben, in das Vermögen eingebracht habe.[114] Die Rechtsprechung dehnte das Verkäuferprivileg schließlich auch auf diejenigen Kaufverträge aus, in denen der Verkäufer dem Käufer keinen Kredit gewährt hatte.[115]

Auch die Ausdehnung des aus dem römischen Recht überlieferten, streng auf den Barkauf limitierten, gesetzlichen Eigentumsvorbehalts auf den Kreditkauf trug zu einer weiteren Verbesserung der Position des Verkäufers bei: Abweichend vom römischen Recht wurde in einigen *"coutumes"* die Rückforderung unbezahlter Ware auch beim Kreditkauf erlaubt.[116] Diese gingen davon aus, daß auch beim Kreditkauf das Eigentum erst mit vollständiger Zahlung des Kaufpreises übergehe. In dem Fall, in dem der Verkäufer seine Ware in den Händen des Käufers so wiederfand, wie er sie verkauft hatte, konnte er diese zurückfordern, sobald die Frist, die für die Zahlung anberaumt worden war, abgelaufen war. Grund für diese Regelung war auch hier das zunehmende Bedürfnis nach Rechtsschutz beim Kreditkauf.[117]

---

112 *Planiol/Ripert*, Traité pratique, t. XII n° 188; *Desticker*, p. 5. Die "*Coutumes de Paris*" wurden bei der Reform von 1580 um einen neuen Artikel (Art. 177) wie folgt ergänzt: "*Et néanmoins, encore qu'il (vendeur) eût donné terme, si la chose se trouve saisi sur le débiteur par un autre créancier, il peut empêcher la vente et est préféré sur sa chose aux autres créanciers.*" zitiert nach *Despierres*, p. 80. Diese Regelung wurde bald von zahlreichen weiteren *"coutumes"* übernommen. *Lévy-Bruhl,* Annal. dr. com., 1938, p. 300.

113 *Lévy-Bruhl*, Annal. dr. com., 1938, p. 296; *Burada*, p. 25; *Vallat*, p. 121; *Despierres*, p. 80.

114 *Burada*, p. 25; *Vallat*, p. 121.

115 *von Boehmer,* Eigentumsvorbehalt, S. 139.

116 Eine entsprechende Regelung fand sich schon früh in den Coutumes de Beauvoisis de Philippe de Beaumanoir und später in den Coutumes de Paris von 1580 (Art. 177), die zum Vorbild für weitere coutumes wurden. *Beaumanoir*, Coutumes de Beauvoisis, t. 1, n° 712: "*Mes voirs est, se chascuns trueve sa chose entière avant qu'ele soit mise en euvre et après le terme que l'en dut estre paié du pris, et ele est encore a celi qui l'acheta, l'en puet redemander arrières, se l'acheteur ne fet plein paiement.....*" Der Wortlaut des Art. 177 der Coutumes de Paris wurde dahingehend interpretiert, daß der Verkäufer auch das Recht hatte die Sache zurückzunehmen. *Burada*, p. 25; *Lévy-Bruhl*, Annal. dr. com., 1938, p. 299.

117 *Beaumanoir*, Coutumes de Beauvaisis, t. 1, n° 712.

Unzweifelhaft hatte diese Regelung einige Gemeinsamkeiten mit dem heutigen Eigentumsvorbehalt, dennoch war ihre rechtliche Ausgangsbasis eine andere: Sie beruhte auf der Idee, den Eigentumsübergang durch gesetzliche Vorschrift oder sonstiges objektives Recht an die vollständige Kaufpreiszahlung zu binden, unabhängig davon, ob diese gestundet wurde oder nicht.[118] Das Gesetz bestimmte also, daß die Übergabe der unter Kredit verkauften Ware nicht unmittelbar den Eigentumsübergang mit sich brachte, dieser vielmehr von der vollständigen Zahlung des Gesamtpreises abhing. Einen vertraglich vereinbarten Vorbehalt des Eigentums seitens des Verkäufers kannten die genannten "*coutumes*" nicht.[119]

Mit zunehmendem Einfluß des römischen Rechts und auf das verstärkte Drängen aus Kaufmannskreisen hatte sich seit Mitte des 18. Jahrhunderts im wesentlichen der römisch-rechtliche gesetzliche Eigentumsvorbehalt wieder durchgesetzt, der das Rückforderungsrecht nur beim Barkauf zubilligte und den Kreditverkäufer zum einfachen Gläubiger werden ließ.[120]

In den Gebieten des "*droit coutumier*", in denen weder der gesetzliche noch der vertragliche Eigentumsvorbehalt für den Kreditkauf anerkannt worden war, wurde zumindest der Begriff Barzahlung so weit ausgedehnt, daß dem Verkäufer die Rückforderung noch während mehrerer Wochen erlaubt war.[121]

Festgehalten werden kann daher, daß die Verkäufersicherungsrechte bei beweglichen Sachen im Ancien Droit mit wenigen Ausnahmen Nachwirkungen des römischen Rechts waren: "*L'ancien droit français....n'est que la reproduction du droit romain.*"[122]

Das "*droit coutumier*" war jedoch durch die Einführung des "*privilège*" und die dargestellten Modifikationen des römischen Rechts für den unbezahlten Verkäufer in der Regel günstiger als das "*droit écrit*".[123]

---

118 *Szamek*, p. 29; *E. Schulze*, La clause de réserve de propriété, p. 27.

119 *Szamek*, p. 29; *E. Schulze*, La clause de réserve de propriété, p. 27.

120 In Kaufmannskreisen war die Forderung laut geworden, im Konkurs des Käufers alle Gläubiger gleich zu behandeln und das Rückforderungsrecht des Verkäufers deshalb einzuschränken oder zu versagen. Ausführlich: *Durand*, J.C.P. 1995, n° 46, p. 5; *Lévy-Bruhl*, Annal. dr. com., 1938, p. 297.

121 *Martin*, Histoire de la coutume de la prévoté et vicompté de Paris, t. II, p. 113.

122 *Burada*, p. 21.

123 *Lévy-Bruhl*, Annal. dr. com., 1938, p. 296; *E. Schulze*, La clause de réserve de propriété, p. 27; *Martin*, Histoire de la coutume de la prévoté et vicompté de Paris, t. II, p. 113.

III.) Zusammenfassung

Anders als in Deutschland, wo der Eigentumsvorbehalt an Immobilien nach der Quellenstudie von Sandmann bereits im 16. Jahrhundert auftrat und sich im 18. Jahrhundert allgemein durchgesetzt hatte[124], erlangte in Frankreich bis Ende des 18. Jahrhunderts nur der gesetzliche Eigentumsvorbehalt eine gewisse Bedeutung.
Bereits hier liegen mithin die Ursprünge der sich im weiteren Verlauf der Zeit immer stärker herauskristallisierenden Unterschiede der Entwicklung des deutschen und französischen Rechts auf dem Gebiet des Eigentumsvorbehalts.

C.) ENTWICKLUNG DER VERKÄUFERSICHERUNGSRECHTE IM 19. JAHRHUNDERT UND ZUR JAHRHUNDERTWENDE

1. KAPITEL: VERKÄUFERSCHUTZ IM CODE CIVIL

1804 erhielt ganz Frankreich ein einheitliches Zivilrecht in Form des Code civil. Dieser beseitigte sowohl die Trennung zwischen "*pays de droit écrit*" und "*pays coutumier*" als auch die Rechtszersplitterung, die durch die unüberschaubare Zahl von "*coutumes*" entstanden war.[125]

Das neue französische Kaufrecht beruhte, wie das französische Obligationenrecht überhaupt, im wesentlichen auf den Lehren Pothiers, der seinen Werken "*Traité des obligations*" und im besonderen "*Traité du contrat de vente*" das römische Recht zugrunde legte.[126] Bei dem großen Ansehen, das er in Frankreich genoß, und angesichts der Kürze der zur Verfügung stehenden Zeit hatten die Verfasser des Code civil wiederholt unmittelbar auf die Definitionen

---

124 *Sandmann*, S. 31.

125 *André-Jean Arnaud*, S. 125 ff.; Vgl. zur Entstehungsgeschichte des Code civil: *P. Antoine Fenet,* Recueil complet des traveaux préparatoires du Code civil suivi d'une édition de ce Code, 15 Bde., Paris 1827; *François Ewald/Florence Bellivier,* Naissance du Code Civil, Chevilly-Larue 1989; *Eckhard Maria Theewen,* Napoléons Anteil am Code civil, Berlin 1991, S. 34 ff., S. 62 ff.

126 *André Arnaud*, S. 125 ff, 141 ff. Ausführlich dazu: *Hans-Jürgen König*, Pothier und das römische Recht, Frankfurt a.M. 1976; *Uwe Jahn,* Subtilité du droit romain bei Jean Domat und Robert Pothier, München 1971.

Pothiers zurückgegriffen und diese in den Code civil übernommen.[127] Pothier wird daher häufig "*père du Code civil*" genannt.[128] Naturrechtliches Gedankengut setzte sich bei der Regelung des Eigentumsübergangs durch, die eine wesentliche Abweichung vom römischen Recht beinhaltete und den Schlußstrich unter eine Jahrhunderte dauernde Entwicklung zog.[129]

I.) Einführung des Konsensualprinzips

Zur Zeit der Abfassung des Code civil war die Lehre vom dinglichen Vertrag noch nicht bekannt, da diese erst durch Savigny in die Rechtslehre eingeführt wurde.[130] Auch die Trennung zwischen obligatorischem Vertrag und dinglicher Übergabe der Sache, wie sie das römische Recht forderte, hatte der französische Gesetzgeber, trotz starken Dafürhaltens Pothiers, nicht übernommen. Die Verfasser des Code civil schufen vielmehr die gesetzliche Grundlage für das Vertragsprinzip, das sich schon gegen Ende des 18. Jahrhunderts in der Praxis entwickelt hatte.[131]

An mehreren Stellen im Code civil finden sich Bestimmungen darüber, daß sich der Eigentumsübergang bereits durch die Wirkung des Verpflichtungsgeschäfts vollzieht, ohne daß zusätzlich eine Tradition erforderlich ist. Zunächst besagt Art. 711 C.c. ganz allgemein, daß das Eigentum an Sachen durch die Wirkung

---

127 *Schulze*, in: Französisches Zivilrecht in Europa während des 19. Jahrhunderts, S. 12; *Plesmann*, S. 1; *Braun*, S. 15; *Hübner/Constantinesco*, S. 3; *Hattenhauer*, S. 459.

128 *Schulze*, in: Französisches Zivilrecht in Europa während des 19. Jahrhunderts, S. 12.

129 *Bürge*, Das französische Privatrecht im 19. Jahrhundert, S. 3 ff; derselbe, in: Europäische Rechts- und Verfassungsgeschichte, S. 221 ff.; *Boehmer*, AcP (151) 1950, S. 290; *Baeumer*, S. 21; *Plesmann*, S. 9; *Klenner*, Neue Justiz 1989, S. 267; *Luig*, in: Europäische Rechts- und Verfassungsgeschichte, S.103 ff.

130 *Savigny*, System Bd. 3, S. 312; derselbe, Obligationenrecht 2, S. 257.

131 Einige *"coutumes"* legten bereits im 14. Jahrhundert fest, daß in notariellen Kaufverträgen die Aufnahme der Klausel "*dessassine-saisine*" die gleiche Wirkung wie die Übergabe besäße (*Martin*, Histoire de la prévoté et vicompté de Paris, t. II, p. 33). Dabei handelt es sich um eine im Notariatsstil häufig anzutreffenden Klausel, aufgrund derer der Veräußerer das Eigentum an dem veräußerten Gegenstand aufgab, um von jetzt an für den Erwerber zu besitzen. Da die Notare im Laufe der Zeit keinen Vertrag mehr ohne diese Klausel abschlossen, wurde sie zum Notariatsstil und sowohl bei Immobiliar- als auch bei Mobiliarveräußerungen eingesetzt (*Martin*, Histoire de la prévoté et vicompté de Paris, t. II, p. 34). Später durften nicht nur Notare die Klausel anwenden, vielmehr konnte sie jeder, der eine schriftliche Vereinbarung abschloß, benutzen. Im Laufe der Zeit wurde die Vereinbarung zur leeren Formel "*vendidit et tradidit*" und sogar als selbstverständlich unterstellt. Damit war der Kaufvertrag in Laufe der Zeit faktisch translativ geworden. *Oeckinghaus*, S. 90.

der Verbindlichkeiten erworben und übertragen wird.[132] Art. 1138 C.c. ergänzt, daß die Verbindlichkeit, eine Sache zu liefern, durch die bloße Übereinstimmung der Vertragsparteien zustandekommt.[133] Neben diesen allgemeinen Bestimmungen wird das Konsensprinzip auch noch jeweils für die einzelnen Vertragstypen besonders geregelt. In bezug auf den Kaufvertrag bestimmt Art. 1583 C.c., daß das Eigentum von Rechts wegen (*de droit*) erworben wird, sobald eine Vereinbarung über den Kaufgegenstand und den Kaufpreis zustandekommt.[134] Damit hängt sowohl die Wirksamkeit des Vertrages als auch der Eigentumsübergang von der Einigung der Parteien ab.[135] Mit der bloßen Einigung geht neben dem Eigentum auch die Gefahr des zufälligen Untergangs auf den Käufer über, unabhängig davon, ob die Übergabe bereits erfolgt ist und der Preis gezahlt wurde.[136] Deutlicher, als durch diese Dreifachnormierung, konnte der Gesetzgeber seinen Willen, Eigentum durch den bloßen Vertrag übergehen zu lassen, nicht ausdrücken.[137]

II.) Verkäufersicherungsmittel des Code civil

Die Grundstruktur des Code civil versetzt den besitzenden Käufer in eine sehr günstige Position. Grund dafür ist die Wirkung des Konsensprinzips der Art. 1138, 1583 C.c. *"l'obligation de donner rend le créditeur propriétaire"* und die Eigentumsvermutung des Art. 2279 C.c. "*en fait de meubles la possession vaut titre"*. Für den Veräußerer, der die Gegenleistung noch nicht empfangen hat, ergab sich deshalb die gesetzliche Notwendigkeit, die starren Formen des Eigentumsübergangs "*solo consensu*" zu mildern, indem ihm trotz der Aufgabe des Eigentums die Möglichkeit eröffnet wurde, sich an die Sache selbst halten zu können.[138]

---

132 Art. 711: "La propriété des biens s'acquiert et se transmet par succession, par donation entre vifs ou testamentaire, et par l'effet des obligations."

133 Art. 1138: "L'obligation de livrer la chose est parfaite par le seul consentement des parties contractantes. Elle rend le créancier propriétaire et met la chose à ses risques dès l'instant où elle a dû être livrée, encore que la tradition n'en ait point été fait, à moins que le débiteur ne soit en demeure de la livrer; auquel cas la chose reste aux risques de ce dernier."

134 Art. 1583: "Elle est parfaite entre les parties, et la propriété est aquise de droit à l'acheteur à l'égard du vendeur dès qu'on est convenu de la chose et du prix, quoique la chose n'ait pas encore été livré ni le prix payé."

135 *Sonnenberger*, S. 302, Rdn VI 32; *Braun*, S. 13.

136 *Sonnenberger*, S. 302, Rdn VI 32; *Braun*, S. 5; *Plesmann*, S. 5; *Ferid/Sonnenberger*, Bd. 2, 2 G Rdn 201 ff.

137 *Ferid/Sonnenberger,* Bd. 2, 2 G 131; *Hübner/Constantinesco,* S. 167; *Braun*, S. 15.

138 *Baeumer*, S. 9; *Rosskopf*, S. 4.

Auch die Verkäufersicherungsrechte des Code civil beruhen im wesentlichen auf römisch-rechtlichen Grundlagen, wobei jedoch auch die im Ancien Droit entwickelten Grundsätze Berücksichtigung erfahren. Der Code civil eröffnet dem Verkäufer die Möglichkeit, seine Kaufpreisforderung entweder durch das allgemeine Kreditsicherungsmittel des Faustpfandrechts abzusichern, oder sich eines der vier speziellen gesetzlichen Verkäuferschutzrechte nutzbar zu machen.

1.) Allgemeines Kreditsicherungsmittel: droit de gage Art. 2072 C.c.

Die klassische Form der dinglichen Verkäufersicherung stellt das Besitz- oder auch Faustpfandrecht dar, das aus dem römischen Recht überliefert, von Pothier abschließend formuliert und für den Code civil beibehalten wurde.[139]

a.) Voraussetzungen

Das französische Pfandrecht verkörpert ein dingliches Sicherungsrecht, das akzessorisch, d.h. an die Existenz einer zu sichernden Forderung geknüpft ist.[140] Wesensmerkmal des "*nantissement*" in Form des "*gage*" an beweglichen Sachen ist der Faustpfandcharakter, der durch die Notwendigkeit der Übergabe des Pfandgegenstandes vom Verpfänder an den Gläubiger bedingt ist.[141] Schon die Legaldefinition des "*nantissement*" in Art. 2071 C.c. bringt das Faustpfandprinzip zum Ausdruck.[142] Denn aus dem Wortlaut des Art. 2071 C.c. ist herzuleiten, daß die Übergabe eine "*dépossession*" (Besitzentäußerung) des Verpfänders voraussetzt.[143] Durch Art. 2076 C.c. erfährt das Erfordernis der Übergabe für das Pfandrecht an beweglichen Sachen eine Erläuterung dahingehend, daß für die "*dépossession*" grundsätzlich auch die Übergabe an einen Dritten ausreichend ist.[144] Obwohl die Übertragung des Besitzes auf den Gläubiger, bzw. auf den vereinbarten Dritten, "*réel*" sein muß, wird allgemein anerkannt, daß eine Übergabe kurzer Hand genügt.[145]
Indem der Gesetzgeber das Übertragungsprinzip gleich mehrfach im Rahmen der gesetzlichen Normierung zum Ausdruck brachte, betonte er seinen Willen,

139 *Ehrig*, S. 36.

140 *Kay*, S. 5.

141 *Colin/Capitant*, t. II, n° 1441, p. 913; *Bodenstein/Eberth/Jahn*, S. 80.

142 *Colin/Capitant*, t. II, n° 1441, p. 913; *Kay*, S. 6; *Bodenstein/Eberth/Jahn*, S. 81.

143 Art. 2071: "Le nantissement est un contrat par lequel un débiteur remet une chose à son créancier pour sûteté de la dette."

144 Art. 2076: "Dans tous les cas, le privilège ne subsiste sur le gage qu'autant que ce gage a été mis et est resté en possession du créancier, ou d'un tiers convenu entre les parties."

145 *Ehrig*, S. 43.

an der Notwendigkeit der Besitzübertragung beim Pfandrecht festzuhalten. Grund für dieses eindringliche Beharren auf dem Übergabeerfordernis scheinen vor allem die Erinnerungen an die Mißlichkeiten der im Ancien Droit zeitweilig auftretenden Mobiliarhypothek gewesen zu sein.[146]
Die rechtliche Begründung für den Sinn der Übergabe des Pfandes lieferte zunächst ausschließlich die Realvertragstheorie, die nach h.M. für den Pfandvertrag galt. Demzufolge bedarf es auch inter partes für das Zustandekommen des Pfandrechts und die Entstehung des dinglichen Vorzugs- und Verwertungsrechts der Übergabe der Sache an den Gläubiger oder einen von den Parteien vereinbarten Dritten.[147]
Begründet wird das Pfandrecht an beweglichen Sachen durch einen Vertrag zwischen Verpfänder und Pfandgläubiger, aufgrund dessen der Schuldner oder ein Dritter dem Gläubiger zur Sicherung der Forderung den Besitz an einer beweglichen Sache einräumt und ihn berechtigt, die Sache bis zur vollständigen Zahlung der Schuld zu behalten oder gegebenenfalls zu verkaufen und sich aus dem Erlös zu befriedigen.[148] Als Pfandobjekt können alle beweglichen Sachen sowie Rechte verwendet werden, sofern sie abtretbar sind und der Schuldner über sie verfügen kann.[149]
Zur Drittwirksamkeit des inter partes entstandenen Pfandrechts ist neben der Übergabe der Pfandsache und fortbestehendem Besitz des Pfandgläubigers (Art. 2076 C.c.), zusätzlich gemäß Art. 2074 eine öffentliche Beurkundung oder private Schriftform und die staatliche Registrierung erforderlich.[150] Diese Registrierung ist für den formfrei gültigen Pfandvertrag inter partes bedeutungslos und nur für die Rechtswirkung Dritten gegenüber erforderlich.[151] Zweck der Registrierung ist primär, das Datum der Verpfändung festzuhalten, um dadurch die Bestimmung der Priorität konkurrierender Rechte zu ermöglichen.[152]

---

146 Ebenda, S. 37.

147 *Ferid/Sonnenberger*, 3 D 109, S. 683.

148 *Krauss*, S. 79; *Ferid/Sonnenberger*, 3 D 109, S. 683; *Colin/Capitant*, t. II, n° 1433, p. 910; *Bodenstein/Eberth/Jahn*, S. 79.

149 *Krauss*, S. 79.

150 *Ferid/Sonnenberger*, 3 D 116, S. 685; *Gravenhorst*, S. 19; *Seeliger*, S. 11.

151 *Seeliger*, S. 11.

152 Art. 2074 (in seiner 1980 geänderten Fassung): "Ce privilège n'a lieu à égard des tiers qu'autant qu'il y a un acte authentique sous seing privé, dûmement enregistré, contentant la déclaration de la somme due, ainsi aue l'espèce et la nature des biens donnés en gage, ou un état annexé de leurs qualité, poids et mesures." Trotz des Gesetzeswortlauts läßt die heute h.M. auch andere Methoden der Datumsbestimmung zu (Art. 1328 C.c.), so daß die Registrierung privatrechtlich nicht mehr unabdingbar ist. *Ferid/Sonnenberger*, 3 D 116, S. 685.

b.) Rechte des Pfandgläubigers

Sind die gesetzlichen Voraussetzungen erfüllt, so gewährt das "*gage*" dem Pfandgläubiger ein "*droit de rétention*", ein "*droit de préférence*" und auch ein eingeschränktes "*droit de suite*". Diese Vorzugs- bzw. Folgerechte, die nach französischem Recht die dingliche Rechtsnatur kennzeichneten, wirken sich wie folgt aus:
Zum einen wird der Pfandgläubiger durch das "*droit de préférence*" in die Lage versetzt, sich aus der Pfandsache "*par privilège et préférence aux autres créanciers*" (Art. 2073 C.c.) zu befriedigen.[153] Dieses Recht des Pfandgläubigers ist ein dingliches Vorzugsrecht auf vorzugsweise Befriedigung aus dem Erlös der Pfandsache.[154] Es ermöglicht dem Pfandgläubiger, das in Art. 2093 C.c. festgelegte Gleichbehandlungsgebot aller Gläubiger zu durchbrechen und sich vor allen anderen Gläubigern des Schuldners zu befriedigen.[155] Durch die Anerkennung dieses Vorzugsrechts des Pfandgläubigers verbindet der Gesetzgeber das "*gage*", welches nach der Legaldefinition des Art. 2071 C.c. vertraglich begründet wird, mit dem dinglichen Sicherungssystem der Privilegien (Art. 2102, 2073 C.c.), die gemäß Art. 2095 C.c. gesetzliche Vorzugsrechte sind.[156]
Der Pfandgläubiger kann zwischen zwei Verwertungsrechten wählen: der gerichtlich angeordneten öffentlichen Versteigerung und der richterlichen Überweisung des Pfandes an Zahlungs Statt, nach erfolgter Sachverständigeneinschätzung.[157]

Außerdem hat der Gesetzgeber den Pfandnehmer zusätzlich mit einem "*droit de rétention*" (Art. 2082 I C.c.) ausgestattet[158], das ihm das Recht gibt, die Rückgabe der verpfändeten Sache so lange zu verweigern, bis er wegen der zu sichernden Forderung ganz - sowohl in bezug auf ihren Hauptbetrag als auch im Hinblick auf die Zinsen und etwaigen Kosten - befriedigt worden ist

---

153 Art. 2073: "Le gage confère au créancier le droit de se faire payer sur la chose qui en est l'objet, par privilège et préférence aux autres créanciers."

154 *Ferid/Sonnenberger*, 3 D 104, S. 682; *Krauss*, S. 79; *Seeliger*, S. 11.

155 Nach Art. 2093 C.c. dient das gesamte Vermögen des Schuldners dessen Gläubiger als gemeinsamer Haftungsgegenstand (gage commun): "Les biens du débiteur sont le gage commun de ses créanciers; et le prix s'en distribue entre eux par contribution, à moins qu'il n'y ait entre les céanciers des causes légitimes de préférence."

156 Art. 2095: "Le privilège est un droit que la qualité de la créance donne à un créancier d'être préféré aux autres créanciers, même hypothécaires."

157 *Ferid/Sonnenberger*, 3 D 133, S. 688; *Bodenstein/Eberth*, S. 84; *Kay*, S. 7.

158 Art. 2082: "Le débiteur ne peut, à moins que le détenteur du gage n'en abuse, en réclamer la restitution qu'après avoir entièrement payé, tant en principal qu'intérêts et frais, la dette pour sûreté de laquelle le gage a été donné."

(Art. 2082 C.c.).[159] Dabei kann er das Zurückbehaltungsrecht sowohl dem Verpfänder als auch Dritten, insbesondere den mit Generalprivilegien aus Art. 2101 C.c. ausgestatteten Gläubigern des Verpfänders, entgegenhalten.[160] Dieses "*droit de rétention*" besitzt somit absoluten Charakter und gibt dem Pfandgläubiger unabhängig vom Verwertungsrecht ein selbständiges Druckmittel, Zahlung zu verlangen.[161]

Schließlich ist der Pfandgläubiger Inhaber eines eingeschränkten "*droit de suite*"[162], das ihm bei unfreiwilligem Verlust der Sache während eines Zeitraumes von drei Jahren einen Herausgabeanspruch gegenüber jedem Dritten, in dessen Händen sich die Sache befindet, garantiert (Art. 2279 Abs. 2 C.c.).[163] Dieses Folgerecht besteht nicht bei gutgläubigem Erwerb einer dem Pfandgläubiger nicht abhanden gekommenen Sache oder bei freiwilliger Aufgabe durch diesen.[164] Diese Regelung folgt aus dem Grundsatz "*meubles n'ont pas de suite par hypothèque*", die der Gesetzgeber aus dem germanischen Recht, in der Gestalt, die es im Ancien Droit eingenommen hatte, in den Code civil übernahm.

Das zivilrechtliche Faustpfandrecht des Code civil ist damit ein wirksames und taugliches Sicherungsrecht, dessen Vorteil vor allem darin liegt, daß dem Gläubiger sowohl eine Vorzugsstellung vor allen anderen Gläubigern, als auch eine absolute Rechtsposition gegenüber Dritten eingeräumt wird und die Dritten ihrerseits über die Belastung der verpfändeten Sache infolge der Besitzaufgabe und der Registereintragung nicht im ungewissen gelassen werden.

---

159 *Altorfer*, § 23 I, S. 149; *Bodenstein/Eberth/Jahn*, S.84; *Seeliger*, S. 12; *Gravenhorst*, S. 20; *Ferid/Sonnenberger*, 3 D 125, S. 686.

160 *Altorfer*, § 23 I, S. 149; *Ferid/Sonnenberger*, 3 D 125, S. 686.

161 *Seeliger*, S. 12.

162 Art. 2279 al. 2: "Néanmoins celui qui a perdu ou auquel il a été volé une chose peut la revendiquer pendant trois ans, à compter du jour de la perte ou du vol, contre celui dans les mains duquel il la trouve; sauf à celui-ci son recours contre celui duquel il la tient."

163 Gegenüber dem bösgläubigen Besitzer kann er die unter Verletzung seines Rechts zum Besitz abhandengekommene Pfandsache dreißig Jahre lang herausvrlangen. *Gravenhorst*, S. 20; *Bodenstein/Eberth/Jahn*, S. 84; *Kay*, S. 9; *Ehrig*, S. 64; *Altorfer*, § 23 I, S. 149; *Ferid/Sonnenberger*, 3 D 124, S. 686.

164 *Bodenstein/Eberth*, S. 84.

2.) Gesetzliche Verkäufersicherungsmittel

a.) Droit de rétention Art. 1612 C.c.

Das "*droit de rétention*" wurde aus dem römischen Recht in das französische Zivilrecht des Code civil übernommen.[165] Da der Verkäufer schon mit Abschluß des Kaufvertrages das Eigentum an der Kaufsache verliert, will ihm Art. 1612 C.c. zumindest die Möglichkeit einzuräumen, die Kaufsache bis zur Bezahlung des Kaufpreises zurückzubehalten. Art. 1612 C.c. stellt eine echte Einrede dar, die der Verkäufer dem unberechtigten Herausgabeanspruch des Käufers entgegenhalten kann.[166]

Das "*droit de rétention*" ist ein dingliches Recht, das dem Herausgabeverlangen des Erstkäufers oder eines Dritten als Rechtsnachfolger des Schuldners, solange entgegengehalten werden kann, wie dieser seiner Zahlungsverpflichtung nicht nachgekommen ist.[167] Dritter kann in diesem Fall jeder sein, der entweder Eigentum an der Kaufsache erworben hat, als Gläubiger des Käufers die Zwangsvollstreckung in die Kaufsache betreibt oder Konkursverwalter des Käufers ist.[168]

Der Verkäufer muß Inhaber der tatsächlichen Sachherrschaft sein und dem Schuldner die Nutzung der Sache versagen. Das Zurückbehaltungsrecht besteht also nur solange, wie der Verkäufer sich im Besitz der Sache befindet.[169] Solange der Verkäufer sein Zurückbehaltungsrecht ausübt, ist die Sache dem Zugriff Dritter entzogen. Bei freiwilliger Herausgabe, z.B. in Form der Lieferung der Ware an den Käufer, erlischt das Zurückbehaltungsrecht, da die Herausgabe den endgültigen und unwiderruflichen Verzicht auf das Zurückbehaltungsrecht statuiert.[170]

Das "*droit de rétention*" ist grundsätzlich ein für den Barkauf geschaffenes Sicherungsrecht, da Voraussetzung für die Verweigerung der Herausgabe der Kaufsache gemäß Art. 1612 C.c. ist, daß der Verkäufer die Kaufpreiszahlung nicht gestundet hat.[171] Eine solche Stundungsabrede löst das beim Barkauf kraft Gesetz geschaffene funktionelle Synallagma zwischen Verkäufer- und Käuferschuld auf und führt zu einer Vorleistungspflicht des Verkäufers, die dem Zu-

---

[165] Art. 1612: "Le vendeur n'est pas tenu de délivrer la chose, si l'acheteur n'en paye pas le prix, et que le vendeur ne lui ait pas accordé un délai pour le payement."

[166] *Rosskopf*, S. 4; *Wieandt*, S. 2.

[167] *Burada*, S. 68; *Ehrig*, S. 84; *Planiol/Ripert*, Traité pratique, t. VI, n° 458; *Rosskopf*, S. 5.

[168] *Wieandt*, S.3; *Rosskopf*, S. 5.

[169] *Colin/Capitant*, t. II, n° 1473, p. 931; *Wieandt*, S. 5, *Rosskopf*, S. 8.

[170] *Wieandt*, S. 5.

[171] *Sommade*, p. 241; *Despierres*, p. 74; *Ferid/Sonnenberger*, 2 G 730, S. 145.

rückbehaltungsrecht entgegensteht.[172] Eine Einschränkung erfährt dieser Grundsatz jedoch in Art. 1613 C.c. für den Fall, daß der Käufer vor Zahlung des Kaufpreises in Konkurs fällt oder Umstände vorliegen, die den Kredit des Käufers so wesentlich herabgemindert erscheinen lassen, daß der Verkäufer Gefahr läuft, nach der Warenlieferung den Kaufpreis zu verlieren.[173]
Diese Ausnahme des Art. 1613 C.c., der auch dem stundenden Verkäufer ein Zurückbehaltungsrecht zubilligt, folgt aus dem in Art. 1188 C.c. normierten allgemeinen Rechtsgedanken, wonach der Schuldner den Vorteil einer Befristung nicht mehr in Anspruch nehmen kann, wenn er in Konkurs gefallen ist.[174] Hat der Käufer jedoch in diesem Fall eine Bürgschaft für die rechtzeitige Bezahlung des Kaufpreises gestellt, erlischt auch hier das Zurückbehaltungsrecht.
Die Rechtsprechung hat schließlich dem Verkäufer das Zurückbehaltungsrechts auch dann zugebilligt, wenn die Konkurseröffnung oder die Zahlungseinstellung schon vor dem Abschluß des Kaufvertrages lag, der Verkäufer aber über diese Tatsache arglistig getäuscht worden war.[175] Die bloße Unkenntnis des Verkäufers von der Konkurseröffnung oder der Zahlungseinstellung wird jedoch von der h.M. in der Literatur als zur Begründung eines Zurückbehaltungsrechts nicht ausreichend abgelehnt.[176]
Abgesehen von der freiwilligen Herausgabe erlischt das Retentionsrecht aufgrund seiner akzessorischen Natur mit Erlöschen der Kaufpreisforderung.[177]
Wurde dem Verkäufer die Sache gestohlen oder ist sie verloren gegangen, kann er sie gemäß Art. 2279 Abs. 2 C.c. vom Besitzer herausverlangen. Beim gutgläubigen Besitzer ist die Herausgabe jedoch nur innerhalb von drei Jahren möglich.

b.) Droit de résolution Art. 1654 C.c.

Das "*droit de résolution*" des Art. 1654 C.c.[178] beruht auf dem römisch-rechtlichen Auflösungsrecht (*lex commissoria*), welches im Ancien Droit in den "*pays*

---

172 *Burada*, S. 60; *Despierres*, S. 74.

173 *Despierres*, p. 74; *Rosskopf*, S. 5; *Ferid/Sonnenberger*, 2 G 730, S. 145.

174 *Wieandt*, S. 4; *Planiol/Ripert*, Traité pratique, t. X, n° 157; *Despierres*, p. 74; *Aubry/Rau*, t. V, § 354.

175 Paris, 22. jan. 1856, D. 1856, 2, 95.

176 *Planiol/Ripert*, Traité pratique, t. X, p. 151; *Aubry/Rau*, t. V, § 354; *Laurent*, t. XXIV, n° 171; anders: *Rosskopf*, S. 6; *Burada*, S. 91.

177 *Ferid/Sonnenberger*, 2 G 731, S. 145; *Ehrig*, S. 84; *Wieandt*, S. 5.

178 Art. 1654: "Si l'acheteur ne paye pas le prix, le vendeur peut demander la résolution de la vente."

de droit coutumier" zum "*pacte commissoire tacite*" modifiziert wurde.[179] Art. 1654 C.c. knüpft an den allgemeinen Rechtssatz des Art. 1184 C.c. an, der nach h.L. aus der kausalen Verknüpfung der synallagmatischen Leistungspflichten folgt.[180] Nach Art. 1184 C.c. ist die "*condition résolutoire*" stillschweigend vorhanden, wenn eine der Parteien ihre vertraglichen Verpflichtungen nicht erfüllt.[181] Art. 1654 C.c. präzisiert dies für den Kaufvertrag, indem er dem Verkäufer bei Nichtzahlung durch den Käufer die Möglichkeit gewährt, bei Fälligkeit die Auflösung des Vertrages zu betreiben, ohne daß eine ausdrückliche vertragliche Vereinbarung erforderlich ist.[182]
Allerdings geschieht diese Auflösung nicht von selbst bei Eintritt der Bedingung und auch nicht durch einseitige Erklärung des Gläubigers, vielmehr muß der Gläubiger der nicht erbrachten Leistung im Klagewege die gerichtliche Auflösung des Vertrages erstreben.[183] Eine Mahnung oder Fristsetzung ist vor der Klageerhebung nicht erforderlich.
Umstritten ist, ob das Auflösungsrecht in materieller Hinsicht voraussetzt, daß der Schuldner die Nichtleistung zu vertreten hat. Nach der in der Lehre überwiegend vertretenen Auffassung erfolgt die Auflösung des Vertrages nur bei Verschulden des Käufers, nicht aber in den Fällen des Zufalls oder höherer Gewalt.[184] Diese Auffassung folgt damit der sogenannten "*théorie des risques"*.[185]
Die Praxis vertritt die gegenteilige Auffassung und unterscheidet für die Anwendung des Art. 1654 C.c. nicht zwischen der unverschuldeten oder verschuldeten Unmöglichkeit, sondern gewährt die Auflösung stets, wenn der Verkäufer sonst Gefahr läuft, Kaufsache und Kaufpreis zu verlieren, also auch dann, wenn der Schuldner durch höhere Gewalt an der Leistung gehindert wurde.[186]
Solange keine Gefährdung der Verkäuferinteressen droht und wenn keine gegenteilige Vereinbarung der Parteien im Wege steht, kann das Gericht gemäß Art. 1655 Abs. 2 C.c. dem Käufer eine angemessene Nachfrist zur Bewirkung

---

179 *Brissaud*, p. 505; *Burada*, p. 23; *Desticker*, p. 5.

180 *Rosskopf*, S. 24; *Ehrig*, S. 88; *Ferid/Sonnenberger*, 2 G 732, S. 146; *Burada*, S. 119.

181 Art. 1184 al. 1: "La condition résolutoire est toujours sous-entendue dans les contrats synallagmantiques, pour le cas où l'une des deux parties ne satisfera point à son engagement.

182 *Reichhard/Kühnel/Wittig/Grebner*, S. 93; *Stumpf*, Eigentumsvorbehalt und Sicherungsübereignung, S. 138; *Ferid/Sonnenberger*, 2 G 732, S. 146; *Burada*, S. 119.

183 *Lambsdorff*, S. 342; *Ehrig*, S. 88.

184 *Rabel*, S. 207, m.w.N.; *Burada*, S. 122.

185 *Ehrig*, S. 89.

186 Cass. 14. avril 1891, D. 1891, 1, 392; Cass. 19. oct. 1894, D.P. 1897, I, 576; Cass, 4. juin 1907, D.P. 1908, I, 191; Cass. 14. avril 1918, D.P. 1921, I, 224.

der rückständigen Leistungen bewilligen.[187] Es handelt sich dabei um eine Schonfrist *(delais de grace)*.[188] Ist die Frist erfolglos abgelaufen, so muß das Gericht auf Antrag des Verkäufers den Vertrag endgültig auflösen, auch wenn nur noch ein geringer Betrag aussteht.[189]
Die Auflösungsklage scheidet bei Untergang oder Verarbeitung der Sache aus. Dies gilt auch bei einem Kauf eines "*office ministériel*", da Gegenstand des Vertrages nur die wirtschaftliche Komponente des Amtes, nicht aber dieses selbst ist, außerdem beim Verkauf gegen eine Leibrente, sowie bei Enteignungsfällen.[190] Der Verkäufer kann dann nur noch die Durchsetzung des Kaufpreises verlangen.

Spricht das Gericht die Auflösung des Vertrages aus, so folgt daraus, daß das Eigentum dem Verkäufer wieder so zusteht, als habe dieser es nie aufgegeben.[191] Die Vertragsauflösung wirkt damit rechtsgestaltend, so daß ab Rechtskraft des Urteils der Vertrag rückwirkend als nicht zustandegekommen gilt. Aufgrund dieser Fiktion wird der Verkäufer so behandelt, als ob er das Eigentum an der Sache behalten habe.[192]
Neben der Auflösung kann der Gläubiger für Beschädigung und Wertminderung Schadensersatz verlangen. Hat der Käufer die Sache weiterveräußert oder einem Dritten ein dingliches Recht daran bestellt, so kann der gutgläubige Dritterwerber dem vindizierenden Verkäufer aufgrund des in Art. 2279 I C.c. festgehaltenen Satzes *"en fait de meubles la possession vaut titre"* eine preemptorische Einrede entgegenhalten.[193]

c.) Privilège du vendeur Art. 2102 Nr. 4 Abs. 1 C.c.

Hat der Verkäufer mit der Herausgabe der Sache sein Zurückbehaltungsrecht verloren, steht ihm ein weiteres Sicherungsrecht in Form des "*privilège*" gemäß

---

187 Art. 1655 al. 2: "Si ce danger n'existe pas, le juge peut accorder à l'acéreur un délai plus ou moins long suivant les circonsatances."

188 *Lambsdorff*, S. 342; *Ehrig*, S. 88; *Ferid/Sonnenberger,* 2 G 733, S. 146.

189 *Planiol/Ripert*, Traité élémentaire, t. II, n° 2584; *Colin/Capitant,* t. II, n° 949.

190 *Ferid/Sonnenberger*, 2 G 734, S. 146.

191 *Planiol/Ripert*, Traité élémentaire, t. II, n° 2585; *Colin/Capitant,* t. II, n° 949.

192 *Rabel*, S. 203; *Ferid/Sonnenberger*, 2 G 740, S. 148.

193 *Rosskopf*, S. 27; *Ferid/Sonnenberger*, 2 G 740, S. 148.

Art. 2102 Nr. 4 I C.c.[194] zur Verfügung.[195] Der Code civil von 1804 hat dieses, erst im Ancien Droit entstandene Recht, in seine Gesetzgebung übernommen.[196]

Das "*privilège du vendeur*" ist ein Mobiliarvorzugsrecht, das als Ausgleich für die nach französischem Recht unabhängig von der Besitzübertragung und der Kaufpreiszahlung erfolgenden Eigentumsübertragung und die dadurch bewirkte Vermögensmehrung auf seiten des Käufers, fungiert.[197] Für die Begründung des Vorzugsrechts des unbezahlten Verkäufers wird auf die bereits im Ancien Droit gegebene Erklärung zurückgegriffen[198], derzufolge es unbillig ist, daß der Käufer vor Zahlung des Kaufpreises auf Kosten des Verkäufers die Gewalt über die Sache erhält und der Verkäufer ohne irgendeinen eigenen Vorteil den anderen Gläubigern des Käufers ein Pfandobjekt verschafft. Letztere können sich auf Kosten des Verkäufers bereichern, ohne daß dieser dagegen vorgehen kann.[199]

Ob der Verkäufer den Kaufpreis gestundet hat, ist bei dem "*privilège*" ohne Belang, so daß dieses dem Verkäufer auch im Kreditkauf wirksamen Schutz bietet.[200]

Für die Ausübung des Privilegs ist gemäß Art. 2102 Nr. 4 C.c. grundsätzlich erforderlich, daß der Schuldner die gekaufte Ware im Besitz hat. Von der h.M. wird dem Verkäufer sein Privileg aber auch dann noch zugestanden, wenn der Käufer die Ware zwar an einen Dritten weiterverkauft, die Sache aber noch nicht übergeben hat und damit die Innehabung des tatsächlichen Gewahrsams (*détention*) für ausreichend erachtet.[201] Selbst wenn der Käufer die Sache übergeben, den Kaufpreis aber noch nicht erhalten und die Kaufpreisforderung auch nicht abgetreten hat, gesteht ihm die h.M. das Privileg zu, das sich dann allerdings auf die Kaufpreiszahlung und nicht mehr auf die Sache an sich bezieht.[202]

---

194 Art. 2102 : "Les créances privilégées sur certains meubles sont: n° 4 al. 1: Le prix d'effets mobiliers non payés, s'ils sont encore en la possession du débiteur, soit qu'il ait acheté à terme ou sans terme."

195 *Burada*, S. 157; *Rosskopf*, S. 8; *Ferid/Sonnenberger*, 2 G 744, S. 149.

196 *Planiol/Ripert*, Traité partique, t. XII, n° 188: Art. 177 2. Coutûmes de Paris 1580; *Despierres*, p. 80; *Burada*, p. 25; *Vallat*, p.121.

197 *Wehser*, AWD 1972, S. 604; *Burada*, S. 158; *Ehrig*, S. 85.

198 *Planiol/Ripert*, Traité partique, t. XII, n° 188: Art. 177 2. Coutûmes de Paris 1580.

199 *Plesmann*, S. 28; *Burada*, S. 158.

200 *Despierres*, p.75.

201 Nach dem Konsensprinzip hat der Verkäufer mit dem Verkauf ohne Übergabe bereits das Eigentum und damit den Eigenbesitz übertragen. Nach h.M. reicht jedoch der tatsächliche Gewahrsam (*détention*) an der Sache aus. *Planiol/Ripert,* Traité pratique, XII n° 245 n.w.N.

202 *Ehrig*, S. 86.

Das Privileg verschafft dem Verkäufer ein Recht auf vorzugsweise Befriedigung aus dem Erlös der verkauften oder versteigerten Sache, gleichgültig, ob er selbst oder ein anderer Gläubiger die Vollstreckung betreibt. Will der Verkäufer selbst die Zwangsvollstreckung betreiben, muß er, wie jeder andere Gläubiger, die Vorschriften des Vollstreckungsrechts beachten und sich einen vollstreckbaren Titel verschaffen.[203]

Hat der Käufer die gekaufte Sache weiter veräußert und den Kaufpreis erhalten, so erhebt sich die Frage nach einem *"droit de suite"*, dem Folgerecht gegen den Erwerber. Dieses ist beim gutgläubigen Erwerber wegen der Regelung des Art. 2279 C.c., *"en fait de meubles la possession vaut titre"*, ausgeschlossen. Fraglich ist jedoch, ob bei Verlust der Sache oder Bösgläubigkeit des neuen Besitzers dem Verkäufer das beschränkte *"droit de suite"* gewährt werden kann.

Nach einem Teil der Lehre wird dieses Folgerecht gewährt, da das Vorzugsrecht dinglichen Charakter habe und zum Wesen des dinglichen Rechts das beschränkte Folgerecht gehöre.[204] Nach der a.A. steht dem Verkäufer kein Verfolgungsrecht zu, da das Privileg wegen seines den Besonderheiten eines Vertragsverhältnisses angepaßten Charakters keinerlei dingliche Wirkung zeitige und in seinem Anwendungsbereich auf die Ausübung gegenüber dem Vertragspartner beschränkt sei.[205] Zur Annahme eines solchen Folgerechts sei nur dann Raum, wenn der Gesetzgeber dies ausdrücklich angeordnet habe.[206]

Das Privileg erlischt wegen seiner akzessorischen Natur, wenn der Käufer die Ware bezahlt, den Besitz daran verliert, die Sache mit Grundstücken derart verbunden wird, daß sie *"immeuble par nature"* wird[207], durch Verarbeitung ihre Identität verliert oder untergeht oder über das Unternehmen des Käufers das Insolvenzverfahren eröffnet wird.[208] Das Vermieter- oder Verpächterprivileg geht dem Verkäuferprivileg gemäß Art. 2102 Nr. 4 Abs. III C.c. vor.[209]

---

203 *von Boehmer*, Eigentumsvorbehalt, S. 139; *Wehser*, AWD 1972, S. 607.

204 *Planiol/Ripert*, Traité élémentaire, t. II, n° 3376; *Burada*, S. 163; *Colin/Capitant*, t. II, n° 1534.

205 Cass. 19.2.1894, 1, 413; siehe *Rosskopf*, S. 10 m.w.N.

206 *Ferid/Sonnenberger*, 2 G 748, S. 150.

207 *Planiol/Ripert*, Traité pratique, t. XII, n° 193.

208 *Ferid/Sonnenberger*, 2 G 748, S. 150; *Burada*, S. 177.

209 Zum komplizierten Rangverhältnis der Spezialprivilegien des Art. 2102 C.c. und der Generalprivilegien: *Malaurie/Aynès*, Cours de droit civil, t. IX, p. 219; *Simler/Delebecque*, p. 514.

d.) Droit de revendication Art. 2102 Nr. 4 Abs. 2 C.c.

Der französische Gesetzgeber hat die Rückforderungsklage, die bereits im römischen Recht und Ancien Droit anerkannt wurde[210], für den Verkäufer beweglicher Sachen mit einigen Modifikationen in den Code civil übernommen.[211] Auch das Rückforderungsrecht schränkt das schon mit Abschluß des Vertrages auf den Käufer übergegangene Eigentumsrecht in gewissem Sinne wieder ein, da der Zweck des Rechts auf Rückforderung der Kaufsache darin besteht, daß die verkaufte Ware dem Käufer nicht zur freien Verfügung stehen soll, solange sie noch unbezahlt ist.[212] Grund für die Übernahme dieser Regelung in den Code civil sind auch hier Erwägungen der Gerechtigkeit, da der Verkäufer das Vermögen des Schuldners um den Wert der gelieferten Ware erhöht hat *(mise d'une valeur dans le patrimoine du débiteur)*, ohne seinerseits die Gegenleistung empfangen zu haben.[213]
Genauso wie im römische Recht und im Ancien Droit, betrifft das Rückforderungsrecht den Barkauf beweglicher Sachen, da es nur dann Wirkung zeigt, wenn der Kaufpreis nicht gestundet wurde (Art. 2102 Nr. 4 Abs. 2 C.c.). Nur dann gewährt Art. 2102 Nr. 4 Abs. 2 C.c. dem unbezahlten Verkäufer von Fahrnis innerhalb von acht Tagen nach Lieferung einen Herausgabeanspruch.[214] Das Recht geht unter, wenn die Sache verändert oder veräußert wird oder das Konkursverfahren über das Vermögen des Käufers eröffnet wird.[215]

Anders als im römischen Recht und im Ancien Droit ist der Verkäufer nach dem Code civil aber bereits mit Abschluß des Vertrages Eigentümer, während das römische Recht vorsah, daß das Eigentum erst mit Zahlung des Kaufpreises übergeht. Da der Verkäufer aus diesem Grund mit der "*action en revendication*" eine Sache herausverlangt, die nicht ihm, sondern gemäß Art. 1583 C.c. bereits dem Käufer gehört, kommt der rechtlichen Konstruktion des Herausgabeanspruchs besondere Bedeutung zu.[216]

---

210 Art. 176 Coutume de Paris.

211 Art. 2102 n° 4 al.2: "Si la vente a été fait sans terme, le vendeur peut même revendiquer ces effets tant qu'ils sont en la possession de l'acheteur, et en empêcher la revente, pourvu que la revendication soit fait dans la huitaine de la livraison et que les effets se trouvent dans le même état dans lequel cette livraison a été faite."

212 *Planiol/Ripert*, Traité élémentaire t. II, n° 2467.

213 *Rosskopf*, S. 19.

214 *Ferid/Sonnenberger*, 2 G 744, S. 149; *Despierres*, p. 75.

215 *Ferid/Sonnenberger*, 2 G 746, S. 149.

216 Ebenda, S. 150.

Burada ist der Ansicht, daß es sich bei dem "*droit de revendication*" um die Realisierung des gesetzlichen Eigentumsvorbehalts handelt, wie er aus dem römischen Recht bekannt ist und demzufolge das Eigentum erst mit Zahlung des Kaufpreises übergeht.[217] Diese Auffassung kann jedoch in Anbetracht der Eindeutigkeit des Willens des Gesetzgebers bezüglich des Eigentumsübergangs nicht aufrecht erhalten werden.[218]
Einer anderen Auffassung zufolge ist das "*droit de revendication*" nur die Rechtsfolge einer vom Verkäufer im Falle der Nichtzahlung des Kaufpreises begehrten Vertragsauflösung nach Art. 1654 C.c.[219] Das Recht der Revendikation gebe im gebräuchlichen Sinn des Wortes dem Verkäufer das Recht, aufgrund seines früheren Eigentums im Wege der Eigentumsklage die veräußerte Sache wieder zurückzufordern, da der Vertrag als von Anfang an nichtig und das Eigentum an der Kaufsache als nicht übergegangen anzusehen sei.
Demgegenüber wird von der Rechtsprechung zurecht eingewandt, daß die Verknüpfung des "*droit de revendication*" mit der Vertragsauflösung willkürlich und zudem sinnlos sei.[220] Denn die Vertragsauflösung sei weder begehrt noch angebracht, da derjenige, der das "*droit de revendication*" ausübe, sich gerade nicht vom Vertrag lösen und den Eigentumsübergang rückgängig machen, sondern den Käufer zur Erfüllung seiner vertraglichen Verpflichtungen anhalten wolle, indem er ihm den Besitz an der Kaufsache solange entziehe, bis er den Kaufpreis erhalten habe.[221] Die herrschende Meinung sieht daher in dem Recht zur Zurücknahme des verkauften Gegenstandes die Ermöglichung eines Wiederauflebens des bereits erloschenen Retentionsrechts.[222] Der Verkäufer solle in die Lage zurückversetzt werden, in der er sich befand, solange die unbezahlte Ware noch in seinem Besitz war.[223] Diese Meinung umschreibt die Revendikation als bloße "*vindicatio possessionis*", die es dem Verkäufer erlaubt, trotz des durch die Aushändigung des Gegenstandes eingetretenen Verlustes des Zurückbehaltungsrechts, dieses erneut auszuüben, indem er sich die Kaufsache vom Käufer zurückholt.[224] Die Ausübung des Rückforderungsrechts läßt demnach den Kaufvertrag in seinem Bestand unberührt.[225] Der Käufer behält das bereits

217 *Burada*, S. 114.

218 *Wienandt*, S. 7.

219 *Tropolong*, Privil. et hyp., t. I, ad Art. 2102.

220 Cass.civ., 09.12.1835, p.1836.1.181; Cour d'appel Paris, 18.08.1829, p. 1830.2.10.

221 *Wieandt*, S. 7; *Burada*, 108; *Plesmann*, S. 30.

222 *Planiol/Ripert*, Traité pratique, t. XII, n° 195; *Colin/Capitant*, t. II, n° 1549; *Thilo*, p. 56; *Stulz*, S. 56; *Wieandt*, S. 8; *Despierres*, p. 74; *Mazeaud*, t. III, n° 192.

223 *Wieandt*, S. 8; *Plesmann*, S. 30.

224 *Rosskopf*, S. 21; *Colin/Capitant*, t. II, n° 1550.

225 *Ehrig*, S. 80.

mit Abschluß des Kaufvertrages übergegangene Eigentum an der Sache und der Verkäufer erlangt nur den Besitz zurück, der ihn jedoch wirksam vor dem Verlust seines Privilegs durch Weiterveräußerung seitens des Käufers schützt.[226] Das Rückforderungsrecht geht unter, wenn die Sache verändert oder vom Käufer veräußert wird, oder wenn der Verkäufer nachträglich den Kaufpreis stundet oder die Ausschlußfrist verstreichen läßt.

3.) Wirkung der Verkäufersicherungsrechte bei Zahlungsunfähigkeit des Käufers

Die Zahlungsunfähigkeit eines Nichtkaufmanns (*déconfiture*) führt im französischen Recht nicht zum Konkurs, sondern bewirkt nur, daß gewisse Rechte, denen an sich eine aufschiebende Einrede entgegengehalten werden könnte, einredefrei werden (z.B. Art. 1613, 1913 C.c.).[227] Der Durchsetzung von Ansprüchen gegen Nichtkaufleute dient das Einzelzwangsvollstreckungsverfahren.[228] Das französische Zwangsvollstreckungsrecht kennt kein Pfändungspfandrecht, an seine Stelle tritt die Beschlagnahme (*saisie*), durch die der betreibende Gläubiger aber kein Vorrecht vor dem später Kommenden, also insbesondere vor dem später vollstreckenden Verkäufer, erlangt.[229] Aus diesem Grunde kommen die Verkäufersicherungsrechte mit ihrer dinglichen Wirkung voll zur Geltung und führen bei einer gegen den Käufer betriebenen Zwangsvollstreckung zur bevorzugten Befriedigung des Verkäufers. Die oben erwähnten gesetzlichen Verkäufersicherungsrechte stehen dem Verkäufer im Falle der Zahlungsunfähigkeit des nichtkaufmännischen Käufers also ohne Einschränkung zu, gleichgültig ob er selbst Kaufmann oder Nichtkaufmann ist.[230] Zu beachten ist jedoch, daß dem Verkäuferprivileg Spezialprivilegien, wie das Vermieterprivileg (Art. 2102 Nr. 1 C.c.) und auch Generalprivilegien (Art. 2101 C.c.), wie das Steuerprivileg, das Lohn- und Gehaltsempfängerprivileg und das Privileg der Justizkasse vorgehen können. Der nach Befriedigung der bevorrechtigten Gläubiger verbleibende Erlös wird unter den nicht bevorrechtigten Gläubigern (*créanciers chirographaires)* nach dem Verhältnis ihrer Forderungen verteilt (*distribution par contribution,* Art. 656 C.porc.civ.). Der Gleichbehandlungsgrundsatz des Art. 2093 C.c. wird demnach in der Einzelzwangsvollstreckung zugunsten des Verkäufers durchbrochen.

---

226 *Wehser*, AWD 1972, S. 604; *Planiol/Ripert*, Traité pratique, t. XII, n° 197; *Ehrig*, S. 88.

227 *Ehrig*, S. 90.

228 *von Boehmer*, Eigentumsvorbehalt, S. 154.

229 *Mezger*, ZHR 115 (1952), S. 153.

230 *von Boehmer*, Eigentumsvorbehalt, S. 154.

Der Code civil hatte demnach das bereits aus dem römischen Recht und dem Ancien Droit bekannte umfassende Schutzsystem für den Nichtkaufmann vollständig aufrechterhalten.

III.) Wirkung der Verkäufersicherungsrechte im Handelsrecht

Es stellt sich nunmehr die Frage, ob die Verkäufersicherungsrechte des Code civil auch im Geschäftsverkehr zwischen Kaufleuten Geltung erhalten.
Grundsätzlich finden alle Verkäufersicherungsrechte auf Kaufleute in gleicher Weise Anwendung wie auf Nichtkaufleute: "*... parce que toutes les fois que le législateur n'a introduit aucune dérogation, la loi civile régit même les matières commerciales*."[231]
Änderungen sah der französische Gesetzgeber jedoch für den Fall der Zahlungsunfähigkeit eines Kaufmanns beim Kauf beweglicher Sachen vor: Schon im Ancien Droit hatte sich das System der individuellen Rechtsverfolgung seitens des Verkäufers im Falle der Zahlungsunfähigkeit des Käufers unter Kaufleuten als unhaltbar erwiesen. Das im Ancien Droit geltende "*privilège du premier saisissant*" führt zu einer ungerechtfertigten Bevorteilung desjenigen Gläubigers, der seinen Anspruch zuerst befriedigte und hatte häufig den Mißbrauch durch Absprachen zwischen dem Schuldner und einzelnen Gläubigern zum Nachteil aller anderen zur Folge.[232] Deshalb waren bereits die Juristen des Ancien Droit bemüht, für Kaufleute ein System der ausgewogenen, anteilsmäßigen Befriedigung aller Gläubiger in das Handelsrecht einzuführen.[233] Diese Bemühungen wurden im Rahmen der napoleonischen Gesetztgebung im Code de commerce von 1807 realisiert. In dem 3. Buch des Code de commerce, in dem sich die Regelungen über das Konkursverfahren befanden, wurde ausdrücklich festgelegt, daß das Konkursverfahren nur für Kaufleute Anwendung finden sollte.[234]
Das französische Konkursrecht von 1807 war sehr stark vom strafrechtlichen Aspekt der Insolvenz des Schuldners geprägt.[235] Neben dem "*faillite*" als eigentlichem Konkurs befaßte sich die gesetzliche Regelung hauptsächlich mit der strafrechtlichen Verfolgung des "*failli*".[236] Nach dem Code de commerce

---

231 *Hot*, p. 5.

232 *Brissaud*, p. 518; *Desticker*, p. 8; *Lévy-Bruhl*, Annal. dr. com., 1938, p. 301.

233 Ausführlich zu den im ancien droit unternommenen Versuchen: *Lévy-Bruhl*, Annal. dr. com., 1938, p. 300 ff.

234 *Desticker*, p. 2; *Böckenhoff*, S. 15.

235 Die ist auf die römisch-rechtlichen Wurzeln des Konkursrechts zurückzuführen. Nach der römisch-rechtlichen Konzeption war der Zahlungsunfähige Schuldner wie ein Verbrecher zu behandeln, do daß dem Konkursrecht im wesentlichen eine Straffunktion zukam. *Böckenhoff*, S. 5 m.w.N.

236 *Böckenhoff*, S. 17 ff.

von 1807 mußte der Gemeinschuldner im Konkursfall mit der Einkerkerung rechnen, ohne daß zu seinen Gunsten Zufälle oder sonstige von ihm unverschuldete Umstände in Betracht gezogen worden wären.[237]

1.) Code de commerce von 1807

Hinsichtlich der Verkäufersicherungsrechte hatte bei den Gesetzgebungsarbeiten zum Code de commerce von 1807 zunächst das "*droit de revendication*" Anlaß zu intensiven Diskussionen gegeben, wobei der Streit bereits Ende des 18. Jahrhunderts entbrannt, jedoch bis dahin nicht beigelegt worden war.[238] Während der Gesetzgebungsarbeiten gab es kaum ein Thema, das heftiger umstritten war.[239]

Seitens des Conseil d'Etat war am 24. Febr. 1807 ein Gesetzesvorschlag zur Regelung des Konkursrechts unterbreitet worden, der zwischen den Waren, die bereits in das Lager des Käufers eingegangen und solchen, die sich noch auf dem Weg dorthin "*en route*" befanden, unterscheiden sollte. Nur letztere sollte der Verkäufer zurückfordern können.[240] Dieser Vorschlag präsentiert sich als Übernahme des englischen Systems des "*right to stop in transitu*", welches in England schon im 17. Jahrhundert stark verbreitet war.[241] In der Gesetzgebungsdebatte vom 2. Mai 1807 konnte sich dieser Vorschlag jedoch zunächst nicht durchsetzen. Die Versagung der Rückforderungsmöglichkeit von übergebener Ware verstoße gegen das Prinzip der "*équité naturelle*", da eine solche Regelung Drittgläubiger von einem noch unbezahlten Warenbestand des Käufers profitieren lasse und diese ungerechtfertigterweise auf Kosten des Verkäufers bereichere.[242] Außerdem werde durch die Versagung des Rückforderungsrechts dem Mißbrauch Tür und Tor geöffnet, denn der Käufer, der in Kon-

---

237 Ebenda, S. 17.

238 *Lévy-Bruhl*, Annal. dr. com., 1938, p. 317.

239 Ebenda, p. 317; *Despierres*, p. 81; *Hot*, p. 6.

240 Art. 139: "Le vendeur pourra, en cas de faillite, revendiquer en totalité ou en partie, les marchandises par lui vendues qui, à l'époque de la demande en revendication seront identiques et dans la même nature que lors de la livraison.
1° si lesdites marchandises sont encore déposées dans les magasins du vendeur ou dans ceux du commissionaire qui les aura achetées pour le compte du failli.
2° si elles sont dans les magasins d´un commissionnaire chargeur soit sur les lieux de la vente, soit sur ceux de l´arrivée, soit sur des lieux intermédiaires.
3° si elles sont encore sur les voitures, navires ou bateaux qui devraient les conduire à l'acheteur ou aux lieux d'arrivée." zitiert nach: *Locré*, t. 19, p. 327.

241 *Thaller*, Fallites et banquerouts, t. II, p. 153; *Bravard-Veyrières*, t. V, p. 538.

242 Ausführlich: *Locré*, t. 19, p. 486.

kurs zu fallen drohe, könne weiterhin ungehindert große Mengen Ware einkaufen, um so die Dividende zu erhöhen und den Konkurs durch einen Vergleich abzuwenden.[243] Ergebnis der Diskussion war daher, daß die "*revendication*" umfassend anerkannt, aber zeitlich auf einen kurzen Zeitraum beschränkt werden müsse.[244] Der dahingehend von Ségur ausgearbeitete Vorschlag wurde jedoch vom Tribunat nicht angenommen.[245]

Dieser hielt vielmehr eine völlige Verweigerung des Rückforderungsrechte für angebracht und schlug folgende Regelung vor: Art. 135.: "*Aucune revendication ne pourra être admise sur le failli hors les cas spécifiés dans les articles ciaprés et dans l'article 2279 du C.c.*."[246] Eine Ausnahme sollte für die dem Käufer anvertrauten oder zur Verwahrung übergebenen Güter gelten. Begründet wurde diese Auffassung damit, daß die Rückforderung veräußerter Ware im Widerspruch zum Konsensprinzip stehe. Denn die Voraussetzung der Rückforderung sei das Eigentum des Verkäufers an der Sache, welches jedoch aufgrund des Vertragsprinzips bereits mit Vertragsabschluß auf den Käufer übergegangen sei.[247] Es sei außerdem möglich, daß Dritte in Anbetracht der beim Käufer befindlichen Ware auf dessen Solvenz schließen würden und diesem im Vertrauen auf den Augenschein Kredit gewährten. Dieses Vertrauen dürfe durch die Rückforderung seitens des Verkäufers nicht enttäuscht werden.[248]

Doch auch dieser Vorschlag konnte sich in der Gesetzgebungsdebatte nicht durchsetzen, vielmehr kehrte der Conseil d'Etat in der Sitzung vom 9. Juli 1807 wieder zu seinem ursprünglichen Vorschlag zurück, indem er, nach englischem Vorbild, eine vermittelnde Haltung dahingehend eingenommen hatte, daß nur die Ware zurückgefordert werden könne, die sich "*en route*" befinde und noch nicht beim Käufer angekommen sei.[249] Dieser Vorschlag wurde am 8. Aug. 1807 verabschiedet.[250]

---

243 *Renouard*, t. II., p. 342.

244 *Locré*, t. 19, p. 345.

245 Art. 140: "La revendication ne pourra être formée que dans la quinzaine du dépot ou de l'arrivée des marchandises dans le domicile ou les magasins du failli." zitiert nach Lévy-Bruhl, Annal. dr. com., 1938, p. 321.

246 Zitiert nach: *Lévy-Bruhl*, Annal. dr. com., 1938, p. 322.

247 *Renouard*, t. II, p. 342.

248 *Hot*, p. 58; *Renouard*, t. II, p. 343; *Desticker*, p. 12.

249 *Locré*, t. 19, p. 457.

250 Art. 576. - "Le vendeur pourra, en cas de faillite, revendiquer les marchandises par lui vendue et livrées, et dont le prix ne lui a pas été payé, dans les cas et aux conditions ci-aprés exprimés." Art. 577. - "La revendication ne pourra avoir lieu que pendant que les marchandises expédiées seront encore en route, soit par terre, soit par eau, et avant

Fortsetzung nächste Seite

Das neue Gesetz unterwarf die Rückforderung zahlreichen strengen Bedingungen, da die leicht realisierbare Rückforderungsmöglichkeit, wie sie noch im Ancien Droit bestanden hatte, oft Anlaß zum Mißbrauch gab und deshalb eingeschränkt werden sollte.

Durch die Regelung das Art. 577 C.com. hatte der Gesetzgeber damit ein dem Handelsrecht eigenes Rückforderungsrecht, das "*droit de revendication commerciale*", geschaffen.[251] Mit der Normierung dieser Vorschrift war vom Gesetzgeber von 1807 jedoch nur die Wirkung des Revendikationsrechts im Konkurs geregelt worden, über die Wirkungsweise der anderen gesetzlichen Verkäufersicherungsrechte im Konkurs schwieg der Code de commerce von 1807. Die Schließung dieser Lücke blieb der Rechtsprechung vorbehalten. Einigkeit bestand in Rechtsprechung und Lehre darüber, daß das Retentionsrecht des Verkäufers auch im Konkurs wirksam bleiben sollte.[252] Hinsichtlich des "*droit de résolution*" und des "*privilège*" waren Rechtsprechung und Lehre jedoch uneinheitlich.[253] Teile der Rechtsprechung gewährten dem Verkäufer einer beweglichen Sache das Recht die Auflösung des Vertrages auch im Konkurs des Käufers zu fordern[254], andere dagegen versagten ihm diese Möglichkeit.[255]

Das "*privilège*" wurde dem Verkäufer von der Rechtsprechung in der Regel in den Fällen versagt, in denen es sich um einen Kaufvertrag über "*marchandises*" handelte, die Gegenstand des Geschäftsverkehrs des Verkäufers und des Käufers waren.[256] Waren dagegen andere bewegliche Sachen Vertragsgegenstand,

---

qu'elles soient entrées dans les magasins du failli ou dans les magasins du commissionaire chargé de les vendre pour le compte du failli." Art. 578. - "Elles ne peuvent être revendiquées, si avant leur arrivée, elles ont été vendues sans fraude, sur factures et connaissement ou lettres de voitures." Art. 579. - "En cas de revendication, le revendicant sera tenu de rendre l'actif du failli indemne de toute avance faite pour fret de voiture, commission, assurance ou autres frais, et de payer les sommes dues pour mêmes causes, si elles n'ont pas été acquittées." Art. 580. - "La revendication ne pourra être exercée que sur les marchandises qui seront reconnu que les balles, barriques ou enveloppes dans lequelles elles se trouvaient lors de la vente, n'ont pas été ouvertes, que les cordes ou marques n'ont été ni enlévées ni chargées, et que les marchandises n'ont subi en nature et quantité ni changement, ni altération."

251 *Hot*, p. 57.

252 *Despierres*, p. 92.

253 *Desticker*, p. 11; *Despierres*, p. 92; *Hot*, p. 55.

254 Paris, 18. août 1829, S. 1830, 2, 10; Paris, 11. nov. 1837, S. 1838, 2, 98.

255 Limoges, 4. févr. 1835, S. 1835, 2, 221; Amiens, 29. nov. 1837, D. 1940, 2, 20; Cass. 19. avril 1836, S. 1837, 1, 42.

256 Nancy, 28. déc. 1829, S. 1830, 2, 87; Paris, 25. juin 1831, S. 1831, 2, 241.

hatte das privilège nach der Rechtsprechung zugunsten des Verkäufers Bestand.[257] Die h.M. in der Lehre war demgegenüber der Auffassung, daß die Gewährung des "*privilège*" und der "*action en résolution*" mit dem Gesetzeszweck unvereinbar sei und dem Verkäufer im Falle des Konkurses beide Sicherungsrechte versagt werden müssen.[258]

Angesichts der unklaren Rechtslage bestand nach wie vor ein Regelungsbedürfnis hinsichtlich der Behandlung der Verkäufersicherungsrechte im Konkurs.[259] Die Lückenhaftigkeit und die breite Kritik, die an den äußerst strengen Konkursvorschriften des Gesetzes von 1807 geübt wurde, führte Ende 1834 dazu, daß die Regierung beschloß, das Konkursrecht neu zu regeln.[260]

2.) Reform des Konkursrechts 1838

Ein Gesetzesvorschlag zur Neuregelung des Konkursrechts wurde im Dez. 1834 unterbreitet, in mehreren Sitzungen von 1835 bis 1838 diskutiert und schließlich am 28. Mai 1838 als neues Konkursgesetz gewählt und am 8. Juni 1838 verabschiedet.[261]
Die wichtigsten allgemeinen Neuerungen des Gesetzes von 1838 bestanden darin, daß der Eintritt des Konkursfalles vom Handelsgericht mittels eines Konkurseröffnungsbeschlusses festgestellt wurde, der bestimmte Rechtsfolgen nach sich zog.[262] Die Konkurseröffnung entzog dem Schuldner die Befugnis, über sein Vermögen zu verfügen und nahm dem Gläubiger sein Recht auf individuelle Rechtsverfolgung. Die Verwaltungsbefugnis über das Konkursvermögen ging auf die Gläubiger insgesamt über, die in der Konkursmasse zusammengeschlossen und von dem Konkursverwalter (*syndic*) repräsentiert wurden. Durch das Eröffnungsurteil wurde der Zeitpunkt der Zahlungseinstellung und damit der Beginn der "*periode suspect*" nach freiem Ermessen des Richters festgesetzt.[263] Nach Konkurseröffnung mußte der Konkursverwalter eine Bestandsaufnahme machen, den Schuldenstand ermitteln und die Gläubiger zum "*concordat par*

---

257 Paris, 25. juin 1831, S. 31,2,241; Aix, 10. nov. 1834, S. 1835, 2, 154.

258 *Thaller*, Faillites et banqueroutes, t. II, p. 190; *Locré*, t. 19, p. 585; *Despierres*, p.11; *Duraton*, t. XIX, n° 126, p. 178; *Tropolong*, Privil. et hypoth. I, n° 200, p. 296; *Hot*, p. 54.

259 *Desticker*, p. 11.

260 Ebenda, p. 12, *Seeliger*, S. 268.

261 Discours du garnde des sceaux à la Chambre des Pairs, Moniteur du 18 janviers 1837; *Böckenhoff*, S. 18; *Desticker*, p. 12.

262 *Desticker*, p. 18; *Böckenhoff*, S. 19.

263 *Seeliger*, S. 268.

abandon", d.h. zum Vergleich durch Vermögensabtretung, auffordern. Im öffentlichen Interesse sah das Gesetz von 1838 zudem Strafen für den einfachen und den betrügerischen Bankrott vor.

Hinsichtlich der Verkäufersicherungsrechte blühte während der Gesetzgebungsarbeiten die Diskussion, die schon 1807 über die Gewährung des "*droit de revendication*" im Konkurs des Käufers geführt worden war, erneut auf.
Seitens der Regierung wurde die Forderung erhoben, alle Verkäufersicherungsrechte, also auch das "*droit de rétention*", im Konkurs für unwirksam zu erklären. Begründet wurde dies damit, daß die Vormachtstellung des Verkäufers im Konkurs des Käufers zugunsten der Gleichheit aller Gläubiger beseitigt werden müsse.[264] Erklärtes Ziel des Konkursverfahrens sei die gleichmäßige Befriedigung aller Gläubiger.[265]
Die "*Chambre des députes*" folgte dieser restriktiven Forderung von Regierungsseiten jedoch nicht, sondern legte einen neuen Vorschlag vor, der nach langwierigen Diskussionen, die sich vor allem um die Aufrechterhaltung des *"droit de revendication"* drehten[266], am 28. Mai 1838 durch die Neuregelung der Art. 550, 576-580 C.com. zum Gesetz wurde. Das neue Gesetz präzisierte die Rechte des Verkäufers im Konkurs folgendermaßen:
Das Retentionsrechts, welches die Rechtsprechung auch unter dem Gesetz von 1807 schon anerkannt hatte, wurde in Art. 577 C.com. gesetzlich bestätigt.[267] Danach wurde der Verkäufer, wenn sich die Ware noch in seinem Lager befand, im Konkurs des Käufers durch das Zurückbehaltungsrecht wirksam geschützt.[268] Dem "*privilège*" und dem "*droit de revendication*" versagte das Gesetz von 1838 dagegen in Art. 550 C.com.[269] für die Fälle, in denen der Verkäufer die Ware bereits an den Käufer geliefert hat und diese bereits im Lager des Käufers angekommen ist, ausdrücklich die Wirksamkeit im Konkurs.[270] Keine

---

264 *Desticker*, p. 12.

265 *Renouard*, t. II, p. 342; *Hot*, p. 58; *Desticker*, p. 12.

266 Ausführlich: *Renouard*, t. II, p. 346.

267 Art. 577. - "Pourront être retenues par le vendeur les marchandises par lui vendues qui ne seront pas délivrées au failli, ou qui n'auront pas encore été expédiées, soit à lui, soit à un tiers pour son compte."
Art. 578. - "Dans le cas prévu par les articles précédents, et sous l'autorisation du juge-commissaire, les syndics auront la faculté d'exiger la livraison des marchandises en payant au vendeur le prix convenu entre lui et le failli."

268 *Thaller*, Faillites et banqueroutes, t. II, p. 210; *Renouard*, p. 361.

269 Art. 550 dernier paragraphe: "Le privilège et le droit de revendication, établis par le n° 4 de l'article 2101 C.c. au profit du vendeur d'effets mobiliers, ne peuvent être exercés contre la faillite."

270 *Planiol/Ripert*, t. XII, n° 194; *Rosskopf*, S. 31; *Krauss*, S. 28.

ausdrückliche Regelung enthielt Art. 550 C.com. über das "*droit de résolution*". Die Lehre war sich jedoch einig, daß Art. 550 C.com. auch für das Auflösungsrecht angewandt werden müsse, sobald der Verkäufer den Besitz an der Ware aufgegeben habe.[271] Dies wurde durch die "*traveaux préparatoires*" zum Gesetz von 1838 bestätigt, die von den Grundgedanken beherrscht wurden, daß die Gläubiger in dem Vertrauen darauf, was sie offensichtlich zu ihrem Pfandrecht rechnen können, nicht getäuscht werden dürften.[272] Hatte der Verkäufer die Sache dem Käufer übergeben und war diese in seinem Lager angekommen, verlor der Verkäufer damit alle seine Rechte im Konkurs und mußte sich als einfacher Konkursgläubiger behandeln lassen.[273]
Ob der Kaufgegenstand in irgendeinem Bezug zu dem Handelsgewerbe des Gemeinschuldners stand, oder ob er lediglich dem privaten Gebrauch dienen sollte, war für den Ausschluß des Vorzugsgläubigers nach Art. 550 Abs. VI C.com. unerheblich.[274]
Auch wenn die Sache sich noch auf dem Weg zum Käufer befand, verlor der Verkäufer grundsätzlich bei Eröffnung des Konkursverfahrens das Privileg, das Rückforderungsrecht und das Zurückbehaltungsrecht, wobei letzteres schon aufgrund des Besitzverlustes durch die Absendung erloschen war.[275] Eine Ausnahme normierte jedoch Art. 576 C.com., in dem das aus dem englischen Recht übernommene handelsrechtliche Rückforderungsrecht des Gesetzes von 1807 nahezu unverändert aufrechterhalten wurde.[276] Hatte der Verkäufer die Ware schon abgesandt, ist sie aber noch nicht in den Gewahrsam des Schuldners gekommen, so darf der Verkäufer gemäß Art. 576 C.com. die Ware ohne Rücksicht darauf, daß der Käufer schon mit Kaufabschluß Eigentümer geworden war, zurückholen.[277] Wesentliche Voraussetzung war, daß der Käufer noch

---

271 *Despierres*, p. 93; *Hot*, p. 69; *Desticker*, p. 119; *Thaller*, Traité élémentaire, p. 1002.

272 *Hot*, p. 70.

273 *Thaller*, Traité élémentaire, p. 1002.

274 *Desticker*, p. 21 ff.

275 *Houin*, Faillites et Réglements judiciaires, n° 2146; *Planiol/Ripert*, Traité partique, t. X, n° 157.

276 Art. 576: "Pourront être revendiquées les marchandises expédiées au failli, tant que la tradition n'en aura point été effectuée dans ses magasins, ou dans ceux du commissionnaire chargé de les vendre pour le compte du failli. Néanmoins la revendication ne sera pas recevable si, avant leur arrivée, les marchandises ont été vendues sans fraude, sur factures et connaissements ou lettres de voiture signées par l'expéditeur. Le revendiquant ne sera tenu de rembourser à la masse les à comptes par lui réçus, ainsi que les avances faites pour fret ou voiture, commission, assurance ou autres frais, et de payer les sommes qui seraient dues pour mêmes causes."

277 *Rosskopf*, S. 27.

keinen Besitz an der Sache erlangt hatte. Art. 576 C.com. galt bei der Rechtsprechung und Lehre als unbestrittener Ausdruck des ordre public.[278]

Zusammenfassend stellte sich die Situation des Verkäufers nach dem Gesetz von 1838 folgendermaßen dar:
Wenn der Verkäufer die Ware noch nicht übergeben hatte, war er gemäß Art. 577 C.com. geschützt. Hatte der Verkäufer die Ware schon herausgegeben, befand sie sich aber noch "*in transitu*", war der Verkäufer durch das handelsrechtliche Zurückbehaltungsrecht gemäß Art. 576 C.com. geschützt. Für den Fall aber, daß der Verkäufer die Ware dem Käufer übergeben hatte, bot der C.com. im Konkurs des Käufers keinen Schutz. Der Verkäufer wurde zum einfachen "*créancier chirographaire*".

3.) Begründung des Gesetzgebers für seine verkäuferfeindliche Haltung

Als Begründung für die restriktive Handhabung der Verkäufersicherungsrechte im Konkurs hatten Gesetzgeber und Rechtsprechung zwei Grundsätze entwickelt, die sich als für die weitere Entwicklung der Verkäufersicherungsrechte richtungsweisend herausstellten.
Der erste und ausschlaggebende Grund für die Einschränkung der den Verkäufer außerhalb des Konkurses kraft Gesetzes zustehenden Rechte war die "*théorie de l'apparence*".[279] Dieser Theorie lag der Gedanke zugrunde, daß das Vertrauen der Gläubiger auf die Kreditwürdigkeit ihres kaufmännischen Schuldners, die sich nach außen hin erkennbar auf dessen Warenbesitz begründete, geschützt werden müsse. Im Rahmen der "*Traveaux préparatoires*" zur neuen Konkursgesetzgebung kristallisierte sich das Argument der Schutzwürdigkeit der Interessen dritter Konkursgläubiger heraus, die den wahrnehmbaren Besitz ihres Schuldners als ihr gemeinsames Pfand betrachtet hatten und in ihrem Vertrauen auf eine Befriedigungsmöglichkeit nicht enttäuscht werden sollten.[280] Lieferte ein Verkäufer ohne sofortige Bezahlung Waren an einen Kaufmann und vergrößerte er dessen Besitz und damit dessen Kreditwürdigkeit in den Augen Dritter, so sollte er deren Vertrauen nicht dadurch enttäuschen, daß er ihnen die Ware bzw. deren Wert durch ein Verkäuferprivileg wieder entzog.[281] Die im Gewahrsam des Käufers und nunmehrigen Gemeinschuldners gekommenen Gegenstände verschafften diesem einen "*crédit apparente*" und erweckten den

---

278 *Thaller*, Traité élémentaire, p. 1002.

279 *von Boehmer*, Eigentumsvorbehalt, S. 152.

280 *Renouard*, II, p. 342; *Hot*, p. 58.

281 *Rosskopf*, S. 28.

Eindruck einer "*solvabilité apparente*", auf die sich die anderen Gläubiger des Käufers verlassen durften.[282]

Dieser Argumentation lag der Gedanke zugrunde, daß einem Dritten, bei dem der äußere Schein berechtigterweise einen Irrtum hervorgerufen hatte, ein besonderer Schutz dadurch zukommen sollte, daß bei der rechtlichen Beurteilung der Lage nicht von der Wirklichkeit ausgegangen wurde, sondern von der durch den äußere Schein (*apparence*) hervorgerufen Lage. Da der Schutz des legitimen Irrtums aber häufig zu Lasten dessen ging, der meist ohne Verschulden in zivilrechtlichem Sinn, einen äußeren Schein gesetzt hatte, fand diese Theorie nur dort Anwendung, wo der Rechtsverkehr notwendigerweise eines Rechtsschutzes bedurfte.[283] Dies galt vor allem für den Handelsverkehr, wo es auf die schnelle und reibungslose Abwicklung der Rechtsgeschäfte ankam. Deshalb mußte derjenige, der am handelsrechtlichen Geschäftsverkehr teilnahm und einen Irrtum begründenden Anschein setzte, diese "*apparence*" im Interesse der Aufrechterhaltung der Ordnung im Rechtsverkehr gegen sich gelten lassen.[284] Eine Nachforschungspflicht, welche die Entstehung eines Irrtums vermeiden könnte, wäre mit den Erfordernissen des Handelsverkehrs nicht vereinbar.

Die Gewährung des Rückforderungsrechts für Ware "*in transitu*" wurde im Rahmen dieser Argumentation damit begründet, daß, solange die Ware noch nicht in das Lager des Käufers eingegangen sei, der Kredit in keiner Weise augenscheinlich erhöht werde. Die Ware, die noch nicht beim Käufer eingetroffen sei, könne damit auch keinen Irrtum über das tatsächliche Vermögen des Käufers hervorrufen und damit dessen Gläubiger nicht täuschen. Die Unwirksamkeit der Verkäuferrechte im Konkurs des Käufers beruhten also primär auf dem Gedanken des Rechtsscheins und des Vertrauensschutzes.[285]

Der zweite Grund für die Einschränkung der Verkäuferrechte im Konkurs des Käufers war der Gedanke der Gleichheit aller Gläubiger, der im Handelsrecht nicht zugunsten der Verkäufer durchbrochen werden sollte. Alles, was der Käufer als Eigentümer besaß, sollte zur Konkursmasse gerechnet werden dürfen und der gleichmäßigen Befriedigung aller Gläubiger dienen.[286] Es sei unbillig, die Gläubiger, die aus dem Besitz des Schuldners auf eine Verwertungsmöglichkeit schließen, zugunsten anderer Gläubiger, deren Forderung mehr oder weniger zufällig aus einem Kaufgeschäft herrührt, zu benachteiligen.[287] Um auch den

282 *Hot*, p. 70; *Szamek*, p. 10; *Rosskopf*, S. 28; *Desticker*, p. 126.

283 *von Boehmer*, Eigentumsvorbehalt, S. 154.

284 Ebenda, S. 154.

285 *Ehrig*, S. 91.

286 *Rosskopf*, S. 31.

287 Ebenda, S. 28; *Burada*, S. 64; *Wieandt*, S. 9.

unbezahlten Verkäufer nicht völlig schutzlos zu stellen, sei in Anbetracht der Realisierung eines ausgewogenen Verhältnisses zwischen den Gläubigern die Regelung des Art. 577, 576 C.com. erforderlich.[288] Der kreditierende Verkäufer wurde im Konkurs damit jedem anderen Gläubiger gleichgestellt.

Die Argumentationsweise der Gesetzgebers bei der Begründung der Wirkungslosigkeit der Verkäufersicherungsrechte im Konkurs läßt den Einzug neuen Gedankenguts erkennen. Die Neuerung lag darin, daß der Schutz Dritter jetzt an Bedeutung gewann und soweit ausgedehnt wurde, daß sogar die Beschränkung der Verkäufersicherungsrechte gerechtfertigt erschien.[289]

IV.) Zusammenfassung

Der Code civil gewährleistet dem Verkäufer bei Kaufgeschäften mit Privatleuten sowohl beim Kreditkauf als auch beim Barkauf, den erforderlichen Schutz, um sich im Falle der Zahlungsunfähigkeit des Käufers gegenüber den übrigen Gläubigern durchzusetzen. Für die gesetzliche Normierung eines Eigentumsvorbehalts bestand in Anbetracht des ausgeformten Sicherungssystems des Code civil zunächst kein Bedürfnis. Außerdem widersprach der Vorbehalt des Eigentums schon von seiner Konstruktion dem Konsensualprinzip des Code civil, wonach das Eigentum unmittelbar mit Vertragsabschluß übergeht.
Eine wesentliche Einschränkung erfuhren die Verkäufersicherungsrechte jedoch im Handelsrecht. Das französische Konkursrecht von 1838 hat beim Kreditkauf unter Kaufleuten jedenfalls dann eine extrem verkäuferfeindliche Haltung eingenommen, wenn der Verkäufer die Sache an den Käufer bereits vor Zahlung übergeben hatte. In diesem Fall wurden dem Verkäufer alle Vorzugsrechte versagt.
Da der französische Gesetzgeber, wie die Ausgestaltung der gesetzlichen Verkäufersicherungsrechte deutlich zeigt, vom Barkauf als der erstrebenswertesten Form des Kaufes an beweglichen Sachen ausgegangen war, machte sich diese

---

288 *Hot*, p. 60; *Desticker*, p. 119.

289 Der Gesetzgeber kodifizierte am 4. März 1889 parallel zum Konkurs ein zweites Verfahren, die "liquidation judiciaire", das die Möglichkeit des Zwangsvergleichs eröffnete. Die "liquidation judicaire" wurde verkündet, wenn der Schuldner seine Zahlungsunfähigkeit rechtzeitig vor dem Tribunal de commerce erklärt hatte. Dem Kaufmann wurde daraufhin ein "liquidateur" zugeteilt und unter bestimmten Vorraussetzungen die Beibehaltung der Leitung seines Unternehmens ermöglicht. Mit diesem Verfahren sollten die Kaufleute bevorzugt werden, die infolge wirtschaftlicher Umstände unglücklich in Schwierigkeiten geraten waren.

verkäuferfeindliche Haltung nicht unmittelbar bemerkbar.[290] Auch das Fehlen der Regelung über den Kredit- oder Abzahlungskauf war demnach unter der Berücksichtigung der Entstehungszeit des Code civil zu sehen.[291] Die Gesetzgebung des Code civil entsprach somit zunächst vollkommen den Anforderungen seiner Entstehungszeit.

2. KAPITEL: ENTWICKLUNG DES VERKÄUFERSCHUTZES IM 19. JAHRHUNDERT IM RAHMEN VON RECHTSPRECHUNG UND KAUTELARPRAXIS

Am weiteren Verlauf der Entwicklung soll untersucht werden, ob überhaupt und wenn ja, in welcher Weise sich die verkäuferfeindliche Haltung des Handelsrechts auf die Stellung des Verkäufers auswirkt.

I.) Wandelnde Grundvoraussetzungen

Wesentlich für die weitere Entwicklung der Verkäufersicherungsrechte ist vor allem der Wandel zweier Grundvoraussetzungen, die die Stellung des Verkäufers im Gesamtrechtssystem beeinflußten.

1.) Auftreten des Kredit- und Abzahlungskaufes in Frankreich

Zwar wurde die Regelung des Code civil den wirtschaftlichen Bedürfnissen der Entstehungszeit des Code civil noch gerecht, doch bald machte sich die Unwirtschaftlichkeit des Barkaufs bemerkbar und der Kreditkauf an Mobilien gewann mehr und mehr an Bedeutung.[292] Das Abzahlungsgeschäft als Hauptanwendungsfall des Kreditkaufes an beweglichen Sachen fand seinen Ursprung in der ersten Hälfte des 19. Jahrhunderts[293]
Nach den Ausführungen von Mestre und Haber hatte ein amerikanischer Kaufmann aus New York, namens Cowperthwait, bereits um 1807 als erster die Idee, den Abzahlungskauf für den Verkauf von beweglichen Sachen einzusetzen.[294]

---

290 "Le législateur n'a certainement pas voulu entraver le developpement de la vente à crédit mais pour lui et pour son temps, la fortune immobilière seule comptait dans un patrimoine (mobilium vilis possessio)." *Troullier/Adolphe-Lacan*, p. 3.

291 *Schmuki*, S. 142.

292 *Jauffret*, dans: Travaux de l'Association Henri Capitant, p. 297; *F. Pérochon*, La réserve de propriété, p. 17.

293 *Lazarus*, S. 3.

294 *L. Mestre,* Moyens pour protéger le vendeur, p. 12; *Haber*, p. 3.

Im Zusammenhang mit der Einführung der Nähmaschinen kam der Abzahlungskauf nach Europa und fand zunächst vor allem im Bereich des Kaufes von Hausrat und Einrichtungsgegenständen Anwendung.[295] Etwa um 1850 führte das Hause Singer den Abzahlungskauf für Nähmaschinen ein, um den Frauen die Arbeit zu Hause zu ermöglichen.[296] Bald wurde der Abzahlungskauf auch auf Fahrräder und Grammophone ausgedehnt. Diesem Beispiel folgten zahlreiche weitere Abzahlungshäuser.[297]

In der französischen Literatur findet sich die Überlieferung, daß in Frankreich ein Mann Namens Crépin 1856 dem Abzahlungskauf zu einem unerwarteten Aufschwung verholfen habe.[298] Der Photograph soll es seinen Kunden ermöglicht haben 20 Photographien gegen 1 fr. Barzahlung und 20 fr. zahlbar in Raten zu erwerben. Seine Methode hatte ungeheuren Erfolg und er begann, sie auf andere bewegliche Gegenstände auszudehnen.[299]

Nach seinem Tod führte Dufayel, ein ehemaliger Angestellter Crépins, das Geschäft fort und sorgte für einen weiteren Aufschwung des Kreditkaufs in der Pariser Region.[300] Angeregt durch das Beispiel Crépins wurde von Lévy und Cohen 1866 das *"Bon Génie"* und das *"les Classes Labourieuses"* gegründet, Kredithäuser, die direkte Kredite für die Lieferung von Ware vergaben. Im Laufe der Zeit nahm die Zahl der Einrichtungen, die entweder direkt oder indirekt Kredite vergaben, ständig zu.[301]

Der große Aufschwung des Abzahlungskaufes datiert aber erst aus den siebziger und besonders den achtziger Jahren des 19. Jahrhunderts.[302] Von da an wurden auch große Industriemaschinen, vor allem Produktionsmaschinen, die der Verarbeitung von Primärmaterialien dienten, und ganze Geschäftseinrichtungen auf Abzahlung verkauft. Die erste Rechtsprechung zum Abzahlungskauf bezieht sich vor allem auf Verträge, die den Kauf von Werkmaschinen für eine Zuckersiderei oder eine Mehlfabrik, Geräte für eine Porzellanfabrik oder ein Sägewerk, Apparaturen zur Käseherstellung zum Gegenstand haben.[303]

---

295 *Rühl*, S. 17.

296 *Jauffret*, dans: Travaux de l'Association Henri Capitant, p. 297; *Feder*, p. 5; *Haber*, p. 4.

297 *Rühl*, S. 17.

298 *Haber*, p. 4; *Yung*, p. 10.

299 *Yung*, p. 10; *Haber*, p. 4; *Chauveau*, p. 31.

300 *Chauveau*, p. 32.

301 *Haber*, p. 5.

302 *Lazarus*, S. 3; *Rühl*, S. 17.

303 Amiens, 12. mars 1884, D. 1985, II, 220; Douai, 30. juillet 1896, D. 1897, II, 464; Bourges, 26. déc. 1887, S. 88, II, 78; Nantes, 6. déc. 1893, Rec. Nantes, 1894, I, 59.

Für die schnelle Ausbreitung des Abzahlungskaufs im 19. Jahrhundert waren mehrere Gründe maßgeblich, die in einem engen inneren Zusammenhang zueinander stehen. Zum einen führte die in der Mitte des 19. Jahrhunderts einsetzende industrielle Revolution zu einer gewaltigen Entwicklung und Ausdehnung der Industrie. Aufgrund großer maschineller Anlagen war es im Rahmen der industriellen Produktion, im Gegensatz zur herkömmlichen handwerklichen Fertigung, möglich geworden, rationeller zu arbeiten und dadurch großer Produktionsausschüsse zu realisieren.[304] Die durch die gewerbliche und industrielle Großerzeugung bewirkte Steigerung der dem Markt zur Verfügung stehenden Gütermenge zwang den Handel sowohl neue Absatzmöglichkeiten zu entwickeln als auch neue Käuferschichten zu erschließen.[305]

Mit der Entwicklung der modernen Technik ging aber die Zersetzung der kleinbürgerlichen Wirtschaftsordnung, die Scheidung von Besitz und Arbeitskraft, Hand in Hand.[306] Die Unternehmen begannen in großem Maßstab mit fremden Mitteln zu arbeiten und der Ausdruck "nichtbesitzende Volksklasse" wurde zum Synonym für "Arbeiterklasse".[307]
Um die sich mit Fortschreiten der Industrialisierung ständig vergrößernde Arbeiterklasse in den Markt einzubeziehen und diese als neue Käuferschicht zu erschließen, mußte eine neue Finanzierungsform geschaffen werden, mit der die Diskrepanz zwischen den wirtschaftlichen Bedürfnissen und der Zahlungsfähigkeit großer Bevölkerungskreise beseitigt werden konntc.[308] Denn der Großteil der Bevölkerung benötige den gesamten Wochen- und Monatsverdienst zum Erwerb notwendiger Gebrauchs- und Einrichtungsgegenstände. Vor allem für Kunden mit geringeren finanziellen Möglichkeiten bot sich demnach der Kreditkauf als neue Erwerbsform an.
Der Abzahlungskauf gewann damit zunächst auf dem Gebiet der Haushalts- und Einrichtungsgegenstände Bedeutung, hielt aber auch bald auf dem Gebiet des Investitionsgüterabsatzes, insbesondere im Maschinenhandel, Einzug. Auf der einen Seite steigerte die Technisierung des Produktionsprozesses generell den Wert von Investitionsgütern, auf der anderen Seite verlangte der verschärfte Wettbewerb, durch Neuinvestitionen mit der technischen Entwicklung Schritt zu halten. Der Neuerwerb großer moderner Maschinen war den meisten Industriellen daher nur in Form der Finanzierung durch Abzahlung möglich. Der Mobiliarverkehr hatte aufgrund des hohen, in den Maschinen investierten Kapi-

---

304 *Larem*, S.18; *Sandmann*, S. 95.

305 *Sandmann*, S. 95.

306 *Cohen*, GrünhutsZ 21 (1894), S. 715.

307 Ebenda, S. 715

308 *Thiemann*, S. 53.

tals und infolge des Massenabsatzes der Produkte in allen Bevölkerungskreisen dem Verkehr mit Liegenschaften den Rang abgelaufen.
Schließlich führte im 19. Jahrhundert das zunehmende Verlangen der unteren Volksklassen nach Bildung, Modernisierung und Komfort, d.h. denjenigen Lebensbedürfnissen, die über das Lebensnotwendige hinausgingen, zu einem neuen Begehren nach Sachgütern. Der Abzahlungskauf ermöglichte diesen Bevölkerungsschichten den Erwerb von Gegenständen, die in früheren Zeiten für den Durchschnittsbürger, der nur über ein mäßiges Einkommen verfügte, unerschwingliche Luxusgüter dargestellt hatten. Dieses Verlangen der Unbemittelten nach Gütern, die sie sofort besitzen wollten, aber nicht sofort zahlen konnten, führte zu einer weiteren Ausdehnung des Abzahlungskaufes auf Luxusgüter.[309]
Das Abzahlungsgeschäft war demnach für alle Arten beweglicher Sachen einsetzbar. Der wesentliche Vorteil des Abzahlungskaufes lag darin, daß der Ratenkäufer die Sache bereits vor vollständiger Zahlung nutzen und unter Umständen aus diesen Erträgen wiederum einen Teil der Ratenzahlungen finanzieren konnte. Auf diese Weise war oftmals die Gründung einer Existenz oder die Erschließung neuer Erwerbsquellen durch die Anschaffung kostspieliger Produktionsmittel ohne große Kapitalanlagen möglich. Dies veranlaßte Cohen zu der Aussage: "*Der Kredit wird zum Naturelement der Volkswirtschaft.*"[310]

Die Ausbreitung des Kreditkaufes brachte jedoch auch ein zunehmendes Sicherungsbedürfnis des Verkäufers mit sich, da der kreditierende Verkäufer nach dem derzeitigen Gesetzgebungsstand durch die herkömmlichen Sicherungsmittel nahezu schutzlos gestellt war.
Die Einräumung eines an die Überlassung des Besitzes geknüpften Faustpfandrechts vermochte den wirtschaftlichen Bedürfnissen des kaufmännischen Geschäftsverkehrs nicht mehr gerecht zu werden, da es dem Schuldner seine Arbeitsmittel entzog.[311] Da das "*droit de rétention*" grundsätzlich weder im Falle einer Stundungsvereinbarung noch bei Übergabe der Ware an den Käufer, Wirkung zeigt, die Übergabe der Ware als Vorleistungspflicht aber den wirtschaftlichen Zweck aller Stundungs- und Abzahlungsabreden darstellte[312], kam auch dem "*droit de rétention*" beim Kreditkauf keine praktische Bedeutung zu. Das "*droit de revendication*" war aus den gleichen Gründen wie das "*droit de rétention*" wenig geeignet, das Verkäuferrisiko eines stundenden Verkäufers zu verringern, da die Geltendmachung dieses Rechts dann ausgeschlossen ist, wenn

309 *Lazarus*, S. 6.
310 *Cohen*, GrünhutsZ 21 (1894), S. 716.
311 *Seeliger*, S. 15.
312 *Wieandt*, S. 6.

der Verkäufer die Kaufpreisforderung gestundet hat. Das "*privilège*" und das "*droit de résolution*" sind zwar grundsätzlich auch im Falle einer Stundungsvereinbarung möglich, sie bieten dennoch keinen effektiven Schutz für den kreditierenden Verkäufer, da sie, wie gezeigt, nach Übergabe der Kaufsache, im Konkurs des Käufers wirkungslos sind.

Jetzt machte sich die oben dargestellte Lücke im Schutzsystem des Verkäufers bemerkbar. Es mußte daher für den Abzahlungsverkäufer eine wirksame neue Sicherungsmöglichkeit an der Kaufsache selbst geschaffen werden, die auch im Konkurs des Käufers wirksam blieb.

2.) Betonung des Publizitätsgedankens

Ehe auf die Versuche zur Schaffung neuer Verkäufersicherungsrechte eingegangen wird, muß zum Verständnis der weiteren Entwicklung in Frankreich auf einen weiteren Gedanken hingewiesen werden, der sich Mitte des 19. Jahrhunderts verfestigte.
Parallel mit der Ausdehnung des Kreditwesens, möglicherweise sogar unter dem Einfluß desselben, gewann um die Mitte des 19. Jahrhunderts in der Lehre der Gesichtspunkt der Publizität zunehmend an Bedeutung.[313] Dieser äußerte sich zunächst vor allem beim Faustpfandrecht: Bei Erlaß des Code civil war die Besitzentziehung im Rahmen der Pfandrechtsbestellung gemäß Art. 2076 C.c. nicht als Publizitätstatbestand verstanden worden. Da das Vertragspfand als Realvertrag ausgestaltet worden war, war die Übergabe der Sache an den Gläubiger vielmehr schon für das Zustandekommen des Vertrages zwischen den Parteien erforderlich.[314] Dabei galt die Besitzentziehung als reine Gläubigerschutzmaßnahme, da dem Schuldner jede Einwirkungsmöglichkeit auf die Sache genommen wurde.[315] Obwohl die Lehre an der Realvertragstheorie weiterhin festhielt, traten in immer stärkerem Maße die Interessen Dritter und deren Schutz in den Vordergrund. Dieser Gedanke führte dazu, daß bei der Beantwortung der Frage, wann eine Übergabe im Sinne des Art. 2071, 2076 C.c. vorliege, die Betonung vor allem auf die Publizitätsfunktion der Besitzaufgabe seitens des Schuldners gelegt wurde.[316] Die den Schöpfern des Code civil fremde Präzisierung der Besitzentäußerung zu einem Publizitätsmerkmal im Interesse der Drittgläubiger war damit vollzogen.[317]

---

[313] *Ehrig*, S. 42.

[314] S.o. C.), 1. Kap. II.) 1.).

[315] *Kay*, S. 59; *Altorfer*, § 4 II B 2 b aa, S. 23; *Fargeaud*, n° 5, 8.

[316] *Ehrig*, S. 41.

[317] *Ehrig*, S. 42; *Kay*, S. 59; *Altorfer*, § 4 II B 2 b aa, S. 23.

Der neue Publizitätsgedanke hielt auch bald in der Rechtsprechung Einzug. Der Kassationshof legte den neuen Gedanken im Jahre 1875 einer Grundsatzentscheidung zugrunde, in der er von der Vorstellung ausging, daß das bewegliche Vermögen des Schuldners, soweit es sich in dessen Händen befand, in den Augen Dritter grundsätzlich unbelastetes Vermögen sei, das die Grundlage der Kreditfähigkeit dieses Schuldners bilde: "*Il est de l'essence du (gage) que la mise en apparence soit un fait apparent, d'une notoriété suffisante pour avertir les tiers que le débiteur est dessaisi et que l'objet ne fait plus partie de on actif libre.*"[318] Dieser Grundsatz wurde der Rechtsprechung von da an zugrundegelegt.[319]

Diese neue Entwicklung hatte dem Faustpfandprinzip eine neue Sinnbestimmung dahingehend gegeben, daß einer Täuschung Dritter über die Kreditfähigkeit des Schuldners vorgebeugt werden sollte. Das Entscheidende an der Besitzübergabe lag demnach nicht darin, dem Pfandgläubiger den Besitz an der Sache zu verschaffen, sondern vielmehr darin, dem Schuldner den Besitz zu entziehen, damit Dritte nicht mehr getäuscht werden konnten. Bei der Übergabe stand demnach die "*dépossession*" des Schuldners im Vordergrund.[320] Für eine Besitzübergabe im Sinne der Pfandrechtsvorschriften war es somit ausreichend, daß der Pfandgegenstand dem Gläubiger oder einem zwischen den Parteien vereinbarten Dritten, derart zur Verfügung gestellt wurde, daß der Schuldner ihn nicht mehr zur Vermehrung seines Kredits mißbrauchen konnte.

Indem die negative Publizität den Interessenten einer vom Gutglaubensschutz nicht erfaßten Personengruppe dienstbar gemacht wurde, erfuhr das Faustpfandprinzip eine neue Rechtfertigung.[321] Die Interessen der Drittgläubiger, unbelastetes Eigentum, bzw. das Pfandrecht zu erwerben, wurde dadurch geschützt, daß irreführende Divergenzen zwischen der Rechtslage und der faktischen Besitzlage nach Möglichkeit vermieden wurden.[322]

Mit diesem Gedanken korrespondierte der hinsichtlich der Konkursfestigkeit der Verkäufersicherungsrechte im Rahmen der Konkursgesetzgebung von 1807 und 1838 entwickelte Gedanke der "*solvabilité apparante*". Das Publizitätsprinzip ging daher Hand in Hand mit dem Grundprinzip der Organisation der "*procédures collectives*": sobald das Vermögen des Schuldners dazu dienen sollte die Gläubiger zu befriedigen, mußten alle Spezialprivilegien, die in der Lage gewesen wären, das allgemeine Pfandrecht der Masse zu schmälern, für diese

318 Cass. req., 29. déc. 1875, D. 1876, 1, 219; Cass. civ., 19. févr. 1894, D. 1894, 1, 420.

319 *Ehrig*, S. 41; *Kay*, S. 60; *Fargeaud*, S. 8, *Altorfer*, § 4 II B 2 b aa, S. 23.

320 *Ehrig*, S. 42.

321 *Altorfer*, § 4 II B 2 b aa, S. 24; *Kay*, S. 60.

322 *Altorfer*, § 4 II B 2 b aa, S. 24.

ersichtlich sein. Hatte der Schuldner eine Sache im Besitz, begründet diese einen "*crédit apparente*" auf dessen Existenz sich die Gläubiger verlassen durften. Die Schutzwürdigkeit der Interessen dritter Gläubiger war demnach zum einen der gesetzgeberische Grund, der zur Versagung der Vorzugsrechte des Verkäufers im Konkurs geführt hatte und zum anderen die Ursache, die zum Hervortreten des Publizitätsgedankens geführt hatte.

Der Publizitätsgedanke muß hier mit besonderer Eindringlichkeit herausgestellt werden, weil in ihm die Erklärung für die Art und Weise der Entwicklung der dinglichen Sicherheiten an beweglichen Sachen zu suchen ist. Publizität als notwendiges Merkmal der Drittwirkung und Besitzentäußerung als Tatbestand der Publizität setzten sich damit im Bereich der Mobiliarsicherungsrechte durch.

II.) Anpassung des französischen Rechts im 19. Jahrhundert an die neuen Bedingungen durch Schaffung von Vertragsabreden

Da der Barkauf dem Kreditkauf bei Mobilien weitgehend gewichen war und sich die gesetzlichen Regelungen zum Schutz des Verkäufers auf dem Gebiet des Abzahlungskaufes gegenüber unredlichen und unsicheren Schuldnern aufgrund des Versagens der Verkäufersicherungsrechte im Konkurs als ungenügend erwiesen hatten, war in Kaufmannskreisen ein Bedürfnis nach einer stärkeren Sicherheit bemerkbar geworden, das ein Stehenbleiben auf dem herkömmlichen Rechtsstandpunkt untragbar werden ließ.[323] Um den wirtschaftlichen Bedürfnissen und den strengen Anforderungen von Gesetz und Rechtsprechung gerecht zu werden, wurde die französische Handels- und Rechtspraxis nicht müde, vertragliche Sicherheiten verschiedenster Art zu entwickeln, denen mehr oder weniger viel Erfolg beschieden war.[324] Die Versuche enden in einer Vielzahl, teilweise sonderbarer Vertragsgebilde: "*Les contractants essaient de parvenir à leurs fins par des combinaisons ingénieuses, sans doute, mais combien bizarres et indécises au point de vue juridiques.*"[325] Diese sog. "*garanties conventionnelles*" hatten in der Regel den Zweck, dem Verkäufer bei Zahlungseinstellung des Käufers die Sache selbst oder deren Wert zu sichern. Sie sollten vor allem verhindern, daß sich der Verkäufer im Falle des Konkurses des Käufers mit einer einfachen Konkursforderung begnügen mußte und alle dinglichen Sicherungsrechte untergingen.[326]

---

323 *Larem*, S. 32.

324 *Krauss*, S. 30; *Schmuki*, S. 142; *Rosskopf*, S. 32; *Gravenhorst*, S. 38.

325 *Thilo*, p. 55.

326 *Krauss*, S. 30.

Der Verkäufer bezweckte durch die Vertragsabrede dabei vor allem, solange der Kaufpreis nicht gezahlt worden war, Eigentümer der verkauften Ware zu bleiben, um sich die Möglichkeit zu bewahren, die Sache bei Nichtzahlung zurückzufordern. Im Hinblick auf die verkäuferfeindliche Haltung des Gesetzgebers im Falle des Konkurses des Käufers wurde die Schaffung der garanties conventionnelles "*comme un réflexe de légitime défense*" bezeichnet.[327] Seit Mitte des Jahrhunderts hatten sich erste Ansätze für diese neue Entwicklung gezeigt. Dabei handelte es sich jedoch, wie Vallat es ausdrückt, noch um zaghafte vereinzelte Versuche der Kaufleute, sich bei Abzahlungskäufen durch vertragliche Vereinbarungen zu sichern.[328] Erst ab 1880 traten die vertraglichen Vereinbarungen regelmäßig auf und ließen sich in verschiedene Erscheinungsformen unterteilen:

1.) Location-vente

Eine der "*garanties conventionnelles*", die als konkrete Reaktion auf das Fehlen von Gesetzesvorschriften zum Schutze des Verkäufers im Konkurs entwickelt wurde, war der Mietkaufvertrag (*location-vente*).[329] Die "*location-vente*" tauchte seit 1865 in ihren Grundzügen in der Rechtsprechung auf.[330] Bereits vor der Jahrhundertwende war dieses Rechtsinstitut stark verbreitet.
Ausgangspunkt beim Abschluß eines derartigen Vertrages war die Tatsache, daß Mietsachen nicht in die Konkursmasse fallen und daher aussonderungsfähig sind.[331] Zwar finden sich im Code de Commerce keine Regelungen über ein Aussonderungsrecht des Mieters, mangels ausdrücklicher gesetzlicher Regelung greift die h.M. hier jedoch auf das "*droit commun*" zurück, welches eine Aussonderung der Mietsache erlaubt.[332] Die Vereinbarung eines Mietkaufs sollte dem Verkäufer jene Sicherung für seinen Kredit geben, die ihm durch die Verkäufersicherungsrechte des Code civil versagt blieb.[333] Aus diesem Grund wurde versucht, Elemente der Miete so in den Veräußerungsvertrag einzubauen,

327 *Rault*, Rev. gén. dr. faillites, 1936, S. 393; *F. Pérochon*, La réserve de propriété, p. 17.

328 *Vallat*, p. 136.

329 *Schmuki*, S. 142; *Wehser*, AWD, S. 606.

330 Trib. com. Marseilles, 7. avril 1865, Rec. Marseilles 1865, 1, 140.

331 *Destors*, p. 79; *L. Mestre*, Moyens pour protéger le vendeur, p. 27; *Thaller*, Traité élémentaire, p. 1003; *Schmuki*, S. 148; *Tene-Boukary*, p. 40.

332 *Thaller*, Traité élémentaire, t. II, p. 1003; *Tene-Boukary*, p. 40; *L. Mestre*, Moyens pour protéger le vendeur, p. 53; *Schmuki*, S. 148; Cass. req., 18. févr. 1895, S. 1895, I, 209; *Thaller*, Faillites et banqueroutes, t. II, n° 996.

333 *Krauss*, S. 71.

daß dem Veräußerer im Konkurs des Erwerbers die Aussonderung gesichert ist.[334]
Durch die Vereinbarung einer *"location-vente"* sollte der Verkäufer bis zur Bezahlung der Ware das Eigentumsrecht daran bewahren. Sie lief jedoch nicht darauf hinaus, den Eigentumsübergang von dem zugrunde liegenden Verpflichtungsgeschäft zu trennen.[335]

a.) Rechtliche Konstruktion der location-vente

Da das Institut der *"location-vente"* eine Kreation der Praxis war, zeigte sie sich als ausgesprochen wandlungsfähig. Mit dem Ziel, den bestmöglichen Schutz des Verkäufers zu erreichen, war die rechtliche Konstruktion ständigen Veränderungen unterzogen.[336] Die Kaufleute waren immer wieder bemüht, neue Varianten der "*loacation-vente*" zu finden, um den permanent steigenden Anforderungen der Rechtsprechung gerecht zu werden. "*A chaque décision n'accordant pas au contrat une validité suffisant pour la sécurité des commercants, correspond une parade, qui tenant compte du nouvel état des choses imagine des nouvelles clauses.*"[337]
Die ersten Kaufleute, die die Idee hatten, miet- und kaufrechtliche Elemente zu kombinieren, beschränkten sich auf die schlichte Verknüpfung bzw. Vermischung der beiden Vertragsformen in einem einzigen Vertrag. Darum versprach der Verkäufer, die zu veräußernde Sache dem Käufer gegen Zahlung eines bestimmten Mietzinses zu überlassen.[338] Bis zur vollständigen Zahlung sollte Miete vorliegen und mit der letzten Monatsmietzahlung sollte der Mieter aufgrund des Kaufvertrages Eigentümer werden. Bereits eine oberflächliche Betrachtung des Vertrages zeigte jedoch, daß sich hinter dem Mietvertrag eigentlich ein verdeckter Kauf verbarg und das eigentliche Vertragsziel nach dem Willen der Parteien der Eigentumsübergang war.
Deshalb wurde zum Teil die Ansicht vertreten, die *"location-vente"* müsse aus zwei getrennten Verträgen bestehen, nämlich einer "*louage ferme*" und einem "*vente sous condition suspensive*".[339] Bei dieser Kombination von Miete und

---

334 *Gravenhorst*, S. 38.

335 *Rosskopf*, S. 36.

336 *L. Mestre*, Moyens pour protéger le vendeur, p. 23; *Haber*, p. 17.

337 *Haber*, p. 17.

338 "*Je vous loue une machine à coudre moyennant 20 fr. par mois et pour 18 mois. Par le seul paiement consécutif et intégral de ces 18 mensualités, la propriété vous en sera transmise.*" *Haber*, p. 21.

339 *Guillouard*, Taité de la vente, t. 1, n° 65; *Valéry*, Annal. dr. com. 1895, p. 93.

aufschiebend bedingtem Kauf stellten jedoch die Zahlungen ausschließlich Mietzahlungen dar, so daß es somit an dem eigentlichen Kaufpreis fehlte.[340] Aus diesem Grunde wurden darüber hinaus zahlreiche weitere Versuche unternommen, die Natur des Vertrages der "*location-vente*" zu bestimmen: "*bail suivi d'une donnation*"[341], "*vente à tempérament*"[342], "*vente sous conditon résolutoire*"[343], "*contrat innommé*"[344]. Einige Autoren sahen die "*location-vente*" grundsätzlich als unzulässig an, da die "*location-vente*" als hybride Vereinbarung keine juristische Berechtigung habe: "*Les parties n'ont pas le droit de greffer ainsi, deux opérations pour en faire un produit aussi étrange qu' indécis...*"[345]

Mit der Zeit kristallisierte sich jedoch eine h.M. heraus, die im wesentlichen bis heute beibehalten wurde. Sie erkennt die "*location-vente*" aufgrund des Grundsatzes der Vertragsfreiheit inter partes an[346] und konstruiert den Vertrag als eine auflösend bedingte Miete mit einem aufschiebend bedingten Kauf, wobei sowohl auflösende als auch aufschiebende Bedingung die Zahlung der letzten Mietrate ist.[347] Danach bestehen schon bei Abschluß des Vertrages zwei voneinander unabhängige Verträge nebeneinander.[348] Solange der Preis nicht vollständig gezahlt wurde, präsentiert sich der Vertrag als Mietvertrag, sobald die letzte Zahlung erfolgt ist, löst sich der Mietvertrag rückwirkend auf und der Kauf wird als von Anfang an bestehend betrachtet. Die Verknüpfung der beiden Verträge liegt also darin, daß dasselbe Ereignis, nämlich die vollständige Zahlung der Mietzinsraten zu einem kalendermäßig oder durch die Höhe des Abzahlungsbetrages bestimmten Zeitpunkts, das Erlöschen des Miet- und das Wirksamwerden des Kaufvertrages auslöst. Die Zahlung erfüllt damit eine doppelte Funktion, da sie aufgrund der Rückwirkung der Bedingung den einen Vertrag erlöschen und einen neuen entstehen läßt. Der Erwerber erhält die Sache gegen Zahlung von Mietraten zum Gebrauch überlassen, während Eigentum

---

340 *L. Mestre,* Moyens pour protéger le vendeur, p. 36; *Feder*, p. 122.

341 Bourges, 17. fév. 1902, S. 1902, 2, 247.

342 *Thaller*, Des faillites et banqueroutes, t. II, n° 1027.

343 *Colin/Capitant*, t. II, p. 428.

344 *L. Mestre,* Moyens pour protéger le vendeur, p. 41.

345 *Hardoin*, p. 115.

346 "*A défaut de tout législation la liberté des conventions doit trouver ici un champs libre pour s'exercer.*" *Boucher*, p. 30.

347 *Baudry-Lacantinerie*, Du contrat de louage, t. 1, n° 17; *Chauvière*, Annal. dr. com. 1902, p. 49; *Appleton*, note sous Lyon, 10. août, S. 1890, 2, 113.

348 *Ehrig*, S. 108; *Schmuki*, S. 148.

und Gefahrübertragung beim Verkäufer bleiben.[349] Die einzelnen Mietraten stellen dabei zusammengesetzte Beträge dar, die teils wirklich die mietweise Überlassung des Gegenstandes entgelten sollen, zum überwiegenden Teil aber aus versteckten Kaufpreisraten bestehen, die sich zu einem Gesamtpreis summieren.[350] Bei den einzelnen in der Praxis abgeschlossenen Verträgen überwiegt teilweise das mietrechtliche, teilweise das kaufrechtliche Element.[351]

Vom normalen Mietkaufvertrag ist die Form des "*location-promesse de vente*" zu unterscheiden.[352] Bei dieser Vertragsgestaltung schließen die Parteien tatsächlich nur einen Mietvertrag und keinen - auch nicht einen nur bedingten - Kaufvertrag.[353] Der Vermieter verspricht allerdings, nach Ablauf der Mietzeit mit dem bisherigen Mieter einen Kaufvertrag abzuschließen, wobei es dem Mieter freistehen muß, ob er diese Kaufoption annehmen oder die Sache zurückgeben will.[354] Falls sich der Mieter zum Kauf entschließt, muß neben das Erfordernis eines bestimmten Gesamtbetrages an Mietzinsen noch dasjenige einer besonderen Optionserklärung durch den Mieter und dasjenige einer erhöhten Restzahlung, der "*soulte*", treten.[355]

Der mit der "*location-vente*" verfolgte Zweck liegt vornehmlich in der Sicherung der Kaufpreisforderung durch die Wahrung des Eigentums beim Veräußerer. Der Erwerber wird als Mieter während der Schwebezeit nicht Besitzer, sondern bloßer "*détenteur*", der Veräußerer behält seinen Herausgabeanspruch.[356] Außerdem kann die Sache, die Gegenstand der "*location-vente*" ist, aufgrund des Eigentums des Vermieters nicht "*immeuble par destination*"[357] und damit Eigentum des Mieters werden.[358]

---

349 *Colin et Capitant,* Cours élém., t. II, n° 835.

350 In der Regel wird bei einem "Mietkaufvertrag" demgemäß der Mietzins höher sein, als wenn wirklich nur eine Gebrauchsüberlassung gewollt wäre.

351 *Rosskopf,* S. 37.

352 *Tene-Boukary,* p. 33; *Ehrig*, S. 109.

353 *Ehrig*, S. 109.

354 *Wehser*, AWD, S. 606; *Schmuki*, S. 148; *Ehrig*, S. 109.

355 *Wehser*, AWD, S. 606, *Schmuki*, S. 148; *Rosskopf,* S. 37.

356 *Ferid/Sonnenberger,* 2 G 770, S. 156; Neben der Eigentumswahrung ist für den Verkäufer weiterhin entscheidend, daß er als Vermieter auch einen nicht zu unterschätzenden strafrechtlichen Schutz erlangt. Nach Art. 408 C.pén. wird wegen "abus de confience" bestraft, wer ohne Zustimmung seines Lieferanten über eine ihm überlassene, fremde Sache verfügt.

357 Das französische Recht kennt zwei Arten unbeweglicher Sachen, die "*immeubles par nature*", worunter gem. Art. 518 C.c. vor allem Grundstücke und Gebäude, Pflanzen, Früchte, Mineralien fallen, soweit sie nicht vom Boden getrennt sind, und die "*im-*

Fortsetzung nächste Seite

Der Vermieter-Verkäufer genießt im Verhältnis zu Dritten während der Dauer des Mietverhältnisses denselben Schutz, wie jeder Eigentümer einer beweglichen Sache.[359] Der Verkäufer ist dann nicht geschützt, wenn der Mietkäufer die Sache weiterveräußert und ein Dritter gutgläubig Eigentum daran erwirbt.[360]

b.) Wirkung der location-vente im Konkurs

Die eigentliche Problematik der "*location-vente*" beginnt erst, wenn sie sich im Konkurs des Käufer-Mieters bewähren soll. Dem Veräußerer kann nämlich kein Aussonderungsrecht eingeräumt werden, wenn festzustellen ist, daß der Mietkaufvertrag seinem wirtschaftlichen Zweck entsprechend nicht als Miete, sondern als Kauf anzusehen ist, d.h., wenn sich unter der "*location-vente*" ein einfacher Abzahlungskauf verbirgt, mit dem der kreditierende Verkäufer die Folgen des Art. 550 C.com. zu umgehen versucht.[361] Wegen des in Art. 550 C.com. geregelten ordre public kann es aber dem Vermieter-Verkäufer dann nicht gestattet sein, im Konkurs des Miet-Käufers für sich mehr Rechte zu beanspruchen, als jedem anderen Konkursgläubiger zustehen.[362]
Wann ein solcher Abzahlungskauf statt einer Miete vorliegt, hängt von den Umständen des Einzelfalles ab. Der Richter muß demnach ermitteln, worauf der Wille der Parteien bei Abschluß des Vertrages gerichtet war. Die bloße Bezeichnung als Miete ist nicht ausschlaggebend.[363]

In der Rechtsprechung ließ sich zunächst eine der *"location-vente"* unfreundliche Tendenz bemerken.[364] Anfangs lehnte sie die Einordnung in das Mietrecht und damit zugleich den Aussonderungsanspruch als Umgehung strenger, dem Veräußerer ungünstiger Vorschriften des Konkursrechts kategorisch ab und ordnete den Vertrag als Kauf auf Kredit ein.[365]

---

meubles par destination", Immobilien kraft Zweckbestimmung, worunter Sachen zu verstehen sind, die zwar beweglich bleiben, aber mit dem Grundstück in dauerhaftem Zusammenhang stehen oder ihm zu dienen bestimmt sind (Art. 552-525 C.c.).

358 Gleichzeitig bietet der Mietkaufvertrag auch steuerliche Vorteile, indem Mietverträge weniger ins Gewicht fallenden Verkehrssteuern unterworfen sind, als Kaufverträge. *Schmuki*, S. 148; *Destors*, p. 80; *Boucher*, p. 30.

359 *Schmuki*, S. 152; *Ehrig*, S. 108; *Wehser*, AWD, S. 606.

360 *Wehser*, AWD, S. 606.

361 *Rosskopf*, S. 56; *Ehrig*, S. 110; *L. Mestre*, Moyens pour protéger le vendeur, p. 72.

362 *Planiol/Ripert*, Traité élémentaire, t. II, n° 2436; *Colin/Capitant*, t. II, n° 835.

363 Caen, 22. nov. 1894, S. 1895, 2, 210; Bourges, 17. févr. 1902, D. 1902, 2, 448.

364 *Tene-Boukary*, p. 41.

365 Cass., 17. juillet 1895, S. 1899, 1, 350.

Im Laufe der Zeit lockerte die Rechtsprechung ihre Haltung und entwickelte Kriterien, nach denen die Einstufung des Vertrages vorgenommen wurde. Bestand danach der offensichtliche Zweck der Vereinbarung der *"location-vente"* darin, ein Abzahlungsgeschäft zu Wege zu bringen und wurden dabei auf unzulässige Weise Ansprüche von Konkursgläubigern geschmälert, so war der Vertrag als Kaufvertrag zu betrachten. Für einen solchen rechtsgeschäftlichen Schleichweg bzw. einen simulierten Kaufvertrag sprach, daß der Mietvertrag von vornherein auf den Eigentumsübergang ausgerichtet war oder die soulte nur symbolischen Charakter hatte[366], außerdem, daß der Vermieter von Risiken und Verpflichtungen befreit war, die normalerweise ihm zur Last fielen[367] und der Vertrag Klauseln enthielt, die bei einem Mietvertrag fremd, beim Kaufvertrag dagegen üblich waren, oder daß es sich um einen Gegenstand handelte, den man üblicherweise nicht zu vermieten pflegte.[368] Gegen die Miete sprach auch, daß der Mietzins, als Entgelt für den Gebrauch, eine angemessene Höhe überstieg, die soulte dagegen unbedeutend war, da der Mietzins dann Teilzahlungsraten gleichkam.[369]

Fehlte einer Miete mit Kaufversprechen dagegen die vorgenannte Absicht, war ihr nichts entgegenzuhalten und eine Aussonderung möglich.[370] Für die Einordnung als echte Miete sprach, daß der Vertrag von den Parteien aufrichtig als Mietvertrag empfunden wurde, der Mietzins dem Wert der Gebrauchsvorteile entsprach und der Mieter zum endgültigen Erwerb noch eine beträchtliche Summe leisten mußte[371], außerdem, daß die Rechte des Mieters so beschränkt waren, wie es bei einem Mietvertrag der Fall zu sein pflegte oder es sich um Ware handelte, die in der Regel vermietet wurde[372] und Sachgefahr und Versicherungskosten vom Vermieter zu tragen waren.[373] Für die Einordnung konnte ferner ausschlaggebend sein, daß der Mieter berechtigt war den Mietvertrag zu

---

366 Périguex, 16. déc. 1913, S. 1914, 2, 123; Trib. com. Châeauroux, 20. juillet 1887, S. 1888, 2, 78; Amiens, 28. avril 1894, D. 1895, 2, 92; Paris, 13. janv. 960, G.P. 1960, 2, 25.

367 Orléans, 12. avril 1907, D. 1907, 2, 301.

368 Orléans, 12. avril 1907, D. 1907, 2, 301; Trib. com. de la Seine, 4. sept. 1913, G.P. 1913, 2, 599.

369 Rouen, 17. juin 1911, D. 1912, 2, 149; Orléans, 12. avril 1907, D. 1907, 2, 301; Aix, 13. déc. 1932, D.H. 1934, Som., 22; Trib. com. Toulouse, 2. avril 1935, G.P. 1935, 1, 892.

370 *Schmuki*, S. 152.

371 Cass., 29. févr. 1902, D. 1902, 1, 96; Caen, 22. nov. 1894, S. 1895, 2, 210; Bourges, 17. févr. 1902, D. 1902, 2, 448.

372 Bourges, 17. févr. 1902, D. 1902, 2, 448; Toulouse, 2. avril 1935, G.P. 1935, 1, 892

373 Bordeaux, 26. juillet 1899, D. 1901, 2, 152; Bourges, 17. févr. 1902, D. 1902, 2, 448; Cass., 3. août 1931, D. 1931, 1, 441.

kündigen und in seiner Entscheidung über den späteren Kauf völlig frei war. Im Zweifel tendierte die Rechtsprechung dazu, den Vertrag als Kauf anzusehen.

Die *"location-vente"* spielte in Frankreich eine Zeit lang eine nicht unwesentliche Rolle, obwohl ihr durch die Haltung der französischen Rechtsprechung nur beschränkte Wirkung zu eigen wurde.[374] Heute wird diese *"garantie conventionnelle"* nur noch selten gebraucht.

2.) Clause de réserve de propriété

Eine weitere von der Praxis entwickelte "*garantie conventionnelle*" ist die "*clause de réserve de propriété*". Diese Vereinbarung entspricht von seiner Konstruktion dem im deutschen Recht bereits anerkannten *"pactum reservati dominii"*: Der Verkäufer versucht sich dadurch zu schützen, daß er sich das Eigentum an der verkauften und übergebenen Ware bis zur vollständigen Kaufpreiszahlung durch die vertragliche Vereinbarung eines aufschiebend bedingten Eigentumsübergangs vorbehält.

a.) Undefinierbare Ursprünge des Eigentumsvorbehalts im französischen Recht

Obwohl der Eigentumsvorbehalt dadurch, daß er den Eigentumsübergang von dem zugrunde liegenden Verpflichtungsgeschäft trennt, ein in seiner rechtlichen Ausgestaltung von der "*location-vente*" abweichendes Rechtsinstitut darstellt, wurde die "*réserve de propriété*" zunächst häufig in einem Atemzug mit dem Mietkauf genannt. Chaveau erklärt, daß die Praxis den Begriff "*location-vente*" für alle Vereinbarungen verwende, in denen der Verkäufer versuche, sich das Eigentum an der Sache zu bewahren.[375] Corville ist sogar der Ansicht, daß die *"location-vente"* tatsächlich ein Kauf unter Eigentumsvorbehalt sei.[376]
Grund für den teilweise synonymen Wortgebrauch bei diesen Institutionen ist vor allem die äußere Ähnlichkeit.[377] In beiden Fällen verbleibt das Eigentum der veräußerten bzw. vermieteten Sache beim Verkäufer oder Vermieter. Genauso wie der *"locateur-vendeur"* einen Herausgabeanspruch gegen den Mieter-Käufer geltend machen kann, kann auch der Vorbehaltseigentümer die Sachen von seinem Kaufvertragspartner vindizieren, ohne zu einer Auflösung des

---

374 *Krauss*, S. 67.

375 *Chaveau*, p. 86.

376 *Corville*, p. 252.

377 *Rosskopf*, S. 74.

Grundvertrages gezwungen zu sein.[378] Schlagkräftiger ist jedoch das Argument des inexakten Wortgebrauchs seitens der Rechtsprechung, der eine exakte Differenzierung zwischen den beiden Instituten schwierig werden ließ und dazu führte, daß sie häufig als "verschiedene Spielarten desselben Begriffs"[379] angesehen wurden. Die Rechtsprechung sah in der *"location-vente"* zumindest dann einen versteckten Eigentumsvorbehaltskauf, wenn vereinbart wurde, daß das Eigentum mit Eintritt der Bedingung ipso iure übergehen sollte.[380]
Entscheidend ist schließlich, daß auch in der Praxis sowohl der Begriff der "*location-vente*" als auch der des Eigentumsvorbehaltes teilweise sehr allgemein alle diejenigen Vereinbarungen bezeichneten, die die Realisierung eines Abzahlungskaufes zum Gegenstand hatten.[381] Dieses Verhalten in der Praxis erklärt sich aus der Tatsache, daß die Verkäufer angesichts der unsicheren Behandlung der "*garanties conventionnelles*" in der Rechtsprechung zögerten, ihren Vertragsabreden juristisch exakte Formulierungen zu geben und versuchten, mit undeutlichen Bezeichnungen die wahre Absicht zu verschleiern.[382] "*La plupart d'entre eux ont fait signer à leurs clients des conventions plus ou moins hybrides, dans lesquelles ils ont inséré tout une série de clauses.....*"[383]
In der Praxis sind daher zunächst die verschiedensten Kombinationen von "*location-vente*" und Eigentumsvorbehalt zu finden: "*location*" verbunden mit einer *"promesse de vente"*, *"promesse de vente"* verbunden mit einer "*clause de réserve de propriété"* und einer *"location intérimaire"*, *"vente simple ou conditionnelle"*, der später durch einen zweiten Vertrag in Miete umgewandelt werden sollte.[384]

Es dauerte einige Zeit, bis man in Frankreich von der Herausbildung eines dogmatisch selbständigen Instituts des Eigentumsvorbehalts sprechen konnte. Deshalb läßt sich nicht eindeutig bestimmen, wann der Eigentumsvorbehalt erstmals in der Rechtsprechung anerkannt wurde. In der Literatur wird vereinzelt vertreten, daß das erste Urteil über den Eigentumsvorbehalt das des Kassationshofes vom 4. Aug. 1852[385] sei.[386] Zwar kann mit der von Vallat erstellten

---

378 Ebenda, S. 74, *Percerou*, Annal. dr. com. 1931, p. 189.

379 *Rosskopf*, S. 65.

380 *Merk*, Eigentumsvorbehalt, S. 29; *Chauveau*, p. 134.

381 *Chauveau*, p. 87.

382 Ebenda, p. 92.

383 *Feder*, p. 34.

384 *Vallat*, p. 143.

385 D. P. 1852, 1, 297.

386 *Michelet*, p. 57; *Féblot/Mezger*, RabelsZ 20 (1955), S. 665; *Brödermann*, ZvglRWiss. 1984, S. 184.

These behauptet werden, es handle sich hier um einen "ersten zaghaften Versuch des Verkäufers, sich durch Vertragsabreden zu sichern", die Struktur eines Eigentumsvorbehalts in Form einer aufschiebend bedingten Übereignung läßt sich hier jedoch noch nicht erkennen. Vielmehr hatte der Verkäufer eines Holzschlags versucht, sein *"droit de rétention"* und sein *"privilège du vendeur"* durch vertragliche Vereinbarung im Falle des Konkurses des Erstkäufers auch gegenüber dem Zweitkäufer durchzusetzen. Dieser Parteiabrede wurde von der Rechtsprechung im Konkurs die Wirksamkeit versagt.[387]
Das erste Urteil, welches sich m.E. eindeutig und unmißverständlich, zumindest in den begleitenden Anmerkungen, über die Existenz eines Eigentumsvorbehalts äußert, ist das Urteil des Kassationshofes vom 22. Juli 1872.[388] Zwar versagte der Kassationshof dem Verkäufer in diesem Fall das Rückforderungsrecht aufgrund Eigentumsvorbehalts; dies war jedoch auf das Fehlen einer präzisen Vertragsformulierung zurückzuführen, da sich die Parteien lediglich dahingehend geeinigt hatten, daß *"l'entrée en possession"* bis zur vollständigen Kaufpreiszahlung aufgeschoben werden sollte. Die grundsätzliche Wirksamkeit des Eigentumsvorbehalts als Parteiabrede wurde jedoch nicht in Zweifel gezogen.[389]

b.) Probleme bei der Einführung des Eigentumsvorbehalts in Frankreich

Da nach französischem Recht mit der *"perfection"* des Vertrages gemäß Art. 1583 C.c. das Eigentum unmittelbar übergeht, waren die Grundvoraussetzungen für die Einführung des Eigentumsvorbehalts nicht sehr günstig und es stellt sich die Frage, ob es grundsätzlich überhaupt möglich ist, das französische Recht für den Eigentumsvorbehalt zugänglich zu machen. Die grundsätzliche Zulässigkeit eines Eigentumsvorbehalts war deshalb in Frankreich zunächst umstritten.[390] Im wesentlichen wurden dabei folgende Fragen kontrovers behandelt:

aa.) Ist Art. 1583 C.c. zwingendes Recht ?

Problematisch war zunächst, ob im französischen Recht der Eigentumsübergang überhaupt durch vertragliche Vereinbarung verzögert werden kann, ohne daß die grundsätzliche Wirksamkeit des Kaufvertrages berührt wird.
Nach Art. 1583 C.c. geht das Eigentum auf den Käufer über, wenn der Vertrag perfekt ist, d.h., wenn die *"élements constitutifs"* des Vertrages, nämlich *"res",*

---

387 Cass. civ. 4. août 1852, D. P. 1852, 1, 297.

388 D. P. 1874, 1, 111.

389 Cass. req. 22. juillet 1872, D. P. 1894, 1, 112.

390 Gegner: *Hardouin*, p. 115; *Géradine*, p. 74; *Acher*, Annal. dr. com. 1904, p. 249.

"pretium" und *"consensus"*, vorliegen. Angesichts des Konsensprinzips stellte sich deshalb sie Frage, ob der Eigentumsübergang beim Kauf ebenfalls ein *"élément constitutif"* darstellt. Dies hätte zur Folge, daß ein Kauf unter Eigentumsvorbehalt kraft Parteivereinbarung für nichtig erklärt werden müßte.
Diese Auffassung vertreten vor allem Huc[391] und Hardoin[392], die aus diesem Grunde jede Vereinbarung, die den Eigentumsübergang hinausschieben soll, für nichtig erachten. *"Enfin était nulle toute convention ayant pour objet de dispenser le vendeur de rendre l'acheteur propriétaire, une pareille convention était contraire à l'essence de la vente."*[393]
Doch die h.M. in der französischen Doktrin hat schon früh das Postulat aufgestellt, daß der Eigentumsübergang zwar zur Natur des Kaufes gehöre, nicht aber unabdingbar sei. *"Le transfert de propriété est de la nature de la vente, il n'est pas de son essence."*[394] Es stehe den Parteien aufgrund des Grundsatzes der Vertragsfreiheit zu, einen Kauf zu vereinbaren, bei dem der Eigentumsübergang erst später erfolgen soll. *"..il n'y a rien d'immoral ni d'illicite à différer la translation de propriété, et le principe de la liberté des conventions suffit pour permettre aux parties cette dérogation aux effets ordinaires de la vente."*[395] Zwar sei der Eigentumsübergang mit Vertragsschluß der Regelfall (*l'effet normal et ordinaire)*, aber keine zwingende erforderliche Folge (*pas un effet neccessaire)*, so daß die Parteien im Rahmen ihrer Vertragsfreiheit den Eigentumsübergang auch an die Kaufpreiszahlung binden könnten.[396] Baudry-Lacantinerie formulieren dies sogar noch deutlicher dahingehend, daß das Gesetz grundsätzlich davon ausgehe, daß das Eigentum nur dann unmittelbar mit Abschluß des Kaufvertrages übergehe, wenn keine abweichende Vereinbarung getroffen wurde.[397]
Diese herrschende Lehre wurde durch die Rechtsprechung bestätigt.[398]
Nach h.M. sind die Vorschriften des Code civil über den Eigentumsübergang also weder zwingend, noch Vorschriften des ordre public. *"Sans doute, les dispositions du Code civil sur le transfert de la propriété par la convention seul, ne*

---

391 *Huc*, t. X, ad Art. 1582 n° 3, p. 11; *Hardouin*, p. 115; ähnlich: *Gérardin*, p. 74.

392 *Hardouin*, p. 118.

393 *Huc*, t. X, ad Art. 1582, n° 4, p. 12.

394 *Aubry/Rau*, t. 5, § 349, n° 1; *Planiol/Ripert*, Traité pratique, t. X, p. 8; *Laurent*, t. XXIV, n° 4, p. 9; *Guillouard*, t. 1, n° 6, p. 12; *Marcadé/Pont*, t. VI, 1919, Art. 1583, p. 142; *Planiol/Ripert*, Traite pratique, t. III, n° 625; *Colmet de Santerre*, t. VII, p. 3; *Chauveaux*, p. 89; *Boucher*, p. 15; *Destors*, p. 82; *Hot*, p. 66.

395 *Guillouard*, t. I, n° 6, p. 14.

396 *Marcadé*, t. VI, p. 144; *Démolombe*, t. I, n° 418, p. 405; *Thilo*, p. 60.

397 *Baudy-Lacantinerie,* De la vente et de l'échange, p. 8, n° 11.

398 Cass. req. 22.07.1872, 1873.I.299.

sont ni impératives, ni d'ordre public."[399] Sie bejaht demnach die Möglichkeit der Vereinbarung eines Eigentumsvorbehalts im französischen Recht.
Die Befürworter des Eigentumsvorbehalts beabsichtigen freilich nicht, den Verkäufer von seiner Pflicht zur Übertragung des Eigentums völlig freizusprechen, vielmehr soll ihrer Ansicht nach nur dem Verkäufer die Möglichkeit eingeräumt werden, die Eigentumsübertragung hinauszuzögern bzw. vom Eintritt der Bedingung der vollständigen Kaufpreiszahlung abhängig zu machen.[400] Deshalb ist Mestre der Auffassung, daß die Aussage "*le transfert de propriété n'est pas de l'essence de la vente*" zu extrem formuliert sei, man müsse vielmehr sagen: "*C'est seulement le transfert immédiat de propriété qui n'est pas de l'essence de la vente.*"[401]
Zu beachten ist, daß im französischen Recht aufgrund des Konsensprinzips grundsätzlich nicht die Wirksamkeit eines dinglichen Geschäfts, sondern eine von mehreren Wirkungen des Kaufvertrages selbst, nämlich der Eigentumsübergang, aufschiebend bedingt ist.[402] Einige Juristen gehen jedoch so weit anzunehmen, daß auch ein "*vente romaine*" vereinbart werden könne. "..*rien ne les empêche de consentir une vente romaine....*"[403], d.h., daß durch vertragliche Vereinbarung das Konsensprinzip durch das Trennungsprinzip ersetzt und das obligatorische Geschäft vom Realakt der Übergabe getrennt werden kann.
Damit eine Vertragsabrede in Form des Eigentumsvorbehaltes zustande kommt, müssen sich die Parteien ausdrücklich geeinigt haben, d.h., der Käufer muß sich ausdrücklich damit einverstanden erklärt haben, daß das Eigentum an der Kaufsache erst nach vollständiger Kaufpreiszahlung übergehen soll. Eine vom Käufer nicht bestätigte Vorbehaltserklärung in Form eines Aufdruckes auf der Rechnung oder eine einseitige Erklärung des Verkäufers reicht nicht aus.[404] Der Art. 1583 C.c. steht mithin der Vereinbarung eines Eigentumsvorbehalts nicht entgegen.

---

399 *Hot*, p. 66; Appleton macht in seiner note zum Urteil des Cour de Lyon 10. Aug. 1888 deutlich: "*...En effet l'art. 1583 C.c. ..ne constitue pas à coup sûr une disposition d'ordre public à laquelle il ne serait pas permis de déroger, et, d'autre part, il n'y a sans doute rien d'illicite dans la convention qui retarde la translation de propriété jusqu'après le payement du prix.*" *Appleton*, note sous Lyon 10. août 1888, S. 1890, 2, 114.

400 *Thilo*, p. 60.

401 *L. Mestre*, Moyens pour protéger le vendeur, p. 153.

402 *Ehrig*, S. 102.

403 *Laurent*, t. XXIV, n° 4, p. 9; *Baudy-Lacantinerie*, De la vente de de l'échange, p. 8, n° 11.

404 *Planiol/Ripert*, Traité pratique, t. III, n° 623.

bb.) Kann die Kaufpreiszahlung eine Bedingung des Eigentumsübergangs sein?

Gegen den Kauf unter Eigentumsvorbehalt wurde teilweise vorgebracht, daß die Kaufpreiszahlung keine Bedingung sein könne, weil die Bezahlung eine "*obligation légale*" sei, die nicht im Sinne der Legaldefinition der Bedingung als "*élement future et incertaine*" betrachtet werden könne, vielmehr stehe jedem Verkäufer bei Vertragsabschluß das Recht zu, bezahlt zu werden.[405] Die Zahlung sei deshalb ein "*élément constitutif*" des Kaufes und damit keine Bedingung. Wenn die Zahlung des Kaufpreises als Suspensivbedingung des Eigentumsübergangs vereinbart werde, werde die Erfüllung der einen Verpflichtung von der Gegenleistung abhängig gemacht. Damit sei nicht nur der Eigentumsübergang bedingt, sondern vielmehr der gesamte Kaufvertrag.[406]

Dieser Argumentation wird jedoch entgegengehalten, daß das materielle Element der Kaufpreiszahlung die aufschiebende Bedingung darstelle, nicht dagegen die vom Kreditkäufer diesbezüglich abgegebene verbindliche Willenserklärung, deren Erfüllung ausbleiben könne. Letztere stelle unzweifelhaft ein zukünftiges unsicheres Ereignis dar.[407] Thilo fügt hinzu, daß es sich bei dieser Argumentation um eine Verwechslung von Obligation und Leistung handle, da es rechtlich und logisch durchaus möglich sei, daß die Erfüllung des Anspruchs ungewiß sei und eine Bedingung für die Bewirkung der Gegenleistung darstelle.[408] "*On ne peut faire naitre l'obligation de payer de l'exécution de cette obligation. Admettre que la perfection de la vente peut dépender du paiement du prix conduit à cette absurdité.*"[409] Die Zahlung des Kaufpreises löse demnach nicht erst die Verpflichtung zur Eigentumsverschaffung aus, sondern stelle bereits die Leistung dar.[410]

Im Rahmen der Privatautonomie muß es ebenso möglich sein, daß die vollständige Zahlung eine aufschiebende Bedingung darstellt, ohne daß der Kauf an sich notwendigerweise bedingt sein muß, wenn dies dem Willen der Parteien widerspricht.

---

405 Bourges, 26. déc. 1887, S. 1888, 2, 78; *Martin*, Pactum reservati dominii, p. 42; *Fuld*, PucheltsZ, 17 (1887), p. 133.

406 *Fuld*, PucheltsZ, 17 (1887), p. 133.

407 *Dédé*, Rev. cr. lég. jur., 1937, p. 369.

408 *Thilo*, p. 59.

409 Ebenda, p. 58.

410 *Rosskopf*, S. 69, *Wienandt*, S. 41.

cc.) Ist der Eigentumsvorbehalt ein Umgehungsgeschäft?

Schließlich wurde in Rechtsprechung und Lehre teilweise gegen den Eigentumsvorbehalt hervorgebracht, er sei ein Scheingeschäft für ein in Wirklichkeit gewolltes, vom Gesetz aber nicht erlaubtes, besitzloses Pfandrecht.[411]
Dem wird jedoch von der h.M. zu Recht entgegengehalten, daß der Eigentümer im Gegensatz zum Pfandgläubiger nicht darauf angewiesen ist, sich in einem Verwertungsverfahren aus dem Erlös befriedigen zu lassen. Außerdem wird ihm kein Vorzugsrecht an der Sache zugebilligt, vielmehr berechtigt er als Eigentümer den Käufer zum Besitz an der Sache, die er aufgrund seines Eigentumsrechts jederzeit zurücknehmen kann. Der Vorbehaltseigentümer muß demnach genauso behandelt werden, wie jeder andere Eigentümer, dessen Sache sich in den Händen der Schuldner befindet. Der Pfandgläubiger hat dagegen nur ein Vorrecht an der verkauften Sache.
Aufgrund dieser grundsätzlichen Unterschiede kann der Eigentumsvorbehalt keine Umgehungsform des Besitzpfandrechts und kein Scheingeschäft für ein besitzloses Pfandrecht darstellen.[412] "*... les parties qui conviennent d'un pactum reservati dominii, n'ont nullement l'intention de faire un contrat simulé. L'opération est sérieuse et doit sortir tous ses effets.*"[413]

c.) Rechtsprechung zur grundsätzlichen Anerkennung des Eigentumsvorbehalts

Es finden sich nur wenige Entscheidungen, die sich mit der grundsätzlichen Wirksamkeit des Eigentumsvorbehaltes inter partes befassen.[414]
Auf höchstrichterlicher Ebene erfolgte, wie bereits erwähnt, die erste ausdrückliche Anerkennung des Eigentumsvorbehalts inter partes bei präziser Vertragsformulierung in dem Urteil vom 22. Juli 1872.[415] "*La propriété est transféreé par le seul consentement des parties. Sans doute on pourrait, par une clause ou une condition formelle, suspendre cette translation, jusqu'à l'arrivé d'un certaine événement, et notamment jusqu'au paiement du prix.*"[416] Auch ein Urteil des Berufungsgerichts Grand vom 28. Juni 1893 spricht in klaren Worten aus, daß die Vertragsparteien in der Lage sind, den Eigentumsübergang abweichend von den Vorschriften des Art. 1583 C.civ. vom Eintritt einer Bedingung

---

411 *Martin*, Pactum reservati dominii, p. 42; Bourges, 26. déc. 1887, S. 1888, 2, 78.

412 *Rosskopf*, S. 71; *Thilo*, p. 62.

413 *Thilo*, p. 62.

414 Montpellier, 20. févr. 1885, D. 1886, 2, 171; Bourges, 26. déc. 1887, S. 1888, 2, 78.

415 Cass. req., 22. juillet 1872, D.P. 1873, 1, 111.

416 Note 3. sous Cass. req., 22. juillet 1872, D.P. 1873, 1, 111.

abhängig zu machen und ihn so zu verzögern.[417] Die darauffolgenden Entscheidungen des Kassationshofes haben die Wirksamkeit des Eigentumsvorbehaltes im Sinne einer "*condition suspensive de paiement du prix*" nicht mehr angezweifelt.[418] Vielmehr befassen sich alle weiteren Urteile primär mit der Wirksamkeit des Eigentumsvorbehalts im Konkurs, stellen aber die generelle Wirksamkeit der Eigentumsvorbehaltsvereinbarung inter partes nicht mehr in Frage.[419]

Daraus darf geschlossen werden, daß die Rechtsprechung seit dieser Zeit die grundsätzliche Gültigkeit der Vertragsklausel zwischen den Parteien anerkannt hat. Denn wenn die befaßten Gerichte die Möglichkeit gehabt hätten, die Vereinbarung bereits aus allgemeinen Gründen abzulehnen, so wäre ein Eingehen auf die Wirksamkeit speziell im Konkurs des Käufers nicht erforderlich gewesen.[420] Diese These findet eine weitere Stütze darin, daß die Rechtsprechung den Käufer, wenn er vor der vollständigen Bezahlung, d.h. zu einem Zeitpunkt als er noch nicht Eigentümer ist, die Sache zum Nachteil des Verkäufers unterschlägt, wegen "*abus de confiance*" gemäß Art. 408 c.pén. auch strafrechtlich verfolgt.[421] Dies setzt notwendigerweise die Anerkennung des Eigentumsvorbehaltes inter partes voraus, da kein "*abus de confiance*" vorliegen kann, wenn der Käufer rechtmäßiger Eigentümer der Sache geworden ist.[422]

d.) Anerkennung des Eigentumsvorbehalts gegenüber Dritten

Für den Eigentumsvorbehaltsverkäufer gilt grundsätzlich, genauso wie für jeden anderen Eigentümer einer beweglichen Sache, im Verhältnis zu Dritten der Grundsatz des Art. 2279 C.c. "*en fait de meubles la possession vaut titre*". Wenn also der Käufer die Sache an einen gutgläubigen Dritten weiterveräußert, erwirbt dieser daran Eigentum.[423] Nur bei Bösgläubigkeit behält der Verkäufer sein Eigentum. Bösgläubig ist der Dritte, wenn er weiß oder grob fahrlässig nicht weiß, daß er vom Nichtberechtigten erwirbt. Art. 2279 C.c. gewährt eine widerlegbare Vermutung für das Eigentumsrecht des Besitzers im Zeitpunkt des

---

417 D. P. 1894, II, 477.

418 Cass. req., 17. juillet 1895, D.P. 1896, I, 57; Cass. req., 21. juillet 1897 D.P. 1898,I, 269, Cass. civ., 1. juillet 1925. S. 1926, I, 269.

419 Grand, 28. juin 1893, D.P. 1894, 2, 477; Cass. req., 17. juillet 1895, D. P. 1896, I, 57; Cass. req., 21. juillet 1897, D. P. 1898, I, 269; Cass. civ., 14. mars 1894, D. P. 1894, I, 477; Cass. req., 24. févr. 1896, D. P. 1897, I, 33.

420 *Rosskopf*, S. 72.

421 Paris, 4. janv. 1932, D.H. 1932, 139; Caen, 17. mai 1934, G. P. 1934, II, 263.

422 *Vandamme*, note sous Cass. civ., 28. oct. 1934, D. P. 1934, I, 154.

423 *Ehrig*, S. 103.

gutgläubigen Erwerbs.[424] Dieser Grundsatz wird in Frankreich sehr streng gehandhabt, da der Besitzschutzgedanke tief im französischen Rechtsbewußtsein verwurzelt ist.[425]

e.) Wirkungsweise des Eigentumsvorbehalts im Konkurs

Entscheidend für die Bedeutung des Eigentumsvorbehalts im französischen Recht ist seine Wirksamkeit im Konkurs. Die französischen Verkäufer hatten versucht, sich durch vertragliche Vereinbarung eines Eigentumsvorbehaltes vor den Folgen der Art. 550, 576 C.com. zu sichern, die sie im Konkurs zu einfachen Konkursgläubigern machten. Sie versuchten, die Anwendung des Art. 550 C.com. mit der Begründung auszuschließen, er beschränke seine Wirkung allein auf den Ausschluß der Rechte aus Art. 2102 Nr. 4 C.c. und sei darüber hinaus ausschließlich auf den "*vente pure et simple*" anzuwenden.[426] Auch Art. 576 C.com. sollte nicht eingreifen, wenn der Verkäufer sich das Eigentum an der Ware bis zur endgültigen Kaufpreiszahlung durch eine aufschiebende Bedingung vorbehalten habe. Denn Art. 576 C.com. habe nur den Sinn, das kraft Gesetz bestehende Rücktrittsrecht zu vereiteln, nicht dagegen die Aussonderung von Vermögenswerten, die aufgrund einer Vertragsbestimmung noch gar nicht in das Vermögen des Käufers übergegangen waren.[427]
Die Rechtsprechung war sich zunächst über die Wirksamkeit des Eigentumsvorbehalts im Konkurs uneinig. Der Tribunal de commerce de Marseille hatte den Eigentumsvorbehalt vollständig anerkannt und ihm auch im Konkurs des Käufers Wirksamkeit zugesprochen.[428]
Die übrige Rechtsprechung hatte jedoch diese Auslegung nicht gebilligt.[429] Die Ursprünge des Prinzips der "*inopposabilité à la masse*" gehen auf die Entschei-

---

424 Cass. req. 1. février 1893, DP 1894.I.278; Cass. req. 3. mars 1896, DP 1897.I.495

425 *Sonnenberger*, S. 349, Rdn. VI 127.

426 *Hot*, p. 67; note 4 sous Cass. req., 22. juillet 1872, D. P. 1873, 1, 111: "*L'art. 550 C.c.om. n'exclut que la revendication autorisée par l'art. 2102-4 C.c. Or, quel que soit le sens qu'on donne à cet article, il ne vise qu'une revendication qui aurait lieu de plein droit dans une vente pure et simple, et non celle qui résulterait d'une stipulation formelle, d'une condition suspensive expresse.*"

427 *Hot*, p. 67; note 4 sous Cass. req., 22. juillet 1872, D. P. 1873, 1, 111: "*L'art. 576 C.com., qui limite aussi la revendication en cas de faillite, s'applique aussi seulement au cas de vente pure et simple, et non au cas d'une condition suspensive expresse.*"

428 Trib. com. Marseilles, 19. nov. 1885, Rec. Marseilles, 1886, 1, 35; Trib. com. Marseilles, 19. sept. 1894, Rec. Marseilles, 1895, 1, 105.

429 Cass. req., 17. juillet 1895, D. 1896, I, 57; Cass. req., 21. juillet 1897, D. P. 1898, I, 269; ebenso: Amiens, 28. avril 1894, D.P. 1895, 2, 95; Douai, 30. juillet 1896, D.P. 1897, 2, 464.

dung von 1852 zurück, in der der Verkäufer versuchte, sich durch Parteivereinbarung sein Privileg oder sein Zurückbehaltungsrecht auch im Konkurs zu sichern.[430] In dieser Entscheidung wurden die Verkäufersicherungsrechte im Konkurs für unwirksam erklärt, gleichgültig welche abweichende Parteivereinbarung getroffen worden war.[431]

In dem Urteil vom 17. Juli 1895 stellte der Kassationshof einen Grundsatz zur Wirksamkeit des Eigentumsvorbehalts im Konkurs auf, der für lange Zeit richtungsweisend sein sollte. Danach wurde der Eigentumsvorbehalt im Konkurs für unwirksam erklärt, da seine Wirkung der eines Privilegs i.S.d. Art. 2102 Nr. 4 II C.c. entspreche. Aus diesem Grunde dürfe der Eigentumsvorbehalt, ebenso wie alle anderen Verkäufervorrechte, nicht "*contre la faillite de l'acheteur*" ausgeübt werden.[432] Art. 550 C.com. beseitige nicht nur das in Art. 2102 Nr. 4 II C.c. jedem Verkäufer eingeräumte Vorzugsrecht für den Fall des Konkurses, sondern erkläre jede vertragliche Absprache der Parteien, die die Sicherung des Verkäufers auf eine andere, als die im Gesetz vorgesehenen Grundlage stützt, im Verhältnis zu den Konkursgläubigern für unwirksam.[433] Der Eigentumsvorbehalt bedeute eine Umgehung der Vorschrift des Art. 550 C.com., der aber dem Schutz des Vertrauens der Gläubiger diene und "*d'ordre publique*", also zwingendes Recht sei.[434] "*Ces stipulations sont nulles, l'art 550 C.com. ayant pour but de protèger la sécurité du crédit commercial et constitutant à ce titre une disposition d'ordre public que les particuliers ne sauraient éluder.*"[435] Eine bevorzugte Behandlung des Verkäufers sei gemäß Art. 577 C.com. einzig und allein für den Fall angebracht, daß sich der Verkäufer noch im Besitz der verkauften Ware befinde.

Durch die Bestimmungen des Art. 550 C.c. sei kraft zwingenden Rechts der gleiche Anspruch aller Konkursgläubiger auf die dem Schuldner bereits ausgehändigten Gegenstände gewährleistet. Diese grundsätzliche Regelung könne durch vertragliche Abmachungen keine Änderung erfahren, da nur so eine gleichmäßige Befriedigung aller Gläubiger gewährleistet und dem Grundprinzip des Konkurses, der "*théorie de l'égalité des créanciers*" entsprochen werde.[436]

---

430 Cass. civ., 4. août 1852, D. P. 1852, p. 397.

431 S.o. C.), 2. Kap. III 2.).

432 D. P. 1896, I, 57, note *Thaller*.

433 *H. Mayer,* Die Stellung des Vorbehaltseigentümers, S. 42.

434 *Szamek*, p. 119; Amiens, 28. avril 1984, D. 1895, 2, 94; Cass. req., 17 juillet 1895, D. 1896, I, 57; Douai, 30. juillet 1896, D. 1897, II, 463.

435 *Thaller*, Faillites et banqueroutes, t. II, n° 1026.

436 D. P. 1896, I, 57, note *Thaller*.

In der Entscheidung vom 21.7.1897 bezog sich der Kassationshof auf das zweite, zur Versagung der Verkäufersicherungsrechte im Konkurs angeführte Grundprinzip, die Theorie der "*solvabilité apparente*". Der Kassationshof hatte die *"théorie de l'apparence"* damit auch in den Fällen Anwendung finden lassen, in denen sich der Verkäufer im Konkurs des Käufers durch den Herausgabeanspruch basierend auf der Vereinbarung eines Eigentumsvorbehalts, zu schützen versucht hatte. Dadurch, daß die Ware in das Warenlager und damit nach außen hin erkennbar in den Besitz des Käufers gelangt sei, bilde sie eines der äußerlichen Elemente seiner Kreditwürdigkeit.[437] Der Verkäufer habe dazu beigetragen, den Besitz zu vergrößern, obwohl sich mit der Vereinbarung des Eigentumsvorbehalts das Vermögen des Schuldners wertmäßig nicht vergrößert habe.[438] Der Kassationshof hatte damit streng unterschieden zwischen der Wirksamkeit des Eigentumsvorbehalts inter partes und der Ungültigkeit desselben gegenüber den Konkursgläubigern, deren Schutz er für vorrangig hielt.
Damit hatten die Gerichte beim Eigentumsvorbehalt einen wesentlich strengeren Maßstab angelegt als bei der "*location-vente*" und sich grundsätzlich gegen seine Wirksamkeit im Konkurs ausgesprochen.
Diese Grundsätze hat die Rechtsprechung mehr als 30 Jahre beibehalten.[439] Den Gerichten wurde während dieser Zeit die Frage der Wirksamkeit des Eigentumsvorbehaltes im Konkurs kaum noch unterbreitet. Auch die Lehre bekannte sich einhellig zu den von der Rechtsprechung entwickelten Grundsätzen.[440]

III.) Weitere Sicherungsmöglichkeiten durch Vertragsabreden

Zur gleichen Zeit wie die "*location-vente*" und die "*clause de réserve de propriété*" entwickelten sich noch weitere Formen von Vertragsabreden, die zwar nicht die gleiche Verbreitung erfahren haben wie die ersten beiden, aber dennoch kurze Erwägung verdienen.

---

437 Cass. civ., 21. juillet 1897, D. P. 1898, 1, 271.

438 *Cotelle* note sous Cass. civ., 21. juillet 1897, D. P. 1898, 1, 271 .

439 *Friedel*, dans: Hamel, La vente commerciale, p. 130; *E. Schulze*, La clause de réserve de propriété, p. 240; *von Boehmer*, Eigentumsvorbehalt, S. 170.

440 *Renouard*, t. II, p. 270; *Lyon-Caen/Renault*, t. VIII, n° 838; *Sumien/Acher*, Annal. dr. com. 1904, p. 347 ff.; *Thaller*, note sous Cass. req., 17. juillet 1895, D. P. 1896, 1, 57; *Friedel*, dans: Hamel, La vente commerciale, p. 130; *Planiol/Ripert*, Traité pratique, t. X, n° 217; *Thaller*, Faillites et banqueroutes, t. II, n° 1026; *Bravard-Veyrières*, t. V, p. 538.

1.) Clause résolutoire expresse

Die Parteien haben teilweise vertraglich vereinbart, daß eine Auflösung des Vertrages, bei Eintreten einer auflösenden Bedingung, ohne Beteiligung des Gerichts von selbst eintreten soll.[441] Eine solche Vereinbarung ist möglich, da die Regelung der Art. 1654, 1655 C.c., derzufolge die Vertragsauflösung im Wege der Klage herbeizuführen ist, nicht für zwingendes Recht erklärt worden ist.[442] Eine derartige Auflösungsklausel vermeidet das umständliche Klageverfahren, welches der Verkäufer gemäß Art. 1184, 1654 C.c. anstreben muß, um sein gesetzliches Auflösungsrecht durchzusetzen. Gleichzeitig schaltet eine solche Abrede die Möglichkeit aus, daß das über die Klage entscheidende Gericht die Vertragsauflösung ablehnt oder dem Schuldner eine Gnadenfrist zur Erfüllung gewährt.[443]
Die auflösende Bedingung kann dahingehend formuliert werden, daß der Vertrag schon dann aufgelöst sein soll, wenn der Käufer zu einem bestimmten fixen Termin nicht zahlt.[444] Andererseits kann die Auflösung auch von einer zusätzlichen Mahnung abhängig gemacht werden.[445] Unzulässig ist jedoch die Vereinbarung, daß die Konkurseröffnung über das Vermögen des Käufers die auflösende Bedingung sein soll, da hierin eine Umgehung der Konkursvorschriften gesehen wird.[446]
Die Praxis stellt strenge Anforderungen an die Formulierung der Auflösungsklausel und verlangt in der Regel eine ausdrückliche Abrede, ohne die der Verkäufer den Kaufvertrag nicht von sich aus einseitig lösen kann.[447] Folge der Auflösung des Vertrages ist, daß dieser rückwirkend als nicht zustande gekommen angesehen wird, so daß, wegen des Prinzips der Einheit von Kaufvertrag und Übereignung, der Käufer aufgrund einer Fiktion das Eigentum nie erworben, der Verkäufer es nie verloren hat.[448] In schuldrechtlicher Hinsicht ist gemäß Art. 1183,1184 C.c. diejenige Lage wiederherzustellen, die vor Abschluß des Kaufvertrages bestanden hatte. Jede Partei ist danach verpflichtet, das im Wege der Erfüllung Erlangte herauszugeben.[449]

---

441 *Gravenhost*, S. 30; *Ehrig*, S. 97.

442 *Wehser*, AWD 1972, S. 605; *Ehrig*, S. 97; *Gravenhorst*, S. 30.

443 *Wieandt*, S. 32.

444 *Planiol/Ripert*, Traité pratique, t. X, n° 165.

445 *Wehser*, AWD 1972, S. 605.

446 Ebenda S. 605.

447 *Planiol/Ripert*, Traité pratique, t. VI, n° 436.

448 *Wehser*, AWD 1972, S. 605.

449 Ebenda, S. 605.

Im Konkurs des Käufers teilt die "*clause résolutoire expresse*", mit der sich ein Verkäufer für den Fall des Käuferkonkurses zu sichern sucht, das gleiche Schicksal, das allen anderen Vorzugsrechten durch Art. 550 C.com. bestimmt ist: sie wirkt nicht gegenüber den Konkursgläubigern. Die französische Rechtsprechung und Lehre hielt es für nicht vereinbar mit dem in Art. 550. C.com. zum Ausdruck gelangten ordre public, einem Verkäufer, der in seinen Kaufvertrag eine "*clause résolutoire*" aufnimmt, weitergehende Vorzugsrechte zuzugestehen, als einem nur mit den gesetzlichen Vorzugsrechten ausgestatteten Verkäufer. Die "*vente résolutoire*" führe ansonsten zur Umgehung des Art. 550 C.com., der auf keinen Fall zum Nachteil der Konkursgläubiger auf dem Weg über vertragliche Abmachungen unwirksam gemacht werden dürfe.

2.) Vente suspensive

Darüber hinaus versuchten die französischen Verkäufer den Eigentumsübergang auf den Käufer nach Art. 1583 C.c. dadurch zu verzögern, daß der Kaufvertragsabschluß unter die aufschiebende Bedingung der endgültigen Kaufpreiszahlung gestellt wurde.[450] Nicht der Eigentumsübergang, sondern der Vertrag selbst sollten demnach aufschiebend bedingt sein.[451] Auch der Kassationshof hat die rechtliche Zulässigkeit der Abrede bejaht.[452]
Gegen eine solche Konstruktion wurden jedoch teilweise dogmatische Bedenken angemeldet, da der Kaufpreisanspruch unbegründet sei, solange überhaupt noch kein endgültiger Kaufvertrag vorliege.[453] Schon aus Gründen der Logik sei es unmöglich, die Wirksamkeit eines Vertrages von der Erfüllung einer Verbindlichkeit abhängig zu machen, die durch eben diesen Vertrag erst begründet werden sollte.[454] Auf die aufschiebend bedingte Kaufvertragsvereinbarung könne ein Zahlungsanspruch nicht gestützt werden, da dieser einer vertraglichen Grundlage entbehre. Außerdem müsse bei jedem bedingten Kauf nach einem Rechtsgrund gesucht werden, der den Besitz des Käufers rechtfertige. Diesen Bedenken wurde entgegengehalten, daß bereits durch den Abschluß eines aufschiebend bedingten Vertrages zwischen den Parteien ein Schuldverhältnis begründet werde, welches sowohl einen Zahlungsanspruch als auch ein Besitzrecht begründe.[455]

---

450 *Feder*, p. 85; *Vallat*, p. 139; *L. Mestre,* Moyens pour protéger le vendeur, p. 99.

451 *Vallat*, p. 139; *L. Mestre*, Moyens pour protéger le vendeur, p. 99.

452 Cass. soc., 8. mars 1951, Bull. civ. IV 1951, p. 134.

453 *Vallat*, p. 168, m.w.N.

454 *Friedel*, dans: Hamel, La vente commerciale, p. 129.

455 *Wieandt*, S. 35, *Rosskopf*, S. 36.

Erkennt man die Wirksamkeit einer solchen Klausel an, stellt sich auch hier wieder die Frage nach ihrer Wirksamkeit im Falle des Konkurses des Käufers. Nach h.M. in Literatur und Rechtsprechung erfährt der suspensiv bedingte Kauf die gleiche Behandlung, wie der resolutiv bedingte Vertrag.[456] Art. 550 C.com. darf durch die vertragliche Vereinbarung nicht umgangen werden, er verhindert auch hier die Aussonderung der übergebenen Ware aus dem im Gewahrsam des Käufers befindlichen Vermögen.[457]

3.) Vente à réméré

Im Rahmen der allgemeinen Kreditsicherung durch vertragliche Vereinbarung darf auch die "*vente à réméré*" nicht unerwähnt bleiben. Man bezeichnet damit die Vereinbarung zwischen Verkäufer und Käufer, daß der Verkäufer durch einseitige empfangsbedürftige Willenserklärung innerhalb einer bestimmten Frist die Kaufsache gegen Rückzahlung des Kaufpreises wiedererwerben kann (Art. 1659 C.c.). Durch diese Konstruktion soll dem Darlehensgeber eine dingliche Sicherheit verschafft werden.[458] Der Verkäufer behält sich im Kaufvertrag das Recht vor, die verkaufte Sache innerhalb einer vereinbarten Frist von höchstens 5 Jahren (Art. 1660) gegen Rückerstattung des Kaufpreises und Ersatz der dem Käufer entstandenen Kosten zurückzunehmen.[459] Diese Vereinbarung stellt allerdings keinen zweiten Kaufvertrag dar, der das Ergebnis des ersten rückgängig machen soll, es handelt sich vielmehr um eine auflösende Bedingung. Grund dafür ist, daß die Ausübung des Rückkaufsrechtes durch den Verkäufer den Kaufvertrag ex tunc auflöst (Art. 1183 I C.c.) und den Verkäufer wieder Eigentümer werden läßt.[460]

Um Dritten gegenüber Wirksamkeit verzeichnen zu können, muß die Abrede Bestandteil des ursprünglichen Vertrages sein. Eine nachträgliche Vereinbarung ist nicht möglich. Der Verkäufer muß bei der Abwicklung des Rückkaufsrechtes den Zustand wiederherstellen, der bestehen würde, wenn der Vertrag nicht geschlossen worden wäre.[461]

Die "*vente à réméré*" wird meist mit der Übergabe der Sache an den Käufer verbunden, dann erfüllt sie die Funktion eines Faustpfandvertrages, bietet aber demgegenüber den Vorteil, daß der Käufer-Gläubiger nicht an die Pfandverwer-

---

456 *Feder*, p. 85; *Vallat*, p. 168.

457 *Rosskopf*, S. 36; *Ehrig*, S. 108; *Wieandt*, S. 35.

458 *Gravenhorst*, S. 22; *Altorfer*, § 23 III, S. 153.

459 *Altorfer*, § 23 III, S. 153; *Ehrig*, S. 79.

460 *Ehrig*, S. 79; *Wieandt*, S. 52.

461 *Wieandt*, S. 52.

tungsvorschriften gebunden ist.[462] Die *"vente à réméré"* kann aber auch zur Bestellung einer besitzlosen dinglichen Sicherheit mit einem Mietvertrag verbunden werden, aufgrund dessen der Schuldner-Verkäufer den Besitz an der Sache behält.[463] Ein Vorteil gegenüber der echten Verpfändung und damit der Sinn der ganzen Konstruktion liegt darin, daß der Darlehensnehmer die Sache nicht aus der Hand zu geben braucht, sondern als Mieter weiterhin nutzen kann.[464] Dieses Rechtsinstitut könnte dazu dienen, durch einen Sicherungskauf in Verbindung mit einem Gebrauchsüberlassungsvertrag ein besitzloses Kreditsicherungsmittel zu begründen. Damit wäre es möglich, im französischen Recht eine Art besitzloses Pfandrecht zu schaffen und durch die gesetzliche Regelung des Wiederkaufrechtes einen Kredit abzusichern.[465] Es würde sich bei maßgeblicher wirtschaftlicher Betrachtungsweise um eine typische Sicherungsübereignung handeln, die sich von der in Deutschland üblichen nur dadurch unterscheidet, daß der Schuldner-Verkäufer bei Tilgung seiner Schuld keinen Anspruch auf Rückübereignung der Sache hat, sondern aufgrund des Eintritts der Bedingung von selbst wieder Eigentümer wird.[466] Der Eigentümer wäre bei einer solchen Einordnung auch im Konkurs des Besitzers bezüglich seines Eigentums geschützt, womit der Sicherungszweck erreicht wäre.[467]

Einige ältere Entscheidungen haben eine solche Ausgestaltung gebilligt.[468] In der Folgezeit wurde die "*vente à réméré*" aber, beginnend mit der Entscheidung der Cour de Cassation vom 2. März 1879, vor allem in der Form Kauf mit Rückkaufsklausel und gleichzeitigem Abschluß eines Mietvertrages sehr kritisch unter dem Gesichtspunkt der "*simulation*" gewürdigt und schließlich als Scheingeschäft oder Gesetzesumgehung verworfen.[469]
Eine zu Sicherungszwecken vereinbarte "*vente à réméré*" wird teilweise als ein sog. "*contrat pignoratif*" eingeordnet, da der Kaufvertrag nur zum Schein abgeschlossen werde und das verdeckte Rechtsgeschäft, die Verpfändung, mangels Übergabe der Pfandsache nicht wirksam sei.[470] Einer der Umstände, die stets

---

462 *Ehrig*, S. 79; *Planiol/Ripert*, Traité pratique, t. X, n° 187.

463 *Ehrig*, S. 80.

464 Gravenhorst, S. 22.

465 *Wieandt*, S. 54.

466 *Gravenhorst*, S. 22; *Ehrig*, S. 80.

467 *Kay*, S. 17.

468 Cass., 24. juin 1845, D.P. 1845, 1, 309; Cass., 23. déc. 1845, D.P. 1854, 1, 422; Cass., 14. janv. 1873, D.P. 1873, 1, 185; Cass., 11. avril 1879, D.P. 1879, 1, 40.

469 *Planiol/Ripert*, Traité pratique, t. X, n° 187; Colin/Capitant, t. II, n° 960.

470 *Planiol/Ripert*, Traité élementaire, t. II, n° 2071; Cass., 11. mars 1879, D.P. 1879, 1, 401.

als Hinweis auf einen contrat pignoratif gewertet wurden, ist gerade die sofortige Rückvermietung der verkauften Sache an den Verkäufer. Weitere Indizien sind das Verhältnis zwischen Miete und Kaufpreis, das bei dem "*contrat pignoratif*" dem üblichen Zinssatz für ein Darlehen entspricht, so wie der Umstand, daß der Käufer derartige "achats à réméré" gewerbsmäßig vornimmt.[471] Wurde die Vertragsgestaltung zum Zwecke der Kreditsicherung vereinbart, ist sie demnach wegen "*fraude à la loi*" nichtig.[472] Der Kreditgeber kann also durch eine solche Vertragsgestaltung keine Kreditsicherheit erwerben. Er läuft Gefahr, daß der wahre Charakter des Rechtsgeschäfts aufgedeckt und der Vereinbarung die Anerkennung versagt wird.[473]
Das Ziel, durch die "*vente rémeré*" ein dem deutschen Sicherungseigentum entsprechendes Kreditsicherungsmittel durch Vertragspraxis zu schaffen, war auch deshalb unmöglich, weil die Rechtsprechung die Regel des Art. 2076 C.c., wonach die Pfandbestellung nur in Form des Faustpfandrechts erfolgen kann, als zwingenden Rechtsgrundsatz auffaßte. Seit der Grundsatzentscheidung vom 11. März 1879[474], die keinen Zweifel an der Unvereinbarkeit des "*vente à réméré*" in Verbindung mit einer sofortigen Rückvermietungsklausel mit dem Faustpfandprinzip läßt, galt die Frage der Sicherungsübereignung in Frankreich lange Zeit als erledigt.[475]

4.) Seltene Nebenformen

Neben den hier angeführten Vertragsvereinbarungen kennt das französische Recht noch einige seltene Nebenformen, denen keine selbständige Bedeutung zukommt. Dazu zählt die "*gérance de vente*", die bei der Veräußerung von Handelsunternehmen eingesetzt wird und einen Pachtvertrag mit Vorkaufsrecht darstellt, wobei die Pachtraten auf den Kaufpreis angerechnet werden. Sie ist eine Sonderform des Mietkaufs und wird im wesentlichen nach den hierfür entwickelten Vorschriften behandelt.[476] Die rechtliche Wirksamkeit wird häufig angezweifelt und diese Art des Kaufs als verschleierter Kauf erklärt.
Gelegentlich wird der Kaufvertrag auch mit einem Verwahrungsvertrag verbunden und ein Benutzungsrecht des Verwahrers vereinbart.[477] Da es jedoch an der juristischen Rechtfertigung für die vom angeblichen Verwahrer zu zahlenden

---

[471] *Ehrig*, S. 81.
[472] *Planiol/Ripert*, Traité élementaire, t. II, n° 2460.
[473] *Wieandt*, S. 56; *Ehrig*, S. 81.
[474] D. 1891, 401.
[475] *Ehrig*, S. 82.
[476] Ebenda, S. 119.
[477] *Schmeling*, S. 87.

Geldbeträge fehlt, wird dem Vertrag meist wegen Simulation die Wirksamkeit abgesprochen.[478]
Die Verkäufer hatten teilweise versucht, bei Gütern, die zur Weiterveräußerung bestimmt waren, sich die Tatsache, daß der Kommissionär kein Eigentümer wird, im Falle des Konkurses zur Aussonderungsmöglichkeit nutzbar zu machen und vereinbarten deshalb mit dem Zwischenhändler einen Kommissionsvertrag.[479] Auch ein solcher Vertrag scheiterte jedoch meist an der strengen Rechtsprechung.

IV.) Einziges Zugeständnis der Rechtsprechung

Die Cour de Cassation wich in ihrer Entscheidung vom 24. Dez. 1889 von ihren strengen Grundsätzen über die Geltendmachung der Verkäufersicherungsrechte im Konkurs des Käufers bei bereits erfolgter Übergabe etwas zugunsten des Verkäufers ab.[480] Sie erkannte die Rechte der Verkäufer auf Aussonderung dann an, wenn der Verkäufer eine Auflösungsklage noch vor Eröffnung des Konkursverfahrens eingereicht hatte, ohne daß dabei "*fraude*", d.h. arglistiges Verhalten, im Spiel war.[481] Gleichgültig war, ob das den Kaufvertrag auflösende Urteil selbst vor oder nach Konkurseröffnung erging.[482]
Diesen Grundsatz der Wirksamkeit bei Geltendmachung vor Konkurseröffnung übertrug die h.M. später nicht nur auf die Auflösungsklage, sondern auch auf die *"clause résolutoire expresse"*.[483] Die Bedingung, von der die Vertragsauflösung laut Parteivereinbarung abhängen sollte, muß dann allerdings vor Konkurseröffnung eingetreten sein, da die Auflösung durch Bedingungseintritt denselben Begrenzungen unterworfen war, wie die Auflösung durch Klage.
Diese Rechtsprechung, die von nun an beibehalten wurde[484], bot dem Verkäufer dennoch keine wesentliche Verbesserung seines Schutzes, denn in den meisten Fällen wurde der Verkäufer von der Konkurseröffnung überrascht, ohne vorher die notwendigen Schritte zur Wahrung seiner Rechte eingeleitet zu haben. Zu beachten ist, daß diese Rechtsprechung nur die völlige Vertragsauflösung im Rahmen der Auflösungsklage oder einer *"clause résolutoire"* betrifft. Keine

---

478 *Ehrig*, S. 119.

479 *Schmeling*, S. 93.

480 Cass. civ., 24. déc. 1889, S. 1891, 1, 455.

481 *Féblot/Mezger*, RabelsZ 20 (1955), S. 666; *Thaller*, Traité élémentaire, p. 1004.

482 Cass. civ., 24. déc. 1889, S. 1889, I, 454; Cass. req., 30. nov. 1897, D. 98, I, 172; Cass. civ., 2. juillet 1913, G.P. 1913, II, 434; Cass.civ., 17. juillet 1929, S. 1930, I, 12.

483 *E. Schulze*, La clause de réserve de propriété, p. 86; *Gravenhorst*, S. 30.

484 Cass. req., 7. mai 1923, S.1924, 1, 103; Cass. req. 27. déc. 1927, S. 1928, 1, 365; Cass. civ., 17. juillet 1929, S, 1930, 1, 12; Cass. civ., 24. juin 1937, S. 1938, 1, 71.

Anwendung fand sie bei der Vereinbarung einer *"clause de réserve de propriété"*.

V.) Zusammenfassung

Die Bemühungen, den Verkäufer durch den Eigentumsvorbehalt oder ähnliche Sicherheiten zu schützen, haben Rechtsprechung und Lehre in immer neuen Variationen beschäftigt. Erfolg war diesen "*garanties conventionnelles*" nur insoweit beschieden, als alle vertraglichen Sicherheiten zugunsten des Verkäufers inter partes, also im Verhältnis zwischen den Parteien, sowie gegenüber Dritten außerhalb des Konkurses als wirksam angesehen wurden. Gegenüber Dritten wurde ihnen allerdings dann die Wirksamkeit versagt, wenn dieser gutgläubig war und sich auf den Satz *"en fait des meubles la possession vaut titre"* berufen konnte.
Was die Lage des kaufmännischen Verkäufers im Konkurs angeht, so endeten die Versuche, ein wirksames Sicherungsmittel zu schaffen, mit einem Mißerfolg. Die meisten Abmachungen scheiterten nämlich an der strengen Rechtsprechung, die keine Umgehung der als ordre public betrachteten Vorschrift des Art. 550, 576 C.com. zuließ. Mit Rücksicht auf das Interesse der Konkursgläubiger erklärte die Rechtsprechung alles, was in die äußerlich wahrnehmbare Masse, d.h. den Gewahrsam des Gemeinschuldners gelangt war, als Konkursmasse, die der gleichmäßigen Befriedigung aller Gläubiger dienen soll. Vertragsbedingungen, die etwas Abweichendes bestimmen, wurden für nichtig erklärt.[485] Dabei stützte sich die Rechtsprechung auf die von ihr entwickelte Theorie der *"solvabilité apparente*" und der *"égalité des créanciers"*.
Im Ergebnis scheiterten demnach auch die Versuche, dem Geld- und Warenkreditgeber mit der Schaffung vertraglicher Sicherheiten eine wirksame dingliche Sicherheit zu bestellen, bei der der Schuldner den Besitz an der belasteten Sache nicht aufzugeben braucht.[486] Soweit derartige Sicherheiten unbedingt notwendig waren, mußte deshalb der Gesetzgeber eingreifen, um die Lücke im Schutzsystem zu schließen.

---

485 *Rosskopf*, S. 32.
486 *Ehrig*, S. 122.

3. KAPITEL: REAKTION DES FRANZÖSISCHEN GESETZGEBERS IM 19. JAHRHUNDERT AUF DIE NEUEN GEGEBENHEITEN

Nicht nur die Praxis reagierte auf die modernen Kaufformen, auch der Gesetzgeber versuchte, den modernen Bedürfnissen gerecht zu werden, ohne jedoch eine umfassende Reform des Kaufrechts oder der Mobiliarsicherheiten in Angriff nehmen zu müssen. Er versuchte vielmehr durch Spezialgesetze Abhilfe zu schaffen, die auch im Konkurs wirksam blieben. Diese Spezialgesetze betrafen Fallgruppen, bei denen die Förderung der Kreditgeschäfte volkswirtschaftlich erforderlich war und die gegenwärtige Situation untragbar zu werden schien.
Aufgrund der zunehmenden wirtschaftlichen Expansion und der mangelnden Praktikabilität des Faustpfandrechts zeigte sich in Frankreich bei Industrie, Handel und Landwirtschaft ein verstärktes Bedürfnis, gewisse bewegliche Sachen der Kreditaufnahme zugänglich zu machen und dennoch den Besitz an den Gegenständen zum Zwecke der wirtschaftlichen Nutzung zu behalten. Es mußte daher eine Kreditsicherungsform geschaffen werden, die es einem Kaufmann oder Industriellen ermöglicht, Kredit zu erhalten, ohne zugleich eigene Waren oder Ausrüstungsgegenstände als Pfand in die Hände des Kreditgebers oder eines Dritten zu geben.[487] So erklärt sich, daß das Faustpfand bald nur noch bei Wertpapieren eine gewisse praktische Bedeutung hatte, die besitzlosen Sicherungsrechte dagegen ständig zunahmen. "*Les inconvénients pratiques inhérents à la dépossession ont amené le législateur à créer..., des sûretés mobilière d'origine contractuelle sans dépossession du constitutant.*"[488]
Dieses Kapitel soll zeigen, wie sich für den Verkäufer im 19. Jahrhundert durch die Schaffung neuer Mobiliarsicherungsrechte neue Möglichkeiten zur Sicherung seiner Kaufpreisforderungen eröffneten. Dabei sollen die einzelnen Gesetze bezüglich ihrer Entstehungsgründe und in Grundzügen bezüglich ihres Inhalts erörtert werden eine ausführliche Darstellung der einzelnen Sicherungsrechte ist im Rahmen dieser Arbeit nicht möglich, weil der Schwerpunkt auf der Betrachtung der historischen Gesamtentwicklung und der detaillierten Untersuchung des Eigentumsvorbehalts liegt.

I.) Warrant commercial 28. Mai 1858

Der erste Schritt, der hinsichtlich der Begründung von besitzlosen Mobiliarsicherheiten unternommen wurde, war die Schaffung des "*warrant commercial*".

---

487 *von Boehmer*, Eigentumsvorbehalt, S. 203; *Seeliger*, S. 16.
488 *Cabrillac*, RabelsZ 44 (1980), S. 740.

1.) Entwicklung

Einerseits hatte die Wirtschaftskrise von 1848 zu einer Anhäufung unverkäuflicher Waren geführt, andererseits sorgte der Zusammenbruch einiger großer Banken dafür, daß den Kaufleuten die Möglichkeiten fehlten, sich das notwendige Geld für ihren Handel zu verschaffen. Die mangelnden Absatzmöglichkeiten auf der einen Seite und die fehlenden Betriebsmittel und Kredite auf der anderen Seite vermehrten die Zahlungseinstellungen und Konkurse.[489]
Die provisorische Regierung von 1848 hatte erkannt, daß gesetzliche Maßnahmen getroffen werden mußten, die den Fabrikanten die Kreditaufnahme ermöglichten.[490] Deshalb erließ sie am 21. März 1848 eine Verordnung, die durch die Verfügung des Finanzministers Granier-Pages vom 26. März 1848 und eine weitere Verordnung vom 23. Aug. 1848 ergänzt wurde.[491] Diese Verordnungen schrieben für Paris und alle anderen Orte, an denen sich ein entsprechendes Bedürfnis ergab, die Einrichtung von "*magasins généraux*" vor. Diese "*magasins généraux*" waren Magazine und Lagerhäuser (zumeist in der Rechtsform einer Aktiengesellschaft), in denen Industriellen, Kaufleuten, Landwirten oder Künstlern unter staatlicher Aufsicht die Möglichkeit gegeben wurde, Ware einzulagern, die sie augenblicklich nicht benötigten.[492] Zum Vorbild hatte das englische "*docks*"-System gereicht, welches in England stark verbreitet war.[493]
Im Rahmen der Einlagerung von Waren in den "*magasins généraux*" sollte die Möglichkeit geschaffen werden, über diese ein umlauffähiges Wertpapier auszustellen, mit dessen Hilfe der Einlagerer die Waren verpfänden und das darin steckende Kapital mobilisieren konnte.[494] Die Gründung der "*magasins généraux*" sollte es damit erstmalig möglich machen, Waren dadurch zu verpfänden, daß sie in dazu spezialisierten und kontrollierten Lagerhäusern aufbewahrt wurden.[495] Wirtschaftliches Endziel war die Erleichterung des Warenhandels und die Hebung des Warenkredits.[496]

---

489 *Goldschmidt*, Arch. Bürg. R., 30 (1907), S. 328; *Arnswaldt*, S. 22.

490 *Jourdan*, p. 106; *Fargeaud*, p. 22.

491 Lois annotées de 1848, p. 34, 124.

492 *Seeliger*, S. 24.

493 *Carpentier*, p. 29; *Jourdan*, p. 106.

494 *Ehrig*, S. 140; *Kurtoglu*, p. 131; *Goldschmidt*, Arch. Bürg. R., 30 (1907), S. 329.

495 *Seeliger*, S. 24; *Ehrig*, S. 140.

496 *Goldschmidt*, Arch. Bürg. R., 30 (1907), S. 330.

a.) Einscheinprinzip 1848

Zunächst folgte der Gesetzgeber dem Einscheinprinzip.[497] Danach wurde den einlagernden Kaufleuten für die Überbringung der Ware in das Lagerhaus ein "*réceptissé*" übergeben, der den amtlichen Stempel der Republik und des Lagers erhielt.[498] Als Auszug des Stammregisters (*registre à souces*) konnte durch Indossierung des "*réceptissés*" das Eigentum an der Ware übertragen oder ein Pfandrecht bestellt werden.[499] Es gab demnach nur einen "*titre unique*", der entweder zum Verkauf oder zur Pfandrechtsbestellung verwendet werden konnte. Die Verfügung vom 26. März 1848 unterwarf die Übertragung des "*récéptissé*" strengen Formalitätserfordernissen.[500] Sowohl der Verkauf als auch die Verpfändung mußten in das Register des Lagerhauses eingetragen werden, gleichgültig, ob es die erste oder eine weitere Übertragung war.
Diese Verordnung wurde den wirtschaftlichen Bedürfnissen auf Dauer nicht gerecht, da das Einscheinprinzip mit dem Nachteil verbunden war, daß der Einlagerer die einmal verpfändeten Waren nicht mehr veräußern konnte.[501] Außerdem berücksichtigte der Registrierungszwang für jedes Indossament nicht den berechtigten Wunsch des Kaufmanns, seine Kreditoperationen vor der Konkurrenz geheim zu halten. Auch die strengen Formerfordernisse führten zur Umständlichkeit des Pfandverkaufs, Schwerfälligkeit des Verfahrens und unnötigem Zeitverlust.[502] Da die "*réceptissés*" fast ausschließlich verpfändet wurden, bekamen die "*magasins généraux*" bald den Ruf von Leihhäusern (*monts de piété*), so daß der Einlagerer um sein Ansehen fürchten mußte.[503] Diese und andere Nachteile waren 1858 der Grund für ein erneutes Einschreiten des Gesetzgebers .

---

497 *Jourdan*, p. 107; *Ehrig*, S. 140; *Carpentier*, p. 29; *Kurtoglu*, S. 131.

498 *Goldschmidt*, Arch. Bürg. R., 30 (1907), S. 328.

499 Verordnung vom 21. März 1848 Art. 3 : "..qu'il est délivré aux déposants des récéptissés extraits de registre à souche, transmissibles par voie d'endossement et transferant la propriété des objets déposé."

500 Der Schein muß als amtliche gestempelter Auszug des Stammregisters das Datum der Einlagerung, Namen und Wohnort des Hinterlegers, Art und Menge der Ware, sowie genaue Angaben über ihren Verkaufswert enthalten.

501 *Ehrig*, S. 140; Rapport Ancel, Lois annotées, 1861, p. 76; *Kurtoglu*, p. 131; *Jourdan*, p. 107; *Hamel/Lagarde/Jauffret*, Traité de droit commercial, t. II, p. 380.

502 *Goldschmidt*, Arch. Bürg. R., 30 (1907), S. 334; *Simonson*, ZHR, 33 (1887), S. 217; *Arnswaldt*, S. 22; *Granger*, dans: Hamel, Le gage commercial, p. 159.

503 *Arnswaldt*, S. 22; *Simonson*, ZHR 33 (1887), S. 216.

b.) Zweischeinprinzip 1858

Die Untersuchung der "*traveaux préparatoires*" des Gesetzes vom 28. Mai 1858 macht deutlich, daß sich der französische Gesetzgeber hinsichtlich der vorzunehmenden Neuerungen stark am englischen Vorbild orientierte und die vollständige Übernahme des englischen "*warrant with wight-note*" Systems[504] diskutierte. Der Gesetzgeber versprach sich von der Übernahme des englischen Systems Erleichterung und Vereinfachung des kaufmännischen Kreditverkehrs. Er wollte dem Kreditbedürfnis der Eigentümer gerecht werden und gleichzeitig den Kreditgebern ein wirksames Sicherungsmittel zur Verfügung stellen, die Formalitätserfordernisse erleichtern, die Dauer des Verfahrens verkürzen und die Kosten senken, die die Inanspruchnahme eines Kredits mit sich brachte. Er erhoffte sich davon für Frankreich den gleichen wirtschaftlichen Aufschwung, den England schon seit einiger Zeit erfahren hatte.[505] "*...notre commerce peut trouver dans les warrants...les mêmes bienfaits qu'en reçoit le commerce anglais..*"[506] England wurde als das Land gesehen, welches den Bedürfnissen des Handels am besten gerecht wurde. "*...pay le plus pragmatique et le plus proche des réalités commerciales, l'Angleterre.*"[507] Angesichts der zahlreichen Vorteile, die das englische System gegenüber dem unausgereiften französischen "*warrant*"-System bot, wurde dessen Übernahme vorgeschlagen.[508] Diesen Vorschlag realisierte das Gesetz vom 28. Mai 1858, das nach englischem Vorbild das sogenannte Zweischeinsystem einführte und einige Grundvoraussetzungen erleichterte.[509] Der Gesetzgeber war der Ansicht, alle ihm im Rahmen der Gesetzmäßigkeit zur Verfügung stehenden Möglichkeiten ausgeschöpft und ein wirkungsvolles Kreditmittel geschaffen zu haben.[510]
Diese Entwicklungen zeigen, daß die Schaffung des "*warrant commercial*" keine allmähliche Entwicklung der kaufmännischen Praxis war, sondern viel-

---

504 Nach diesem System erhält der Einlagerer zwei Scheine, einen Eigentumschein und einen Pfandschein.

505 Rapport Ancel, 30 avril 1858, Moniteur, 9. mai 1858, p. 596.

506 *Vuillefroy*, éxposé des motives, Lois annotées, 1861, p. 75.

507 *Granger*, dans: Hamel, Le gage commercial, p. 150.

508 Préambule de la loi de 28.5.1858, D.P. 1858, 4, 69.

509 *Ehrig*, S. 140; *Fargeaud*, p. 23; *Kurtoglu*, S. 132; *Granger*, dans: Hamel, Le gage commercial, p. 161.

510 *Vuillefroy*, éxposé des motives, Lois annotées, 1861, p. 78: "Si vous l'adoptez.....vous aurez enfin fait tout ce que peut faire, ce semble, la législation sans méconnaitre aucun principe et sans compromettre aucun intérêt sérieux, pour ouvrir définitivement aux habitudes françaises un nouveau moyen de crédit d'une grande puissance, dont nos voisins ont tiré le meilleur parti et dont notre commerce sera appelé à faire librement l'épreuve."

mehr eine Maßnahme des französischen Gesetzgebers zur Bewältigung einer ganz konkreten wirtschaftspolitischen Aufgabe.[511]

2.) Grundlagen der Pfandrechtsbestellung durch warrant commercial

Die Übernahme des englischen Zweischeinprinzips brachte den Vorteil mit sich, daß der Einlagerer seitdem für die Verbringung seiner Ware in ein *"magasin général"* hierüber zwei miteinander verbundene Scheine erhält, die einem Registerblock (*régistre à souche)* entnommen werden: den "*récéptissé*" (Eigentumsschein) und den *"warrant"* (Pfandschein). Beide Scheine enthalten dieselben Angaben wie der im Lagerhaus verbleibende Stammabschnitt.[512] Sie sind Order- und Traditionspapiere, die die eingelagerten Waren repräsentieren, d.h. rechtlich die in Verwahrung gegebene Sache verkörpern und der Übertragung des Besitzes an ihnen dienen.[513]
Ungetrennt hat dieser Doppelschein die gleiche Bedeutung wie der Einschein.[514] Will der Einlagerer seine Waren veräußern, ohne sie vorher zur Erlangung von Kredit zu benutzen und zu verpfänden, so wird er den "*récéptissé*" und den "*warrant*" ungetrennt indossieren. In diesem Fall erwirbt der Indossatar alle Rechte gegen den Lagerhalter. Soll die Ware zur Erlangung von Kredit benutzt und verpfändet werden, so werden "*récéptissé*" und "*warrant*" getrennt. Durch die Begebung des *"warrant"* kann der Einlagerer die Ware zunächst verpfänden und danach durch Begebung des in seiner Hand verbliebenen réceptissés einem Dritten veräußern.[515]

Da auch das Lagerhauspfandrecht (nach wie vor) ein Besitzpfandrecht ist, muß zur wirksamen Bestellung auf seiten des Verpfänders, wie beim Faustpfand, "*dépossession*" vorliegen.[516] Die Besonderheit besteht in diesem Fall jedoch darin, daß der Verpfänder die Sache nicht dem Pfandgläubiger übergibt, sondern vielmehr in einem "*magasin général"* hinterlegt.
Zur wirksamen Pfandrechtsbestellung muß das erste "*warrant*"-Indossament in das Register des Lagerhauses eingetragen werden und die erfolgte Eintragung

---

511 *Ehrig*, S. 140; *Goldschmidt*, Arch. Bürg. R., 30 (1907), S. 325.

512 Angaben über Name, Beruf, Wohnort des Einlagerers, Beschreibung der Ware, die die Feststellung der Identität erlaubt, sowie Angaben über die Brandversicherung.

513 *Ehrig*, S. 141; *Kay*, S. 18; *Hamel/Lagarde/Jauffret,* Traité de droit commercial, t. II, p. 387.

514 *Arnswaldt*, S. 22.

515 *Kay*, S. 18; *Jourdan*, p. 107; *Kurtoglu*, S: 135; *Seeliger*, S. 25; *Ehrig*, S. 141.

516 *Seeliger*, S. 26; *Ehrig*, S. 142.

auf dem "*warrant*" vermerkt werden.[517] Die Eintragung des Erstindossaments in das Register gibt dem Pfandrecht seine dingliche Wirkung gegenüber Dritten. Damit wird das allgemeine Publizitätserfordernis, welches beim Faustpfand durch die Übergabe der Ware gewahrt wird, durch ein weiteres Publizitätselement ergänzt, nämlich die Eintragung in ein Register. Dieses doppelte Publizitätserfordernis gewährleistet somit einen umfassenden Schutz Dritter, die dadurch über die Existenz des Pfandrechts informiert werden.

Obwohl der Pfandgläubiger nicht den unmittelbaren Besitz innehat, wird angenommen, daß sich die Ware in den Händen "*d'un tiers convenue entre les parties*" im Sinne des Art. 2076 C.c. befindet und der Inhaber des "*warrant*" das Zurückbehaltungsrecht des Faustpfandgläubigers geltend machen kann. Wird dem Lagerhaus und damit dem "*warrant*"-Inhaber der Besitz an der Ware entzogen, so hat der Inhaber den Herausgabeanspruch gemäß Art. 2279, 2280 C.c. Im Falle der Nichtzahlung bei Fälligkeit der Forderung kann der Schuldner aufgrund der Doppelnatur des "*warrant*" als Wertpapier und Verpfändungsinstrument sowohl das Verwertungsrecht des Pfandgläubigers, wie auch das Rückgriffsrecht des Wechselinhabers geltend machen, wobei letzteres subsidiär ist.[518] Hat der "*warrant*"-Inhaber Protest mangels Zahlung erhoben, kann er die Ware ohne besondere gerichtliche Formalitäten innerhalb von acht Tagen, spätestens aber innerhalb eines Monats öffentlich versteigern lassen. Führt die Pfandverwertung nicht zur Befriedigung des "*warrant*"-Inhabers, kann dieser den Rückgriff auf den "*warrant*" als Orderpapier nehmen. Damit bietet der "*warrant*" dem Gläubiger auch eine einfache und schnelle Verwertungsmöglichkeit.

Die "*magasin généraux*" gewährleisteten zwar in wirtschaftlicher Hinsicht einige Vorteile gegenüber der bisherigen Rechtslage und dehnten den allgemeinen Gebrauch des Pfandrechts aus, der bis zur ersten Hälfte des 19. Jahrhundert stark vernachlässigt worden war. Dennoch schätzte der Handel die neue Einrichtung nicht im erwarteten Maße.[519] Denn so innovativ, wie in den Gesetzgebungsarbeiten dargestellt, war das neue Gesetz nicht. Die Verpfändung mittels "*warrant commercial*" stellte pfandrechtlich noch keine Besonderheit dar, weil der Schuldner zuvor den Besitz an den Pfandobjekten auf einen Dritten im Sin-

---

517 *Arnswaldt*, S. 23.

518 *Ehrig*, S. 144.

519 *Goldschmidt*, Arch. Bürg. R., 30 (1907), S. 335; *Jourdan*, p. 109.

ne von Art. 2076 C.c., nämlich den Lagerhalter, übertragen haben mußte.[520] Die bei dem Faustpfandrecht kritisierten Nachteile, die aus der Besitzaufgabe resultierten, blieben unverändert bestehen.[521] Für den Abzahlungskauf, dessen Spezifität die Übergabe der Ware an die Käufer ist, war dieses System demnach ungeeignet. Der "*warrant commercial*" diente daher lediglich dazu, Geldforderungen und Pfandrecht umlauffähig zu machen.[522]

II.) Gage commercial 1863

Der Code de commerce sah keinerlei Sondervorschriften über die Sicherung einer kaufmännischen Forderung durch ein Pfandrecht vor. Die Zunahme des Wertes und der Bedeutung des beweglichen Vermögens nach der ersten industriellen Revolution sowie die Zunahme des industriellen Kapitalismus veranlaßten den Gesetzgeber 1863 zur Schaffung des "*gage commercial*".[523] Diesen Anforderungen sollte das Gesetz vom 23. Mai 1863 gerecht werden.[524] Ziel des Gesetzgebers von 1863 war es, die Faustpfandvorschriften des Zivilrechts für die Kaufleute zu vereinfachen, d.h. ihnen einen einfacheren und weniger kostspieligen Weg zur Kreditaufnahme auf seine beweglichen Sachen zur Verfügung zu stellen und die Grundsätze der Verpfändung durch Einschaltung Dritter auszudehnen und zu vervollständigen.[525] Aus diesem Grund wurden durch die Novelle vom 23. Mai 1863 die Art. 91 bis 93 über das Handelspfand in den Code de commerce eingeführt.[526] Als Grundlage diente das Gesetz von 1858 über die "*warrants généraux*".[527] Diese Art der Verpfändung dehnte das Gesetz von 1863 auf den Frachtbrief und das Konnossement aus.[528]
Nach dem neuen Gesetz wird dem Pfandgläubiger bei der Verpfändung ein Traditionspapier über die Sache ausgehändigt, die von dem Dritten für den Inhaber des Titels aufbewahrt wird.[529] Die "*dépossession*" des Schuldners wird

---

520 Daran änderten auch die späteren Änderungen durch das Gesetz vom 31. Aug. 1870 und die Verordnung vom 6. Aug. 1945, sowie die Dekrete vom 20. März 1947, 30. Mai 1951 und 30. Jan. 1953 nichts.

521 *Vivier*, in Hamel, Le gage commercial, p. 300.

522 *Wieandt*, S. 170.

523 *Foyer*, dans: Hamel, Le gage commercial, p. 35; *Hamel/Lagarde/Jauffret,* Traité de droit commercial, t. II, p. 363.

524 *Cornudet*, Exposé des motifs, Lois annotées 1863, p. 27.

525 Ebenda, p. 27.

526 *Ehrig*, S. 50; *Jourdan*, S. 169.

527 *Foyer*, dans: Hamel, Le gage commercial, p. 43; *Simler/Delebecque*, p. 436.

528 Rapport Vernier, Lois annotés 1863, p. 29.

529 *Hamel/Lagarde/Jauffret*, Traité de droit commercial, t. II, p. 365; *Jourdan*, p. 109; *Simler/Delebecque*, p. 437.

also auch hier dadurch erreicht, daß die Waren dem Zoll, einem öffentlichen Lagerhaus oder einem Frachtführer übergeben werden müssen.[530] Die den Verpfänder ausschließende Innehabung von Waren, über die mittels kaufmännischem Traditionspapier (Frachtbrief/Konnossement) verfügt werden kann, wird durch Aushändigung des Traditionspapiers begründet. Der Pfandgläubiger erhält so den symbolischen Besitz an der Sache, denn nur er, nicht aber der Schuldner, kann die Herausgabe der Ware von dem Dritten verlangen.[531]
Erleichterung schafft das neue Gesetz dadurch, daß zur Pfandrechtsbestellung neben der vertraglichen Vereinbarung und der Besitzaufgabe keine Registereintragung erforderlich ist (Art. 91 I C.com.). Dies gilt sowohl für die Wirkung des Pfandes inter partes, wie für seine Einwendbarkeit gegenüber Dritten.[532]
Auch hinsichtlich der Verwertung des Pfandrechts ergeben sich Vereinfachungen dadurch, daß nunmehr keine Mitwirkung der Gerichte erforderlich ist, sondern vielmehr eine Anzeige des unbezahlten Käufers an den Verpfänder darüber, daß er im Begriff ist, die Pfandsache zu verkaufen (Art. 93 I C.com.), ausreicht. Daneben steht dem Gläubiger ebenfalls die Pfandüberweisung an Zahlungs Statt, nach entsprechender Sachverständiger-Begutachtung, zu.[533]
Ein Pfand ist dann kaufmännisch, wenn es für eine kaufmännische Schuld im Sinne des Art. 91 C.com. bestellt wird. Die Natur der Ware oder die Frage, ob der Besteller Kaufmann ist oder nicht, ist unbeachtlich. Aufgrund der akzessorischen Natur des Pfandrechts ist vielmehr entscheidend, daß die Forderung aus einem Handelsgeschäft stammt.[534]

Auch bei diesem neuen Pfandrecht hält der Gesetzgeber im wesentlichen an den Faustpfandgrundsätzen fest, da nach wie vor die "*dépossession*" des Schuldners erforderlich ist. Aus diesem Grund bietet das "*gage commercial*" keine grundlegende Änderung der Kreditverhältnisse.

III.) Hypothèque maritime 1874

Ein Bedürfnis nach einem effektiven Kreditsicherungsmittel zeigte sich im 19 Jahrhundert besonders für die Besitzer von Seeschiffen. Der zunehmende tech-

---

530 Art. 92 al. 2 C.com.: "Le creancier est réputé avoir les marchandieses en sa possession, lorsqu'elles sont à sa disposition dans ses magasins ou navires, à la douane ou dans un dépot public, ou si, avant qu'elles soient arrivées, il ne est saisi par un connaissement ou par une lettre de voiture."

531 *Ehrig*, S. 51.

532 *Cabrillac/Mouly*, p. 529; *Altorfer*, § 23 II 2, S. 151; *Simler/Delebecque*, p. 438.

533 *Seeliger*, S. 14.

534 *Cabrillac/Mouly*, p. 529; *Ferid/Sonnenberger*, 3 D 153, S. 693; *Krauss*, S. 81; *Altorfer*, § 23 I 2, S. 151; *Hamel/Lagarde/Jauffret*, Traité de droit commercial, t. II, p. 364.

nische Fortschritt hatte die Produktionskosten an Seeschiffen ständig steigen lassen und der hohe Materialwert, die aufwendigen Betriebskosten sowie die teilweise saisonabhängigen Einnahmen machten einen regelmäßigen Rückgriff auf einen Kredit erforderlich.[535] Den Schiffsbesitzern standen bis zu diesem Zeitpunkt keine effektiven dinglichen Mobiliarsicherheiten zur Verfügung, da sie weder vom Faustpfand, noch von der neuen Gesetzgebung über die "*magasins généraux*" und das "*gage commercial*" profitieren konnten, da diese Rechte an der "*dépossession*" des Schuldners festhielten. Durch die Besitzübergabe würde dem Schiffsbesitzer aber seine Existenzgrundlage entzogen.[536] Auch von den Regelungen des Hypothekenrechts des Code civil konnte der Schiffsbesitzer keinen Gebrauch machen, da diese ausschließlich auf Grundstücke anwendbar waren.[537] Zwar hatte das Handelsgesetzbuch eine Reihe von Forderungen, welche sich auf ein Schiff beziehen, mit Vorzugsrechten versehen, über diese Forderungen hinaus fehlte es aber an einer Möglichkeit, die Schiffe vertraglich zu belasten, ohne den Besitz daran aufzugeben.[538]

Deshalb war die Praxis ständig bemüht, auf verschiedenste Weise ein adäquates Sicherungsmittel zu schaffen. Die Schiffsbesitzer bedienten sich der "*aliénation fiducière*", der Vereinbarung eines "*gage déguisé*" oder eines "*vente simulée*" oder der Umgehung des Übergabeerfordernisses durch Eintragung in das Zollregister oder durch die Ersatzübergabe von Urkunden, wie der Versicherungspolice. Diese Sicherungsmittel erwiesen sich jedoch weitgehend als unzureichend und scheiterten in der Regel an der Rechtsprechung.[539]

Die fehlende Möglichkeit der Bestellung besitzloser Sicherheiten an Schiffen machte das Einschreiten des Gesetzgebers unausweichlich. Seit 1865 hatte der Gedanke an Boden gewonnen, die aus dem Ancien Droit bekannte Schiffshypothek wieder einzuführen. Der entsprechende Vorschlag war bereits bei der Neufassung des zweiten Buches des Code de commerce 1867 gemacht worden, ohne jedoch Anklang zu finden.[540] Vermutlich war dem Gesetzgeber die Erinnerung an den Mißbrauch, der mit der Mobiliarhypothek des Ancien Régimes getrieben wurde, noch zu präsent, als daß er ihrer Wiedereinführung positiv gegenübertreten konnte.

---

535 *Jourdan*, p. 137; *Kutoglu*, p. 51; *Mittermaier*, ZHR 22 (1877), S. 181.

536 Rapport Grivart 21. mars 1874, J. off. des 24. et 27. avril, p. 2913; Lois annotés, 1875, p. 629.

537 Rapport Grivart 21. mars 1874, J. off. des 24. et 27. avril, p. 2913; Lois annotés, 1875, p. 629.

538 *Mittermaier*, ZHR 22 (1877), S. 181.

539 Rapport Grivart, 21. mars 1874, Lois annotés, 1875, p. 629; *Jourdan*, p. 138.

540 *Jourdan*, p. 138; *Schöndorf*, ZHR 68 (1910), S. 524.

Am 29. Juli 1872 unterbreitete Savoy dem Senat einen Vorschlag, der darauf hinauslief, nach englischem Vorbild die dort unter dem Begriff "*mort-gage*" bekannte Schiffshypothek in das französische Recht zu übernehmen.[541] Bei der Beratung dieses Vorschlags unterbreitete der Abgeordnete Sebert am 27. Juin 1874 einen Gegenvorschlag, der vorsah, das Sicherungsrecht am Schiff als "*gage*" aufzufassen und dabei vom Erfordernis des Art. 2276 C.c. abzusehen. Dieser Vorschlag lief auf die Einführung eines besitzlosen Pfandrechts hinaus.[542]
Bei der Diskussion dieser beiden Gesetzesvorschläge wurde die Gesetzesinitiative von Sebert abgelehnt, da sie gegen die Faustpfandgrundsätze, die eine "*dépossession*" des Schuldners fordern, verstoße und damit festverwurzelte Rechtsanschauungen erschüttere.[543] Außerdem erzeuge sie unnötig Verwirrung, wenn das Schiff mehreren Pfandgläubigern nacheinander verpfändet werde und keiner der Pfandgläubiger den Besitz daran erhalte. Der Gesetzesvorschlag werde mithin den anvisierten Zielen nicht gerecht. "*A aucun point de vue la proposition de l'honorable M. Sebert ne dessert le but que nous poursuivons.*"[544]
Der Vorschlag von Savoye wurde dagegen positiver gewürdigt; dennoch trat in der Debatte um das neue Gesetz das Problem auf, ob hier tatsächlich die Bezeichnung "Hypothek" angebracht sei.[545] Aufgrund des Verbots der Mobiliarhypothek gemäß Art. 2119 C.c., gehe man bei dem Begriff "Hypothek" grundsätzlich davon aus, daß es sich um Immobilien handle. Dem hält der Abgeordnete Grivard in seinem Bericht entgegen, daß sich aus der Etymologie des Wortes nichts ableiten lasse, was gegen eine Anwendung des Wortes "Hypothek" auf bewegliche Sachen hindeute.[546] Ferner sei diese bereits im römischen Recht und im Ancien Droit bekannt gewesen. Unvereinbar mit dem Begriff des Pfandrechts sei dagegen, vom Besitzübertragungserfordernis völlig abzusehen und eine gewisse Publizität allenfalls durch eine Eintragung in ein öffentliches Re-

---

541 Proposition de Savoye, 29. juillet 1872, J. off. 26. août 1872, p. 5699.

542 *Sebert*, Proposition du loi, Lois annotées 1875, p. 625: "- Toutfois, si le gage a pour objet un navire, la conservation en incombera au débiteur; il suffira, pour la validité, que mention en soit faite sur un registre spécial tenu par le receveur des douanes du lieu où le navire est en construction, ou de celui où il est immatriculé. - Si le navire a déja un acte de francisation, le gage doit être mentionné au dos dudit acte par le receveur des douanes. - Le désistement ou l'extinction du droit de gage devra résulter d'un acte authentique ou d'un jugement passé en force de chose jugée."

543 Séance du 27. juin J.O. du 28. juin 1874, p. 4421.

544 Ebenda, p. 4421.

545 Discussion, les 25., 27., 30. juin 1874, J.O. deb. des 26., 28. juin, 1. juill., p. 4357, 4413, 4541

546 Rapport Grivard 21. mars 1874, Lois annotées, 1857, p. 629.

gister zu gewährleisten.[547] Obwohl dieser Vorschlag also zur Wiedereinführung der Mobiliarhypothek führte, die durch Art. 2119 C.c. für bewegliche Sachen ausdrücklich ausgeschlossen worden war, schien dem Gesetzgeber dieser Weg gangbarer, als der über die Einführung eines besitzlosen Pfandrechts. Er begründete seinen Entschluß damit, daß das Gesetz in Art. 2120 C.c. den Seeschiffen unter den beweglichen Sachen von Anfang an eine Sonderposition eingeräumt habe und sich diese durch ihre besondere Rechtsnatur von anderen beweglichen Sachen unterscheiden. Diese besondere Rechtsnatur liege darin, daß Schiffe zwar gemäß Art. 190 C.com. bewegliche Sachen seien, sie aber durch ihren großen Wert, ihre relative Unverwechselbarkeit und die Eintragung ins Schiffsregister in mancher Hinsicht mit einem Grundstück vergleichbar seien.[548] Durch den Heimat- bzw. Immatrikulationshafen werde für die Seeschiffe eine Art "*domicil légal*" gewährleistet, an dem das Schiff in einem Schiffsregister eingetragen werde, das Auskunft über den jeweiligen Eigentümer, über den Namen und die wesentlichen technischen Daten des Schiffes gebe und öffentlichen Glauben genieße.[549] Alle diese Angaben seien auch den Bordpapieren zu entnehmen, ohne die das Schiff praktisch nicht verkehrsfähig sei. Auf diese Weise sei es möglich, die Identifizierungsdaten des Schiffes jederzeit festzustellen. Durch diese Eintragung werde eine allgemeine dem Grundstückshypothekenrecht entsprechende Publizität realisiert, die das Schiff in einem übertragenden Sinne immobilisiere.
So kam es, daß das neuzuschaffende Mobiliarsicherungsrecht an Seeschiffen 1874 die Form einer Mobiliarhypothek erhielt und zugunsten der Schiffe eine Ausnahme von dem Grundsatz, daß nur Liegenschaften Gegenstand einer Hypothek sein können, gemacht wurde.[550]
Um dem für Mobiliarsicherheiten geltenden Publizitätserfordernis gerecht zu werden, mußte die Hypothek in ein Register eingetragen werden, das im Heimathafen des Schiffes von der Zollbehörde geführt wurde. Bei einem Wechsel des Heimathafens wurden die eingetragenen Hypotheken von Amts wegen in das Register der nunmehr zuständigen Zollbehörde übertragen.[551] Die durch die Registereintragung geschaffene Publizität gab der Schiffshypothek volle dingliche Wirkung. Kein Erwerber des Schiffes konnte sich gegenüber dem Hypothekengläubiger auf die Regel "*possession vaut titre*" berufen, da die Eintragung den guten Glauben ausschloß. Die durch die Eintragung geschaffene Publizität trug den Interessen Dritter Rechnung, da jeder einen Registerauszug verlangen

---

547 Ebenda, p. 629.

548 *Kurtoglu*, p. 55; *Ehrig*, S. 125.

549 *Jourdan*, p. 139, *Kurtoglu*, p. 50.

550 *Mittermaier*, ZHR 22 (1877), S. 182.

551 *Schöndorf*, ZHR 68 (1910), S. 525.

konnte und das Schiff, obwohl der Eigentümer des Schiffes im Besitz der Sache bliebt, kein "*élément de la solvabilité apparente*" darstellte. An die Stelle der Publizitätsfunktion des Besitzes war die Eintragung in ein öffentliches Register getreten, so daß die Regel "*la possession vaut titre*" Art. 2279 C.c. durch den Satz "*l'inscription au registre vaut titre*" ersetzt wurde.[552]
Die hypothèque maritime wurde vertraglich vereinbart und galt für Schiffe ab 20 Tonnen. Sie konnte sich auch auf Schiffe beziehen, die sich noch im Bau befanden. Die Schiffshypothek gewährte dem Hypothekengläubiger die gleichen Rechte, die ihm auch der Code civil zubilligte, nämlich ein "*droit de préférence*" und ein unbeschränktes "*droit de suite*".[553] Die Schiffshypothek von 1874 war demnach die erste besitzlose Sicherheit an beweglichen Sachen.[554]

IV.) Nantissement du fonds de commerce 1898

Auch auf anderen Gebieten wird die Forderung nach neuen Mobiliarsicherheiten laut. Da die Wirtschaftsstruktur des 19. Jahrhunderts sehr viel kapitalintensiver war, als die früherer Jahrhunderte, waren Rationalisierung, größere Lagerhaltung, bessere Ausstattung der Geschäftsräume oder ähnliche Veränderungen erforderlich geworden, um konkurrenzfähig zu bleiben. Große Unternehmen wurden diesem vermehrten Kapitalbedürfnis dadurch gerecht, daß sie Kapitalgesellschaften gründeten, um an Stelle großen Eigenkapitals eines Unternehmens das Eigenkapital mehrerer Gesellschafter treten zu lassen. Dies gelang jedoch nur Unternehmen, die entweder der zur Beteiligung aufgerufenen Öffentlichkeit eine Vertrauensbasis in Form ihres umfangreichen Vermögens bieten konnten, oder zumindest aufgrund ihrer Größe die persönliche Beteiligung mehrerer Gesellschafter zuließen.[555] Auch für die kleinen und mittelständischen Betriebe, bei denen eine Beteiligung mehrerer Gesellschafter nicht möglich und das Vermögen nicht ausreichend war, um der Öffentlichkeit genügend Sicherheit zur Beteiligung in Form von Aktienkauf zu bieten, war jedoch der Kapitalbedarf größer geworden. Es bestand daher ein dringendes Bedürfnis in der kaufmännischen Praxis nach einem Kreditsicherungsmittel für den kleinen und

---

552 *Ferid/Sonnenberger,* 3 A 23, S. 520.

553 *Jourdan*, p. 140.

554 Das Gesetz von 1874 war durch das Gesetz von 1985 leicht modifiziert worden. Durch die Gesetze vom 13.6.1907, 4.7.1914 und vom 30.12.1925 werden weitere Detailfragen ergänzend geregelt oder geändert. Durch das Gesetz vom 19.2.1949 wird die französische Gesetzgebung mit der Brüssler Konvention von 1926 in Übereinstimmung gebracht und schließlich durch Art. 43 ff. des Gesetzes vom 3.1.1967 "portant statut des navires et autres batiments de mer" abgelöst.

555 *Kunzler*, S. 36.

mittleren Kaufmann.[556] Die Praxis realisierte ein solches, indem sie begann, das Handelsunternehmen als Ganzes oder einzelne Geschäftsbereiche (*fonds de commerce*[557]) zu verpfänden. Weder der Code civil noch der Code de commerce enthalten ausdrückliche Regelungen über den "*fonds de commerce*" und die Wirksamkeit seiner Verpfändung.[558] Diese fehlende gesetzliche Regelung läßt sich dahingehend erklären, daß sich Industrie und Handel zur Entstehungszeit des Code civil noch in rudimentären Stadien befanden.[559]
Die Gültigkeit dieser gegen Ende des 19. Jahrhunderts immer häufiger werdenden Pfandverträge wurde in der Rechtsprechung unterschiedlich behandelt. Einige Gerichte, denen, um mit den Worten Schöndorfs zu sprechen, ein tiefgreifendes Verständnis für die Bedürfnisse des Handels abging, versagten die Möglichkeit, ein Handelsunternehmen zu verpfänden, indem sie sich strikt an das Gesetz hielten, welches die in der Praxis unmögliche Übergabe des Handelsunternehmens an den Gläubiger forderte.[560]
Ein anderer Teil der Rechtsprechung hatte dagegen einen Weg aufgetan, die Verpfändung von Handelsunternehmen zuzulassen, indem sie dieses als eine unkörperliche Sache betrachteten und die für die Verpfändung von Forderungen geltenden gesetzlichen Vorschriften (Art. 2075 C.c.) zur Anwendung brachten.[561] In diesem Sinne wurde zur Wirksamkeit der Pfandrechtsbestellung auf die juristische Fiktion zurückgegriffen, die die "*dépossession*" durch die "*rémise des titres*" ersetzt.[562] Erforderlich ist demnach nur die Übergabe der Urkunden, die das Eigentumsrecht des Schuldners bescheinigen. Die Gleichstellung der Handelsunternehmen mit einer Forderung, die, so Schöndorf, selbstverständlich falsch war, gab die Möglichkeit, den Bedürfnissen des Verkehrs entgegenzukommen.[563]
Der Kassationshof nahm in seinem Urteil vom 13. März 1888 eine Mittelsposition ein. Er stellte die Theorie auf, daß auf eine Verpfändung eines Handelsunternehmens entweder die Grundsätze des Faustpfandrechts oder die Bestimmungen über die Verpfändung von Forderungen anwendbar seien, je nachdem,

---

556 Ebenda, S. 36.

557 Grundsätzlich hängt es von den Umständen des Einzelfalls, insbesodere vom Parteiwillen ab, welche Bestandteile im *fonds de commerce* enthalten sein sollen. In Betracht kommen im wesentlichen drei Gruppen von Bestandteilen: Immaterialgüter, Betriebsgegenstände und Waren. *Sonnenberger*, S. 198, Rdn. IV 7.

558 *Batard*, p. 66; *Jourdan*, p. 119; *Schöndorf*, ZHR 68 (1910), S. 535.

559 *Batard*, p. 66; *Bachelot-Villeneuve*, p. 36.

560 *Schöndorf*, ZHR 68 (1910), S. 535.

561 Paris, 26. févr. 1895, S. 1897, 2. 92; Aix, 21. juillet 1842, S. 1843, 1, 199.

562 *Bachelot-Villeneuve*, p. 43; *Stief*, S. 19.

563 *Schöndorf*, ZHR 68 (1910), S. 535; *Schauer*, LZ 1911, S. 46.

ob die körperlichen (Organisationswerte) oder unkörperlichen Bestandteile (Warenvorräte) des betreffenden Unternehmens überwiegen.[564] Im Falle der Einordnung als unkörperliche Sache mußte sich diese wohlwollende Rechtsprechung der Kritik aussetzen, daß die Verpfändung auch bei Übergabe der erwähnten Urkunden für Dritte nicht erkennbar war, weil der Verpfänder sein Geschäft unverändert weiterbetreibe.[565] Da es an einer Dritten gegenüber ersichtlichen Publizität des Pfandrechts fehle, dies jedoch im Widerspruch zu Art. 2076 C.c. und Art. 92 C.com. stehe und den Interessen Dritter nicht gerecht werde und die schwer vornehmbare Trennung zwischen unkörperlichen und körperlichen Bestandteilen eine gewisse Willkür unvermeidbar werden lasse, lehnten vor allem die Handelsgerichte die Lösung des Kassationshofes strikt ab und versagten dem "*nantissement de fond de commerce*" deshalb die Wirksamkeit.[566]

Die erwähnte Rechtsunsicherheit, die durch die uneinheitliche Anerkennung einer Verpfändung des "*fonds de commerce*" in der Rechtsprechung entstanden war, machte das Einschreiten des Gesetzgebers zur Regelung dieses durch die Praxis geschaffenen Rechtsinstituts erforderlich.[567]

Millerand brachte aus diesem Grund am 1. Mai 1893 einen Entwurf ein, der zwar von der Kammer am 19. Juni 1893 berücksichtigt wurde, aber wegen des Ablaufs der Legislaturperiode nicht zum Erfolg kam.[568] Am 18. Mai 1895 unterbreitete Millerand seinen Vorschlag erneut und diesmal mit mehr Erfolg.[569] Der Vorschlag wurde vom Senat leicht vereinfacht[570] und nachdem die "*traveaux préparatoires*" auf ein Minimum beschränkt worden waren, ohne Diskussion unmittelbar im Dringlichkeitsverfahren anerkannt und trat am 1. März 1898 in Kraft.[571]

Das neue Gesetz ergänzte Art. 2075 C.c. um einen zweiten kurzen Absatz, der schlicht festlegte, daß jedes "*nantissement de fond de commerce*" zu seiner

---

564 Cass req., 13. mars 1888, D. 1888, 1, 151.

565 Trib. com. de la Seine, 26. févr. 1895, S. 1897, 2, 92.

566 Trib. com. de la Seine, 9. janv. 1892, G.P. 1892, 1, 327; ausführlich zum Meinungsstreit in Lit. und Rspr.: *Bachelot-Villeneuve,* S. 43, 82.

567 *Cabrillac*, La protection du créancier, p. 46; *Jourdan*, S. 121.

568 Exposé des motifs, J. off. déb. parl., juillet 1893, p. 663.

569 Exposé des motifs, J. off. doc. parl. août 1895, p. 516: "L'Art. 2075 C.c. est ainsi complété: en outre, chaque dation en nantissement d'un fonds de commerce devra, à peine de nullité, recevoire mention sur un registre spécial tenu à cet effet au greffe du Tribunal de commerce du cédé."

570 Art. 2075 alinéa 2: "Tout nantissement d'un fonde de commerce, devra, à peine de nullité vis-à-vis des tiers, être inscrit sur un registre public tenu au greffe du tribunal de commerce dans le ressort duquel le fonds est exploité."

571 *Batard*, p. 1; *Bachelot-Villeneuve*, p. 73.

Wirksamkeit einer Eintragung in ein Register bedürfe. Damit hatte der Gesetzgeber das "*nantissement de fonds de commerce*" anerkannt und die Rechtsprechung der Gerichte bestätigt, die das Handelsgeschäft als unkörperliche Sache eingeordnet und die Möglichkeit seiner Belastung mit einem einheitlichen dinglichen Recht bejaht hatten. Zum anderen wurde durch dieses Gesetz festgelegt, daß dieses dingliche Recht, "*nantissement*" genannt, ein besitzloses war, für dessen Publizität wie bei der "*hypothèque maritime*" ein besonderes Register bei der Kanzlei des Handelsgerichts am Sitz des Unternehmens zu sorgen hatte.[572] Weitere Regelungen enthielt das Gesetz nicht, so daß es weiterhin Probleme mit seiner Ausgestaltung gab. Die h.M. war der Ansicht, daß sich der Gesetzgeber in der Begriffsbezeichnung "*nantissement*" ungenau ausgedrückt habe und tatsächlich durch die Einführung der Registeröffentlichkeit eine Dritten gegenüber wirksame Mobiliarhypothek normiert habe.[573] "*Quand un débiteur garde la possession de la chose dont il a fait un instrument de crédit, la dérogation aux principes généraux du gage est tellement grave que l'acte même change de nature et devient une véritable hypothèque.*"[574] Bei den Gesetzgebungsarbeiten war als Konsequenz der mangelhaft intensiven Befassung mit diesem Gesetz, die durch die Kürze der "*traveaux préparatoires*" und die Annahme ohne vorangegangene Diskussion in Senat und Assemblé Nationale bestätigt wurde, der in der Praxis eingebürgerte Begriff "*nantissement*" übernommen worden. Grund für die Annahme, daß es sich um eine weitere Ausnahme vom Verbot der Mobiliarsicherheiten handle, war, daß auch bei Handelsgeschäften eine gewisse Immobilisierung festgestellt werden konnte. Zwar bestand keine Registerpflicht für das Handelsgeschäft selbst, die notwendige feste Lage war jedoch bis zu einem gewissen Grade von Natur aus gegeben, da alle das Handelsgeschäft konstituierenden Elemente, wie Materialien, Schuldner, Mietkontrakt, Patente, Warenzeichen und Kundschaft, eine selbständige, dem Publikum wohlbekannte Einrichtung an einem festen Platz voraussetzten.[575] Besonders die Kleinunternehmen, denen der Schutz des Gesetzes zukommen sollte, waren wegen der Bindung an den Kundenstamm und das mit Geschäftsraummiete verbundene "*droit de bail*"[576] in der Regel ortsgebunden. Hinzu kam noch, daß das Han-

---

572 *Kunzler*, S. 9; *Ehrig*, S. 131; *Batard*. p. 82.

573 *Bachelot-Villeneuve*, p. 164; *Planiol/Ripert*, Traité élémemtaire, t. II, p. 799, n° 2709; *Schauer*, LZ 1911, S. 47; *Simler/Delebecque*, p. 485; *Cabrillac*, La protection du créancier, p. 45; *Malaurie/Aynès*, Cours de droit civil, t. IX, n° 531, p. 205.

574 *Bachelot-Villeneuve*, p. 165.

575 *Schöndorf*, ZHR 68 (1910), S. 537.

576 Das französische Mietrecht gewährleiset bei der Geschäftsraummiete einen so starken Mieterschutz, daß von "propriété commerciale" gesprochen wird. Auf Verlangen des Mieters muß der Verkäufer bei Ablauf des Mietvertrages entweder diesen verlängern oder eine Entschädigung leisten, die sich nach dem Wert des in den Räumen betriebenen

Fortsetzung nächste Seite

delsgeschäft zwar wie das Schiff ein beweglicher Gegenstand, jedoch im Gegensatz zu diesem nach dem einen Gesetz ein nichtkörperlicher Gegenstand war, so daß der Grundsatz "*en fait de meubles la possession vaut titre*" des Art. 2279 C.c. nicht galt. Demnach bestand für den Gläubiger des nantissements keine Gefahr, sein Recht zu verlieren, wenn der Schuldner das Handelsgeschäft an einen gutgläubigen Dritten veräußerte. Durch die faktische Ortsgebundenheit und den Ausschluß des Art. 2279 C.c. glich das Handelsgeschäft in gewisser Hinsicht einem Grundstück.[577]

Durch die Immobilisierung der in Betracht kommenden Gegenstände war der Gesetzgeber beim "*nantissement du droit de commerce*", genauso wie bei der "*hypothèque maritime*", dem Problem, den Pfandbesitz durch ein anderes Mittel zu ersetzen, entgangen. Dem erforderlichen Drittschutz wurde durch das Publizitätsmittel der Eintragung Rechnung getragen.[578] Trotz der entsprechenden Bezeichnung hatte der Gesetzgeber also noch kein besitzloses Pfandrecht geschaffen.[579] Bisher war er vielmehr den Grundsätzen des Faustpfandrechts treu geblieben und hatte für zwei Spezialfälle die Mobiliarhypothek wiedereingeführt.

V.) Warrants à domicile: warrant agricole 1898

Erst am 18. Juli 1898 zeigte sich die Wende der Einstellung des Gesetzgebers zu den Mobiliarsicherheiten. Die Neuerung brachte die Kodifizierung der sog. "*warrants à domicile*", durch die eine Verpfändung beweglicher Sachen ermöglicht wurde, ohne daß der Verpfänder dazu den Besitz an der Pfandsache aufzugeben brauchte.[580] Durch die Domizilverpfändung sollten einmal die Kosten und das Risiko eines Transportes zu dem Pfandgläubiger oder einem Dritten, der die Pfandsache verwahren sollte, wegfallen, zum anderen die Verpfänder selbst für die Pfandsache sorgen und darüber hinaus mit ihr arbeiten und sie gewinnbringend einsetzen können.[581] Wie noch zu zeigen sein wird, eröffnete der Gesetzgeber mehreren Betriebsgruppen die Möglichkeit der Domizilpfän-

---

Handelsgewerbes richtet. Dieses "droit de bail" wird in der Praxis als einer der wichtigsten Bestandteile des fonds de commerce gesehen. Da der Inhaber kaum darauf verzichten wird, führt es praktisch zu einer Immobilisierung des Geschäfts in den gemieteten Räumen.

577 *Ehrig*, S. 133.

578 *Simler/Delebecque*, p. 484.

579 *Jourdan*, p. 115.

580 *Ferid/Sonnenberger*, 3 D 161, S. 695.

581 *Wieandt*, S. 170; *Seeliger*, S. 29; *Ferid/Sonnenberger*, 3 D 162, S. 695.

dung. Das erste Gesetz über die Domizilpfändung war das Gesetz "*sur le warrant agricole*" vom 18. Juli 1898.

Ende des 19. Jahrhunderts herrschte in Europa eine Agrarkrise, die ausgelöst war durch ein Überangebot von Getreide und eine sogenannte Landflucht. Das Überangebot ließ die Preise insbesondere unmittelbar nach der Ernte verfallen. Die Abwanderung landwirtschaftlicher Arbeiter in die Industrie führte zu Personalmangel und damit zu einer Erhöhung der Lohnkosten. Die geographischen und wirtschaftlichen Umstände zwangen den Landwirt häufig Kredit aufzunehmen. Die Wartung der Maschinen, die Unterhaltung des Viehs und das Wertsteigerungsbestreben bei den Ernten machten das Vorhandensein von Grundkapital erforderlich, so daß die Möglichkeit zur Kreditaufnahme geschaffen werden mußte.[582] Das geltende Recht des Code civil eröffnete dem Landwirt jedoch praktisch keinen Zugang zum Realkredit.[583]
Die Bestellung eines Faustpfandrechts an landwirtschaftlichen Geräten, Vieh und Saatgut, kam wegen der Notwendigkeit der Übergabe nicht in Betracht. Außerdem wollte und konnte sich der Geldgeber meist nicht mit umfangreichen Pfandlagern belasten.[584] Der Möglichkeit einer Einlagerung der eingebrachten Ernte in "*magasins généraux*" und einer Verpfändung mittels "*warrants commercial*" bestand schon deshalb nicht, weil die Lagerhäuser nach dem Gesetz von 1858 nur Gewerbetreibenden, nicht aber Landwirten offenstanden. Es hätte erheblicher Investitionen bedurft, um entsprechende technische Anlagen zur Einlagerung landwirtschaftlicher Produkte zu schaffen. Außerdem wäre die mit Sondersteuern und Gebühren belastete Einlagerung in den oft weit entfernten "*magasins généraux*" für die Landwirte viel zu kostspielig gewesen.[585] Schließlich scheiterte auch die Aufnahme von Hypotheken im vorigen Jahrhundert meist schon daran, daß der Bauer nur Pächter des von ihm bewirtschafteten Grund und Bodens war und die Hypothek überdies zur Sicherung kurzfristiger Kredite wenig geeignet war.[586] Nach geltendem Recht war um die Jahrhundertwende eine Verpfändung landwirtschaftlicher Erzeugnisse wirtschaftlich sinnvoll nicht durchführbar.
Um sich das für den Ankauf von Saatgut und für andere Investitionen notwendige Geld zu beschaffen, sahen sich die Bauern gezwungen, ihre Erzeugnisse

---

582 *Kurtoglu*, p. 143; *Ehrig*, S. 145; *Wieandt*, S. 172.

583 *Cabrillac*, La protection du créancier, p. 167.

584 *Wieandt*, S. 172; *Theuerkauf*, S. 16.

585 *Fargeaud*, p. 22; *Theuerkauf*, S. 16; *Arnswaldt*, S. 31; *Goldschmidt*, Arch. Bürg. R., 30 (1907), S. 353.

586 *Goldschmidt*, S. 352; *Schöndorf*, ZHR 68 (1910), S. 527; *Theuerkauf*, S. 16.

unmittelbar nach der Ernte zu verkaufen. Das führte regelmäßig zu Preisstürzen und großen Verlusten.[587]
Es machte sich damit das Bedürfnis, gewisse bewegliche Sachen als dingliche Sicherheiten zu verwenden und dennoch den Besitz daran zu behalten, in dem Agrarland Frankreich in der Landwirtschaft besonders stark bemerkbar.[588]

1.) Entwicklung des Gesetzes von 1898

Nirgendwo sonst wurde der "*crédit agricole*" so eingehend diskutiert wie in Frankreich. Zum erstem Mal beschäftigte sich der Gesetzgeber 1851 mit dem Problem und erhoffte sich, in dem Gesetz vom 1. Juli 1851 eine Lösung gefunden zu haben.[589] Er schaffte für die Kolonien eine Art besitzloses Pfandrecht an zukünftigen beweglichen Sachen, indem er den Kolonialbanken gestattete, Landwirten kurzfristige Kredite gegen Abtretung der hängenden Früchte zu geben. Tatsächlich entsprach dieses Gesetz jedoch nicht den reellen Anforderungen, da die Banken in der Regel keinen Kredit auf zukünftige Sachen geben wollten, deren Wert zudem noch unbestimmbar war, solange die Ernte nicht eingeholt war.
Seit diesem Zeitpunkt wurden die durchaus berechtigten Beschwerden der Landwirte mehrfach von den Interessenvertretern derselben, wie der Departementsversammlung, der Gesellschaft der Landwirte und des landwirtschaftlichen Interessenverbandes beim Landwirtschaftsministerium vorgetragen, so daß dieses 1856 eine extraparlamentäre Kommission einrichtete, die nach Abhilfemöglichkeiten für die vorgebrachten Beschwerden Ausschau halten und Reformvorschläge untersuchen sollte.[590] Diese Kommission kam 1856 zu dem Ergebnis, daß es notwendig sei, Art. 2076 C.c. zu modifizieren und ein besitzloses Pfandrecht gesetzlich zu legalisieren. Dieser Vorschlag wurde jedoch vom Gesetzgeber als den Grundprinzipien des französischen Pfandrechtes widersprechend zurückgewiesen.[591]
Zehn Jahre später nahm eine zweite Kommission den Gedanken ihrer Vorgängerin mit einigen Änderungen wieder auf.[592] Sie schlug ebenfalls vor, ein "*gage agricole*" zu schaffen, indem die bestehenden gesetzlichen Strukturen durch weitere 11 Artikel ergänzt werden sollten, die, ohne gegen die Harmonie der

---

587 *Theuerkauf*, S. 15; *Ehrig*, S. 145.

588 *Ehrig*, S. 145.

589 Lois annotées 1851, p. 191.

590 Recueil Général des Lois & des Arrêts 1905, p. 1319; Lois annotées 1898, p. 656.

591 Lois annotées 1898, p. 656.

592 Documents Parlementaires, Annex N° 2750, p. 64; Lois annotées 1898, p. 656.

bestehenden Regelungen zu verstoßen, die Vereinbarung eines "*gage sans déplacement*" ermöglichen wollte.[593]
Dieser Vorschlag fand bei der "*Grand Enquête agricole*" 1866 großen Anklang, da den Landwirten so die Möglichkeit gegeben wurde, die erforderlichen Geräte, Tiere, Düngemittel etc. zu günstiger Marktlage zu erwerben, die eigenen landwirtschaftlichen Produkte ebenfalls marktorientiert zu verkaufen und so die eigene Vermögenssituation zu verbessern und gleichzeitig zur Stärkung der allgemeinen wirtschaftlichen Lage des Landes beizutragen.[594] Auch diesem Vorschlag war es jedoch nicht vergönnt, Gesetzeskraft zu erlangen, er scheiterte aus den oben genannten Gründen an dem Widerstand des Conseil d'Etat und des Justizministeriums.[595]
Der Deputierte Josseau, der als "Seele des Kampfes für die Verpfändung ohne Besitzübertragung" galt[596], unterbreitete in regelmäßigen Abständen 1869, 1870, 1874, 1880 neue Anträge gleichen Inhalts, die jedoch abgelehnt wurden. Von der gegnerischen Seite wurde betont, daß, wenn die Sache beim Schuldner verbleibe, die Pfandsicherheit darunter leide.[597] Die Gefahr der Entwendung oder Entwertung der Pfandstücke durch den Schuldner werde die Kreditgeber abschrecken, wobei auch Strafen keinen Schutz gewähren. Der Landwirt würde deshalb keinen oder nur teuren Kredit erhalten.
Im Jahre 1878 beschäftigte sich eine Kommission, die vom Landwirtschaftsminister einberufen worden war, eingehend mit derselben Frage. Als Frucht der Beratungen unterbreiteten Finanzminister Say und Landwirtschaftsminister de Maly einen ausführlichen Entwurf, der 1882 dem Parlament vorgelegt wurde.[598] Er bezweckte ein "*nantissement sans déplacement du gage*" für die Verpfändung von Getreide, zur Abholzung bestimmten Waldes, landwirtschaftlicher Maschinen, zur Bewirtschaftung des Landes dienender Tiere. Das besitzlose Pfandrecht sollte durch vertragliche Vereinbarung zwischen den Parteien geschaffen werden können. Die Publizität des Kredites sollte dabei durch die obligatorische Eintragung des Pfandrechts in ein spezielles Register gesichert werden. Der Entwurf sah gewisse Unterschiede für den Landwirt auf eigenem Boden und dem Pächter, Kolonisten und Halbpächter vor.[599]

---

593 Documents Parlementaires, Annex N° 2750, p. 64.

594 Zitiert in Rapport Chastenet, 3. déc. 1897, J. O. doc. parl. déc. 1897, p. 247.

595 Documents Parlementaires, Annex N° 2869, p. 247.

596 *Goldschmidt*, Arch. Bürg. R., 30 (1907), S. 358.

597 Documents Parlementaires, Annex N° 2750, p. 64; *Goldschmidt*, Arch. Bürg. R., 30 (1907), S. 358.

598 *Schöndorf*, ZHR 68 (1910), S. 528.

599 *Goldschmidt*, Arch. Bürg. R. 30 (1907), S. 358.

Während sich Italien[600] und Belgien[601] von diesem Gesetzesvorschlag inspirieren ließen und sich das Prinzip des besitzlosen Pfandes zu eigen machten[602], scheiterte auch dieser Gesetzesvorschlag am Widerstand des Senats, da er keinen ausreichenden Schutz des "*privilèges du propriétaire*" gewährleiste.[603] Ein solches Pfandrecht des Pächters schränke das gesetzliche Pfandrecht des Eigentümers des landwirtschaftlichen Grundstücks übermäßig ein. Aus diesem Grund verschwand der Entwurf, wie seine Vorgänger, in der Versenkung.
Zu einem weiteren Gesetzesvorschlag, der 1890 von Ferry unterbreitet wurde, äußert sich die Kammer nicht.[604] Die Furcht vor einer nicht genügenden Wahrnehmung der Interessen des Eigentümers, des Verpächters gegenüber dem kreditsuchenden Pächter, war regelmäßig entscheidend für das Schicksal der Anträge.
1891 unterbreitet der Abgeordnete Martinom angesichts der zahlreichen Mißerfolge einen Gesetzesvorschlag, der von der Einführung eines "*gage à domicile*" völlig absah.[605] Er ließ sich vielmehr von dem in Amerika und Rußland verbreiteten System inspirieren und schlug die Einführung von sogenannten "*docks-greniers*" vor. Mit diesen Getreidelagern sollte die Zentralisierung der ganzen Getreideproduktion einer Region erreicht, die Versorgung erleichtert und die Möglichkeit der Kreditaufnahme im Rahmen eines "*warrant*"-Systems gewährleistet werden. Da sich dieser Vorschlag aber nur auf das Getreide bezog und damit nur ein Spezialgesetz für einen der Problembereiche darstellte, wurde er abgelehnt.[606]
Am 13. März 1897 unterbreitete der Deputierte Delauny der Kammer einen neuen Entwurf, der ebenfalls den Zweck verfolgte, im Interesse der Landwirtschaft ein "*gage sans déplacement*" zu schaffen. Er basierte auf etwas anderen Grundsätzen als seine Vorgänger, da er die Idee des "*warrant*" benutze und seinen Entwurf dementsprechend "*warrant agricole*" benannte.[607]
Dieser Entwurf wurde von einer weitere Kommission, die vom Agrarminister Méline zur gleichen Zeit gegründet wurde, überarbeitet. Méline war der Ansicht, der Vorschlag Delaunays orientiere sich noch zu stark an den Regeln des Gesetzes von 1863 über den *"warrant commerciale"*, ohne sich der wesentlichen Unterschiede bewußt geworden zu sein, die aus der Natur der Sache selbst

---

600 Gesetz vom 23. Jan. 1887.
601 Gesetz vom 25. April 1884.
602 Lois annotées, 1898, p. 656.
603 Ebenda, p. 655.
604 Ebenda, p. 656.
605 Ebenda, p. 656.
606 Lois annotées, 1898, p. 656.
607 Proposion de loi de Delauny 13. mars 1897, J. O. doc parl. mai 1897, p. 373.

resultieren. Der verbesserte Gesetzesvorschlag wurde der Kammer von Méline am 28. Oct. 1897 unterbreitet. Mit einigen weiteren Veränderungen nahm die Kammer den Vorschlag am 31. März 1898 an, der schließlich am 18. Juli 1898 verabschiedet wurde. Das Problem des "*crédit agricole*" fand damit fast fünfzig Jahre nach seiner Entstehung endlich eine Lösung.

Diese ausführlichen Ausführungen sollen zeigen, wie tief verwurzelt die Abneigung des französischen Gesetzgebers gegen ein *"gage sans dépossession"* war und wie lange sich dieser erfolgreich gegen seine Einführung gewehrt hatte.
Auch bei den Arbeiten zu diesem Gesetz hatte der Gesetzgeber versucht, sich von anderen Rechtsordnungen inspirieren zu lassen. So sind in den Gesetzgebungsarbeiten Vergleiche mit den amerikanischen, englischen und deutschen Lösungen zum "*crédit agricole"* zu finden.[608] Eingehend untersucht wurden auch die rechtlichen Lösungen, die die Rezeptionsländer des Code civil angenommen hatten. Dabei mußten die Franzosen feststellen, daß das "*gage sans déplacement"* trotz der wirtschaftlichen Gesamtsituation des Landes in Portugal sehr gute Ergebnisse erzielt hatte. Auch Belgien und Italien hatten in den Gesetzen vom 25. April 1884 und vom 23. Jan. 1887 ein besitzloses Pfandrecht normiert. Diese Entwicklung in den Rezeptionsländern zeigte, daß die Juristen dieser Länder nicht zögerten, entsprechende Gesetzesänderungen vorzunehmen, um den veränderten Ansprüchen gerecht zu werden und eine entsprechende Gesetzesänderung demnach nicht völlig im Widerspruch zu den Grundprinzipien des Code civil stehen könne.[609]
Eingehend beschäftigte die französischen Juristen im Rahmen der Gesetzgebungsarbeiten auch das russische Recht. Denn hatte der russische Gesetzgeber hatte am 18. Juni 1894 angesichts der großen Ernten von 1893 und 1894 und der zunehmenden Konkurrenz auf dem europäischen Markt ein Statut erlassen, dessen Art. 124 vorsah, daß die Banken auch bewegliche Sachen als Pfand annehmen, die im Besitz des Schuldners verbleiben.[610]

2.) Grundlagen zur Verpfändung mittels warrant agricole

Das neue Gesetz "*sur le warrant agricole"* knüpfte grundsätzlich an dem Lagerpfandscheinsystem der "*magasins généraux*" an, wandelte die Regelung des Gesetzes von 1858 jedoch in zwei wichtigen Punkten ab: Der Verpfänder

---

608 Documents parlementaires, Annex N° 2751, p. 65; Lois annotées 1898, p. 656.

609 Rapport Chastenet, 3. déc. 1897, J. O. doc. parl. déc. 1897, p. 248.

610 Rapport Chastenet, 3. déc. 1807, J. O. doc. parl. mars 1898, p. 247; Rapport Brindeau, 24. juin 1897, J. O. doc. parl. 1897, p. 1442; Exposé des motives par Delaunay, J. O. doc. parl. 1897, p. 373.

brauchte jetzt die zu verpfändenden Gegenstände nicht bei einem Dritten einzulagern, sondern konnte sie in seinem unmittelbaren Besitz behalten. Außerdem folgte das neue Gesetz nicht mehr dem für Nichtkaufleute zu komplizierten Zweischeinsystem, sondern sah nur die Ausstellung eines Pfandscheins vor.

a.) Aufgabe des Besitzübertragungserfordernisses

Das Problem bei der Einführung eines besitzlosen Pfandrechts bestand für den französischen Gesetzgeber im wesentlichen darin, für die "*dépossession*" des Schuldners einen adäquaten Ersatz zu finden, der den pfandrechtlichen Wirkungen ebenfalls gerecht wurde. Dem Publizitätserfordernis konnte nicht durch eine grundsätzliche Eintragungspflicht, wie z.B. beim Schiff, Folge geleistet werden, da sie mangels Unterscheidbarkeit der Ware für die zu verpfändenden Sachen nicht realisierbar war. Der Gesetzgeber von 1898 ging daher davon aus, daß der unmittelbare Besitz an der Sache durch die Übergabe des Traditionspapiers ersetzt werde. Problematisch war jedoch, daß hier anders als beim *"warrant commercial*" und beim "*gage commercial"* keine gleichzeitige Übergabe der Ware an eine dritte neutrale Person stattfand, sondern der Verpfänder Inhaber der Sache blieb. Deshalb mußte beim "*warrant agricole"* die Eintragung des Pfandbesitzes hinzukommen und die durch die Übergabe an Dritte erreichte Neutralisierung durch ein anderes Element ersetzt werden.
Seit dem neuen Gesetz von 1898 begründet die Eintragung des "*warrant*" einmal die Publizitätswirkung und fingierte andererseits den Pfandbesitz.[611] Durch diese Fiktion des Pfandbesitzes wird der Inhaber eines "*warrant*" dem Faustpfandgläubiger gleichgestellt.[612] Verstärkt wird diese Fiktionswirkung der Eintragung durch das für den Schuldner bestehende Verbot, die verpfändete Sache ohne Einwilligung des Gläubigers an einen Dritten zu übergeben.[613]
Der fingierte Pfandbesitz ist dem wirklichen Besitz aber nicht gleichwertig. Denn der Gläubiger kann das Zurückbehaltungsrecht nur mittelbar durch die Person des Schuldners ausüben der für ihn besitzt. An die Stelle des Zurückbehaltungsrechts des Faustpfandgläubigers, das vom gutem Willen und der Ehrlichkeit des Verpfänders unabhängig war, tritt die schuldrechtliche Verpflichtung des Pfandgläubigers, sich der Herausgabe der verpfändeten Sache an Dritte zu enthalten.[614] Dieses an den Schuldner gerichtete Verbot, die Gegenstände vor Befriedigung des Pfandgläubigers an den Erwerber zu übergeben, wird

---

611 *Ehrig*, S. 151.

612 *Malaurie/Aynès*, Cours de droit civil, t. IX, n° 532, p. 207; *Gravenhorst*, S. 22; *Ferid/Sonnenberger*, 3 D 65, p. 1046; *Altorfer*, § 24 II B 2 a, S. 157.

613 *Altorfer*, § 24 II B 2 a, S. 157.

614 *Ehrig*, S.151.

deshalb als Ausfluß des Zurückbehaltungsrechts verstanden.[615] Da der Pfandrechtsbesteller bei dieser Art der Pfandrechte die Ware zu jeder Zeit veräußern kann, bietet der "*warrant sans déplacement*" dem Pfandgläubiger demnach nur Sicherheit, wenn er sich auf seinen Schuldner verlassen kann.[616] Die Fiktion führt somit dazu, daß die Entscheidung des Gläubigers, einen durch Pfandschein gesicherten Kredit einzuräumen, wesentlich von der Vertrauenswürdigkeit des Schuldners bestimmt wird.[617] Der Schutz des Pfandgläubigers kann nur durch Strafandrohung und Schadensersatzpflicht gesichert werden.[618]

b.) Entstehung und Verwertung des Domizilpfandscheins

Die Abschaffung des Zweischeinprinzips rechtfertigte sich für den "*warrant agricole*" dadurch, daß wirtschaftlich meist nur die Verpfändung zur Krediterlangung und keine Eigentumsübertragung bezweckt wurde.[619]
Die Pfandrechtsbestellung erfolgt jetzt in vereinfachter Weise nur noch mittels eines Scheines, des "*warrant agricole*". Das damit begründete Pfandrecht steht grundsätzlich nur Landwirten und landwirtschaftlichen Genossenschaften zu, unabhängig davon, ob sie Eigentümer, Pächter oder Nießbraucher des bewirtschafteten Grundes sind. Der Verpfänder muß jedoch Eigentümer der verpfändeten Sache sein.[620]
Die Verpfändung erfolgt, indem der Kreditnehmer selbst oder der Urkundenbeamte des zuständigen Handelsgerichts einen genau bestimmten Pfandschein ausstellt.[621] Die Verpfändung wird bei der Geschäftsstelle des für den Wohnsitz des Betriebsinhabers zuständigen Handelsgerichtes in einem besonderen Register eingetragen. Der verpfändende Betriebsinhaber erhält anschließend von Registerbeamten des Handelsgerichts den "*warrant*" ausgehändigt.[622]

---

615 Ebenda, S. 197; *Fargeaud*, S. 24 ff.

616 *Seeliger*, S. 29.

617 *Altorfer*, § 24 II B 2 a, S. 157.

618 Bei Herausgabe der Sache an Dritte macht sich der Verpfänder gem. Art. 408 c. pén. wegen "*abus de confiance*" strafbar und ist gem. Art. 1382 C.c. nach allgemeinen Grundsätzen schadensersatzpflichtig.

619 *Wieandt*, S. 170.

620 *Simler/Delebecque*, p. 471; *Ehrig*, S. 159; *Hamel/Lagarde/Jauffret*, Traité de droit commercial, t. II, p. 392.

621 Der Pfandschein muß den Betrag der zu sichernden Forderung, die Art, Menge und den Wert der zu verpfändenden Produkte und den Ort, wo diese zu finden sind angeben und die Unterschrift des Schuldners enthalten. *Altorfer*, § 24 III 2, S. 158; *von Boehmer*, Eigentumsvorbehalt, S. 206.

622 *Simler/Delebecque*, p. 471; *Ehrig*, S. 149; *Kurtulogu*, S. 147; *Altorfer*, § 24 III 2, S. 158.

Die Registrierung des "*warrant*" dient nur dazu, Dritte von dem inter-partes wirksam entstandenen Pfandrecht in Kenntnis zu setzen, ihr kommt indes keine konstitutive Bedeutung zu. Aus der Rechtsnatur der Domizilpfändung ergibt sich, daß dem Register die positive Publizität fehlt.[623] Da es dem Rechtsverkehr nicht zuzumuten ist, das Pfandrechtsregister vor jedem Erwerb einer beweglichen Sache einzusehen, besteht keine Pflicht zur Einsichtnahme, d.h. das Register ist nicht mit öffentlichem Glauben ausgestattet.[624]
Der *"warrant"* gehört zur Gruppe der Wechsel und wechselähnlichen Papiere, der die Forderung verkörpert, zu deren Sicherung er begeben wurde.[625] Gleichzeitig verkörpert er aber auch, wie gezeigt, den Pfandbesitz und das darauf beruhende Pfandrecht, so daß ihm wie dem Lagerhauspfandschein eine Doppelnatur zukommt. Infolge dieser Doppelnatur hat der Pfandscheininhaber sowohl das mit dem Pfandprivileg verbundene Verwertungsrecht am Sicherungsgut, wie auch das wertpapierrechtliche Rückgriffsrecht gegen den Indossanten.
Jeder Inhaber eines *"warrant"* ist also berechtigt, bei Fälligkeit die Erfüllung der Forderung vom Pfandschuldner zu verlangen und notfalls die Verwertung der Pfandsache zu betreiben, wobei ihm gegenüber gewöhnlichen Gläubigern ein Vorrecht am Erlös zusteht.[626]

c.) Besitzloses Pfandrecht oder Mobiliarhypothek ?

Umstritten ist, ob es sich bei dem "*warrant agricole*" tatsächlich um ein besitzloses Pfandrecht handelt, oder ob hier, ähnlich wie bei dem *"nantissement du fonds de commerce"*, die Bezeichnung täuscht und sich dahinter tatsächlich eine Mobiliarhypothek verbirgt. Einige Autoren sind der Auffassung, es handle sich auch hier um einen Mobiliarhypothek.[627] Anders als beim "*nantissement du fonds de commerce"* und bei der "*hypothèque maritime"* ist hier eine Immobilisierung der Ware nicht möglich. Auch wird dem Pfandgläubiger das für die Hypothek typische unbeschränkte "*droit de suite*" nicht zugeteilt. Demnach muß mit der überwiegenden Meinung davon ausgegangen werden, daß es sich hier vielmehr um ein *"gages sans déplacement"* handelt.[628]

---

623 *Fargeaud*, Nr. 136; *Ehrig*, S. 153; *Gravenhorst*, S. 23.
624 *Altorfer*, § 24 III 2, S. 159; *Theuerkauf*, S. 138.
625 *Altorfer*, § 24 II, S. 156.
626 *Ehrig*, S. 156; *Altorfer*, § 24, IV, S. 159; *von Boehmer*, Eigentumsvobehalt, S. 203.
627 *Batard*, S. 171; *Cabrillac/Mouly*, p. 563.
628 *Fargeaud*, p. 21; *Ferid/ Sonnenberger*, 3 D 47, S. 1043; *Ehrig*, S. 198.

d.) Erfolg des neuen Gesetzes und Neuerungen

Das Ergebnis des neuen Gesetzes rühmte der Gesetzgeber dahin, daß er dem Landwirt durch die einfache und kostenfreie Erstellung eines Pfandrechts die Möglichkeit gegeben habe, leichter Kredit aufzunehmen. Der Landwirt müsse seine Ware nicht mehr unmittelbar verkaufen, wodurch Kursschwankungen vermieden werden könnten, die notwendigerweise dann aufträten, wenn zuviel Ware gleichzeitig den Markt überschwemme.[629]
Doch der "*warrant agricole*" fand in Frankreich nicht den Anklang, den man sich erhofft hatte. Die Hemmnisse waren vor allem psychologischer Natur, da in bäuerlichen Kreisen eine allgemeinen Abneigung gegen Formalitäten jeder Art festzustellen war.[630] Der Landwirt konnte sich schwer mit einem Institut anfreunden, dessen Technik im wesentlichen aus dem ihm wenig vertrauten Recht der Kaufleute stammte. Die Landwirte hielten daran fest, ihre "*immeubles*" mit einer Hypothek zu belasten, wenn sie Geld brauchten. Die meisten scheuten sich außerdem davor, die Beleihung ihrer Ernte in einem öffentlichen Register kundzutun.[631] Kritisiert wurde auch der mangelhafte Schutz des Pfandgläubigers vor Veruntreuungen des Verpfänders.
Der Gesetzgeber versuchte deshalb mehrfach die Ausstellung des Pfandscheins, die nach dem Gesetz von 1889 an strenge Förmlichkeiten gebunden und dadurch gebührenmäßig teuer war, zu vereinfachen und den Anwendungsbereich der zu verpfändenden Produkte, der enumerativ im Gesetz aufgeführt war, zu erweitern.[632]

VI.) Zusammenfassung

Wie diese Darstellung zeigt, war auch der Gesetzgeber im 19. Jahrhundert fortwährend bemüht, neue Gesetze zur Verbesserung des Schutzes des Verkäufers zu entwerfen.

---

629 Rapport Brindeau, 24. juin 1897, J. O. doc. parl. 1897, p. 1442.

630 *von Boehmer*, Eigentumsvorbehalt, S. 205; *Ehrig*, S. 157.

631 *Ehrig*, S. 156.

632 Das Gesetz von 1906 erweitert den Anwendungsbereich auf alle landwirtschaftlichen und gewerblichen Erzeugnissse des betreffenden Betriebs einschließlich Seesalz und dem Betriebsinhaber gehörende Tiere. Durch das Gesetz vom 28.9.1935 wurde der Anwendungsbereich weiter auf Behältnisse aller Art, die der Anwendung der Aufnahme der verpfändeten Erzeugnisse dienen, auf die in dem Betrieb verwendeten Geräte, sowie auf die Ernte auf dem Halm und die hängenden Früchte ausgedehnt. Das Gesetz ist jetzt auf alle landwirtschaftlichen Produkte oder Betriebseinrichtungen, ohne Rücksicht darauf, ob sie "*immeubles par destination*" sind oder nicht, anwendbar.

Dem Faustpfandrecht, dem auch der "*warrant commercial*" und das "*gage commercial*" noch zugerechnet werden müssen, ist die vom Gesetzgeber im 19. Jahrhundert wiedereingeführte Mobiliarhypothek unmittelbar gegenüber zu stellen. Diese kennzeichnet sich durch das Verfügungsrecht des besitzenden Pfandschuldners, das unbeschränkte "*droit de suite*" und den Ausschluß des gutgläubigen Erwerbs.[633] Da bei der "*hypothèque mobilière*" jegliche auch nur gedankliche Bindung an den Publizitätstatbestand der Innehabung aufgegeben ist, stellt diese die einzige wirklich besitzlose Sicherheit dar.[634] Der Gesetzgeber hat die Mobiliarhypothek jedoch keinesfalls als allgemeingültiges Kreditsicherungsmittel wiedereingeführt und damit den Grundsatz des Art. 2119 C.c. aufgehoben. Die Anerkennung beschränkt sich vielmehr auf zwei Spezialgebiete: Seeschiffe und Handelsunternehmen. Die Rechtfertigung der Wiedereinführung der "*hypothèque mobilière*" bei Seeschiffen und Handelsunternehmen erfolgt durch deren weitgehende Immobilisierung, die den Ausschluß jeden gutgläubigen Erwerbs zuließ und sie mit einem Grundstück vergleichbar machte.[635]

Das "*gage sans dépossession*" in Form des "*warrant agricole*" nimmt eine Zwischenstellung zwischen Faustpfandrecht und Mobiliarhypothek ein, da die Sache zwar nicht wirklich übergeben werden muß, der Gedanke an die Besitzentäußerung jedoch beibehalten wird, indem bei dem "*warrant*"-Inhaber der Besitz fingiert wird.[636] Dem Gläubiger steht nur ein eingeschränktes "*droit de suite*" zu, da der gutgläubige Dritte sich auf den Grundsatz "*en fait de meubles la possession vaut titre*" berufen kann.[637] Das Publizitätsgebot des französischen Rechts findet bei dem besitzlosen Pfandrecht seinen Niederschlag im Registereintragungserfordernis. Die Regel "*la possession vaut titre*" wurde durch den Satz "*l'inscription au registre vaut titre*" ersetzt.[638]

All diese, vom Gesetzgeber des 19. Jahrhunderts neugeschaffenen Gesetze waren auf Spezialfälle ausgerichtet; es fehlte ihnen die Allgemeingültigkeit. Der Eigentumsvorbehalt unterscheidet sich, abgesehen davon, daß er gerade diese Allgemeingültigkeit gewährleistet, von der Mobiliarhypothek und dem besitzlosen Pfandrecht dadurch, daß bei letzteren aus dem Vermögen einer Person etwas zugunsten des Pfandgläubigers herausgezogen wird, während beim Eigentumsvorbehalt die betreffende Sache von vornherein belastet in das Vermögen

---

633 *Malaurie/Aynès*, Cours de droit civil, t. IX, n° 532, p. 206.

634 *Altorfer*, § 23 I 2, S. 150; *Ehrig*, S. 197.

635 *Ehrig*, S. 197.

636 *Malaurie/Aynès*, Cours de droit civil, t. IX, n° 532, p. 206; *Ehrig*, S. 197.

637 *Altorfer*, § 23 I 2, S. 150.

638 *Ferid/Sonnenberger*, 3A 24, S. 520.

des Schuldners gelangt.[639] Beim Eigentumsvorbehalt wird der Gläubiger also durch seine eigene Sache, bei der Verpfändung durch eine fremde Sache gesichert. Auffällig ist, daß sich der französische Gesetzgeber im 19. Jahrhundert primär am englischen Recht orientiert hatte, so daß einige Autoren von einer "*anglomanie économique du XIXe siècle*" sprechen.[640]

4. KAPITEL: DER EIGENTUMSVORBEHALT IN DEUTSCHLAND UND SEINE WIRKUNG AUF FRANKREICH

In Anbetracht der dargestellten Entwicklung in Frankreich ist an dieser Stelle ein Seitenblick auf Deutschland angebracht und die Frage der Einflußnahme des deutschen Rechts auf die französische Rechtsentwicklung auf dem Gebiet des Eigentumsvorbehalts aufzuwerfen. Besonders berücksichtigt werden in der nachfolgenden Darstellung die "Überschneidungsbereiche" deutschen und französichen Rechts: Dies betrifft die Entwicklung des Eigentumsvorbehalts in den Gebieten des Geltungsbereichs des Code Civil in Deutschland im 19. Jahrhundert und in dem zeitweilig zu Deutschland gehörigen Gebiet Elsaß-Lothringen.

I.) Erstes Auftreten des Eigentumsvorbehalts an Mobilien in Deutschland

Ganz anders als in Frankreich verläuft die Entwicklung des Verkäuferschutzes in Deutschland. Hier gewinnt im 19. Jahrhundert vor allem der Eigentumsvorbehalt an Mobilien große Bedeutung.
Bereits die Partikulargesetzgebung des 17. Jahrhunderts in Deutschland kannte den Eigentumsvorbehalt.[641] Bei Mobilien kam ihm jedoch in dieser Zeit keine praktische Bedeutung zu.[642] Noch 1833 schreibt Dunker, daß der Vorbehalt des Eigentums bei fahrender Habe ebenso selten sei wie eine Hypothek hieran.[643]
Wendepunkt in der Geschichte des Eigentumsvorbehalts, wie überhaupt des Realkredits, war die Entstehung des "modernen Hypothekenrechts" Anfang des 19. Jahrhunderts.[644] Nach dem Vorbild Preußens übernahmen auch andere Partikulargesetzgebungen das Eintragungs- und Publizitätsprinzip sowie die Trennung zwischen Fahrnis und Liegenschaften durch den Erlaß neuer Hypotheken-

---

639 *Rühl*, S. 12.

640 *Granger*, dans: Hamel, Le gage commercial, p. 160.

641 *Sandmann*, S. 33; *Cohen*, GrünhutsZ, 21 (1894), S. 695; *Larem* S. 14.

642 *Cohen*, GrünhutsZ, 21 (1894), S. 679; *Larem* S, 14; *Sandmann*, S. 52; *Thiemann*, S. 32.

643 *Duncker*, Rheinisches Museum 5 (1833), S. 165.

644 *Cohen*, GrünhutsZ, 21 (1894), S. 713.

gesetze.[645] Die Grundsätze der Spezialität und der Publizität des Pfandrechts im Grundstücksverkehr setzten sich durch, und die stillschweigende Hypothek sowie das heimliche Pfandrecht wurden verbannt.[646] Die Hypothek an Liegenschaften, als besitzloses Substanzpfandrecht, verbunden mit dem Eintragungsprinzip wurde die Regel.
Diese gesetzgeberischen Reformen entzogen dem Eigentumsvorbehalt an Immobilien seine Existenzgrundlage, da dem Publizitätserfordernis und dem Eintragungsprinzip die dingliche Rechtslage widersprach, die der Eigentumsvorbehalt nach gemeinem Recht mit sich brachte.[647] Da das neue Hypothekenrecht die Möglichkeit eröffnete, nicht erfüllte Kaufpreisforderungen aus Grundstücksveräußerungsverträgen durch eine Restkaufpreishypothek gefahrlos zu sichern, "verkümmerte" der Eigentumsvorbehalt. Die meisten Partikulargesetzgebungen maßen dem Eigentumsvorbehalt die Wirkung eines bloßen Pfandrechts bei und unterwarfen ihn der Eintragungspflicht.[648] Heute würde man ihn nur noch seinem Namen nach kennen, wenn ihm nicht die Zunahme des Fahrnisverkehrs und der modernen Mobiliarpfandrechte neuen Nährboden verschafft hätten.[649]
Mit der Betonung des Publizitätsprinzips im Liegenschaftsrecht war parallel, durch die neue Partikulargesetzgebung, auch die Abschaffung besitzloser Pfandrechte an Mobilien erfolgt. Das Verlangen der Besitzübertragung auf den Kreditgeber bei der Begründung des Pfandverhältnisses stellt die analoge Anwendung des Prinzips der Publizität auf den Mobiliarverkehr dar, da die Eintragung in ein öffentliches Register mit der Natur der beweglichen Sache unvereinbar war. Die Zunahme der allgemeinen Bedeutung des Kreditkaufes in Form des Abzahlungskaufes an beweglichen Sachen im 19. Jahrhundert und die Ausweitung des Warenkredits im Bereich der Rohstoff- und Investitionsgüterbeschaffung bedeuteten eine Veränderung der volkswirtschaftlichen Situation und stellten neue Anforderungen an die Kreditsicherungsmittel.[650] Dieser wirtschaftlichen Umwälzung, die um die Mitte des 19. Jahrhunderts einsetzte, verdankte der Eigentumsvorbehalt bei beweglichen Sachen in erste Linie seine

645 Preußische Hypothekenordung von 1783; preußisches Landrecht; Bayrisches Hypothekengesetz von 1822; kurhessische Verordnung von 1828.

646 *Larem*, S. 14; *Sandmann*, S. 73; *Thiemann*, S. 49.

647 *Sandmann*, S. 52; *Cohen*, GrünhutsZ, 21 (1894), S. 714.

648 Württembergisches Pfandgesetz von 1825, Art. 45; Hypothekengesetz für das Königreich Bayern von 1822, § 15; Kurhessische Verordnung von 1828, § 7; Hannoverisches Pfandgesetz von 1864, § 13 I; Hypothekengesetz von Sachsen von 1843, § 32.

649 *Cohen*, GrünhutsZ 21 (1894), S. 714; *Larem* S. 14; *Thiemann*, S. 51.

650 *Thiemann*, S. 54.

Wiederbelebung.[651] Das streng durchgeführte und gesetzlich neu normierte Faustpfandprinzip, das auch die Pfandbestellung durch den Übergabeersatz eines Besitzmittlungsverhältnisses ausschloß, bedeutet, daß eine bewegliche Sache nur unter Ausschaltung ihrer Zweckbestimmung zur Realsicherung verwendet werden kann und machte das Institut des Pfandrechts für den Warenkredit wertlos. Die Beseitigung der Mobiliarhypothek und die Wiedereinführung des Faustpfandprinzips bewirkten daher, daß der Geschäftsverkehr auf Sicherungsmöglichkeiten, wie den Eigentumsvorbehalt auswich.[652] Denn wollte der mittellose Abzahlungskäufer überhaupt die Möglichkeit auf Abzahlung zu kaufen in Anspruch nehmen, so war er gezwungen, dem Verkäufer eine dingliche Sicherheit zu gewähren und mußte sich die Vereinbarung eines Eigentumsvorbehalts gefallen lassen. Der Eigentumsvorbehalt war also das einzige dingliche Sicherungsmittel des Verkäufers, wenn eine bewegliche Sache Gegenstand eines Kaufvertrages war und der Käufer, außer der Kaufsache selbst, kein weiteres Pfandobjekt besaß.[653]

In einigen Partikularstaaten führte die Durchsetzung des Publizitätserfordernisses jedoch zu einer konträren Entwicklung, dahingehend, daß sie die Wirkungen des Eigentumsvorbehalts rigoros einschränkten oder ihn teilweise völlig verboten.[654] Diese Länder versuchten, ähnlich wie die französischen Juristen, durch andere Vertragsgebilde eine umfassende Kreditsicherung des Verkäufers zu erreichen. Bornemann erwähnt schon 1843 in seiner Darstellung zum preußischen Zivilrecht das Vorkommen eines als Miete bezeichneten Vertrages, welcher den Erwerb von Mobilien gegen Ratenzahlung gestattete.[655] Dieser als "Möbelleihvertrag" titulierte Vertrag breitete sich in den genannten Gebieten als Umgehungsvereinbarung für das Verbot des Eigentumsvorbehalts schnell aus.[656] Die Bezeichnung Möbelleihvertrag ist etwas irreführend und beruht auf dem Umstand, daß solche Verträge wohl zunächst beim Möbelkauf üblich waren und in der Umgangssprache häufig Leihe und Miete verwechselt wurden.[657] Tatsächlich handelte es sich jedoch weder um einen Leihvertrag noch muß sich

---

651 Ebenda, S. 52.

652 *Duncker*, Rheinisches Museum 5 (1833), S. 65; *Thiemann*, S. 57.

653 *Larem*, S. 22.

654 Pfandgesetz von 1825 für das Königreich Württemberg, Art. 259; Weimarisches Pfandgesetz von 1839, § 60; Nassauisches Pfandgesetz von 1851, § 42; Sächsisches Hypothekengesetz von 1843, § 32; Bremische Verordnung von 1848, § 1-6; Oldenburgisches Mobilarpfandgesetz von 1876, § 18; Anhaltisches Mobilarpfandgesetz, § 4.

655 *Bornemann*, S. 46.

656 *Rühl*, S. 230; *Sandmann*, S. 95.

657 *Sandmann*, S. 96.

das Geschäft auf Möbel beziehen.[658] Vielmehr mietete beim Möbelleihvertrag nach h.M. ein Mieter (Käufer) eine bewegliche Sache von einem Vermieter (Verkäufer) zu einem monatlichen Mietzins. Genauso wie bei der "*location-vente*" ging, wenn die Mietzahlung eine bestimmte Höhe erreicht hatte, das Eigentum auf den Mieter über. Folge des Möbelleihvertrages war, daß der Vermieter, wenn der Mieter mit einer Zahlung in Rückstand geriet, die Sache ohne Rückerstattung des bisher gezahlten Geldes zurücknehmen durfte.
Die Rechtsnatur dieses Vertrages war allerdings stark umstritten. Nach Bornemann handelte es sich um einen Kaufvertrag mit einem gleichzeitig konkurrierenden Mietvertrag. Eine im Schrifttum verbreitete Auffassung hingegen meinte, es liege ein durch die Zahlung der Raten aufschiebend bedingter Mietvertrag und ein aufschiebend bedingter Kaufvertrag vor.[659] Stark umstritten war vor allem die Frage, ob es sich nur um einen reinen Kauf oder eine Verbindung von Kauf- und Mietvertrag handelt.[660] Die h.M. war der Ansicht, daß man es hier, da der Parteiwille in aller Regel auf Veräußerung gerichtet sei, rechtlich mit einem Ratenzahlungskauf unter Eigentumsvorbehalt zu tun habe und die Bezeichnung der Kaufpreisraten als Mietzins nur zur Umgehung der Verbotsnorm gewählt worden sei.[661] Dieser Streit wurde bis zur Gesetzgebung von 1894 und 1900 nicht beigelegt.

In den Ländern, die keine entgegenstehenden Verbote aufgestellt hatten, breitete sich der Eigentumsvorbehalt ständig aus; in diesen Gebieten bedeutete die Zunahme der Kreditkäufe von Mobilien keine Schwierigkeit. Streit bestand lediglich um die rechtliche Konstruktion des Eigentumsvorbehalts.[662] Dabei war vor allem umstritten, welcher Art die den Eigentumsübergang betreffende Bedingung sein sollte.[663]
Teilweise wurde vertreten, daß durch den Eigentumsvorbehalt der Eigentumsübergang aufschiebend bedingt werde und erst mit Zahlung des gesamten Kauf-

---

658 *Rühl*, S. 230.

659 *Brünneck*, in: Gruchots Beiträgen zum preußischen Recht, 10 (1866), S. 344; *Hausmann*, S. 6.

660 Pro Kauf: *Höhne*, S. 1; *Dernburg*, 1 Bd., S. 417; *Sandmann*, S. 96; *Rühl*, S. 231; contra: *Hausmann*, S. 5; *Cohen,* GrünhutsZ 21 (1894), S. 728.

661 *Sandmann*, S. 96; *Rühl*, S. 231.

662 *Thiemann*, S. 62; *Berger*, S. 79 m.w.N.

663 Die Ansicht, den Eigentumsvorbehalt als eine den Kaufvertrag suspensiv bedingende Sicherungsabrede anzusehen, wurde unmittelbar als zu unsicher verworfen, da der Käufer mangels Kaufvertrag auch nicht auf Übergabe hätte klagen können. *Berger*, S. 81.

preises auf den Käufer übergehe.[664] Der Käufer habe solange die Position eines Prekaristen, Pächters oder "*detentor*" inne.[665]
Die Gegenmeinung vertrat die Ansicht, daß der Eigentumsvorbehalt den Eigentumsübergang auflösend bedinge, der Käufer also zunächst Eigentümer werde, und das Eigentum im Falle des Bedingungseintritts an den Verkäufer zurückfalle.[666] Dieser Auffassung lagen jedoch zum einen untragbare rechtliche Konstruktionen zugrunde, zum anderen wurden sie schon der Begriffsbestimmung der Vertragsvereinbarung als "vorbehaltenes Eigentum" nicht gerecht.[667]
Teilweise wurde auch versucht, den Eigentumsvorbehalt in den Vorbehalt eines besitzlosen Pfandrechts umzudeuten.[668] Einer entsprechenden rechtlichen Konstruktion mußte jedoch entgegengehalten werden, daß sie dem Vertragswortlaut, nach dem der Verkäufer unter der Berufung auf sein Eigentum die Sache vom Käufer zurückverlangen soll, und der hierin zum Ausdruck gebrachten Absicht der Parteien nicht gerecht wurde.[669] Des weiteren wurde die Ansicht, den Eigentumsvorbehalt als besitzloses Pfandrecht auszulegen, mit dem Argument verworfen, daß der Geschäftsverkehr gerade wegen der rechtlichen Unzulänglichkeiten der pfandrechtlichen Sicherung auf das Institut des Eigentumsvorbehalts ausgewichen sei und man gerade im Begriff sei, die besitzlosen Pfandrechte wegen ihrer Verkehrsfeindlichkeit abzuschaffen.[670] Aus diesen Gründen wurde diese Theorie in der zweiten Hälfte des 19. Jahrhunderts in der Wissenschaft kaum noch vertreten.[671]
Aufgrund der Schwächen der Theorie des Pfandrechtsvorbehalts und der auflösend bedingten Eigentumsübertragung setzte sich im 19. Jahrhundert schnell die Theorie des aufschiebend bedingten Eigentumsübergangs, nach der der Verkäu-

---

664 *Duncker*, Rheinisches Museum 5 (1833), S. 92; *Holzschuher*, Bd. 2, § 105, S. 249; *Glück*, Bd. 16, S. 232; *Randa*, § 11, S. 277.

665 *Duncker*, Rheinisches Museum 5 (1833), S. 92; *Holzschuher*, Bd. 2, § 105, S. 249; *Glück*, Bd. 16, S. 232; *Randa*, § 11, S. 277.

666 *Thibaut*, Band II, § 955, S. 346; *Müller*, AcP 12, S. 256; *Windscheid-Kipp*, § 172, Anm. 18a.

667 Teilweise wurde vertreten, daß das Wesen des Kreditkaufs darin liege, daß der Verkäufer von der Geltendmachung seiner fälligen Forderung absehe. Eine solche entstehe aber nur Zug um Zug gegen Übertragung des Eigentums, so daß der Käufer Eigentümer sei. Teilweise wurde geltend gemacht, daß dem Käufer maximale Dispositionsbefugnis eingeräumt werden müsse, er deshalb unmittelbar Eigentümer werden müsse, so daß auch hier dem Eigentumsvorbehalt nur Resolutivwirkung zukommen könne. *Thiemann*, S. 72.

668 Angaben bei: *Duncker*, Rheinisches Museum 5 (1833), S. 70; *Sandmann*, S. 81.

669 *Thiemann*, S. 67.

670 *Berger*, S. 85.

671 Ebenda, S. 85.

fer Eigentümer blieb und der Käufer nur Besitzer der Sache wurde, durch und wurde allgemein herrschende Meinung.[672]

Im Konkurs des Käufers stand dem Verkäufer nach ganz h.M. ein auf die *"rei vindicatio"* gestütztes Separationsrecht zu. Dies bedeutete, er konnte die Sache wieder an sich ziehen und war nicht etwa auf eine vorzugsweise Befriedigung aus der Sache selbst angewiesen.[673] Aus diesem Grund stellte der Eigentumsvorbehalt für den Verkäufer eine sehr wirksame Sicherheit dar.

Im Verhältnis zwischen Einzelhändler und Endabnehmer verbreitete sich der Abzahlungskauf mit einer solchen Geschwindigkeit, daß der Gesetzgeber sich noch vor Inkrafttreten des BGB genötigt sah, einzugreifen und die Auswüchse der Geschäftspraxis durch das Abzahlungsgesetz von 1894 zu beschränken.[674] Darin fand auch der Eigentumsvorbehalt in § 5 eine gesetzliche Regelung, die allerdings ausschließlich dem Schutz des Konsumenten diente. Sie regelte, daß die Rücknahme der verkauften Sache durch den Verkäufer als Ausübung des Rücktrittsrecht gelte, und schränkte somit bei Privatleuten die allgemeine Vertragsfreiheit dahingehend ein, daß im Falle des Rücktritts des Verkäufers dem Käufer ein Anspruch auf Rückerstattung der bereits gezahlten Raten unverzichtbar zustand, und dem Verkäufer für diesen Fall nur gewisse Ersatzansprüche wegen der Gebrauchsüberlassung gewährt wurden.
Eine allgemeingültige, wenn auch knappe Regelung als aufschiebend bedingten Eigentumsübergang erhält der Eigentumsvorbehalt schließlich im Rahmen der Kodifikation von 1900 in § 455 BGB. Damit war der partikularrechtliche Streit über die grundsätzliche Zulässigkeit sowie der Streit über seine rechtliche Konstruktion beendet.

Diese Darstellung zeigt, daß die Entwicklung der Verkäufersicherungsrechte in Deutschland zunächst von den gleichen Rahmenbedingungen wie die französischen ausging und auch in Deutschland ein Ersatz für das unwirtschaftlich gewordene Faustpfandrecht gefunden werden mußte, was zur Einführung des Eigentumsvorbehalts an Mobilien und des Möbelleihvertrages führte. Trotz der Gemeinsamkeiten nahm die Entwicklung in Deutschland im Laufe des 19. Jahrhunderts einen anderen Verlauf. Anders als in Frankreich wurde die Konkursfestigkeit des Eigentumsvorbehalts in Deutschland zu keiner Zeit in Frage gestellt, so daß der Eigentumsvorbehalt, falls er grundsätzlich anerkannt wurde, ein überaus wirksames dingliches Sicherungsmittel darstellte. Der Eigentums-

---

672 *Thiemann*, S. 74, m.w.N.

673 *Sandmann*, S. 86, zu vereinzelt anderen Auffassungen siehe dort: S. 86, 92.

674 *Thiemann*, S. 53.

vorbehalt an Mobilien hatte sich deshalb in Deutschland Ende des 19. Jhr als Verkäufersicherungsmittel durchgesetzt, so daß der Gesetzgeber bei der Normierung des BGB von der Erstellung spezialgesetzlicher Sicherungsrechte absehen konnte.
Auch die französische *"location-vente"* findet ihre Entsprechung im deutschen Mietkauf, dessen Konstruktion in Deutschland ebenso streitig war, wie in Frankreich. Der Möbelleihvertrag wurde jedoch in Deutschland nicht zur Umgehung der konkursrechtlichen Vorschriften ins Leben gerufen, sondern um ein dem Eigentumsvorbehalt nahekommendes Institut zu schaffen, wenn dieser durch die Partikulargesetzgebung verboten war.
Grund für diese Entwicklung war zum einen die fortschreitende Industrialisierung während des 19. Jahrhunderts zum anderen, daß in Deutschland, anders als in Frankreich, der Eigentumsvorbehalt als Rechtsinstitut nicht neu geschaffen werden mußte, sondern aus dem Immobiliarrecht für Mobilien übernommen werden konnte.[675] Zur Erleichterung dieser Entwicklung trug das Aufleben der deutschen Rechtswissenschaft zu Beginn des 19. Jahrhunderts wesentlich bei. Diese führte zu einer neuen, gründlichen und systematischen Behandlung juristischer Einzelfragen, so daß sich in der ersten Hälfte des 19. Jahrhunderts auch eine lebhafte Diskussion um die rechtliche Bedeutung und Konstruktion des Eigentumsvorbehalts entspann, die bis zu der positivrechtlichen Regelung des Eigentumsvorbehalts in § 455 BGB nicht abbrach.[676] Diese Darstellung macht die unterschiedliche Entwicklung des deutschen und des französischen Rechts Ende des 19. Jahrhunderts auf dem Gebiet der Verkäufersicherungsrechte deutlich.

II.) Erstes Auftreten des Eigentumsvorbehalts im Geltungsbereich des Code civil in Deutschland - im Rheinischen Recht

Da der Code civil im 19. Jahrhundert auch in weiten Teilen Deutschlands unmittelbar in Geltung war oder die Grundlage der Gesetzgebung bildete, stellt sich die Frage, wie sich die Entwicklung des Eigentumsvorbehalts in diesen Gebieten im 19. Jahrhundert vollzog und ob sie aufgrund eines möglichen deutschen Einflusses eine andere Richtung als in Frankreich selbst eingeschlagen hat.

---

675 *Bueler*, Revue du marché commun, S. 298.
676 *Duncker*, Rheinisches Museum 5, (1833), S. 65; *Thiemann*, S. 57.

1.) Badisches Landrecht als deutsche Bearbeitung des Code civil

Die Markgrafschaft Baden, die im Jahre 1803 zunächst durch die Rheinbundakte vom 12.07.1806 zum Churfürstentum Baden und durch die Proklamation vom 13.08.1806 zum Großherzogtum Baden wurde, stand vor dem Problem der Vereinheitlichung des Zivilrechts.[677] Denn so vielfältig wie die territorialen Bestandteile des jungen Großherzogtums Baden waren, so verschieden waren auch die Zivilgesetze, die vor 1810 in Baden galten und eine "echte Musterkarte verflossener Rechtsherrlichkeit"[678] bildeten.[679] Deshalb wurde unter Federführung von Staatsrat Brauer der Code Napoleon, in Verbindung mit einigen badischen Rechtsinstituten, übernommen und für Baden am 01.01.1810 ein einheitliches Zivilrecht geschaffen. Die Einführung des Code civil in Baden war damit nicht auf Druck von Napoleon, sondern von Brauer bewußt zur Vereinfachung und Vereinheitlichung des Zivilrechts unternommen worden. Damit hatte Brauer das erste und auf deutschem Boden einzige Tochterrecht des Code civil geschaffen.[680]

Aufgrund dieser Sonderstellung des badischen Landrechts im Geltungsbereich des Code civil in Deutschland scheint es interessant, ob sich in Baden eine von der französischen Entwicklung abweichende eigenständige Herausbildung des Eigentumsvorbehalts nach deutschen Grundsätzen vollzogen hat .

a.) Durchsetzung des Eigentumsvorbehaltes im Badischen Landrecht

Der Eigentumsvorbehalt hatte zunächst auch im badischen Landrecht keine Regelung erfahren. Vielmehr galt gemäß LRS[681] 1583, daß der Kauf abgeschlossen und das Eigentum kraft Gesetz auf den Käufer übergegangen ist, sobald sich die Parteien über die Sache und den Preis einig waren, ohne daß dazu eine Übergabe der Sache oder die Zahlung des Kaufpreises vorangehen mußte. Durch diese Regelung war der Eigentumsübergang mit Vertragsschluß und damit das Konsensprinzip im badischen Landrecht gesetzlich normiert, so daß, nach Brauers Ansicht, für einen Eigentumsvorbehalt nach deutscher ge-

---

677 *Schubert*, S. 193; *Barazetti*, S. 31.

678 *Federer*, S. 85.

679 So galt auf dem Gebiet des Zivilrechts das badische Landrecht von 1588, das Pfälzische Landrecht von 1610 und das badisch-durlaische Landrecht von 1654, in den neu gewonnenen Gebieten österreichisches, württembergisches, kurpfälzisches Recht, die Solmser Gerichts- und Landesordnung von 1571, Speyerische Gesetze und Landesgerichtsordnungen, das Mainzer Landrecht von 1755 und die Würzburger Landegerichtsordnung des Herzogtums Franken von 1618.

680 *Gross*, S. 10.

681 Landrechts-Satz.

meinrechtlicher Prägung, also mit suspensiv bedingtem Eigentumsübergang, kein Raum war.[682] Diese Auffassung wurde von der Lehre allgemein geteilt: So schrieben die Redaktoren der Annalen der Großherzoglichen Badischen Gerichte 1846: "*Es ist daher der Eigentumsvorbehalt... durch die gesetzliche Fürsorge ganz überflüssig und bedeutungslos geworden.*"[683] Scheuermann stellte die Wirkung eines Eigentumsvorbehalts im Badischen Recht folgendermaßen dar: "*....so schließt der Verkäufer, da das Eigentum durch den Vertragsabschluß ipso iure auf den Käufer übertragen wird, in demselben Moment einen Kaufvertrag und keinen ab, oder er nimmt mit der einen Hand zugleich wieder, was er mit der anderen gegeben hat.*"[684] Seiner Ansicht nach muß man, "*wolle man einen vernünftigen Sinn in das fragliche Gedinge bringen*", annehmen, daß die Absicht des Verkäufers nur dahin geht, eine Resolutivbedingung zu vereinbaren, d.h. daß das Eigentum, falls der Käufer nicht zahlt, wieder an den Verkäufer zurückfällt und die Übergabe des Kaufgegenstandes als nicht geschehen angesehen wird.[685] Auch Kah schrieb in seinen Buch über das Badische Landrecht noch 1860, daß der Eigentumsvorbehalt im Badischen Landrecht ohne rechtliche Bedeutung sei.[686]

Die wirtschaftlichen Bedürfnisse relativierten diese strenge Haltung jedoch bald. Denn, wie gezeigt, machte das Aufkommen des Ratenkaufs zunehmend die Nachteile der vom französischen Recht getroffenen Regelung des Verkäuferschutzes deutlich. Aus diesem Grunde wurde auch in Baden in der Praxis mehr und mehr versucht, durch Auslegung der französischen Vorschriften den aus dem gemeinen deutschen Recht bekannten Eigentumsvorbehalt auch für den Geltungsbereich des Code civil nutzbar zu machen.

Als erster wandte sich Dreyer 1871 der Einführung des Eigentumsvorbehalts in das badischen Recht zu. Das primäre Hindernis, welches der Einführung eines Eigentumsvorbehaltes entgegensteht, war, laut Dreyer, der unmittelbare Eigentumsübergang mit Kaufvertragsabschluß. Dieses ließe sich jedoch leicht überwinden, da der Code nicht schlechthin davon ausgehe, daß unter allen Umstän-

---

682 *Brauer*, Bd. 3, S. 573: "*.. in unserem Recht hingegen (im Gegensatz zum röm. Recht) geht kraft Gesezes das Eigenthum durch Vertragsschließung über, fällt also auch durch Umstoßung des Vertrages den ein Nichtgeschehenseyn des Uebergangs bewirkt, von selbst wieder an den vorigen Herrn zurück, das nach Saz 1654-1657, theils ausdrücklich zu verabredende Verfallgedinge wirkt also schon für sich in Bezug auf das Eigenthum alles,was zu dessen Rückfall nothig ist; mithin hat ein besonderer Eigenthumsvorbehalt bey uns weder einen Zweck, noch eine mit dem gesetzlichen Eigenthumsübergang vereinbarliche Haltung.*"

683 Bd. 14, S. 4.

684 *Scheuermann*, Annal. 14 (1846), S. 3.

685 Ebenda, S. 3.

686 *Kah*, Das Badische Landrecht, S. 586.

den mit Vertragsabschluß auch sofort das Eigentum übergehe, was ein Seitenblick auf LRS 1238, 1303, 1867 manifestiere. In diesen Vorschriften werde trotz einer abgeschlossenen vertraglichen Vereinbarung die dingliche Rechtslage nicht geändert.[687] Dreyer erklärt deshalb: "*Regel ist, daß ohne abänderndes Gedinge der auf ein Geben gerichtete Vertrag sofort das Eigentum überträgt; ausgeschlossen ist aber nicht, daß der Vertrag auch auf die bloße obligatorische Wirkung, d.h. auf die Verpflichtung beschränkt wird, Eigentum zu überliefern.*"[688] So wie nach römischem Recht die Folge der Übergabe und des Borgens des Kaufpreises aufgehoben werden könne, so könne nach französischem Recht die sonst eintretende dingliche Wirkung des Vertrages aufgehoben werden, d.h. im letzteren Falle der Vertrag zum bloß obligatorischen gemacht werden.[689] Hierauf aufbauend bejaht er die Möglichkeit einer Vereinbarung des Eigentumsvorbehalts in Form des suspensiv bedingten Eigentumsübergangs. Dabei führt Dreyer seine Argumentation auf die französischen Juristen Marcadé und Domolombe zurück, die, wie bereits gezeigt, davon ausgegangen waren, daß der Eigentumsübergang nicht zur "*essence*" des Vertrages gehöre und damit durch vertragliche Vereinbarung hinausgeschoben werden könne. Insofern stützt sich Dreyer mithin ganz auf seine französischen Vorgänger. Nur der Schluß, den Dreyer aus diesen Feststellungen zieht, geht um einiges weiter: "*Damit gelangt man zu dem von Windscheid mit Hinblick auf Savignys System angenommenen Unterscheidung zwischen dinglichem und obligatorischem Vertrag.*" Seine französischen Kollegen hatten aber allenfalls die vertragliche Vereinbarung eines "*vente romaine*" zugelassen, d.h. die Trennung von obligatorischem Vertrag und dinglicher Übergabe, jedoch nicht den weiteren Schritt von der Abstraktion hin zu einem dinglichen Vertrag vollzogen. Diesen Schritt scheint Dreyer jedoch selbst auch nicht in aller Konsequenz vorgenommen zu haben, da keine weiteren Ausführungen in diesem Sinne erfolgen. Auch in der Literatur finden sich keine weiteren Angaben, die auf eine Einführung des Abstraktionsprinzips in das badische Landrecht hindeuten.

Hinsichtlich der Anerkennung des Eigentumsvorbehalts für das badische Recht findet Dreyer bald Unterstützung von Literatur und Rechtsprechung. Näf erklärt, man "schieße über das Ziel hinaus", wenn man sich bei der Beurteilung der Zulässigkeit des Eigentumsvorbehalts im badischen Recht auf LRS 711, 1138, 1583 berufe.[690] Wenn LRS 1138 beinhalte, daß das Eigentum solo consensu kraft Gesetzes übergeht, so sei dies kein absolutes Gebot und dem Kont-

---

687 *Dreyer*, Annal. 37 (1871), S. 135.

688 Ebenda, S. 135.

689 Ebenda, S. 135.

690 *Näf*, Annal. 50 (1884), S. 238.

rahenten damit auch nicht die Befugnis genommen, eine entgegenstehende Disposition zu treffen und zu bedingen, daß der Eigentumsübergang bis zu einem gewissen Zeitpunkt hinausgeschoben werden kann.[691] Da LRS 1583 keine "*lex cogens*" sei, war auch Schember der Ansicht, daß es keinen Grund gab, daß nach französischem Recht die Eigentumsübertragungswirkung des Vertrages nicht durch Vereinbarung suspendiert werden könne.[692] Stritt erklärt: "*Für unser badisches Recht, wo die Tradition nicht die Bedeutung des römischen Rechts hat, formuliert sich der gemeinrechtliche Satz, daß das pactum nur die Wirkung der Tradition bedinge, dahin, daß der Kaufvertrag in seinen obligatorischen Wirkungen unbedingt wirksam (LRS 1582), daß aber die dingliche Wirkung des Kaufvertrags (LRS. 1583) vorerst aufgehoben und einer Bedingung unterworfen wird.*"[693] In der Lehre hatte sich der Eigentumsvorbehalt somit bald durchgesetzt. In den einschlägigen Lehrbüchern zum badischen Landrecht finden sich meist nur knappe Bemerkungen, ohne weitere Zusätze, in denen der Eigentumsvorbehalt an Mobilien im badischen Landrecht für gültig erklärt wird.[694]

Aufgenommen wurde diese Rechtsauffassung von der Rechtsprechung des OLG Karlsruhe.[695] Diese ergänzt die vorangegangene Argumentation dahingehend, daß dem Eigentumsvorbehalt keine gesetzlichen Verbote entgegenstehen und er weder sitten- noch ordnungswidrig sei. Die Klausel entspreche vielmehr den Bedürfnissen des Verkehrs und habe einen vernünftigen Sinn und Zweck, weshalb ihr die rechtliche Wirksamkeit nicht versagt werden dürfe.[696]
Die Rechtsprechung dehnte den Anwendungsbereich des Eigentumsvorbehalts teilweise noch weiter aus, indem es nicht nur eine Vereinbarung bei Vertragsschluß sondern auch die nachträgliche Vereinbarung des Eigentumsvorbehaltes für zulässig erachtete.[697] Zur Begründung wird dabei angeführt, daß

---

691 Annal. 50 (1884), S. 307.

692 *Schember*, Annal. 53 (1887), S. 14.

693 *Stritt*, Annal. 52 (1886), S. 128.

694 *Behagel*, S. 218; *Hachenburg*, S. 213; *Crome*, Allgem. Teil, S. 225; *Fuld*, PucheltsZ, 17 (1887), S. 130; *Plantenius*, S. 152.

695 OLG Karlsruhe, 24.10.1883, Annal. 50, S.1; OLG Karlsruhe, 18.3.1884, Annal. 50 (1884), S. 308; OLG Karlsruhe 30. Jan. 1887, *Kah*, Rechtsfälle, S. 356.

696 OLG 18.10. 1883, Annal. L. S. 3; OLG 18.3.1884, *Kah*, Rechtsfälle, S. 355.

697 OLG Karlsruhe, 18. März 1884, Annal. 50 (1884), S. 308: "Kann nun aber die Zulässigkeit, ein solches Gedinge gleich anfänglich bei dem Vertragsabschluß zu teffen, nicht beanstandet werden, so ist nicht einzusehen, weshalb die Kontrahenten nicht auch befugt sein sollen, nachträglich, und zwar selbst nachdem der Kaufgegenstand vorbehaltslos geliefert und in das Eigenthum des Käufers bereits übergegangen, einen solchen Eigenthumsvorbehalt zu Gunsten des Verkäufers zu stipulieren. Solange Rechte Dritter

Fortsetzung nächste Seite

sich auch Windscheid in seinen Pandekten dafür ausspreche, daß "der Wille, die Sache für einen anderen zu haben, nicht sogleich von Anfang an vorhanden zu sein brauche, sondern auch hinterher gefaßt werden könne".[698] Nach der äußeren Struktur entsprach der Eigentumsvorbehalt damit dem deutschen *"pactum reservati dominii"*. Die Rechtsprechung war allerdings nicht einheitlich; andere Entscheidungen haben die nachträgliche Vereinbarung für unwirksam erklärt.[699]

Umstritten war außerdem, ob dem Eigentumsvorbehalt im badischen Landrecht die Wirksamkeit ab 1879 deshalb versagt werden muß, weil es sich um eine vertragliche Wiedereinführung des in den §§ 20, 21 des badischen Einführungsgesetzes von 1879 zu den Reichsjustizgesetzen beseitigten Vorzugsrechts (LRS 2102) des Fahrnisverkäufers handelt. Hauptgrund für die Abschaffung des Vorzugsrechts war, daß der Gesetzgeber die Kollision mit dem im badischen Recht geltenden Verpfändungspfandrecht, welches im Konkurs grundsätzlich Vorrang vor allen in §§ 40, 41 KonkO enthaltenen Vorzugsrechten hatte (Art. 709 Pr.O), vermeiden wollte.[700]
Teilweise wird behauptet, der vertraglich vereinbarte Eigentumsvorbehalt laufe auf den unzulässigen Versuch hinaus, das gesetzlich beseitigte Vorzugsrecht wiederherzustellen.[701] Dieser müsse am objektiven Recht scheitern, da Vorzugsrechte nur durch Gesetz begründet werden dürften, nicht aber durch Vertrag. Es handele sich bei dem Eigentumsvorbehalt mithin um eine unzulässige Umgehung des Willens des Gesetzgebers.[702]
Dem wird jedoch auf der anderen Seite entgegengehalten, daß die Aufhebung des LRS 2102 für das Badische Recht für die Ausbreitung des Eigentumsvorbehaltes gerade neuen Nährboden geschaffen habe: "*Auch erscheint für ein solches Nebengedinge, womit bei einem derartigen Kauf das Eigentum vorbehalten*

---

nicht verletzt werden, steht nichts im Wege, daß die Partheien jederzeit übereinkommen, daß das vom Käufer bereits erworbene Eigenthum an dem Kaufgegenstand wieder auf den Verkäufer übergehe."

698 *Windscheid*, Pandekten, Bd. I, § 155 S. 421.

699 OLG Karlsruhe, 18. März 1884, Annal. 50 (1884), S. 307.

700 OLG Karlsruhe, 30. Jan. 1887, Kah, Rechsfälle, S. 360; Schember führt als Grund für die Beseitigung des Verkäuferprivilegs an, daß es ein für Dritte äußerlich nicht erkennbares, klandestines Vorrecht gewährleiste, da den im Besitz des Kreditsuchenden befindlichen Fahrnissen ist nicht anzusehen sei, ob sie bezahlt wurden oder nicht (Annal. 53 (1887), S. 13). Näf ist ferner der Ansicht der Gesetzgeber wolle durch die Abschaffung des Privilegs im Vollstreckungsverfahren die Rechtseinheit mit den Staaten des deutschen Reichs herstellen (Annal. 50 (1884), S. 240).

701 *Schember*, Annal. 53 (1887), S. 13.

702 *Näf*, Annal. 50 (1884), S. 240.

wird, nach der dermaligen Gesetzgebung um so mehr Bedürfnis im Verkehrsleben, als dem Verkäufer von Fahrnissen nicht mehr als das frühere Vorzugsrecht, wie solches in LRS 2102 Nr. 4 enthalten war, zur Seite steht."[703] "*Nicht's steht entgegen, das nunmehr der gleiche durchaus erlaubte Zweck auf dem Wege der Vertragsvereinbarung erreicht werden kann.*"[704] Solche Klauseln entsprächen dem Bedürfnis des Verkehrs, namentlich nachdem das Vorzugsrecht aufgehoben worden sei.[705]
M.E. ist eine Gleichstellung des Eigentumsvorbehalts mit dem privilège des LRS 2102 Nr. 4 grundsätzlich nicht gerechtfertigt, da im Gegensatz zum Eigentumsvorbehalt das privilège des Verkäufers nicht aus seinem Eigentumsrecht abzuleiten ist. Es gewährleistet dem Gläubiger kein "*jus separationis*", da in dem Fall, in dem das Gesetz dem Verkäufer, als Gläubiger des Kaufpreises, zur Sicherung der Zahlung das Vorzugsrecht gewährt, der Käufer bereits Eigentum an der Ware erworben hat. Wenn der Verkäufer die verkaufte Ware dagegen aufgrund des Eigentumsvorbehaltes zurückfordert, macht er kein Vorzugsrecht an der Ware geltend, sondern nimmt lediglich eine Sache zurück, die nach wie vor sein Eigentum ist.
Aus diesem Grund ist der Eigentumsvorbehalt keine Wiedereinführung des Privilegs durch Vertrag.

b.) Wirksamkeit des Eigentumsvorbehalts im Konkurs des Käufers

Anders als im französischen Recht wurde dem Eigentumsvorbehalt im badischen Landrecht von denjenigen, die den Eigentumsvorbehalt nicht als Umgehung des abgeschafften Verkäuferprivilegs ansahen, grundsätzlich die Wirksamkeit im Konkurs zugesprochen. Der Umstand, daß der Käufer sich im Konkurs befinde und die Konkursmasse Besitzerin der fraglichen Sache geworden sei, könne der Geltendmachung des klägerischen Eigentumsanspruchs nicht entgegenstehen.[706] Die Konkursmasse sei keine von dem Gemeinschuldner verschiedene Person. Die Ansprüche auf Herausgabe von Fahrnissen, die sich im Besitze, aber nicht im Eigentum des Gemeinschuldners befinden, bleiben durch das Konkursverhältnis unberührt.[707] Da die Konkursmasse demnach nicht "dritte Besitzerin" sei, stehe dem Klageanspruch auch nicht die Vorschrift des

---

703 OLG Karlsruhe, 18. März 1884, Annal. 50 (1884), S. 308.

704 OLG Karlsruhe, 24. Okt. 1883, Annal. 1884, Bd. L, p. 4.

705 OLG Karlsruhe, 24. Okt. 1883, Annal. 1884, Bd. L, p. 4; OLG Karlsruhe, 18. März 1884, *Kah*, Rechtsfälle, S. 353.

706 OLG Karlsruhe, 18. März 1884, Annal. 50 (1884), S. 308; *Kah*, Rechtsfälle, S. 353.

707 OLG Karlsruhe, 18. März 1884, Annal. 50 (1884), S. 308; *Kah*, Rechtsfälle, S. 353.

LRS 2279 entgegen.[708] Nur ein dritter redlicher Besitzer könne sich auf die genannte Gesetzesbestimmung berufen, nicht aber, wie hier, der zur Herausgabe obligatorisch verpflichtete Gegenkontrahent. Und an Stelle dessen sei die "beklagtische Konkursmasse" getreten.[709]
Nur diejenigen, die den Eigentumsvorbehalt als vertragliche Wiedereinführung des abgeschafften Privilegs ansähen, versagten dem Eigentumsvorbehalt konsequenterweise auch die Wirksamkeit im Konkurs. Der Verkäufer werde daher einfacher Konkursgläubiger, als hätte er den Eigentumsvorbehalt gar nicht vereinbart.[710]

Damit erfährt der Eigentumsvorbehalt im badischen Landrecht eine von französischem Recht abweichende Behandlung. Denn wenn die Anerkennung des Eigentumsvorbehalts im Konkurs diskutiert wird, dann nur bezüglich der Frage, ob die Konkursmasse Dritte im Sinne des LRS 2279 ist, oder ob der Eigentumsvorbehalt eine vertragliche Wiedereinführung des abgeschafften Verkäuferprivilegs darstellt. Nur bei Schember findet sich das Argument wieder, mit dem dem Eigentumsvorbehalt in Frankreich die Wirksamkeit im Konkurs versagt wurde, nämlich, daß es sich um ein verborgenes Vorrecht handle und der Schuldner, der sich im Besitz der Ware befindet nach Außen den Anschein der Kreditwürdigkeit gewinnt, die ihm in Wirklichkeit abgehe.[711]

2.) Linksrheinische Rechtsgebiete

In den Rechtsgebieten, in denen der Code civil während der französischen Besatzungszeit von Napoleon eingeführt worden war, war die Bindung an das französische Recht noch stärker als im badischen Landrecht. Nach der Beendigung der napoleonischen Herrschaft blieb in den linksrheinischen deutschen Gebieten, Preußische Rheinprovinz, Rheinbayern, Rheinhessen und Birkenfeld, das französische Zivilrecht nahezu unverändert bis zum Inkrafttreten des BGB in Geltung.[712] Aus diesem Grund sind die ersten Hinweise auf den Eigentumsvorbehalt auch zeitlich noch etwas später erst zu finden. Zunächst war es herrschende Meinung, daß ein Verkauf mit Vorbehalt des Eigentums beim Verkäu-

---

708 OLG Karlsruhe, 18. März 1884, Annal. 50 (1884), S. 308; *Fuld*, PucheltsZ, 17 (1887), S. 141.

709 OLG Karlsruhe, 18. März 1884, Annal. 50 (1884), S. 308; *Fuld*, PucheltsZ, 17 (1887), S. 141.

710 *Schember*, Annal. 53 (1887), S. 16; *Näf*, Annal. 50 (1884), S. 229; OLG Karlsruhe 30. Jan. 1887, Fallsammlung *Kah*, S. 356.

711 *Schember*, Annal. 53 (1887), S. 15.

712 *Schumacher*, S. 18.

fer bis zur völligen Befriedigung desselben als eine mangels Besitz des Verkäufers unwirksame Verpfändung anzusehen sei.[713] Diese Auffassung wurde von der Rechtsprechung des Reichsgerichts in einer Entscheidung vom 7. Okt. 1887 aufgegeben.[714] Dies wurde wie folgt begründet: Auch wenn das rheinische Recht, anders als das gemeine Recht, keinen besonderen, an die Tradition gebundenen dinglichen Vertrag zur Eigentumsübertragung voraussetzte, folge daraus keineswegs, daß der Kaufvertrag nach rheinischem Recht nur als dinglicher Vertrag denkbar sei.[715] Das Gericht gehe vielmehr davon aus, daß sich der Eigentumsübergang *"nuda conventione"* nur dann sofort vollziehe, wenn die Absicht der Parteien darauf gerichtet sei. Wenn aber die Parteien darüber einig seien, daß die dingliche Wirkung des Vertrages suspendiert und es bei der obligatorischen Wirkung desselben sein Bewenden haben solle, so sei diesem Vertragswillen die rechtswirkende Kraft nicht zu versagen.[716] Das Gericht weist weiterhin darauf hin, daß die Intention des französischen Gesetzgebers bei der Abfassung des Art. 1583 C.c. nur dahin gegangen sei, die zum leeren Formalismus gewordene Übergabeklausel abzuschaffen. Eine vom obligatorischen Geschäft getrennte Übergabe sei daher schon aus historischer Sicht grundsätzlich möglich. [717] Die Begründung des Reichsgerichts entsprach daher der Argumentation der französischen Rechtsprechung in jener Zeit.
Da nach 1887 das Reichsgericht im Bereich des rheinischen Rechts nicht mehr über den Eigentumsvorbehalt zu entscheiden hatte, scheint diese Entscheidung die erste und einzige Entscheidung des Reichsgerichts auf dem Gebiet des rheinischen Rechts zum Eigentumsvorbehalt zu sein.

In der Lehre wird der Eigentumsvorbehalt erstmals bei Crome 1894 in einer Fußnote erwähnt: "*..die akzeptierte Veräußerungserklärung wirkt dinglich, soweit das Gegenteil nicht ausdrücklich gewollt ist.*"[718] Cretschmar erwähnt den Eigentumsvorbehalt kurz in seiner dritten Auflage von 1896 und bezieht sich auf die angeführte Reichsgerichtsentscheidung.[719] Diese Entscheidung findet auch Beachtung in der Entscheidungssammlung von Franken von 1893.[720] Mögen diese Anzeichen auch spärlich sein, sie geben uns zumindest

---

713 *Cretschmar*, S. 406.

714 RG 20, S. 327 ff.

715 RG 20, S. 329.

716 RG 20, S. 330.

717 RG 20, S. 331.

718 *Crome*, Die Grundlehren des französischen Obligationsrechts, S. 121, Fn 45: Eigentumsvorbehalt, Befristung.

719 *Cretschmar*, S. 406.

720 *Franken*, S. 90.

den Hinweis, daß der Eigentumsvorbehalt in allen Geltungsbereichen des Code civil Einzug gehalten hat.

3.) Ergebnis

Primär haben sich die Juristen im Geltungsbereich des Code civil am französischen Recht orientiert und in Zweifelsfragen die Lehren der französischen Juristen herangezogen. Dementsprechend läßt sich - mit einer Ausnahme - kein deutscher Einfluß auf die Entwicklung des Eigentumsvorbehalts in Rheinischen Recht nachweisen.

Die Ausnahme bildet das Badische Landrecht: Die Tatsache, daß die Einführung des Eigentumsvorbehalts in Baden zeitgleich mit dem ersten Auftreten des Eigentumsvorbehalts in Frankreich erfolgte, der Eigentumsvorbehalt sich aber in Baden unmittelbar als selbständige Struktur durchsetzte, zeigt, daß für die badischen Juristen aufgrund der Kenntnis des deutschen Rechts die Realisierung des Eigentumsvorbehalts leichter möglich wurde. Besonders der Rückgriff auf Windscheid und Savigny macht die Befassung mit deutschem Recht auf diesem Gebiet deutlich. Dennoch konnte der Eigentumsvorbehalt keine ähnlich verfestigte Stellung wie in einigen Partikulargesetzgebungen Deutschlands einnehmen, da ihm zumindest teilweise die Wirksamkeit im Konkurs versagt wurde. Festgehalten werden kann, daß sich der Eigentumsvorbehalt im Geltungsbereich des Code civil trotz grundsätzlich gleicher Bedürfnisse erst ca. 40 Jahre später als in der deutschen Partikulargesetzgebung durchsetzen konnte. Ab 1900 galt für den Eigentumsvorbehalt einheitlich die Regelung des § 455 BGB.

III.) Möglichkeit der Übernahme des deutschen Eigentumsvorbehalts in Elsaß-Lothringen um die Jahrhundertwende

Elsaß-Lothringen, das verwaltungsmäßig drei Départements, Bas-Rhin, Haut-Rhin und Moselle bildet, nimmt heute noch eine Sonderstellung in Frankreich ein. Diese Sonderstellung resultiert daher, daß Elsaß-Lothringen nach dem Krieg durch das Gesetz vom 9. Juni 1871 von Deutschland annektiert worden war. Nach dem Rückfall an Frankreich Anfang des 20. Jahrhunderts haben sich einige deutsche Rechtsgrundsätze im "*Droit local*" erhalten, welches heute in Elsaß-Lothringen unverändert neben dem Code civil Geltung beansprucht.

Im Rahmen der Übernahme deutscher Rechtsformen in das "*Droit local*" bot sich erstmalig konkret die Möglichkeit der Übernahme des deutschen Eigentumsvorbehalts in das französische Recht.

1.) Geltung des § 455 BGB in Elsaß-Lothringen

Der Code civil war 1871 trotz der Annexion Elsaß-Lothringens durch das Deutsche Reich zunächst in Kraft geblieben, da in Deutschland noch kein einheitliches Gesetzbuch existierte, welches sich zur Einführung in Elsaß-Lothringen geeignet hätte.[721] Nach Inkrafttreten des BGB am 1. Jan. 1900 wurde das französische Recht offiziell aufgehoben (loi locale du 22. nov. 1899) und unmittelbar durch das deutsche BGB ersetzt (Art. 1 des Einführungsgesetzes vom18. August 1896[722]).[723] In Art. 55 des Einführungsgesetzes fand sich eine Regelung, derzufolge die landesrechtlichen Vorschriften insoweit außer Kraft treten sollten, als nicht im Bürgerlichen Gesetzbuch oder im Einführungsgesetz etwas anderes bestimmt wurde. Das Einführungsgesetz enthielt eine Aufzählung der Ausnahmen, für die das BGB nicht gelten sollte und insoweit vielmehr das französische Recht anwendbar blieb. Da sich darunter jedoch keine den Eigentumsvorbehalt ausschließende Regelung befand, war § 455 BGB demnach anwendbar. Das seit 1901 für Elsaß-Lothringen geltende Gesetzbuch mit den dazugehörigen Nebengesetzen bestätigte die Gültigkeit des Eigentumsvorbehalts.[724] Auch in Rechtsprechung und Lehre finden sich entsprechende Abhandlungen[725]; und zwischen 1900 und 1918 ergingen zahlreiche Urteile des Oberlandesgerichts Colmar über den Eigentumsvorbehalt[726], wobei diese Rechtsprechung dem Verkäufer auch ein Aussonderungsrecht im Konkurs zubilligte.[727] Während der Geltungszeit des deutschen Rechts war in Elsaß-Lothringen demnach ein konkursfestes allgemeingültiges Verkäufersicherungsmittel in Form des Eigentumsvorbehalts anerkannt. Neben dem § 455 BGB galt in Elsaß-

---

721 *Muhleisen*, dans: L'introduction du droit civil, p. 34.

722 Art. 1: "Das bürgerliche Gesetzbuch tritt am 1. Jan. 1900 gleichzeitig mit einem Gesetz, betreffend Änderungen des Gerichtsverfassungsgesetzes, der Zivilprozeßordnung und der Konkursordnung, einem Gesetz über die Zwangsversteigerung, einer Grundbuchordnung und einem Gesetz über die Angelegenheiten der freiwilligen Gerichtsbarkeit in Kraft."

723 *Duquesne*, dans: L'introduction du droit civil, p. 43.

724 *Paffrath/Grossmann*, § 455, S. 99.

725 *Nürck*, S. 226.

726 OLG Colmar, 10. Febr. 1904, Juristische Zeitschrift für das Reichsland Elsaß-Lothringen (JZRE-L), Bd. 30, 1905, S. 13; OLG Colmar, 12. April 1905, JZRE-L, Bd. 31, 1905, S. 29; OLG Colmar, 1. März, 1907, JZRE-L, Bd. 33, 1908, S. 181; OLG Colmar, 22. März 1912, JZRE-L, Bd. 38, 1913, S. 9; OLG Colmar, 3. Dez. 1908, JZRE-L, Bd. 34, 1909, S. 545; OLG Colmar, 2. Nov. 1909, JZRE-L, Bd. 35, 1910, S. 485; OLG Colmar, 4. März, 1902, JZRE-L, Bd. 28, 1903, S. 236.

727 OLG Colmar, 12. April 1905, Juristische Zeitschrift für das Reichsland Elsaß-Lothringen, Bd. 31, 1905, S. 31; OLG Colmar, 1. März 1907, JZRE-L, Bd. 33, 1908, S. 181.

Lothringen auch das deutsche Abzahlungsgesetz von 1894, so daß der Abzahlungskauf in diesem Gebiet eine umfassende Regelung erfahren hatte.

2.) Übernahme des Eigentumsvorbehalts ins französische Recht

Nach dem Rückfall von Elsaß-Lothringen an Frankreich bot sich die Möglichkeit den deutschen Eigentumsvorbehalt im Rahmen des "*Droit local*" weiter beizubehalten:
Als Elsaß-Lothringen am 11. Nov. 1918 zu Frankreich zurückkehrte, setzte sich seine Gesetzgebung aus den nach der Angliederung an das Deutsche Reich 1871 aufrechterhaltenen französischen Gesetzesbestimmungen, dem seither eingeführten deutschen Recht und den eigenen Gesetzen des mit einer gewissen Selbständigkeit ausgestatteten "Reichslandes" Elsaß-Lothringen zusammen. In den Jahren nach 1918 wurde gefordert, diese in ihrer Gesamtheit als "*Droit local*" bezeichnete Gesetzgebung durch die Wiedereinführung des gesamten französischen Rechts zu ersetzen und damit alle deutschen Rechtsgrundsätze endgültig zu beseitigen.[728] Grund dafür war neben den nationalpatriotischen Erwägungen, daß die Meinung der französischen Juristen über das deutsche Recht teilweise nicht sehr positiv war : "*La mise en vigeur du Code civil allemand fut considerée dans nos provinces annexées comme l'introduction d'un élément étranger et comme marquant un recul par rapport aux lois existantes, sauf en ce qui concerne quelques dispositions particulières.*"[729] Mit diesem Ziel erließ der "*Commissaire Général de la République en Alsace et Lorraine*", Millerand, am 26. Aug. 1919 eine Verordnung, die die offizielle Einrichtung einer Kommission zur Wiedereinführung des französischen Rechts als Gesamtheit vorsah. "*L'unité de nationalité implique l'unité législative.*"[730]
Doch noch während der Gesetzgebungsarbeiten wurden Stimmen laut, die sich für eine partielle Aufrechterhaltung des "*Droit local*" in Elsaß-Lothringen aussprachen.[731] Eckart erklärte während der "*traveau préparatoires*", man müsse sich eingestehen, daß das deutsche Recht, obwohl es nur so kurze Zeit in Kraft gewesen sei, einige grundlegende positive Veränderungen, vor allem im Bereich des Familienrechts, des Arbeitsrechts und des Grundbuchwesens bewirkt habe, so daß eine völlige Abschaffung gut überlegt sein wolle.[732] Seiner Ansicht nach müßten die Franzosen anerkennen, daß das deutsche Recht der französischen Gesetzgebung in mancher Hinsicht überlegen sei. Es folgten darauf-

---

728 Rapport Eckard, 27. mars 1924, J. O. doc. parl. 1925, p. 212.

729 Ebenda, p. 212.

730 *Gaudemet*, dans: L'introduction du droit civil fançais, p. 70.

731 Ebenda, p. 70.

732 Rapport Eckard, 27. mars 1924, J. O. doc. parl. 1925, p. 212.

hin lange Diskussionen darüber, welche Teile des "*Droit local*" aufrechtzuerhalten seien.[733] Die Kommission beendete ihre Arbeit zur Ausarbeitung eines ersten Gesetzesvorschlags Ende 1921. Aufgrund mehrfacher Verzögerungen[734] wurde der Vorschlag erst am 9. März 1922 der Chambre des députés unterbreitet, die ihn jedoch an die Kommission zur weiteren Überarbeitung zurückgab. Der entsprechende Bericht von Schuman, der zahlreiche Verbesserungen vorsah, wurde am 2. Febr. 1923 vorgelegt.[735] Schuman erläutert, daß der Vorschlag diejenigen Vorschriften des "*Droit local*" aufrechterhalte, die allgemeine Anerkennung gefunden hatten, sich in das Gesamtsystem des Code civil einfügen ließen und möglicherweise in naher Zukunft als Grundlage für die Reform des französischen Rechts dienen könnten.[736] In der Sitzung vom 26. Juni 1923 unterbreitete Jaeger einen weiteren Vorschlag, der vor allem eine weitergehende Aufrechterhaltung der Vorschriften des deutschen Grundstücks- und Erbrechts vorsah, die er in der anschließenden Diskussion auch teilweise erfolgreich durchsetzen konnte.[737] Am 23. Jan. 1924 wurde der Vorschlag nach einigen Verzögerungen und zahlreichen Änderungen von der Kammer angenommen und schließlich am 1. Juni 1924 zum Gesetz.[738]

"Titre I" des Gesetzes enthielt die allgemeinen Regeln und bestimmte in Art. 7 welche Regeln des deutschen Rechts aufrecht erhalten werden sollten, wobei die in Art. 7 vorgenommene Aufzählung der Ausnahmen abschließend war.[739] "Titre II" des Gesetzes enthielt die "*disposition spéciales*", mit denen ausdrücklich einige spezielle Rechtsinstitute des deutschen Rechts beibehalten wurden, die sich nach Ansicht des Gesetzgebers gegenüber den französischen Regeln

---

733 *Gaudemet*, dans: L'introduction du droit civil, p. 74.

734 Ausführlich: *Gaudemet*, dans: L'introduction du droit civil, p. 70.

735 Rapport Schuman, 2. févr. 1923, J. O. doc. parl. 1923, p. 263.

736 Ebenda, p. 263.

737 Rapport Eckard, 27. mars 1924, J. O. doc. parl. 1925, p. 212.

738 Exposé des motifs par Millerand, 9. mars 1922; J. O. doc. parl. 1922, p. 577: "..il ne saurait être question d'en priver brutalment les départements recouvrés; il fallait les conserver pour voir si dans un avenir prochain, la législation française s'en inspirera."

739 Art. 1: "Est mis en vigeur....sauf les exeptions indiquées ci-après, l'ensemble de la législation civile française...." Art. 6: .....sont abrogées ...le code civil local, la loi d'introduction et la loi d'exécution en Alsace-Lorraine de ce code et, d'une manière générale, l'ensemble de la lègislation civile locale, en y comprenant les diverses lois relatives aux matières pour lesquelles la loi française est mise en vigeur. Les règles contenues dans les textes abrogés et relatives à l'état, aux départements, communes et établissements publics sont remplacées par les règles correspondantes du droit français." Art. 7 enthält dann die in Art. 1 angesprochenen Ausnahmen: "Continuent à être appliquées, telles qu'elles sont encore en vigeur dans les trois départements, à la date fixée à l'article 1er, même en tant qu'elles contiennent des règles de droit civil, les lois locales suivantes."

durch eine "*supériorité manifeste*" auszeichneten.[740] Dabei handelte es sich im Wesentlichen um grundbuchrechtliche Vorschriften.
Der Eigentumsvorbehalt gemäß § 455 BGB fand jedoch in keiner dieser gesetzlich normierten Ausnahmeregelungen Erwähnung. Auch während der "*traveau préparatoires*" wurde die Beibehaltung des Eigentumsvorbehaltes in keinster Weise angesprochen. Grund dafür mag einerseits gewesen sein, daß § 455 BGB nach Ansicht der französischen Juristen nicht zu den dem französischen Recht überlegenen Vorschriften zählte und der Gesetzgeber andererseits im Rahmen des Sachenrechts vor allem auf grundbuchrechtliche Vorschriften fixiert war. Die zivilrechtlichen Vorschriften des "*Droit local*" enthalten demnach bis heute keine materiellrechtliche Regelung des Eigentumsvorbehalts an beweglichen Sachen.

Aber durch die Übernahme des Abzahlungsgesetzes fand der Eigentumsvorbehalt für Elsaß-Lothringen eine indirekte gesetzliche Normierung im Rahmen des § 5 AbzG.[741] Der französischen Gesetzgeber hatte das deutsche Gesetz vom 16. Mai 1894 über die Abzahlungsgeschäfte für erhaltungswürdig gehalten.[742] Mangels gesetzlicher Regelung des Abzahlungskaufes im französischen Recht sollte dieses Gesetz zur Anpassung des französischen Rechts an die modernen wirtschaftlichen Bedürfnisse beitragen.[743] Die Vorschriften des § 5 AbzG bezweckten jedoch einzig und allein den Schutz des nicht kaufmännischen Käufers[744], da der Verkäufer die Sache auch bei vorbehaltenem Eigentum nicht ohne Rücktritt vom Vertrag zurücknehmen konnte.[745]
Im Anwendungsbereich des Abzahlungsgesetzes gelten für die Eigentumsvorbehaltsverkäufe in Elsaß-Lothringen demnach auch heute, in bezug auf die schuldrechtlichen Belange, die 1924 verselbständigten Bestimmungen des deutschen Abzahlungsgesetzes. Bezüglich der dinglichen Auswirkungen haben, infolge der Einführung der entsprechenden Gesetzgebung, dieselben Grundsätze

---

740 Exposé des motifs par Millerand, 9. mars 1922, J. O. doc. parl. 1922, p. 577.

741 § 5 AbzG: "Eine Rücknahme der Sache aufgrund des vorbehaltenen Eigentums gilt als Rücktritt vom Vertrag."

742 Art. 5 VII des Einführungsgesetz für das Handelsrecht; Rapport Eccard, 13. mars 1924, J. O. doc. parl. 1924, p. 163.

743 Rapport Eccard, 13. mars 1924, J. O. doc parl. 1924, p. 163.

744 § 8 AbzG: "Das Gesetz findet keine Anwendung, wenn der Käufer als Kaufmann im Handelsregister eingetragen ist."

745 Auch die in Elsaß-Lothringen abgeschlossene Mietkaufverträge sind, unter Vorbehalt der Einschränkung des § 8 AbzG, in bezug auf die genannten schuldrechtlichen Belange, den 1924 verselbständigten Bestimmungen des deutschen Abzahlungsgesetz kraft ausdrücklicher Gesetzesvorschrift unterstellt.

Gültigkeit, wie sie für den gesamten übrigen Geltungsbereich des französischen Privatrechts zur Anwendung gelangen.[746]
Für den Fall des Konkurses des Käufers gilt gemäß Art. 7 Abs. 3 des Einführungsgesetzes grundsätzlich das französische Konkursrecht, so daß der nunmehr im Rahmen des Abzahlungsgesetzes indirekt gesetzlich normierte Eigentumsvorbehalt nach wie vor nicht konkursfest geworden war.[747] Der nichtkaufmännische Käufer genießt also für die Folgen einer Säumigkeit in der Vertragserfüllung durch das AbzG einen sonst nicht gewährten Schutz während dem Verkäufer ein Aussonderungsrecht im Konkurs versagt wird.[748]

3.) Zusammenfassung

Die vorstehenden Ausführungen zeigen, daß der Eigentumsvorbehalt durch die Übernahme des deutschen Abzahlungsgesetzes zwar eine indirekte gesetzliche Normierung im "*Droit local*" fand, die materiellrechtliche Regelung des § 455 BGB jedoch nicht in den Code civil übernommen wurde.
Bei näherer Betrachtung der Rechtsprechung nach 1924 wird deutlich, daß die Franzosen bzgl. des Eigentumsvorbehalts an den herkömmlichen französischen Grundsätzen festgehalten haben. In den Entscheidungen nach 1924 wurde der Eigentumsvorbehalt wegen Verstoßes gegen die "*théorie de la solvabilité apparente*" wieder für nicht konkursfest erklärt.[749]
Demnach hat der französische Gesetzgeber diese erste konkrete Möglichkeit der Übernahme des deutschen Eigentumsvorbehalts im Sinne des § 455 BGB ins französische Recht nicht genutzt, ja noch nicht einmal in Erwägung gezogen.

IV.) Kritische rechtsvergleichende Arbeiten zum Eigentumsvorbehalt um die Jahrhundertwende in Frankreich

Da im 19. Jahrhundert auch das Interesse am Abzahlungskauf stark gestiegen war, beschäftigen sich zahlreiche Arbeiten um die Jahrhundertwende mit diesem Problem.[750] Obwohl es seit der zweiten Hälfte des 19. Jahrhunderts in Frankreich nachweisbare Rechtsprechung zum Eigentumsvorbehalt gab und

---

746 *Schmuki*, S. 152.

747 Art. 22 des Einführungsgesetzes für das Handelsrecht.

748 *Schmuki*, S. 152.

749 Trib. civ. Colmar, 26. janv. 1926, Rev. jur. d'Alsace et Lorraine, 1927, p. 479; Colmar, 23. janv. 1934, Rev. jur. d'Alsace et Lorraine, 1934, p. 563; Colmar, 10 nov. 1934, Rev. jur. d'Alsace et Lorraine, 1935, p. 523.

750 *Vallat*, Ventes à tempérament, 1900; *Boucher*, Vente à tempérament, 1906; *Chauveau*, vente à tempérament, 1906; *Hardoin*, Vente à tempérament, 1909; *Géradine*, La vente à tempérament, 1912; *Destors*, Vente à tempérament, 1909.

sich zahlreiche Juristen allgemein mit den Rechten des Verkäufers auseinandersetzten[751], wurde der Eigentumsvorbehalt im französischen Schrifttum lange Zeit "recht stiefmütterlich"[752] behandelt und allenfalls flüchtig gestreift.[753] Nur langsam mehrten sich kritische Stimmen, die das französische System in Frage zu stellen begannen und nach besseren Lösungen Ausschau hielten. Dabei wurde der Blick vermehrt auf das Ausland geworfen, welches den Eigentumsvorbehalt teilweise umfassend normiert hatte. Wie schon die Gesetzgebungsarbeiten zu den Gesetzesnovellen zeigen, hat die Rechtsvergleichung bereits im 19. Jahrhundert in Frankreich eine wesentliche Rolle gespielt.
Im Rahmen dieser Arbeit soll untersucht werden, wann und in welchem Maße sich die französische Literatur erstmalig mit dem deutschen Eigentumsvorbehalt beschäftigte und wie die Unterschiede, die diesbezüglich vor allem hinsichtlich der gesetzlichen Normierung des Abzahlungskaufes und des Eigentumsvorbehalts sowie in der Konkursfestigkeit des Eigentumsvorbehalts liegen, aufgenommen und behandelt werden.

Besonders hervorzuheben sind für die Zeit um die Jahrhundertwende die Arbeiten von Vallat und Chauveau, die den Ratenkauf kritisch unter die Lupe nahmen und das französische System anderen Rechtsystemen, unter anderem auch dem deutschen, vergleichend gegenüber stellten.[754] Einer der ersten französischen Juristen, die sich ausführlich zu dem gewohnheitsrechtlich anerkannten Institut des Eigentumsvorbehalts äußerten, ist Vallat. Während sich Chauveau primär mit der grundsätzlichen Vereinbarkeit des Eigentumsvorbehalts mit den Grundsätzen des Code civil und seinem Verhältnis zur "*location-vente*" beschäftigt, hält Vallat die allgemeine Zulässigkeit des Eigentumsvorbehalts für indiskutabel und legt den Schwerpunkt seiner Ausführungen zum Eigentumsvorbehalt auf die Behandlung der Wirksamkeit des Eigentumsvorbehalts im Konkurs.[755]

---

751 *Desticker*, Des droits du vendeur de marchandises non payé, 1891; *Hot*, Des droits du vendeur non payé, 1893; *Blumenthal*, Les droits du vendeur non payé, 1890; *Despierres*, Des Droits du vendeur en cas de faillite de l'acheteur, 1881; *Burada*, Droits du vendeur d'effets mobiliers non payé, 1912.

752 *von Breitenstein*, RIW 1980, S. 682.

753 *Hardouin*, Vente à tempérament, 1900; *Géradin*, La vente à tempérament, 1912; *Boucher*, La vente à tempérament, 1906.

754 *Vallat*, Ventes à tempérament, 1900; *Chauveau*, La vente à tempérament, 1909.

755 *Vallat*, p. 175, n° 214; *Chauveau*, p. 88.

1.) Kritik Vallats an der französischen Rechtsprechung

Zunächst äußert Vallat sein Bedauern, daß bis dahin nur der Tribunal de Commerce de Marseille zugunsten des Verkäufers entschieden und die Eigentumsvorbehaltsklausel gegenüber der Konkursmasse für konkursfest erklärt hatte.[756] Die überwiegende Rechtsprechung, die die Wirksamkeit des Eigentumsvorbehalts im Konkurs verneint, führt seiner Ansicht nach "mehr oder weniger rechtlich begründete" und stark konstruiert wirkende Argumente an und könne deshalb nicht aufrecht erhalten werden.[757] Seiner Ansicht nach kann es nicht gebilligt werden, daß die Rechtsprechung den Kaufmann im Konkurs in eine Position versetzt, in der er durch vertragliche Abreden nicht wirksam geschützt werden kann. Indem die Rechtsprechung den Verkäufer, selbst bei Vereinbarung eines Eigentumsvorbehaltes, mit den Konkursgläubigern gleichstelle und die vertragliche Abrede als nichtig ansehe, werde der Konkurs zu einem "*bloc intangible*"[758], der rückwirkend die Nichtigkeit ansich rechtskräftiger Rechtsakte bewirke.[759] Vallat kritisiert auch, daß die höchstrichterliche Rechtsprechung den Konkursgläubigern im Konkurs ein Recht gewähre, zu dessen Begründung es ausreiche, daß der Erwerber durch "*traditio pro empore*" nach außen sichtbar den Besitz erlangt habe, d.h. die Ware in seinen Herrschaftsbereich und damit scheinbar in sein Vermögen übergegangen sei.[760] Dieses von den Gerichten in den meisten Fällen gegen die Konkursfestigkeit angeführte Argument der "*solvabilité apparente*" hält Vallat für ungenügend. "*C'est là de la haute fantaisie.*"[761] Allein die nach außen sichtbare Inhaberschaft der Sache könne einem Dritten noch keine Auskunft über die Eigentumsverhältnisse geben. Ein sorgfältig arbeitender Kaufmann sichere grundsätzlich vorher ab, ob die Produkte, die er zum Vertragsgegenstand mache, auch tatsächlich Eigentum des Vertragspartners seien. Die Rechtsprechung unterstütze durch ihre Theorie die Leichtgläubigkeit der Gläubiger und nehme sie von jeder Verantwortung aus.[762] Er weist darauf hin, daß bei Sachen, die einem Kaufmann leihweise oder als Pfand übergeben wurden, schließlich auch niemand auf den Gedanken komme, den Gläubigern deshalb ein verwertbares Recht an einer Sache zuzubilligen, weil er durch sein Verhalten und durch den Besitz an der Sache, die Gläubiger glauben

---

756 Trib. com. Marseilles, 19. nov. 1885, Rec. Marseille 1986, 1, 35; Trib, com. Marseilles, 19. sep. 1894, Rec. Marseille 1895, 1, 105.

757 *Vallat*, p. 183, n° 225: "...des raisons plus ou moins juridiques fournies.."

758 Ebenda, p. 189, n° 235.

759 Ebenda, p. 177, n° 216.

760 Ebenda, p. 189, n° 235.

761 Ebenda, p. 193, n° 242.

762 Ebenda, p. 193, n° 241.

lasse, er sei Käufer und nicht Mieter oder Pfandgläubiger.[763] Im Gegensatz zum Vorbehaltseigentümer können aber diejenigen Personen, deren Sachen sich aufgrund eines Miet-, Leih-, Pfand- oder Verwahrungsvertrages im Besitz des Konkursschuldners befinden, ohne weiteres eine Aussonderung geltend machen (Art. 575 C.com.), obwohl die aufgrund der genannten Vertragsverhältnisse übergebene Ware ebenso wie die mit einem Eigentumsvorbehalt belasteten Sachen zur Täuschung über die Kreditwürdigkeit beitragen können,

Schließlich bezeichnet es Vallat als "völlig unlogisch"[764], die *"clause de réserve de propriété"* sowohl zwischen den Parteien als auch gegenüber dem Fiskus, den Hypothekengläubigern und den Mietern als wirksam zu erachten, denselben Vertrag aber im Falle des Konkurses des Käufers für nichtig zu erklären.[765] Dies führe zu dem seltsamen Ergebnis, daß ein Vertrag, der im Augenblick des Vertragsschlusses gültig war, später durch die Konkurseröffnung des Käufers seine Rechtsnatur verändere. Dadurch würde die Rechtsgültigkeit eines Vertrages nicht vom Parteiwillen oder vom Gesetz, sondern vielmehr von der Zahlungsfähigkeit des Käufers abhängig gemacht. "*Ce qui est absurde!* "[766] Er weist darauf hin, daß alle Entscheidungen vor 1894 der Konkurserklärung jeden rückwirkenden Effekt auf Rechtsakte, die nicht ausdrücklich vom Gesetz für nichtig erklärt wurden, versagt hatten. Die Theorie des Kassationshofes finde damit weder in der Rechtsprechung, noch im Gesetz eine Grundlage.[767]

Auch Gerechtigkeitserwägungen können nach Ansicht von Vallat nicht zur Verneinung der Konkursfestigkeit angeführt werden, sondern liefern vielmehr den gegenteiligen Beweis. Dem Verkäufer müsse für seine Vorleistung und Kreditgewährung eine wirksame Sicherheit als gerechter Risikoausgleich zugestanden werden. Lieferungen von Industriematerialien und anderer hochwertiger Ware tragen im Falle des Konkurses mangels Rückforderungsrecht des Verkäufers zum Anwachsen des Käufervermögens bei, wodurch die anderen Gläubiger in ungerechtfertigter Weise begünstigt werden.[768] Die Nichtigkeit einer vertraglichen Vereinbarung könne nur aus einem förmlichen Gesetzestext oder einem offensichtlichem Verstoß gegen den ordre public resultieren, was jedoch beim Eigentumsvorbehalt nicht der Fall sei.[769]

Durch die Schaffung neuer Vertragsformen, wie der des Eigentumsvorbehalts, werde die Praxis den neuen Anforderungen gerecht, die die Entwicklung der

---

763 Ebenda, p. 194, n° 242.
764 Ebenda, p. 197, n° 248.
765 Ebenda, p. 197, n° 248.
766 Ebenda, p. 196, n° 247.
767 Ebenda, p. 192, n° 239.
768 Ebenda, p. 192, n° 240.
769 Ebenda, p. 194, n° 243.

Wirtschaft an das Kreditwesen stellt, und umgehe die veralterten Regelungen des Handelsrechts. Die Rechtsprechung sei sich dieses tiefgreifenden Wandels noch nicht bewußt geworden und es komme ihr vielmehr entgegen, in den Regeln des Konkursrechts ein Mittel zur Entkräftung der Wirkung des Eigentumsvorbehalts gefunden zu haben, um dadurch einer Anpassung an die neue Entwicklung zu entgehen. Nach Ansicht von Vallat läßt sich jedoch kein vernünftiger Grund finden, an den unflexiblen Grundsätzen der Rechtsprechung weiterhin festzuhalten.
In den Augen Vallats sind die Begründungen, auf die sich die Rechtsprechung stützt, nur Spitzfindigkeiten, die einer genaueren Untersuchung nicht standhalten können. Sie stehen seiner Ansicht nach im Widerspruch zu den elementarsten Interpretationsprinzipien und dem gesunden Menschenverstand und haben letztendlich nur die Entkräftung der französischen Wirtschaft zur Folge.[770]
Für ungerechtfertigt hält es Vallat allerdings, dem Verkäufer im Konkurs des Käufers eine uneingeschränkte Rückforderungsmöglichkeit der Ware zuzubilligen, ohne letzterem die bereits erbrachten Ratenzahlungen zurückzuerstatten. In diesem Punkt stimmt er mit der herrschenden Rechtsprechung überein, ohne sie gleichsam völlig zu legitimieren.[771]

2.) Rechtsvergleich

Vallat und Chauveau waren der Ansicht, daß langfristig nur dann Rechtsunsicherheit und Mißbrauch vermieden werden könne, wenn der Ratenkauf gesetzlich geregelt werde. Dabei solle sich der französische Gesetzgeber an den Rechtsordnungen orientieren, die den Ratenkauf bereits umfassend normiert haben. Um die Vorschriften herauszuarbeiten, die sich zu einer Übernahme in das französische Recht eignen, sei eine Studie der andere Rechtsordnungen erforderlich.[772]
Beide Autoren widmen sich dem Abzahlungskauf bei beweglichen Sachen im ausländischen Recht.[773] Besonders eingehend beschäftigen sich dabei beide mit dem deutschen Recht: "*la loi la plus complète à cet régard est, assurement, celle de l'Allemagne.*"[774] Sie loben das deutsche System, bei dem für den privaten Käufer durch das Abzahlungsgesetz von 1894 besonderes Schutzsystem entwickelt worden sei, während für Kaufleute uneingeschränkt § 455 BGB gelte. Der deutsche Gesetzgeber habe, genauso wie der österreichische, im Gegen-

---

770 Ebenda, p. 198, n° 249, 250.

771 Ebenda, p. 200, n° 252.

772 *Chauveau*, p. 45; *Vallat*, p. 221, n° 281.

773 *Chauveau*, p. 45; *Vallat*, p. 220, n° 281.

774 *Chauveau*, p. 47.

satz zum französischen, den Kaufmann vom speziellen Schutz des Abzahlungsgesetzes ausgenommen, da er durch seine beruflichen Erfahrungen und die Gewohnheit im Umgang mit Geschäften nicht genauso schutzbedürftig sei wie der Privatmann.[775] In Deutschland gelte deshalb für den kaufmännischen Verkäufer uneingeschränkt der Schutz des § 455 BGB. Der deutsche Gesetzgeber habe damit ein Sicherungssystem geschaffen, welches dem Verkäufer auch im Konkurs des Käufers ausreichend Schutz gewähre, ohne dabei den Kaufmann schutzlos zu stellen, wie das im französischen Recht der Fall sei.[776] Aufgrund der Tatsache, daß nach der deutschen Regelung auch der Konkurs des Käufers keine Änderung der rechtlichen Situation des Vorbehaltsverkäufers bewirke, stelle der Kauf unter Eigentumsvorbehalt in Deutschland schon seit langem eine einfache und effektive Sicherungsmöglichkeit dar, welche weitere Schutzmittel weitgehend entbehrlich mache.[777]
Nach dem Vergleich mit dem deutschen Recht widmet sich Vallat ebenfalls ausführlich dem österreichischen, belgischen, amerikanischen, englischen und norwegischen Recht und streift kurz die Regelungen des Kreditkaufes in Spanien, Mexiko, Argentinien, Italien und Rumänien.
Hierbei finden die belgische und die amerikanische Gesetzesvariante sein besonderes Interesse. Er bezieht sich für das belgische Recht auf Art. 20 des "*Loi Hypothécaire*" vom 16. Dez. 1851, welches dem unbezahlten Verkäufer von Industriematerial ein Privileg gewährt. Bei der Untersuchung des amerikanischen Rechts, das für jeden Einzelstaat eine eigene gesetzliche Regelung hervorbringt, die sich häufig nicht unwesentlich unterscheiden, geht Vallat ausführlich auf die Regelung des Gesetzes von 1884 des Staates New-York ein. Dieses erkennt den Eigentumsvorbehalt an, fordert aber für seine Wirksamkeit die Eintragung in ein öffentliches Register. Auch Chauveau behandelt neben dem deutschen Recht das österreichische und das belgische Recht ausführlicher und stellt fest, daß sich der österreichische Gesetzgeber vom 27. April 1896 stark am deutschen Recht orientiert habe, während das belgische Recht dem französischen sehr nah komme. Die direkte Übernahme des einen oder anderen Systems wird jedoch noch von keinem der beiden Autoren vorgeschlagen.

3.) Gesetzesvorschlag von Vallat

Trotz der eingehenden Erörterung des Eigentumsvorbehalts und der Beschäftigung mit Rechtsordnungen, die diesen anerkannt haben, scheint Vallat keine Möglichkeit zu sehen, den Eigentumsvorbehalt dem französischen Recht zu-

---

775 *Vallat*, p. 220, n° 281.

776 *Chauveau*, p. 47.

777 *Vallat*, p. 221, n° 282; *Chauveau*, p. 47.

gänglich zu machen. Um der gegenwärtigen Situation Abhilfe zu schaffen, unterbreitet Vallat daher den Vorschlag, die *"théorie de gage sans déplacent"* auf Industriematerial und Landwirtschaftsmaschinen, auszudehnen. Der Erfolg dieser Gesetzgebung habe sich schon im Gesetz von 18. Juli 1898 *"sur les warrants agricoles"* und im Gesetz vom 1. März 1898 *"sur le nantissement de fonds de commerce"* gezeigt. Außerdem liege ein weiterer Gesetzesvorschlag für die Ausdehnung dieses Prinzips auf "bateaux de rivière" bereits vor.[778] Auch im belgischen Recht habe sich dieses System seit fast fünfzig Jahren bewährt. Er ist außerdem der Ansicht, daß dem Käufer, der seine Vertragsverpflichtungen nicht erfüllen kann, die Möglichkeit gegeben werde müsse, die Rückerstattung der bereits getätigten Zahlungen, abzüglich einer Entschädigung für den Verkäufer, zu verlangen. Die erforderliche Publizität lasse sich bei Maschinen und Industrieanlagen problemlos realisieren, da diesen durch die Fabrikationszeichen und -nummern eine gewisse Individualität und eine relative Standfestigkeit zukomme.
Mit diesem Vorschlag wird Vallat den Interessen des Käufers, der bereits einige Raten erbracht hatte, gerecht und entspricht gleichzeitig dem vom französischen Recht für dingliche Sicherungsrechte aufgestellten Publizitätserfordernis.
Dennoch gibt er selbst zu bedenken, daß mit der Ausdehnung des *"droit de gage sans possession"* keine dauerhafte Lösung gefunden sei, da bei Gebrauchs- und Konsumgegenständen die Entwicklung des Ratenkaufs zwar noch nicht so weit fortgeschritten sei, daß von massiven Mißständen gesprochen werden könne, doch auch auf diesem Sektor müsse man mit einer Zunahme des Abzahlungskaufs rechnen und entsprechend reagieren. Da sich hier jedoch das Publizitätserfordernis kaum realisieren lasse, werde sich erneut die Frage nach einer allgemeinen gesetzlichen Regelung stellen. Er appelliert daher an den Gesetzgeber, im Bereich des Ratenkaufs tätig zu werden und eine allgemeingültige Regelung zu schaffen.

V.) Zusammenfassung

Frankreich hatte demnach Ende des 19. Jahrhunderts für den Abzahlungskauf kein effektives, allgemeingültiges Verkäufersicherungsmittel gefunden. Während der Eigentumsvorbehalt im deutschen Recht im Jahre 1900 durch § 455 BGB eine positive Regelung erfahren hatte, die genug Platz für Rechtsfortbildung im Rahmen der Rechtsprechung ließ, war in Frankreich noch keine allgemein zufriedenstellende Lösung zur Sicherung des Verkäufers beim Abzahlungskauf geschaffen worden.

---

778 Proposition par Pilchon, Journal officiel 1893, Doc. Parl., n° 56, p. 90.

Die vom französischen Recht abweichende Behandlung des Eigentumsvorbehalts im Badischen Landrecht, blieb weitgehend unbeachtet. Auch die konkrete Übernahmemöglichkeit des deutschen Eigentumsvorbehalts in das "*Droit lokal*" in Elsaß-Lothringen wurde nicht genutzt. Die Rechtsvergleicher kritisieren zwar die französische Rechtsprechung, gehen jedoch nicht soweit, eine positive gesetzliche Normierung des Eigentumsvorbehalts vorzuschlagen oder die Übernahme des deutschen Eigentumsvorbehalts anzuregen. Demnach scheint den Franzosen das Problem des Verkäuferschutzes durchaus bewußt, aber durch das Festhalten am Traditions- und Publizitätserfordernis eine Lösung schwer realisierbar.

D.) ENTWICKLUNG DER VERKÄUFERSICHERUNGS-RECHTE IM 20. JAHRHUNDERT

1. KAPITEL: ENTWICKLUNG DER VERKÄUFERSICHERUNGS-RECHTE BIS 1934

Nachdem der Kassationshof im Jahre 1897 dem Eigentumsvorbehalt die Wirkung im Konkurs versagt hatte und an dieser Rechtsprechung unbeirrt festhielt, wurde dieses Sicherungsmittel für mehrere Jahrzehnte durch andere Vertragsformen, vor allem den verschiedenen Spielarten des Mietkaufvertrages, verdrängt.[779] Erst um 1930 trat der Eigentumsvorbehalt vor allem im Zusammenhang mit den Abzahlungsgeschäften über Kraftfahrzeuge wieder häufiger in Erscheinung. Die Entwicklung der Automobilindustrie hatte zum Wiederaufleben des Problems der Anerkennung der Konkursfestigkeit des Eigentumsvorbehaltes geführt. Grund dafür war, daß während der Weltwirtschaftskrise von 1929 und der darauffolgenden Jahre ein vermehrtes Kreditbedürfnis der Käufer entstanden war, dem das Bedürfnis der Verkäufer nach dinglichen Sicherheiten gegenüberstand. Da jetzt die Mängel im Verkäuferschutzsystem des französischen Rechts in besonders eklatanter Weise hervortraten, war vor allem die Automobilindustrie darum bemüht, sich im Konkurs des Käufers ein wirksames Sicherungsmittel zu verschaffen.[780]

I.) Gesetzesvorschläge zur location-vente und zum Eigentumsvorbehalt

Seit 1924 gingen sowohl von den Parlamentsmitgliedern wie auch vom Senat selbst Bemühungen aus, die *"location-vente"* und den Eigentumsvorbehalt gesetzlich zu normieren.[781]

1.) Gesetzesvorschläge zur location-vente

Als Erster unterbreitet der Rechtsanwalt Louis Sarran 1924 auf Veranlassung der "*Féderation Métallurgique Française*" einen Gesetzesentwurf, der die Kaufmietverträge zum gesetzlich geregelten Kreditsicherungsmittel erheben sollte.[782] Sarran erklärt in seinem *"exposé des motifs"*, daß in Frankreich die Notwendigkeit einer allgemeingültigen Regelung zum Schutze des Verkäufers bestehe und eine Lösung in der Übernahme des schweizer Rechts (Art. 227

---

779 *L. Mestre,* Moyens pour protéger le vendeur, p. 160.

780 *E. Schulze,* La clause de réserve de propriété, p. 240.

781 *Schmuki*, p. 156; Rosskopf, S. 82.

782 *Troullier/Adolphe-Lacan*, p. 116.

Code Fédéral Suisse) gefunden werden könne. "*Nous n'hésitons pas à opter pour une réglementation général analogue à celle réalisé par le législateur suisse.*"[783]

Das wesentliche dieses Vorschlags war die Definition der Kaufmietverträge als Mietverträge mit Verkaufsoption, wodurch ein Aussonderungsrecht im Konkurs des Käufers gewährleistet werden sollte. Die "*location-vente*" sollte in bezug auf bewegliche Sachen auch für Nichtkaufleute Geltung haben. Um Dritten gegenüber Wirksamkeit zu entfalten, müsse sie schriftlich abgefaßt sein und für den Fall, daß der Kaufmieter Kaufmann sei, bei dem Handelsgericht des Wohnortes des Kaufmieters öffentlich eingetragen sein. Dieser Vorschlag erregte zwar die Aufmerksamkeit einiger Handelskammern, weitergehender Erfolg war ihm jedoch nicht beschieden.[784]

Auch auf der Jahresversammlung der Präsidenten und Mitglieder der französischen Handelsgerichte im Jahre 1931 wurde ausgiebig und leidenschaftlich über die *"location-vente"* debattiert. Der aus dieser Diskussion resultierende Gesetzesvorschlag sah die Geltung der *"location-vente"* gegenüber Dritten vor und sollte ihre Wirksamkeit im Konkurs des Käufers bei Eintragung in ein besonderes Register für die Dauer von 6 Jahren normieren. Bei Verträgen, deren Vertragsgegenstand den Wert von 5000 Frs. übersteigt, sollte eine Eintragung bei der Geschäftsstelle des zuständigen Handelsgerichts erfolgen.[785] Doch auch dieser Vorschlag fand keine weitere Berücksichtigung.

Am 28. Oktober 1932 trat der Abgeordnete Besset mit einem neuen Gesetzesvorschlag in die Öffentlichkeit, der ebenfalls die Legalisierung der Kaufmiete anstrebte.[786] Inhaltlich bewegte sich dieser Vorschlag Bessets im Rahmen der vorerwähnten. Auch er betonte, daß der Verkäufer bis zur vollständigen Bezahlung Eigentümer der Sache bleiben sollte, verlangte aber ebenfalls die Registrierung dieser Verträge in einem öffentlichen Register. Dabei diente ihm im wesentlichen das belgische und das italienische Recht zum Vorbild, die jeweils konkursfeste eintragungspflichtige Privilegien für den Verkäufer von Industrie- und Landwirtschaftsmaschinen vorsehen[787] und deren spezialgesetzliche Regelungen er zu einer allgemeingültigen verbinden wollte.[788] Seiner Ansicht nach

---

783 Zitert nach: *Troullier/ Adolphe- Lacan,* p. 117.

784 *Oesterreich*, S. 30; *Troullier/Adolphe-Lacan*, p. 125.

785 *Rosskopf*, S. 82.

786 In einzelen *Trollier/Adolphe-Lacan*, p. 128.

787 Das belgische Gesetz bezieht sich auf "machines et appareils employés dans les établissements industriels"; das italienische Gesetz bezieht sich auf "machines d'une valeur importante employées dans une exploitation industielle ou agricole", und wird durch das Gesetz vom 19.2.1928 auf den Automobilkauf ausgedehnt.

788 "*Nous n'hésitons pas à opter pour une réglementation générale en nous inspirant toutefois des modalités d'ordre pratique retenues par les législations belge et italienne.*" zi-

Fortsetzung nächste Seite

stellte das Formalitätserfordernis ein Minimum an Unannehmlichkeiten für den *"locateur-acheteur"* und ein Maximum an Sicherheit für den bailleur-vendeur dar.[789]

Einen weiteren, ähnlichen Vorschlag unterbreitete der Abgeordnete Dommange, wobei er keine öffentliche Registrierung der Kaufmietverträge vorsah. Im Gegensatz zu seinen Vorgängern kompliziert dieses Formalitätserfordernis seiner Ansicht nach die Transaktionen unnötig. Erforderlich, aber auch ausreichend, sei eine *"avis au propriétaire par lettre recommandé"*. Der *"bailleur-vendeur"* sollte seine Rechte gegenüber dem Eigentümer der Räumlichkeiten, die der *"locataire-acheteur"* gemietet hatte, nur dann geltend machen können, wenn er diesen vor der Lieferung der Ware per eingeschriebenem Brief über die Existenz der "*location-vente*" benachrichtigt hatte.[790] Eine solche eingeschränkte Publizität gegenüber dem potentiellen Vermieter des Käufers sei ausreichend.

Auch diese beiden letzten Gesetzesvorschläge sind nicht zum Gesetz gediehen, sondern gerieten vielmehr bald in Vergessenheit. Ebenso erging es dem Vorschlag des Abgeordneten Montigny vom 9. März 1934, der dem vorhergehenden gleicht, allerdings die Registereintragung wieder vorsieht.[791]

Erneut aufgegriffen wurde die Frage der Kreditsicherung durch Kaufmietverträge am 21. Juni 1934 durch die "*Conférence Général des Présidents et Membres des Tribunaux de Commerce de France*", die sich auch schon auf ihrer Jahresversammlung im Jahre 1931 mit dieser Frage befaßt hatten. Nach Abwägung der in den vorangegangenen Vorschlägen enthaltenen Gedanken entwarfen die Präsidenten und Mietglieder der Handelsgerichte darauf aufbauend einen neuen Gesetzesentwurf.[792] In diesem Entwurf wurden Mietverträge mit Kaufversprechen an Produktionsgütern, die einen Abzahlungskauf herbeiführen sollen, gewissen Formvorschriften unterworfen. Bei Beachtung der Formvorschriften sollte der Verkäufer-Vermieter bis zur vollständigen Bezahlung des Kaufpreises Eigentümer der Sache bleiben und diese bei Nichterfüllung des Vertrages durch den Miet-Käufer, sei es durch Zahlungsunfähigkeit oder Konkurs, innerhalb von sechs Jahren zurückverlangen können. Bei schuldhafter Nichterfüllung sollte ihm zudem ein Anspruch auf Schadensersatz zustehen. Dieses Rückforderungsrecht sollte er auch Dritten in bezug auf Sachen, deren Kaufpreis 5000 Frc.

---

tiert nach Troullier/ Adolphe-Lacan, p. 135. Besset bezieht sich dabei auf Art. 773 des italienischen Handelsgesetzbuchs von 1882 und auf Art. 546 des belgischen Gesetzes vom 18. April 1851.

789 *Troullier/Adolphe-Lacan*, p. 135.

790 Ebenda, p. 143.

791 Ebenda, p. 154.

792 In deutscher Übersetzung abgedruckt bei Oesterreich, S. 31; Originaltext bei *Troullier/Adolphe-Lacan*, p. 187.

übersteigt, unter der Voraussetzung entgegenhalten können, daß der Vertrag in ein von den Handelsgerichten zu führendes öffentliches Register eingetragen wurde. Unrechtmäßige Verfügungen des Mieters sollte als Veruntreuung bestraft werden.
Dieser Entwurf wurde jedoch von den Mitgliedern der "*Conférence*" selbst nur als eine Notlösung deklariert, die für den Fall zur Anwendung kommen sollte, daß das Parlament auf einer gesetzlichen Regelung des Mietkaufes beharre. In Anbetracht des Konflikts mit den Art. 1583, 1138, 2102 C.c. und Art. 550 C.com. und der Unmöglichkeit, die Kaufmietverträge auch bei verbrauchbaren Sachen zuzulassen, sowie der daraus resultierenden unterschiedlichen Behandlung der Verkäufer, solle von einer Einführung Abstand genommen werden. Es wurde auch die Befürchtung geäußert, daß die Einführung einer Normierung von Kaufmietverträgen zur Kreditinflation führen könne, so daß bei dem augenblicklichen Stand der Gesetzgebung der Erlaß eines solchen Gesetzes nicht angezeigt sei.[793] Das Gesetz kam in der Folge auch nicht zustande.[794]

2.) Vorschläge zum Eigentumsvorbehalt

Anläßlich der "*Conférence général des présidents et membres des Tribunaux de commerce de France*" wurde 1931 auch der Eigentumsvorbehalt lebhaft diskutiert. Fazit der Diskussion war, daß der Eigentumsvorbehalt aufgrund der fehlenden Publizität die Sicherheit der Wirtschafts- und Handelsbeziehungen beeinträchtige und deshalb nicht gesetzlich normiert werden dürfe.[795]

In der Literatur findet ein weiterer Gesetzesvorschlag von Schmoll und Jakobsen aus dem Jahre 1933 Erwähnung, der die Möglichkeit der Vereinbarung eines Eigentumsvorbehalts bis zur endgültigen Kaufpreiszahlung vorsah.[796] Um dies zu ermöglichen, sollte Art. 1583 C.c. durch folgenden Artikel ergänzt werden: "*Toutfois cette transmission de propriété peut, de convention expresse, être suspendue jusqu'au complet payement du prix bien que la chose ait été livrée. Dans ce cas, jusqu'au complet payement, l'acheteur éventuel ne détient la chose qu'à titre de louage ou de prêt à usage, selon les stipulations de contrat.*"[797] Dieser Vorschlag stellte eine Kombination aus Eigentumsvorbehalt und *"location-vente"* dar, der jedoch eher als Unterform der *"location-vente"*, als Eigentumsvorbehalt im eigentlichen Sinne bezeichnet werden mußte. Zwar sollte Art.

---

793 *Oesterreich*, S. 30; *Troullier/Adophe-Lacan*, p. 160.

794 *Schmuki*, S. 157.

795 *Troullier/Adolphe-Lacan*, p. 171.

796 *Kurtoglu*, S. 80; *Wieandt*, S. 117.

797 Zitert nach: *Kurtoglu*, S. 80.

1583 C.c. dahingehend geändert werden, daß der Eigentumsübergang, bei ausdrücklicher Vereinbarung, bis zur vollständigen Kaufpreiszahlung hinausgeschoben werden könne, was einem Eigentumsvorbehalt gleich kam; der Käufer sollte die Sache jedoch bis dahin als Mieter oder zur Leihe besitzen. Die Tatsache, daß der Eigentumsübergang zwar verzögert werden konnte, der Käufer aber wieder zum Mieter oder Leiher gemacht wurde, solange er nicht gezahlt hatte, zeigt, daß es den Franzosen schwer fiel, die Position des Käufers, der zwar schon Inhaber, aber noch nicht Eigentümer der Ware war, rechtlich zu definieren.
Auch dieser Vorschlag blieb ohne jedes Echo.[798] Eine Erklärung für das mangelnde Interesse an diesem Entwurf kann nur in der Abneigung der französischen Juristen gegen die Abweichung von Art. 1583 C.c., einem der Grundprinzipien des französischen Rechts, zu finden sein.[799]

Keiner der vorerwähnten Gesetzesvorschläge zum Eigentumsvorbehalt oder zur *"location-vente"* ist je zum Gesetz gediehen, auch sie gerieten bald in Vergessenheit.

II.) Entwicklung der Rechtsprechung zum Eigentumsvorbehalt

Aufgrund des neuen Bedürfnisses nach einem wirksamen Verkäuferschutz, welches sich, wie gezeigt, in der Automobilindustrie abzeichnete, mußte sich auch die Rechtsprechung seit 1929 wieder vermehrt zur Wirksamkeit des Eigentumsvorbehalts im Konkurs aussprechen. Dabei lassen sich ungefähr ebenso viele Entscheidungen finden, die die Wirksamkeit bejahten[800], weil sie die Entwicklung des Kreditkaufes nicht behindern wollten, wie solche, die sich der Rechtsprechung des Kassationshofes anschlossen und dem Eigentumsvorbehalt die Wirksamkeit im Konkurs absprachen.[801]

---

798 *Wieandt*, S. 117.

799 Ebenda, S. 117.

800 Douai, 17. oct. 1929, G.P. 1929, II, 873; Rouen, 19.3.1931, S. 1932, II, 64; Lyon, 8. juillet 1931, G.P. 1932, II, 849; Caen, 29. juin 1932, G.P. 1932, II, 843; Grenoble, 4. juillet 1932, G.P. 1932, II, 843; Angers, 23. nov. 1932, G.P. 1933, I, 571; Limoges, 3. mars 1933, G.P. 1933, II, 47; Grenoble, 13. mars 1933, G.P. 1933, II, 46; Nîmes, 13. mai 1933, G.P. 1933, II, 425; Riom, 8. juin 1935, G. P. 1935, II, 424; Lyon, 29. mai 1933, G.P. 1935, II, 424; Montpellier, 16. déc. 1931, D. H. 1932, 157; Amiens, 26. juillet 1934, G.P. 1934, II, 585.

801 Trib. civ. Colmar, 26. janv. 1927, D.H. 1927, 266; Aix, 1. mars 1932, D. H. 1933, Somm, p. 25; Amiens, 24. juin 1932, G.P. 1932, II, 843; Paris, 24. juin 1932, G.P. 1932, II, 843; Calais, 5. juillet 1932, G.P. 1932, II, 846; Paris, 15. févr. 1933, G.P. 1933, II, 572; Douai, 2. mars 1933, Rec. Douai 1933, I, 116; Montpellier, 18. mars 1933, G.P.

Fortsetzung nächste Seite

In den negativen Entscheidungen wurde die Rechtsauffassung vertreten, daß alle Klauseln, mit denen sich der Verkäufer das Eigentum an der Ware vorbehalten wollte, wegen Verstoßes gegen den ordre public gegenüber der Konkursmasse für unwirksam erklärt werden müßten.[802] Die meisten Urteile, die dem Verkäufer das Rücknahmerecht verweigerten, beriefen sich jedoch schlicht auf die vom Kassationshof 1897 aufgestellte "*théorie de l'apparence*". Aufgrund des vom Verkäufer durch die Übergabe gesetzten Scheins werde der in Konkurs gefallene Käufer, der gegenüber dem Verkäufer aufgrund des Eigentumsvorbehalt noch nicht Eigentümer geworden sei, gegenüber den Konkursgläubigern dennoch als solcher angesehen, mit dem Erfolg, daß der Konkursverwalter die Rückforderung der Ware durch den Verkäufer zurückweisen könne.

Die bejahenden Entscheidungen basierten auf der Auffassung, daß Verträge mit aufschiebend bedingtem Eigentumsübergang den wirtschaftlichen Bedürfnissen, die sich vor allem in der Kraftfahrzeugindustrie gezeigt hatten, gerecht würden. Die sich durch den vom Käufer erweckten Schein für Dritte ergebenen Gefahren dürften nicht höher bewertet werden, als die Sicherung des kaufmännischen Kredits.[803] Diese Rechtsprechung stützte sich primär auf das Argument, daß Art. 550 und Art. 557 C.com. nur auf solche Fälle Anwendung fände, in denen der Verkäufer das bereits übertragene Eigentum zurückholen wolle, was jedoch beim Eigentumsvorbehalt gerade nicht der Fall sei.[804] Es wurde außerdem angeführt, daß kein gesetzliches Verbot dem Eigentumsvorbehalt im Konkurs die Wirksamkeit ausdrücklich abspreche und einer Eigentumsvorbehaltsabrede auch grundsätzlich keine Schädigungsabsicht gegenüber Dritten unterstellt werden könne.[805]
Außerdem gelte auch hier der Grundsatz: "*nemo dat quod non habet*", nach dem auch in die Konkursmasse nur Sachen eingehen können, die der Konkursschuldner rechtmäßig zum Eigentum erworben habe. Bei der wirksamen Vereinbarung eines Eigentumsvorbehaltes sei der Konkursschuldner jedoch niemals Eigentümer der Ware gewesen und diese damit auch nicht in die Konkursmasse gefallen. Genauso dürfe sich auch der Konkursverwalter nicht auf das Eigentum

---

1933, II, 44; Valenciennes, 2. mai 1933, G.P. 1933, II, 426; Rennes, 18. nov. 1933, G.P. 1934, II, 188; Colmar, 23. janv. 1934, D. H. 1934, 242.

802 Montpellier, 18. mars 1933, G.P. 1933, II, 44.

803 Trib. com. Chartres, 4. nov. 1930, J.C.P. 1931, p. 135; Riom, 8. juin 1933, G.P. 1933, II, 424.

804 Nîmes 13. mai 1933, G.P. 1933, II 424; Riom 8. juin 1933, G.P. 1933, II, 424.

805 Lyon, 29. mai 1933, G.P. 1933, II, 424.

berufen, solange der Käufer nicht Eigentümer der Sache geworden sei, da er nicht mehr Rechte geltend machen könne, als der Konkursschuldner selbst.[806]
Der Kassationshof hat schließlich dem Streit der Rechtsprechung ein Ende gesetzt und mit seiner Grundsatzentscheidung vom 22. Oktober 1934 Klarheit geschaffen. In dem sehr allgemein gefaßten Urteil knüpft er an sein Urteil vom 22. März 1934 an und versagt dem Eigentumsvorbehalt im Konkurs endgültig seine Wirksamkeit.[807] Der Kassationshof sprach sich damit ausdrücklich gegen das Aussonderungsrecht des Verkäufers in Konkurs des Käufers aus.[808] Seine Begründung zur Verweigerung der Konkursfestigkeit stützt sich nicht unmittelbar auf die Art. 550, 567 C.com. und das Argument des ordre public-Verstoßes, sondern allein auf die "*solvabilité apparente*". Der Verkäufer, der Eigentümer der verkauften und gelieferten Sache geblieben ist, könne diese nicht mehr zurückfordern, da die Ware "*..est devenue, par leur entrée dans les magasins de l'acheteur, élements de la solvabilité apparente de celui-ci.*"[809]
Allein der äußere Schein war demnach nach wie vor für die Begründung der Rechte der Konkursmasse verantwortlich. Nach Auffassung des Kassationshofes rechtfertigte der heimliche Charakter des Eigentumsvorbehaltes und der daraus resultierende äußere Schein die Unwirksamkeit des Eigentumsvorbehalts im Konkurs. Diese Entscheidung hielt damit an der hergebrachten Argumentationsweise und den strengen Grundsätzen des Drittschutzes fest und fügte sich in die bisherige Entwicklung der Verkäufersicherungsrechte ein. "*Cette décision....correspond parfaitement à l'esprit du droit français.*"[810]
Damit schien jegliche Hoffnung auf einen konkursfesten Eigentumsvorbehalt beseitigt. "*C'était, semble-t-il, la condamnation nette de toute revendication fondée sur une clause de réserve de propriété ou sur une résolution judiciaire de la vente.*"[811]

---

806 Caen, 29. juin 1932, G.P. 1932 II, 848; Grenoble, 4. juillet 1932, G.P. 1932, II, 845.

807 Cass., 28. mars 1934, D. P. 1934, I, 151; Cass., 22. oct. 1934, S. 1935, I, 337.

808 Cass., 22. oct. 1934, S. 1935, I, 339: "*Attendu que les choses mobilières vendues à un commercant tombé par la suite en faillite ou en liquidation judiciaire ne peuvent, quand elles ont été effectivement livrée à l'acheteur et sont devenues ainsi élément de la solvabilité apparente de ce dernier, être revendiquées par le vendeur à l'encontre de la masse des créanciers, ni par la voie d'action résolutoire des articles 1184 et 1584 C.c., ni sur le fondement d'une clause du contrat qui aurait suspendu le transfert de propriété sur la tête dudit acheteur jusqu'à paiement complet du prix.*"

809 *Vandamme*, note sous Cass. 28. mars 1934, D.P. 1934, I, 155.

810 *E. Schulze*, La clause de réserve de propriété, p. 243.

811 *Friedel*, dans: Hamel, La vente commercial, p. 131.

III.) Neue Gesetzgebung

Auch der Gesetzgeber war bemüht, im Rahmen neuer Gesetze die Situation der Verkäufer zu verbessern. Vor allem nachdem sich der konkursfeste Eigentumsvorbehalt nicht durchsetzen konnte, mußte der Gesetzgeber andere Wege finden, den vermehrten Bedürfnissen des Verkäuferschutzes gerecht zu werden. In den ersten Jahrzehnten gingen die Bemühungen des Gesetzgebers dahin, die bereits bestehenden Gesetze auf die neuen Bedürfnissen anzupassen. Zusätzlich versuchte er besonderen Einzelbedürfnissen durch entsprechende Spezialgesetze entgegenzutreten und erweiterte die im 19. Jahrhundert begonnene Reihe besitzloser Pfandrechte und Mobiliarhypotheken, ohne von seinen Grundprinzipien abzuweichen.

1.) Nantissement du fonds du commerce 1909

Während das Gesetz über den "*warrant agricole*" nur einige Erweiterungen des Anwendungsbereiches erfuhr, fand sich hinsichtlich des "*nantissement du fond de commerce*" 1909 eine umfassende Neuregelung. Die knappe Regelung des Gesetzgebers von 1898 zum "*nantissement du fonds de commerce*" hatte viele Fragen offen gelassen und ließ das Verlangen nach einer umfassenden gesetzlichen Regelung laut werden.[812] Auch die Rechtsprechung, die durch das Gesetz von 1898 vereinheitlicht werden sollte, hatte sich angesichts neuer Fragen zerstritten. Es mangelte daher zu Beginn des 20. Jahrhunderts nicht an verschiedenen neuen Gesetzesentwürfen.[813]

Der von Lebret am 25. Febr. 1899 der Nationalversammlung unterbreitete Vorschlag mit dem Ziel, für das "*fond de commerce*" eine der Mobiliarhypothek entsprechende Eigentumspublizität zu schaffen, wurde von der Kammer nicht diskutiert.[814] Nicht anders war das Schicksal des Vorschlags von Authier vom 17. Juni 1902, der dem nantissement die körperlichen Gegenstände als Pfändungselemente entziehen und eine zusätzliche Publizität durch öffentlichen Aushang schaffen wollte.[815]

Mehr Erfolg war dagegen dem Vorschlag von Cordelet beschieden, der diesen dem Senat am 21. März 1905 zur ausführlichen Neuregelung des nantissements du fonds de commerce unterbreitete. Cordelet ging ebenfalls davon aus, daß die Hypothek des Handelsunternehmens keine Waren erfassen dürfe, auch wenn die

---

812 *Batard*, S. 83.

813 *Schöndorf*, ZHR 68 (1910), S. 542.

814 Proposition de loi, J. O. doc. parl., mars 1899, p. 814: fordert Realisierung einer Registereintragung des Handelsunternehmens als Grundlage für die Mobiliarhypothek.

815 Proposition de loi, J. O. doc. parl. juillet 1902, p. 545.

Parteien es ausdrücklich im Vertrag statuiert hätten.[816] Sein Vorschlag bildete die Grundlage der Gesetzes vom 17. März 1909 über den Verkauf und die Verpfändung von Handelsunternehmen, erfuhr jedoch vom Senat zahlreiche Änderungen. Obwohl der Gesetzgeber eine vollständige, in allen Einzelheiten geregelte Hypothek schaffte, zögerte er scheinbar dies zuzugeben und hielt weiterhin an der Bezeichnung "Pfand" fest.[817]
In seiner technischen Ausgestaltung war das Gesetz von 1909 weitgehend der "*hypothèque maritime*" nachgebildet. Viele Einzelheiten - bei den Formalitäten der Eintragung, bei der Löschung, der Pfandverwertung, der Ablösung - entsprachen dem Gesetz von 1885.[818]
Der Gesetzgeber von 1909 legte zum einen den Inhalt des "*nantissements*" genau fest, um die Unklarheiten über die Ausdehnung des Anwendungsbereichs zu beseitigen;[819] zum anderen regelte er in Art. 10, daß die Bestellung des nantissements durch beglaubigten Vertrag oder eine privatschriftliche, stempelpflichtige Urkunde zu erfolgen hat.[820] Außerdem muß das Pfandrecht innerhalb von 15 Tagen nach Vertragsschluß in einem Pfandregister beim zuständigen Handelsgericht eingetragen werden. Diese Eintragung ins Pfandregister hat konstitutive Wirkung und realisiert einen vollkommenen Drittgläubigerschutz (Art. 10 II).[821]
Der Gläubiger ist strafrechtlich gegen Mißbrauch seitens des Schuldners gemäß Art. 400 Abs. 5 c.pén. geschützt, zivilrechtlich steht ihm gemäß Art. 1188 C.c. das Recht zu, die offenstehende Forderung von dem Schuldner sofort zu verlangen, falls dieser den Wert des Pfandes mutwillig verringert.[822]

---

816 Exposé des motifs, J. O. doc. parl. mai 1905, p. 151.

817 *Schöndorf*, ZHR 68 (1910), S. 542.

818 *Cabrillac*, La protéction du créancier, p. 46.

819 Notwendigerweise im "fonds de commerce" enthalten sind das Firmenzeichen, der Handelsname (nom commercial), das Recht auf den Mietvertrag (droit au bail), die Stamm- (la clientèle) und die Laufkundschaft (l'achalandage) (Art. 9 III). Die Parteien können den Einbezug weiterer Bestandteile vereinbaren. Diese Gruppe umfaßt immaterielle Güter (Art. 9 I), aber auch das Betriebsinventar wie Maschinen, Werkzeuge und sonstige Einrichtungsgegenstände, soweit sie nicht "immeubles par destination" (Grundstückszubehör) sind. Dasselbe gilt für Patente (brevets d'invention) und Warenzeichen (marque de fabrique et de commerce) unter der Voraussetzung der Spezifikation und Einschreibung am "Institut national de la propriété industrielle". Nicht vom "fond de commerce" erfaßt werden Warenvorräte, Forderungen und Grundstücke. *Fargeaud*, p. 15; *Altorfer*, § 26 I, S. 168; *Reinecker/Petereit*, S. 166; *Bodenstein/Eberth*, S. 134; *von Boehmer*, Eigentumsvorbehalt, S. 210.

820 *von Boehmer,* Eigentumsvorbehalt, S. 122; *Altorfer*, § 26 I 2, S. 169.

821 *Cabrillac*, La protéction du créancier, p. 46; *Ehrig*, S. 135; *Seeliger*, S. 19.

822 *von Boehmer*, Eigentumsvorbehalt, S. 212.

Das Pfandrecht gewährt dem Gläubiger ein "*droit de préférence*", d.h. ein Recht auf vorzugsweise Befriedigung am etwaigen Erlös aus dem verpfändeten Gegenstand und ein "*droit de suite*", d.h. ein Folgerecht für den Fall, daß sich der Pfandgegenstand nicht mehr in Händen des ursprünglichen Schuldners befindet. Dieses "*droit de suite*" besteht infolge der faktischen Ortsgebundenheit des Unternehmens und des Ausschlusses von Art. 2279 C.c. zugunsten des Pfandgläubigers ohne jede Einschränkung.[823] Das Verfolgungsrecht bezieht sich jedoch nicht auf einzelne Teile des Unternehmens, sondern nur auf das Handelsgeschäft als Einheit.[824]
Das Recht des Pfandnehmers auf vorzugsweise Befriedigung steht nicht an erster Stelle der Privilegienordnung, ihm geht das Privileg des Fiskus vor. Grundsätzlich richtet sich das Rangverhältnis zwischen den eingetragenen Gläubigern nach dem Datum der Registrierung.[825]
Im Gegensatz zum Faustpfand kann der Gläubiger nicht die Überweisung der Sache an Zahlung Statt wählen (Art. 8 Abs. 2).[826] Betreibt der Verkäufer den zwangsweisen Verkauf des "*fond de commerce*" im Wege der öffentlichen Versteigerung, so muß er sich an die Vorschriften des Art. 16 des Gesetzes vom 17. März 1909 halten.

Die bei den Handelsgerichten geführten Register weisen in der Folgezeit eine große Zahl von Eintragungen auf, die auf den praktischen Erfolg des neuen Gesetzes hindeuten.[827] Es läßt sich jedoch feststellen, daß das "*nantissement*" in der Regel nicht Banken, sondern Privatleuten bestellt wird, die sich neben dem Verkäuferprivileg noch ein "*nantissement*" zur Sicherung des Kaufpreises eintragen lassen. Da das Unternehmenspfandrecht eigentlich als Sicherungsmittel für Betriebskredite gedacht war, mußte man von einer Zweckentfremdung sprechen.[828] Als dingliche Sicherheit für Bankkredite war es nicht besonders geeignet, da es das Warenlager nicht erfaßte. Außerdem war die Publizität des Pfandrechts seiner Beliebtheit unter Kaufleuten eher hinderlich.[829]

---

823 *Fargeaud*, p. 16; *Seeliger*, S. 21.

824 *Ehrig*, S. 133; *Altorfer*, § 26 I 3, S. 170.

825 *Altorfer*, § 26 I 3, S. 170.

826 *Seeliger*, S. 22; *Altorfer*, § 26 I 3, S. 170.

827 *Altorfer*, § 26 I 4, S. 171.

828 *Ehrig*, S. 137.

829 Ebenda, S. 137.

2.) Hypothèque fluvial 1917

Am 5. Juli 1917 schuf der Gesetzgeber die Hypothek an Binnenschiffen die der "*hypothèque maritime*" unmittelbar nachgebildet war und trotz einiger Besonderheiten im wesentlichen mit dieser übereinstimmte. Auch bei den Binnenschiffen war wesentliche Voraussetzung zur Zulassung einer hypothekarischen Belastung die Quasi-Immobilisation des Objektes durch Schaffung eines Binnenschiffregisters.[830] Das neue Gesetz unterwirft alle Akte mit dinglicher Wirkung an Binnenschiffen, der Offenkundigkeit durch Registereintragung. Das Gesetz von 1917 wurde am 19. Juli 1934 modifiziert, um das innerstaatliche Recht mit der "Genfer Konvention"[831] vom 30.12.1930 in Einklang zu bringen.

3.) Weitere warrants

Im Laufe des 20. Jahrhunderts hat der französische Gesetzgeber eine Vielzahl von Spezialgesetzen zur Regelung einzelner, spezieller "*warrants*" geschaffen. Die verhältnismäßig große Zahl dieser "*warrants*" zeugt von den Hoffnungen, die der Gesetzgeber und die verschiedenen Interessengruppen immer wieder in dieses Verpfändungsmittel gesetzt haben.[832] Jeder dieser Spezial-"*warrant*" folgt primär den schon für den warrant agricole aufgestellten Grundsätzen, weist aber in den Einzelheiten Abweichungen auf. Vorliegend soll auf die Entstehungsgründe der einzelnen "*warrants*" eingegangen werden, ohne sich jedoch mit den spezialgesetzlichen Detailregelungen und der verwirrenden Vielfalt der oft "minutiös-kasuistischen Regelungen"[833] länger aufzuhalten. Dies erfolgt vor allem auch vor dem Hintergrund, daß die meisten dieser branchenspezifischen Spezialgesetze in keinem Verhältnis zur praktischen Verbreitung der Domizilpfandscheine stehen.[834]

a.) Warrant hôtelier 1915

Ausschlaggebend für die Schaffung des "*warrant hôtelier*" war die chronische Kreditnot des gewerblichen Mittelstandes in Frankreich, die sich zu Beginn des Jahrhunderts vor allem im Hotelgewerbe bemerkbar machte.[835] Die Entwick-

---

830 Ebenda, S. 128; *Wieandt*, S. 109.

831 Dieses Abkommen regelt die Registrierung und Anerkennung des dinglichen Rechts an Binnenschiffen.

832 *Ehrig*, S. 139.

833 *Theuerkauf*, S. 137.

834 *Altorfer*, § 24 I, S. 155.

835 *Theuerkauf*, S. 17.

lung der Massenverkehrsmittel führte zu einem Aufblühen des Tourismus, der zu einem wichtigen Element der nationalen Wirtschaft avancierte.[836] Das Hotelgewerbe sah sich zur Erweiterung und Modernisierung seiner Betriebe gezwungen, um den Ansturm der Reisenden aufzufangen, dem technischen Fortschritt gerecht zu werden und konkurrenzfähig zu bleiben. Die starke Konkurrenz und finanzielle Überlegenheit vor allem der deutschen und schweizerischen Fremdenverkehrsindustrie hatte dazu geführt, daß zwei Drittel aller französischen Hotels in ausländischer Hand waren.[837] Das Hotelgewerbe suchte deshalb nach einer Möglichkeit, das in den Betrieben steckende Kapital der Wiederaufnahme dienstbar zu machen.[838]

Da die meisten Hoteliers nur Mieter der von ihnen bewirtschafteten Gebäude waren, entfiel die Möglichkeit, eine Hypothek zu bestellen. Auch das nantissement du fonds de commerce erwies sich als Kreditsicherungsmittel als nicht geeignet, da das Vermieterpfandrecht dem Unternehmenspfandrecht im Rang vorgeht.[839] Wenn der Hotelier Eigentümer des Gebäudes war, ergab sich wiederum das Problem, daß die Einrichtung dann *"immeuble par destination"* war und damit aus dem Anwendungsbereich des Unternehmenspfandrechts hinausfiel.

Deshalb sah sich der französische Gesetzgeber gezwungen, ein neues Kreditinstitut auf Basis des besitzlosen Pfandrechts zu schaffen und kodifizierte in Anlehnung an den *"warrant agricole"* durch das Gesetz vom 8. Aug. 1913, geändert durch das Gesetz vom 17. März 1915, die Verpfändung von Hotelinventar.[840] Die ratio legis des *"warrant hôtelier"* war die Krediterleichterung zugunsten von Hotelinhabern, die damit ihre Hoteleinrichtung, einschließlich der Zubehörteile ohne Besitzverlust verpfänden konnten.[841] Da der Gesetzgeber auf eine Modernisierung des französischen Hotelwesens hinwirkte, nicht dagegen die Hoteliers für sämtliche finanzielle Aktionen gegenüber anderen Kaufleuten privilegieren wollte, konnten daher nur Darlehensforderungen gesichert werden, von deren Bestand die Sicherheit abhängig wird.[842]

---

836 *Vivier*, dans: Hamel, Le gage commercial, p. 303; *Jourdan*, p. 129.

837 *Jourdan*, p. 129; *Ehrig*, S. 158; *Theuerkauf*, S. 18; *Vivier*, dans: Hamel, Le gege commercial, p. 303.

838 *Ehrig*, S. 158, *Kurtoglu*, p. 165.

839 *Kurtoglu*, p. 156; *Ehrig*, S. 158; *Jourdan*, p. 129.

840 *Kay*, S. 21; *von Boehmer*, Eigentumsvorbehalt, S. 206.

841 *Seeliger*, S. 31.

842 Anwendung findet das Gesetz nur bei "hôtels à voyageurs" in denen Gäste übernachten und speisen können, Restaurants und Cafés sind dagegen ausgeschlossen.

Obwohl der Erlaß des neuen Gesetzes auf das Drängen des Hotelgewerbes zurückzuführen war und es im Vergleich zu dem Gesetz über den "*warrant agricole*" manche technische Verbesserung brachte, hat der *"warrant hôtelier"* in der französischen Wirtschaft keine Bedeutung erlangt.[843] Von 1913 bis 1963 ist beim Trib. de commerce de la Seine kein einziger "*warrant hôtelier*" eingetragen worden.[844] Grund dafür war, daß sich der "*warrant*" seiner Natur nach vor allem zur Mobilisierung kurzfristiger Kredite eignete, das Hotelgewerbe zum Ausbau seiner Einrichtungen jedoch vorwiegend mittelfristige bis langfristige Kredite benötigte. Die Sicherung solcher Kredite durch ein Pfandrecht an der Hoteleinrichtung war denkbar ungeeignet, da die Einrichtungsgegenstände einem schnellen Verschleiß ausgesetzt sind, so daß sie bei Eintritt der Pfandreife nur noch einen Bruchteil ihres Wertes besitzen. Dem Gesetzgeber war es somit nicht gelungen, ein geeignetes, den Bedürfnissen dieses Wirtschaftszweiges angepaßtes Kreditsicherungsmittel zu schaffen.

b.) Warrant pétrolier 1932

In den Jahren nach dem ersten Weltkrieg erkannte die französische Regierung, daß der Sicherung der Mineralölversorgung Frankreichs, das fast ausschließlich auf Importe angewiesen war, aus volkswirtschaftlichen und militärischen Gründen besondere Aufmerksamkeit zu schenken sei. Deshalb wurde in der *"politique national du pétrole"* die Sicherstellung einer ausreichenden Reservehaltung in den Vordergrund gestellt.[845] Diese Reservehaltung wurde dadurch erreicht, daß seit 1921 die Einfuhr von Mineralöl nur noch mit einer Einfuhrgenehmigung zulässig war und diese Genehmigung den Importeuren die Verpflichtung auferlegte, einen bestimmten Prozentsatz der Einfuhrmenge als Vorrat anzulegen und laufend zu unterhalten.[846] Diese Vorratshaltung, die eigentlich den Aufschwung der französischen Erdölindustrie herbeiführen, sowie den Bedürfnissen der nationalen Verteidigung gerecht werden sollte, bedeutete für die Betroffenen eine unproduktive Festlegung einer beträchtlichen Menge Kapitals und damit eine außerordentliche Belastung.[847] Um dieses Kapital nicht ungenützt zu lassen und die Importeure in ihrer wirtschaftlichen Handlungsfreiheit nicht zu sehr einzuschränken, wollte der Gesetzgeber durch das Gesetz vom

---

843 *von Boehmer*, Eigentumsvorbehalt, S. 206.

844 *Fargeaud*, p. 101.

845 *Kurtoglu*, p. 155.

846 *Wieandt*, S. 191, *Ehrig*, S. 165, *Kurtolglu*, p. 155.

847 *Vivier*, dans: Hamel, le gage commercial, p. 303; *Jourdan*, p. 233.

21.4.1932 die Mobilisierung des in dem gelagerten Erdöl steckenden Kapitals ermöglichen.[848]
Der "*warrant pétrolier*", als weiterer Anwendungsfall des handelsrechtlichen Registerpfandrechts an beweglichen Sachen, sollte als Wertpapier dem Importeur von Erdöl die Möglichkeit geben, seine Ware ohne Aufgabe des unmittelbaren Besitzes zu verpfänden.[849]
Auch die Bedeutung des "*warrant pétrolier*" war nur gering. Ursache hierfür scheint auch hier die Divergenz zwischen der Ausgestaltung des Pfandrechts und den Erfordernissen der Praxis gewesen zu sein, da es kleine Importeure aus dem Anwendungsbereich ausschloß und die großen Unternehmer Kredit meist nicht gegen dingliche Sicherheiten, sondern durch die Vorlage von Bilanzen erhielten.[850]

4.) Verkäuferpfandrecht an Kraftfahrzeugen 1934

Nachdem dem Automobilverkäufer einerseits durch die Rechtsprechung die Möglichkeit eines effektiven Schutzmittels in Form des konkursfesten Eigentumsvorbehalts versagt worden war, der Gesetzgeber aber andererseits die Legalisierung eines Verkäufersicherungsmittels im Sinne der Normierung der "*location-vente*" noch immer nicht verwirklicht hatte, mußte der unbezahlte Automobilverkäufer sich darauf beschränken, im Konkurs des Käufers seine Kaufpreisforderung als gewöhnlicher Konkursgläubiger geltend zu machen. Da diese Situation für die Automobilindustrie, die sich derzeit in einer Absatzkrise befand, unhaltbar geworden war, mußte der Gesetzgeber 1934 dem Drängen der Automobilverkäufer nachgeben und zur Abhilfe eines konkreten Bedürfnisses erneut durch die Schaffung eines Spezialrechts, diesmal ganz speziell zur Sicherung von Kaufpreisforderungen bei Kreditkäufen von Fahrzeugen, tätig werden.[851] Für den unbezahlten Verkäufer mußte durch Gesetz eine dem konkursfesten Eigentumsvorbehalt gleichkommende Sicherung für die noch ausstehende Kaufpreisforderung geschaffen werden.[852]

---

848 *Seeliger*, S. 34, Fn. 4; *Kutroglu*, p. 155; *Wieandt*, S. 191; *Ehrig*, S. 165; *Jourdan*, p. 133.

849 *Theuerkauf*, S. 18; *Vivier*, dans: Hamel, Le gage commercial, p. 303.

850 *Seeliger*, S. 35.

851 *Altorfer*, § 25 I 1, S. 160; *Ehrig*, S. 179; *Wieandt*, S. 118; *Gindre*, p. 72.

852 *Gindre*, p. 73; *Sommade*, p. 406; *Carrillac/Mouly*, p. 553; *Cabrillac*, La protéction du créancier, p. 47; *Fargeaud*, p. 48.

a.) Entwicklung des gage automobile

Der Gedanke einer dinglichen Sicherheit an Automobilien war erstmals im Oktober 1932 im Rahmen des Entwurfes über eine Normierung der *"location-vente"* vorgetragen worden.[853] Da die Beratung über den Entwurf des Gesetzes zur "*location-vente*" sich nach Ansicht der Parlamentarier noch längere Zeit hinziehen würde, wurde am 17. Oktober 1933 von Laurent ein Gesetzesvorschlag unterbreitet.[854] Darin war vorgesehen, den Art. 2102 C.c. um ein besonderes Privileg für Automobilverkäufer auszudehnen und diesem ein *"droit de suite*" bzgl. des Wiederverkaufspreises gegenüber Dritterwerbern zuzubilligen. Doch sein Vorschlag fand keine Resonanz.
Nachdem auch 1934 ein Ende der Gesetzgebungsarbeiten nicht absehbar war, die wirtschaftliche Situation der fast ausschließlich auf Kredit verkaufenden Automobilhersteller und ihrer Finanzierungsbanken aber die sofortige Schaffung einer dinglichen Kreditsicherung erforderte, schlug der Abgeordnete Malingre am 20. Februar 1934 erneut vor, Art. 2102 C.c. um eine Ziffer 9 zu ergänzen, wonach die Restkaufpreisforderung des Automobilverkäufers aus der Kraftfahrzeugveräußerung oder der Finanzierung solcher Verträge bis zum Inkrafttreten eines Gesetzes über die Regelung der *"location-vente"* als bevorrechtigte Forderung zu qualifizieren sei. Dieses Privileg an der Kaufpreisforderung sollte mit einem "*droit de préférence*" und einem droit de suite ausgestattet werden. Des weiteren sollten Bestimmungen der Pfandverwertung eines Faustpfandes durch einen kaufmännischen Faustpfandgläubiger (Art. 93 C.c.) anwendbar sein.[855] Um gegenüber Dritten Wirksamkeit zu entfalten, sollte das Privileg in ein besonderes Register eingetragen werden. Dieser Entwurf des Abgeordneten Malingre wurde von der Gesetzgebungskommission der Kammer nur wenig geändert.[856] Vor allem bestimmte Art. 2 des verbesserten Entwurfs, daß das Privileg auch im Konkurs des Käufers Bestand haben sollte. Der Entwurf stellt demnach eine schlichte Ausdehnung des *"privilège du vendeur"* dar.[857] Der Vorschlag wurde von der Nationalversammlung nach dem Bericht

---

853 J. O. doc. parl. 1932, Annexe 416.

854 J. O. doc. parl. 1933, Annexe 2384.

855 Exposé des motives, J. O. doc. parl. mai 1934, p. 212.

856 Danach sollte der Kraftfahrzeugkaufvertrag unter "date certaine", d.h. einem amtlich festgestellten Datum, nach dem die Gültigkeit des Vertrages von einem Dritten nicht mehr bestritten werden kann, abgeschlossen werden. Dieser Kaufvertrag sollte in einem Originalexemplar bei der Registerbehörde hinterlegt werden. Auch sollte dem Verkäufer das Recht eingeräumt werden, das verkaufte Fahrzeug unter Anrechnung des Gebrauchswertes des Automobils auf die Restkaufpreisforderung vom Eigentümer zurückholen zu dürfen.

857 Lapp, dans: Hamel, Le gage commercial, p. 214.

von Pares angenommen.[858] Pares begründet die Notwendigkeit einer solchen Regelung wie folgt: "*L' industrie automobile, se voit soumise à des risques trop élévés, qui ne rentrent plus dans le cadre d'une question financère normale.*"
Pares setzt sich in seinem Bericht auch mit der Möglichkeit der Einführung eines konkursfesten Eigentumsvorbehalts auseinander und geht auf die Rechtsordnungen ein, die den Eigentumsvorbehalt gesetzlich normiert haben.[859] Er hält jedoch die Übernahme und Einführung eines allgemeinen Eigentumsvorbehalts für unmöglich: "... *il faut reconnaitre qu'une pareille étude destiné à mettre au point un système législatif absolument nouveau, boulversant les principes essentielles de notre droit civil, et dont les effets s'étendraient à toutes les branches de l'achtivité économique nécessite un principe de longue haleine et infiniment délicat.*"[860] Der gegenwärtige Vorschlag sei dagegen wesentlich einfacher und werde den gegenwärtigen neuen Bedürfnissen ebenfalls gerecht.
Der Entwurf Malingres wurde von der Kammer an den Senat weitergeleitet, dort zunächst allerdings von dem Berichterstatter der Zivilgerichtskommission des Senats, Violette, abgelehnt.[861] Er begründete die Ablehnung damit, daß der Entwurf mit dem Gesamtsystem des Code civil unvereinbar sei. Art. 2102 c.c, den der Entwurf erweitern wolle, könne sich nur auf Sachen beziehen, die der Schuldner noch in Besitz habe. Aus diesem Grunde sei es systemwidrig, dem Privileg des Automobilverkäufers auch Wirksamkeit gegenüber Dritten zu verleihen. Außerdem betreffe das Privileg des Art. 2102 C.c. grundsätzlich nicht die Sache selbst, sondern nur den Kaufpreis. Senator Violette beanstandete auch, daß nach dieser Lösung nur der Verkäufer und nicht auch der Zessionar der Kaufpreisforderung gesichert werden solle.[862]
Aus diesen Gründen schlug er vor, das "*privilège*" durch ein "*gage*" zu ersetzen und den Entwurf Malingres dementsprechend abzuändern. In dieser neuen Fassung wurde der Entwurf ohne weitere Debatte, sowohl vom Senat, als auch von der Kammer angenommen. Durch dieses Gesetz vom 29.12.1934 "*facilitant l'acquisition de véhicules ou tracteurs automobiles*" wurde die französische Rechtsordnung durch ein neues Verkäufersicherungsmittel ergänzt.

---

858 J. O. doc. parl. 4. juillet 1934, p. 2013.

859 Rapport Pares, J. O. doc. parl. 27 juin 1934, p. 1108.

860 Ebenda, p. 1108.

861 Rapport Viollet, J. O. doc. parl. avril 1935, p. 1338.

862 Ebenda p. 1338.

b.) Grundzüge des gage automobile

Der neue Entwurf sieht jetzt ein Pfandrecht des Verkäufers an Kraftfahrzeugen vor, das nicht an den Besitz der Sache gebunden ist.
Das Pfandrecht an Kraftfahrzeugen sichert die Kaufpreisforderung bzw. die entsprechende Wechselforderung, sowie beim finanzierten Kauf die Darlehensforderung, d.h. Forderungen, die im Zusammenhang mit dem Kauf stehen. Die Bestellungsformalitäten richten sich nach Art. 2074 C.c..[863] Bei der Normierung des "*gage automobile*" macht sich der Gesetzgeber die Vorschriften des Dekrets vom 21. Dez. 1922 zu nutze, das bestimmt, daß der Eigentümer eines Automobils dieses vor der Teilnahme am öffentlichen Straßenverkehr bei der Präfektur des Departements des Wohnsitzes anmelden muß. Das Fahrzeug wird dort registriert und dem Eigentümer ein "*receptissé*" und eine Fahrzeugnummer erteilt. Dieser "*receptissé*" wird "*carte grise*" (Kraftfahrzeugschein) genannt.[864] Diese "*carte grise*" mit der Zulassungsnummer gibt dem Fahrzeug eine gewisse Individualität und registriert es bei der betreffenden Präfektur.[865] Da die "*carte grise*" das Fahrzeug nicht in dem Sinne repräsentiert, wie etwa das Konnossement die Ware verkörpert, über die es ausgestellt ist, wird die bei der Verpfändung grundsätzlich erforderliche Übergabe des Fahrzeugs nicht durch die Übergabe der "*carte grise*" ersetzt, sondern durch die Eintragung des Pfandrechts in ein besonderes Pfandregister, das bei der gleichen Präfektur geführt wird, die auch die "*carte grise*" ausgestellt hat.[866] Dieses Pfandregister ist dem Stammregister des "*warrant*" nachgebildet. Die "*inscription du gage*" in ein besonderes Register ersetzt als Publizitätsmaßnahme die Übergabe des Fahrzeuges. Mit der Registereintragung wird das Pfandrecht dritt-wirksam, und zwar für die Dauer von fünf Jahren. Die Verpfändung wird zusätzlich auch im Zulassungsregister vermerkt.[867]
Die amtliche Bestätigung des Eintragungsantrags (*recu*) gibt dem Gläubiger einen fingierten unmittelbaren Besitz an dem verpfändeten Motorfahrzeug (Art.

---

863 Bestritten ist allerdings, ob das Pfandrecht bereits kraft Gesetzes, nach Art eines gesetzlichen Vorzugsrechts entsteht oder ob bei Abschluß des Kauf- oder Darlehnsvertrages eine Einigung über die Entstehung des Pfandrechts erfolgen muß. In der Praxis spielt dieses Problem keine Rolle, da die Kauf- bzw. Darlehnsverträge regelmäßig die ausdrückliche Vereinbarung eines Pfandrechts vorsehen. *Bodenstein-Eberth*, S. 89; *Hamel/Lagarde/Jauffret,* Traité de droit commercial, p. 399; *Altorfer*, § 25 I, S. 161; *von Boehmer*, Eigentumsvorbehalt, S. 215.

864 *Kurtoglu*, p. 78.

865 *Ehrig*, S. 181; *Kurtoglu*, p. 78.

866 *Ehrig*, S. 182; *Cabrillac/Mouly,* p. 553; *Wieandt*, S. 118; *Hamel/Lagarde/Jauffret*, Traité de droit commercial, p. 399.

867 *Hamel/Lagarde/Jauffret*, Traité de droit commercial, p. 399.

2 Abs. 2 S. 2 des Gesetzes).[868] Der "*recu*" unterscheidet sich von den "*warrants*" dadurch, daß er kein Wertpapier im eigentlichen Sinne ist: Er verkörpert nicht die gesicherte Forderung und kann auch nicht durch Indossament übertragen werden.[869]

Die Stellung des "*recu*"-Inhabers entspricht aber ansonsten der des "*warrant*"-Inhabers. Durch die Besitzfiktion hat der Pfandgläubiger ein "*droit de rétention*". Der Käufer kann danach das Fahrzeug zwar weiter verkaufen, darf es aber wegen des aus dem fingierten Pfandbesitz folgenden Zurückbehaltungsrechts des Gläubigers dem Erwerber nicht übergeben, bevor der Gläubiger befriedigt ist. Verletzt er das Übergabeverbot, so macht er sich der Pfandunterschlagung strafbar.[870]

Umstritten ist, ob dem Pfandgläubiger ein beschränktes oder ein unbeschränktes "*droit de suite*" zusteht. Der Gesetzeswortlaut spricht für eine Gleichbehandlung von Automobil- und Faustpfandgläubiger und damit für ein beschränktes "*droit de suite*".[871] Andererseits unterliegen Autos, anders als die Waren die mittels "*warrant*" verpfändet werden, aufgrund der Immatrikulation einer allgemeinen Eintragungspflicht und erlangen dadurch eine mit den Schiffen vergleichbare Position, so daß ähnliche Voraussetzungen wie bei der Mobiliarhypothek vorliegen. Teilweise wird daraus gefolgert, daß ein gutgläubiger Erwerb überhaupt ausgeschlossen sei und dem Verkäufer damit ein unbeschränktes "*droit de suit*" zukomme.[872] Die h.M. geht jedoch davon aus, daß der Pfandgläubiger nur ein beschränktes "*droit de suite*" hat und daß Art. 2279 C.c. nicht ausgeschlossen sei.[873] Diese Ansicht bestätigt die Vorschrift des Art. 2 Abs. 2 S. 2, die zum Ausdruck bringt, daß sich der Gesetzgeber entschieden hat, die Bindung an den fingierten Besitz ausdrücklich ins Gesetz aufzunehmen und das Kraftfahrzeugpfandrecht damit nicht als Mobiliarhypothek auszugestalten.[874] Der Gläubiger des "*gage automobile*" ist also ein echter Pfandgläubiger, wenn auch ohne tatsächlichen Besitz. Die h.M. hat allerdings angenommen, daß der Käufer schon dann aus grob fahrlässiger Unkenntnis bösgläubig ist, wenn er ein eingetragenes Pfandrecht nicht kennt, da sich jeder Käufer durch Einblick in das Register über das Bestehen des Pfandrechts erkundigen könne. Zugunsten des Pfandgläubi-

---

868 *Altorfer*, § 25 I, S. 161; *Ehrig*, S. 182.

869 *Seeliger*, S. 41.

870 *Fargeaud*, p. 67; *Altorfer*, § 25 I, S. 161.

871 *Fargeaud*, p. 58.

872 *Kurtoglu*, p. 87; *Reiss*, AWD 1971, S. 23; *Planiol/Ripert,* Traité paratique, t. XII, p. 325; *Rosskopf*, S. 84.

873 *Cabrillac*, La protéction du créancier, p. 54; *Roblot*, t. II, n° 2527; *Ehrig*, S. 184.

874 *Ehrig*, S. 184; a.A.: *Rosskopf*, S. 85.

gers ist Art. 2279 C.c. damit zwar nicht theoretisch, wohl aber praktisch ausgeschaltet.[875]

Der Pfandgläubiger kann acht Tage nach einer erfolglos gebliebenen Mahnung ohne vorherige Erwirkung eines Titels die Sache öffentlich versteigern lassen, wobei die Versteigerung regelmäßig durch öffentliche Versteigerungsbeamte durchgeführt wird. Die vereinfachte Pfandverwertung gem Art. 93 C.com. ist selbst dann möglich, wenn der Gläubiger Nichtkaufmann ist (Art. 3). Anstatt die Verwertung des Pfandes zu betreiben kann sich der Gläubiger gemäß Art. 2078 C.c. die Pfandsache zum Schätzwert zusprechen lassen.[876] Der Verkäufer hat also im Konkurs des Käufers aufgrund des fingierten unmittelbaren Besitzes die Stellung eines Faustpfandgläubigers.[877]

Das Gesetz sollte ursprünglich nur provisorischen Charakter haben und bald durch eine umfassende Regelung zur *"location-vente"* ersetzt werden. Die Gesetzgebungsarbeiten wurden jedoch, wie gezeigt[878], nie beendet und der Anwendungsbereich des *"gage automobil"* im Laufe der Zeit weiter ausgedehnt.[879] Trotz einiger Unzulänglichkeiten, die im wesentlichen durch das Dekret von 1935 beseitigt wurden, hat sich das Kraftfahrzeugpfandrecht, anders als die meisten seiner Vorgänger, in der Praxis bewährt und große Bedeutung erlangt.[880]

IV.) Kritische rechtsvergleichende Arbeiten zum Eigentumsvorbehalt

Nach Vallat und Chauveau waren die kritischen, rechtsvergleichenden Stimmen zum Eigentumsvorbehalt zunächst verstummt. Diesem Thema wurde jedoch nach der Weltwirtschaftskrise nicht nur - wie gezeigt - seitens der Rechtsprechung oder durch neue Gesetzesinitiativen, sondern auch seitens der Rechts-

---

875 *Seeliger*, S. 41; *Ehrig*, S. 185.

876 *Seeliger*, S. 311.

877 *von Boehmer,* Eigentumsvorbehalt, S. 216; *Ehrig*, S. 186.

878 S.o. D.) 1. Kap. I.) 1.).

879 Der Anwendungsbereich des Gesetzes wurde durch das Gesetz vom 2. Nov. 1941 auf die *"tracteurs agriculteurs"* und das Gesetz vom 17. Nov. 1949 auf den Verkauf von *"remoques tractées"* (Sattelschlepper) ausgedehnt. Das Gesetz von 1934 wurde durch Décret vom 30. Sept. 1953 neu gefaßt und der Personenkreis, der das Pfandrecht zu seinene Gunsten geltend machen kann, erweitert. Das Dekret vom 20. Mai 1955 erleichtert schließlich noch die Formalerfordernisse: Das Pfand mußte innerhalb von drei Monaten ab Ausgabe des Fahrzeugscheins geltend gemacht werden.

880 *Hamel/Lagarde/Jauffret,* Traité de droit commercial, p. 397; *Lapp*, dans: Hamel, Le gage commercial, p. 214.

vergleicher wieder größere Aufmerksamkeit geschenkt. Im Zusammenhang mit dem Streit um die Konkursfestigkeit des Eigentumsvorbehalts in der Rechtsprechung setzte ab 1933 auch in der Literatur eine neue Diskussionswelle über die Probleme der fehlenden Konkursfestigkeit des Eigentumsvorbehalts ein. Bei der Suche nach Problemlösungen orientierten sich die Kritiker häufig an den Regelungen anderer Länder, wobei sie sich zunächst den Ländern mit artverwandten Rechtsordnungen zuwandten.[881] Vorliegend sollen vor allem die Arbeiten Beachtung finden, die sich im Rahmen ihres Rechtsvergleichs und ihrer Kritik am französischen Recht auch mit dem deutschen Recht auseinandersetzten.

1.) Kritik an den Argumenten der französischen Rechtsprechung

Zunehmend angegriffen wurde von den Kritikern ab 1933 die Rechtsprechung, die die Konkursfestigkeit des Eigentumsvorbehalts verneinte. Dabei geriet vor allem die Theorie der "*solvabilité apparente*" ins Kreuzfeuer der Kritik.
Kritisiert wurde zunächst, daß sich diese Theorie schon aus Gründen der Logik nur auf die Konkursgläubiger anwenden lasse, deren Forderung *nach* Einbringung der Ware in das Lager des Gemeinschuldners entstanden sei. Denn nur in diesem Fall sei durch die im Besitz des Gemeinschuldners befindlichen Waren - wenn überhaupt - eine Täuschung über dessen Kreditwürdigkeit entstanden.[882] Es sei also nicht einzusehen, warum die Gläubiger, deren Forderungen schon vor Einbringung der Waren entstanden waren, genauso behandelt werden sollten.[883]
Hervorgebracht wurde außerdem, daß der Käufer von Investitionsgütern angesichts der weiten Verbreitung des Abzahlungskaufes seit der Weltwirtschaftskrise in der Regel erst bei vollständiger Kaufpreiszahlung Eigentümer werde.[884] Die Ware könne daher nicht schon bei Eintritt in das Warenlager als Zeichen

---

881 *de Meester/de Mortier*, De la réserve de propriété et de la vente à tempérament, 1931; *Percerou*, La clause de réserve de propriété dans les ventes mobilières, Annal. dr. com. 1931, p. 189; *Szamek*, La réserve de propriété en matière de ventes mobiles, 1933; *Michelet*, Des procédés employés par les vendeurs de meubles pour échapper aux conséquences de la faillite de l'acheteur, 1933; *Bernays*, La défaillance de l'acheteur et la préservation des droits du vendeur dans les ventes à crédit, Rev. cr. lég. jur. 1934, p. 618; *Dédé*, Des problèmes juridiques que pose la clause de réserve de propriété, Rev. cr. lég. jur. 1937, p. 340.

882 *Vandamme*, note sous Cass. civ., 22. oct. 1934, D.P. 1934, I, 156; später genauso: *E. Schulze*, La clause de réserve de propriété, p. 251; *Friedel*, dans: Hamel, La vente commercial, p. 140.

883 *Esmein*, note sous Cass. civ. 28. mars 1934, S. 1935, I, 337.

884 *Szamek*, p. 124.

der Kreditwürdigkeit gewertet werden.[885] Vielmehr müßten die Gläubiger immer mit der inzwischen gängigen Eigentumsvorbehaltsklausel an der eingelagerten Ware rechnen.
Des weiteren wurde angeführt, daß die Konkursfestigkeit berechtigterweise abgelehnt werden müsse, wenn sie die Umgehung der Regelung des Art. 550 C.com. zur Folge habe. Denn Art. 550 C.com. diene der Sicherheit des Handels und der Erhaltung des ordre public. Der Eigentumsvorbehalt sei jedoch weder ein Privileg im Sinne des Art. 550 C.c., noch ein von Art. 550 C.c. aufgeführtes "*droit de révendication*", da sich dieses auf "*ventes parfaites*", d.h. auf Käufe, bei denen das Eigentum auf den Käufer übergegangen ist, beziehe. Außerdem habe der Gesetzgeber den Anwendungsbereich des Art. 550 C.c. bewußt durch den Zusatz "*établis par le 4° de l'Art. 2102 du Code civil*" beschränkt.[886] Art. 550 C.com. sei daher schon von seinem Wortlaut her nicht auf die Eigentumsvorbehaltsklausel anwendbar und dürfe auch nicht dahingehend extensiv ausgelegt werden. Damit wurden die Argumente wieder aufgegriffen, die von der frühen Rechtsprechung und Praxis für die Konkursfestigkeit angeführt, jedoch vom Kassationshof mit dem Argument des Verstoßes gegen die Gleichheit der Gläubiger verworfen worden waren.

2.) Rechtsvergleich und Lösungsvorschläge

In rechtsvergleichender Hinsicht sind in dieser Zeit zwei Arbeiten hervorzuheben, die sich mit dem Eigentumsvorbehalt in Deutschland und Frankreich auseinandersetzten, wobei das deutsche Recht in beiden Arbeiten eine völlig unterschiedliche Würdigung erfuhr.

a.) Percerou 1931

Percerou beschäftigte sich in einem rechtsvergleichenden Aufsatz in den Annales de Droit Commercial 1931 mit dem Eigentumsvorbehalt im deutschen und französischen Recht.[887] Er kam jedoch zu dem Ergebnis, daß das deutsche System eine etwas abwegige, allgemein aus dem internationalen Rahmen fallende Regelung beinhalte.[888]

Percerou war der Auffassung, daß auch nach deutschem Recht dem Eigentumsvorbehaltsverkäufer eigentlich kein Aussonderungsrecht gewährt werden dürfe.

885 *Esmein*, note sous Cass civ. 28. mars 1934, S. 1935, I, 337.
886 *Szamek*, p. 124.
887 *Percerou*, Annal. dr. com. 1931, p. 189.
888 Ebenda, p. 189.

Denn aus § 44 KO müsse *"argumentum e contrario"* geschlossen werden, daß der Verkäufer weder ein Rückforderungsrecht noch irgendein anderes Privileg an der Ware geltend machen könne, wenn der Käufer die Ware vor Konkurseröffnung in Besitz genommen habe.[889]
Des weiteren war Percerou der Ansicht, daß im Konkurs zwischen den Rechten der Vorbehaltsverkäufer und der Konkursgläubiger ein ausgewogenes Verhältnis geschaffen werden müsse. Percerou ließ damit, im Gegensatz zu Vallat, keine Zweifel an dem von der Cour de Cassation stipulierten Vertrauensschutz aufkommen, demzufolge der Besitz ein Indiz für das Eigentum und damit für die Zahlungs- und Kreditfähigkeit des Schuldners war.[890] Der Verkäufer habe durch die Lieferung der Ware selbst diese für jedermann offensichtliche Situation geschaffen und müsse daher auch die Konsequenzen tragen. Es sei ein Fall von arglistiger Täuschung, wenn sich der Verkäufer am Tage der Konkurseröffnung gegenüber den Konkursgläubigern auf ein verborgenes Eigentumsrecht berufen könne. Nur wenn der Gläubiger grob fahrlässig die Existenz einer Eigentumsvorbehaltsklausel zugunsten des Verkäufers ignoriere, solle der Vertrauensschutz entfallen.
Die Anerkennung der Gültigkeit einer Eigentumsvorbehaltsklausel ohne jegliches Publizitätserfordernis bedeutete nach Percerou einen Rückschritt in der französischen Rechtsentwicklung, im Laufe derer das Publizitätserfordernis erst zu einem der absoluten Grundprinzipien der dinglichen Mobiliarsicherheiten deklariert worden war.[891] Auch Verlängerungsformen des Eigentumsvorbehalts hielt Percerou für abwegig: *"Certains juristes allemands ne reculent pas devant les conséquences les plus extrèmes."*[892]
Letztlich sei der Eigentumsvorbehalt nichts anderes als eine Wiederbelebung der Mobiliarhypothek, deren Nachteile allgemein bekannt seien. Der Eigentumsvorbehalt führe zu Unsicherheiten im Kreditverkehr, gefährde die Abwicklung der Handelsbeziehungen und sei damit unpraktikabel. Dementsprechend lehnte Percerou für die weitere französische Rechtsentwicklung auf dem Gebiet des Verkäuferschutzes eine Orientierung am deutschen System ab.

b.) Szamek 1933

Szamek dagegen begrüßte die neue französische Rechtsprechung, die dem Verkäufer im Falle des Konkurses des Käufers den Schutz des Eigentumsvorbehal-

---

889 Ebenda, p. 191.
890 Ebenda, p. 192.
891 Ebenda, p. 193.
892 Ebenda, p. 191, Fn.1.

tes gewährte.[893] Dennoch seien seiner Ansicht nach diese wenigen und bisher in ihrer Begründung noch stark umstrittenen Urteile nicht ausreichend, um einen baldigen Umschwung der Rechtsprechung erwarten zu können. Daher forderte Szamek das Eingreifen des französischen Gesetzgebers.[894]

Bei der Untersuchung, welche Rechtsordnung sich zur Übernahme in das französische Recht eigne, nahm Szamek zunächst eine grundlegende Einteilung vor: Er unterschied das englische System der "*reputed ownership*" von den Systemen, die einen Eigentumsvorbehalt mit oder ohne Eintragungserfordernis anerkannten[895] und den Rechtsordnungen, die dem Verkäufer ein konkursfestes Privileg zusprachen.[896]

Bei näherer Betrachtung falle - nach Ansicht von Szamek - das englische System unmittelbar aus dem Vergleich heraus, da es keinen effektiven Verkäuferschutz gewährleiste. Nach der Theorie der "*reputed ownership*" würden im Falle des Konkurses des Käufers alle Gegenstände, die sich beim Käufer befinden, zur Konkursmasse gehören. Gleichgültig sei, ob der Käufer Eigentümer, Besitzer oder auch nur Verwahrer gewesen sei.[897] Dem Verkäufer sei es daher in keinem Fall möglich, seine Ware zurückzufordern, vielmehr werde er aus der Masse anteilmäßig befriedigt.

In diesem Zusammenhang kritisierte Szamek auch das französische System, das die Interessen des Verkäufers in übertriebenem Maße zugunsten der Drittgläubiger vernachlässige.[898] Es sei nicht gerechtfertigt, den Verkäufer in dem Fall, in dem er den Schutz am notwendigsten brauche, nämlich im Konkurs des Käufers, seiner Sicherungsrechte zu berauben, deren Existenz ihn ursprünglich dazu

---

893 Trib. com. Chartres, 4. nov. 1930, J.C.P. 1931, 135; Rouen, 19. mars 1931, D.1932, II, 64; Paris, 23. mai 1932, J.C.P. 1932, 938.

894 *Szamek*, p. 126.

895 Deutschland: § 455 BGB, Schweiz: Art. 715 Code civil Suisse eintragunspflichtiger Eigentumsvorbehalt.

896 Belgien: Art. 546 C.c.om. über registerpflichtiges Privileg "sur les machines et appareils employés dans les établissements industriels"; Italien: Art. 773-3° des Handelsgesetzbuchs über registerpflichtiges Privileg über Industrie- und Landwirtschaftsmaschinen; Roumänien: Art. 783-3° des Konkursgesetzes über ein registerpflichtiges Privileg über Industrie- und Landwirtschaftsmaschinen.

897 Die "*reputed ownership clause*" bestimmt, daß alle Gegenstände zur Konkursmasse gehören, die sich bei Konkurseröffnung mit dem Willen des wahren Berechtigten so im Besitz des Gemeinschuldners befinden, daß dieser Dritten gegenüber als Eigentümer erscheint. Ihr Zweck ist es, Vermögenswerte, die der Schuldner mit Zustimmung des Pfandgläubigers besitzt und jenen dadurch kreditwürdiger erscheinen lassen, zur Konkursmasse zu zählen und damit den Gläubigern für die Befriedigung zur Verfügung zu stellen. *Altorfer*, § 19 IV 3, S. 132.

898 *Szamek*, p. 24.

bewegt habe, dem Käufer einen Kredit zu gewähren.[899] Schon aus wirtschaftlichen Gründen müsse man sich daher für ein System entscheiden, welches einen umfassenderen Verkäuferschutz gewährleiste.
Er war der Ansicht, daß gegenüber den eintragungspflichtigen Spezialprivilegien des belgischen, italienischen und rumänischen Rechts die Vorteile des konkursfesten Eigentumsvorbehalts darin zu sehen seien, daß der Verkäufer durch das stärkste dingliche Recht - das Eigentum - im Konkurs des Käufers wirksam geschützt werde. Außerdem sei der Eigentumsvorbehalt im Gegensatz zu den vorerwähnten Spezialprivilegien zeitlich ungebunden und bestehe solange, bis der Kaufpreis tatsächlich beglichen werde. Szamek betonte auch den Vorteil, den die Allgemeingültigkeit dieses Sicherungsmittels mit sich bringe: Der Eigentumsvorbehalt sei auf alle Käufe beweglicher Sachen anwendbar, während die Privilegien der genannten Rechtsordnungen nur für ganz bestimmte Sachen gelten würden. Schließlich sei das Recht auf Rücknahme der Ware, dem Recht auf vorzugsweise Befriedigung am Erlös der Verwertung der Sache vorzuziehen.[900] Szamek kam deshalb zu dem Ergebnis, daß der konkursfeste Eigentumsvorbehalt das effektivste Sicherungsmittel für den Verkäufer darstelle.

Nach diesem Gesamtvergleich konzentrierte sich Szamek auf den Vergleich des Eigentumsvorbehalts im Speziellen. Dabei unterschied er zwei Gruppen von Rechtsordnungen: Einerseits Rechtsordnungen, die den Eigentumsvorbehalt ohne jegliches Publizitätserfordernis auch Dritten gegenüber anerkannten, wie vor allem das deutsche Recht, aber auch die Rechtsordnungen Österreichs, Ungarns, der Tschechoslowakei und der skandinavischen Länder. Andererseits Rechtsordnungen, wie z.B. der Schweiz, der Türkei und Mexikos, die es zum Schutze Dritter für notwendig erachteten, die Eigentumsvorbehaltsklausel dem Publizitätserfordernis zu unterwerfen. Exemplarisch für die jeweilige Gruppe, widmete sich Szamek im Anschluß ausführlich dem deutschen und dem schweizerischen Recht und gelangte zu dem Ergebnis, daß das schweizerische Recht dem deutschen Recht aus einem entscheidenden Grund vorzuziehen sei: Dieser sei darin zu finden, daß der Eigentumsvorbehalt nach schweizerischem Recht gemäß Art. 715 Code civil Suisse zu seiner Wirksamkeit in einem öffentlichen Register am Wohnsitz des Käufers eingetragen werden müsse und damit Publizität gegenüber Dritten schaffe. Seiner Ansicht nach werde durch die Publizität ein ausgewogenes Verhältnis zwischen den Interessen des Verkäufers und den Interessen Dritter gewährleistet. Damit werde das Problem der Mißbrauchsmöglichkeit durch Abreden zwischen Verkäufer und Käufer zum

---

899 Ebenda, p. 124.
900 Ebenda, p. 26.

Nachteil der Masseschuldner umgangen, das bei einem verborgenen Sicherungsrecht grundsätzlich bestehe.
Szamek schlug daher vor, das System des schweizerischen Rechts in das französische Recht zu übernehmen. Zu bedenken gab er jedoch, daß auch diese Lösung mit einigen Nachteilen verbunden sei, da die Eintragungsformalitäten einerseits zeitaufwendig seien, andererseits eine Verteuerung der Kredite bewirke. Langfristig führe das Publizitätserfordernis zu einer Lähmung des Geschäftsverkehrs und entbehre dadurch an Praktikabilität. Dennoch gebe es keine andere Möglichkeit, die für den erfolgreichen Handelsverkehr notwendige Rechtssicherheit ebenso effektiv zu gewährleisten. Sein Vorschlag realisierte damit zwar die gesetzliche Normierung eines konkursfesten Eigentumsvorbehaltes, hielt aber weiterhin an dem für das französische Recht so typischen Publizitätserfordernis fest.

V.) Zusammenfassung

Die vorangegangene Darstellung macht deutlich, daß die Periode bis 1934 im wesentlichen durch die Bemühung gekennzeichnet war, den neu entstandenen Verkäufersicherungsbedürfnissen in der Automobilindustrie gerecht zu werden. Der Versuch einiger Gerichte, durch eine Anerkennung des Eigentumsvorbehalts im Konkurs eine Lösung der Probleme zu schaffen, hatte zur Spaltung der Rechtsprechung geführt und war schließlich durch die Grundsatzentscheidung des Kassationshofes endgültig verworfen worden.
Nachdem sowohl der Versuch zur Normierung eines allgemeingültigen konkursfesten Verkäufersicherungsmittels in Form der "*location-vente*" im Sande verlaufen und einige, wenn auch unzulängliche Versuche zur gesetzlichen Regelung des Eigentumsvorbehalts gescheitert waren, mußte der Gesetzgeber einschreiten, um dem dringenden Bedürfnis in der Automobilindustrie gerecht zu werden. Neben einigen anderen Spezialgesetzen in der hergebrachten Form der "*warrants*" und der Mobiliarhypothek erließ der Gesetzgeber auch für den Automobilverkäufer ein weiteres Spezialgesetz, das ein konkretes Substitut des für unwirksam erklärten Eigentumsvorbehalts darstellte. Damit war zwar dem konkreten Bedürfnis der Automobilindustrie Abhilfe geschaffen worden, dennoch fehlte es in Frankreich nach wie vor an einem wirksamen allgemeingültigen Verkäufersicherungsrecht. Obwohl auch die rechtsvergleichenden Arbeiten zum Eigentumsvorbehalt häufiger wurden, schien die Übernahme des deutschen Eigentumsvorbehalts vorwiegend an der mangelnden Publizität zu scheitern.

2. KAPITEL: ENTWICKLUNG DER VERKÄUFERSICHERUNGSRECHTE BIS 1976

Obwohl das Gesetz von 1934 den potentiellen Anwendungsbereich des Eigentumsvorbehalts stark eingeschränkt hatte, zeigt sich auch in dieser Entwicklungsperiode erneut das Bedürfnis nach einem konkursfesten Eigentumsvorbehalt. Die Entwicklung bis 1976 wurde im wesentlichen durch die Ereignisse des 2. Weltkrieges beeinflußt. Vor Kriegsbeginn und während des 2. Weltkrieges war ein neues Kreditsicherungsbedürfnis bei Verkäufern von Industriegütern entstanden. Nach Kriegsende stand der französische Staat vor der Aufgabe, die Industrie beim Wiederaufbau und bei der Modernisierung ihrer industriellen und gewerblichen Anlagen durch die Erleichterung der hierzu nötigen Geldmittelbeschaffung zu unterstützen, da die notwendigen Investitionen bei weitem die Barliquidität der Industrie überschritten.[901] Deshalb war es unvermeidbar, auf Vorschüsse der Banken zurückzugreifen, die jedoch den Bedürfnissen ohne Garantien nicht gerecht werden konnten.[902]

Die herkömmlichen Kreditsicherheiten stellten keine ausreichende Sicherheit zur Verfügung, da Grundvermögen rar war und sich nicht zur kurzfristigen Geldaufnahme eignete, eine Verpfändung nach Faustpfandgrundsätzen dem Fabrikant die Möglichkeit entzog, über die Sache an der Produktionsstätte zu disponieren und auch die Spezialsicherheiten nicht den Bedürfnissen entsprachen. Besonders im Rahmen des Wiederaufbaus und der Umstellung von Kriegs- auf Friedenswirtschaft machte sich daher das neue Bedürfnis nach Kreditsicherung beim Verkauf von Industriemaschinen und anderem kostenintensiven Arbeitsmaterial bemerkbar, so daß erneut der Ruf nach einem konkursfesten Eigentumsvorbehalt laut wurde.

I.) Gesetzesvorschlag zum Eigentumsvorbehalt von 1936

Bereits 1936 wurde der Versuch unternommen, einen konkursfesten Eigentumsvorbehalt an Anlagegütern einzuführen. Ein entsprechender Gesetzesvorschlag zur Regelung des Eigentumsvorbehalts war von der "*Société d'études législatives*" 1936 ausgearbeitet worden.[903] Die Kommission hatte zunächst erklärt, daß sie kein allgemeingültiges Verkäufersicherungsmittel für jegliche Arten beweglicher Sachen schaffen wollte. Eine solche weitgehende Regelung würde den Kreditkauf unverhältnismäßig ausdehnen und eine wirtschaftliche Destabili-

---

901 *Seeliger*, S. 44; *Ehrig*, S. 188; *von Boehmer,* Eigentumsvorbehalt, S. 218.

902 *Sommade*, p. 437.

903 Rapports, Bull. Soc. Et. Législ., 1936, n° 1, p.184; 1937 n° 2, p. 32.

sierung zur Folge haben.[904] Eine allgemeine Einwendbarkeit des Verkäuferprivilegs und des Eigentumsvorbehalts im Konkurs und gegenüber Dritten bringe untragbare Nachteile mit sich, da sowohl vom Grundsatz "*en faite de meubles la possession vaut titre*", wie auch von Art. 550 C.com, für diesen Fall Abstand genommen werden müßte.[905] Eine solche Reform stelle einen unverhältnismäßigen Eingriff in das französische Rechtssystem dar, der mit den erstrebten Zielen in keinem Verhältnis stehe und aus diesem Grund nicht gebilligt werden könne.[906] Die Kommission wollte also am Grundgerüst des französischen Verkäuferschutzsystems nicht rütteln, sondern die bestehenden Auffassungen grundsätzlich beibehalten. In der gegenwärtigen wirtschaftlichen Situation bedürfe vor allem der Produktionskredit der Unterstützung. Die gesetzlich vorgesehene Ausnahme sollte sich daher allein auf die Elemente des Geschäftsbetriebs beziehen, die für die Produktion von Bedeutung und deren hohe Anschaffungskosten nur im Rahmen eines Kaufes mit langjährigen Zahlungszielen zu bewerkstelligen seien. Da dies erhöhte Risiken für den Verkäufer mit sich bringe, habe sich für diese spezielle Verkäufersparte ein dringendes Schutzbedürfnis ergeben, das es rechtfertige, Ausnahmen von den hergebrachten Regelungen zu legitimieren. Aus diesem Grunde rechtfertige sich die Beschränkung des Anwendungsbereich des Gesetzesvorschlages auf "*instruments d'exploitation durables*", die den Wert von 5000 fr. überschreiten und deren Kauf im Rahmen der letzten drei Jahre stattfand.[907]

Nach langen Diskussionen darüber, ob eine solche Einschränkung gerechtfertigt sei, wurde der Vorschlag um einen zusätzlichen Absatz ergänzt, nach dem die Rechte des Verkäufer von Maschinen im Wert von mindestens 100.000 fr., auch dann geltend gemacht werden können, wenn der Kauf innerhalb der letzten sechs Jahre vor Konkurseröffnung abgeschlossen worden war.[908]

Bei Kreditkäufen an sonstigen beweglichen Sachen, vor allem solchen, die zum Weiterverkauf bestimmt seien, zeige sich kein unmittelbares wirtschaftliches und soziales Bedürfnis, so daß keine ausreichenden Gründe für eine Unterstützung im Rahmen einer gesetzlichen Regelung desgleichen erforderlich seien.[909]

Der Vorschlag der Kommission beinhaltet demnach eine Ausnahme von den Art. 550, 576 C.com., derzufolge beim Verkauf von "*instruments d'exploitation*

---

904 Rapport Picard, Bull. Soc. Et. Législ., 1936, n° 1. p. 184.

905 Rapport Picard, Bull. Soc. Et. Législ., 1936, n° 1. p. 184.

906 Rapport Picard, Bull. Soc. Et. Législ., 1936, n° 1. p. 184.

907 Rapport Picard, Bull. Soc. Et. Législ., 1936, n° 1, p. 183.

908 Rapport, Bulletin Soc. Et. Législ., 1937, p. 43.

909 Rapport Picard, Bull. Soc. Et. Législ., 1936, p. 183.

durables" sowohl das Privileg, als auch der Eigentumsvorbehalt im Konkurs des Käufers Wirkung zeigen sollten.[910]
Dieser Vorschlag orientierte sich an der belgischen und italienischen Rechtsordnung, die schon seit geraumer Zeit ein besonderes konkursfestes Vorzugsrecht für Industrie- und Landwirtschaftsmaschinen vorsahen.[911] Genauso, wie bei den genannten Rechtsordnungen, sollten diese Vorteile dem Verkäufer nur dann zugebilligt werden, wenn die Registerpublizität für das Privileg, ebenso wie für den Eigentumsvorbehalt gewahrt werde. Durch das Erfordernis der allgemeinen Registerpublizität und die Gewährung des beschränkten *"droit de suite"* im Falle des Weiterverkaufs sollte sowohl das Privileg als auch den Eigentumsvorbehalt an das Pfandrecht angenähert werden.[912]

Bemerkenswert ist schließlich, daß dieser Gesetzesvorschlag die Gültigkeit des Eigentumsvorbehalts für den Fall vorsah, daß die Maschinen *"immeubles par destination"* geworden war. Schulze will darin eine Immitation der deutschen Rechtsprechung über die wesentlichen Bestandteile erkennen.[913]

---

910 Art. 1: Le dernier alinéa de l'article 550 C.com. est ainsi modifé: "Le privilège et le droit de revendication établis par l'article 2102 n° 4 C.c. au profit du vendeur d'effets mobiliers ne peuvent être exercés contre la faillite. Toutfois, le le privilège peut être exercé à l'égard des machines ou appareils ou groupes de machines ou d´appareils destinés à l'exploitaion commerciale et industrielle du failli, d'une valeur au moins égale à 5.000.- francs, dont la vente a eu lieu dans les trois années qui précèdent la déclaration de la faillite, même si ces machines ou appareils sont devenus immeubles par destination. Le délai prévu à l'alinéa précédent est porté à six années, lorsque le prix des machines ou des appareils est supérieur à 100.000. francs. Le vendeur ne pourra invoquer son privilège que si dans les trois mois à partir de l'act de vente, il a fait inscrire ledit privilège sur un registre spécial, tenu au Greffe du Tribunal de commerce du lieu où les machines ou appareils sont installés et dans les formes établies par un règlement d'administration publique. Au cas de revente des machines ou appareils, le privilège s'étendra au prix encore dû par le sous-aquéreur. Les clauses de réserve de propriété insérées dans le contrat de vente seront opposable à la faillite selon les formes et conditions prévues pour le privilège lui-même. Il n'est pas dérogé aix dispositions de la loi du 29. décembre 1934 facilitant l'aquision de véhicules au tracteurs automobiles."

Art. 2: L'alinéa 1er de l'article 576 C.com. est ainsi complété: "Pourront être également revendiqués, dans les conditions prévues par l'article 550 in fine, modifié par la loi du..., les appareils ou machines dont le vendeur s'est réservé la propriété jusqu'a parfait paiement du prix."

911 Rapport, Bulletin Soc. Et. Législ. 1937, n° 2, p. 38, *Friedel*, dans: Hamel, La vente commercial, p. 146.

912 *E. Schulze*, La clause de réserve de propriété, p. 244.

913 Ebenda, p. 245

Obwohl dieser Gesetzesvorschlag wie auf die Anforderungen des Gesetzgebers zugeschnitten schien, wurde ihm von diesem keine weitere Beachtung geschenkt und er geriet, ebenso wie seine Vorgänger, bald in Vergessenheit.

II.) Neue Tendenzen in der Rechtsprechung zum Eigentumsvorbehalt

Die Zahl der Entscheidungen zum Eigentumsvorbehalt ging besonders nach 1934 stark zurück, was sich unzweifelhaft auf des neue Gesetz über das "*gage automobile*" zurückführen läßt. Unterstützt wurde diese Tendenz durch die strenge Rechtsprechung seit dem Grundsatzurteil von 1934, die den Eigentumsvorbehalt für die Praxis uninteressant werden ließ. Dennoch ließ sich in der Rechtsprechung in den Folgejahren eine neue Entwicklung zugunsten der Wirksamkeit des Eigentumsvorbehaltes erkennen, die sich im Wesentlichen in zwei neuen Entwicklungslinien manifestierte:

1.) Annäherung des Eigentumsvorbehalts an die „clause résolutoire expresse"

Kennzeichnend für diese Entwicklung ab 1934 ist, daß die Rechtsprechung begann, die *"clause de réserve de propriété"* an die *"clause résolutoire"* anzunähern. Das Ziel dieser Annäherung bestand darin, die von der Rechtsprechung aufgestellte Theorie, nach der die "*clause résolutoire*" auch nach Übergabe der Ware dem Verkäufer im Falle der Zahlungsunfähigkeit des Käufers Schutz gewährleistete, solange sie vor Eröffnung des Konkursverfahrens geltend gemacht worden war, auch für die *"clause de réserve de propriété"* nutzbar zu machen[914] Erste Anzeichen für eine implizite Aufweichung der strengen Rechtsprechung lassen sich bereits in dem Urteil vom 28. März 1934 finden. Dieses hatte den Anspruch eines Eigentumsvorbehaltsverkäufers auf Rückgabe der Ware mit der Begründung verneint, daß sich der Beweis eines Herausgabeverlangens seitens des Verkäufers mittels eingeschriebenem Brief vor Konkurseröffnung nicht erbringen lasse. "*...qu'avant le jugement déclarant sa faillite ouverte, V. n'avait jamais été mis en demeure par la Société B. de restituer la camionnette à défaut de payement des acomptes promis....*"[915] Daraus konnte argumentum e contario geschlossen werden, daß das rechtzeitige Herausgabeverlangen im Rahmen des Eigentumsvorbehalts ausgereicht hätte, um die Klau-

---

914 S.o. Entscheidung vom 24. déc. 1889, S. 1889, I, 454.

915 Cass. civ., 28. mars 1934, D.P. 1934, 1, 157.

sel im Konkurs erfolgreich durchsetzen zu können.[916] In seinem Urteil vom 3. Mai 1935 gewährte der Kassationshof dem Verkäufer die Rückforderung der unter Eigentumsvorbehalt verkauften Ware dann, wenn die Herausgabe im Wege der Klageerhebung vor Konkurseröffnung geltend gemacht worden war.[917] Damit kam die Anwendungserleichterung, die bisher nur für die "*clause résolutoire*" gegolten hatte, auch dem Eigentumsvorbehalt zugute.
Unklar war jedoch, welche Anforderungen an die Geltendmachung des Eigentumsvorbehalts vor Konkurseröffnung zu stellen seien. Deshalb präzisierte der Kassationshof in seinem Urteil vom 1. Juli 1937 die Voraussetzungen der Geltendmachung dahingehend, daß ein Herausgabeverlangen auf dem Wege der Klageerhebung nicht erforderlich sei, sondern es vielmehr ausreiche, wenn der Eigentumsvorbehaltsverkäufer ".. *durch formelle und eindeutige Handlung offenkundig mache, daß er nunmehr die vereinbarte Bedingung für sich in Anspruch nehme und die Widerrechtlichkeit des Besitzes, den der Käufer an der Ware ausübt, zum Ausdruck bringe.*"[918] Offen blieb danach aber die Frage, ob neben der inzwischen anerkannten Geltendmachung in Form einer "*ordonnance référé*"[919], auch ein eingeschriebener Brief den Anforderungen an eine formelle, eindeutige Handlung gerecht und damit die in dem "e-contrario-Schluß" getroffene Annahme bestätigt werde.[920]
Die Rechtsprechung verlangte eine eindeutige Willenserklärung (*"manifestation de volonté non équivoque"*), die zur "Wirkung" der Eigentumsvorbehaltsklausel, in Form des Eintritts einer vertragsauflösenden Bedingung, schon vor Konkurseröffnung führte. Dabei hing es jeweils von den Umständen des Einzelfalls ab, ob den Anforderungen an eine formelle eindeutige Handlung genüge getan wurde.[921] Im Laufe der Zeit wurde deshalb grundsätzlich auch ein einfacher Brief i.V.m. einem Telex als ausreichend erachtet, wenn dieser den Willen des Verkäufers ausdrücklich erkennen ließ.[922] Es läßt sich demnach eine deutliche Liberalisierungstendenz in der Rechtsprechung erkennen.

---

916 *Rault*, Rev. gén. dr. faillites, 1936, p. 404; *Loussouarn*, Rev. trim. dr. com., 1949, p. 282; *Friedel*, dans: Hamel, La vente commerciale, p. 131; *E. Schulze*, La clause de réserve de propriété, p. 246.

917 Cass civ., 3. mai 1935, S. 1935, 1, 227.

918 Cass. req., 1. juillet 1937, S. 1937, 1, 352: "*...qu'il est neccessaire qu'avant la faillite, le vendeur ait manifesté par acte formel et non équivoque sa volonté irrévoquable de se prévaloir de la condition et ait affirmé ostensiblement la précarité de la possession de l'acheteur.*"

919 Cass. 26.10. 1938, S. 1939, I, 44; Cass. civ. 1.7.1937, S. 1937, I, 352.

920 Siehe oben bei Cass. 28.3.1934, S. 1935, I, 338.

921 *von Boehmer*, Eigentumsvorbehalt, S. 176.

922 *Esmein*, note sous Cass., 28. mars 1934, S. 1935, 1, 338.

Wesentlich bei all diesen Entscheidungen war, daß das Herausgabeverlangen vor dem Erlaß des den Konkurs oder Vergleich eröffnenden Urteils erklärt wurde. Dabei kann die Geltendmachung auch noch innerhalb der Zeit zwischen Zahlungseinstellung und Konkurseröffnung, der sog. "*periode suspect*", erfolgen.[923] Dagegen wurde eine erst innerhalb dieses Zeitraumes vereinbarte Klausel wegen arglistigen Verhaltens nicht toleriert.[924] Arglistig handelt der Verkäufer nach der Rechtsprechung nicht bereits, wenn er in Kenntnis der Zahlungsschwierigkeiten des Käufers die Sache zurücknimmt, sondern erst dann, wenn die Vertragsparteien einverständlich zum Nachteil der anderen Gläubiger tätig werden, also im Falle der Kollusion.[925]

Teilweise wurde behauptet, daß der Kassationshof sich bei der Geltendmachung der "*clause de résolution expresse*" weniger streng zeige, als beim Eigentumsvorbehalt.[926] So habe er bei der "*clause résolutoire*" eine "*simple avis adressé à l'acheteur*" ausreichen lassen, um dem Erfordernis der Geltendmachung vor Konkurseröffnung genüge zu tun "*....point n'est besoin d'une mise en demeure; une lettre d'avis suffit, et peut même, semble-t-il, n'être pas neccessaire.*"[927], während beim Eigentumsvorbehalt dagegen zumindest eine "*ordonnance de référé*" gefordert werde.[928]
Diese Auffassung widerspricht jedoch der Tatsache, daß in dem Urteil des Kassationshofes vom 01.07.1937 sowohl für die Auflösungsklausel, wie auch für den Eigentumsvorbehalt in gleicher Weise eine eindeutige formelle Handlung zur Geltendmachung gefordert wurde. Auch aus den weiteren Urteilen werden keine Gründe für eine unterschiedliche Behandlung von Vertragsauflösungs- und Eigentumsvorbehaltsklausel ersichtlich, es handelt sich vielmehr um eine Frage der Würdigung der Umstände des Einzelfalles.[929] Dies wird durch die spätere Rechtsprechung bestätigt, die auch beim Eigentumsvorbehalt die Geltendmachung mittels eingeschriebenem Brief zuließ. Außerdem widersprach diese Auffassung der Tendenz der unterinstanzlichen Rechtsprechung, die den Eigentumsvorbehalt nicht nur an die Auflösungsklausel annäherte, sondern diese dem Eigentumsvorbehalt sogar völlig gleichsetzte und damit gerade keine unterschiedliche Behandlung anstrebte.

---

923 Cass. civ., 23. juin 1937, D.H. 1937, 406.

924 Cass. civ., 24. mai 1948, D, 1949, 1, 3.

925 Cass. civ., 23. juin 1937, D.H. 1937, 406.

926 *Friedel*, dans: Hamel, La vente commercial, p. 131; *E. Schulze*, La clause de réserve de propriété, p. 246.

927 *Friedel*, dans: Hamel, La vente commercial, p. 138.

928 Ebenda p. 137.

929 *von Boehmer*, Eigentumsvorbehalt, S. 177.

Die Gleichsetzung des Eigentumsvorbehalts mit der Resolutivklausel, wie sie von einigen Untergerichten praktiziert wurde[930], ging wesentlich über das Vorgehen des Kassationshofs hinaus, der die *"clause de réserve de propriété"* an die "*clause résolutoire*" annäherte, ohne sie jedoch völlig gleichzusetzen, zu vermischen oder zu verwechseln.[931] Das System des transfert-retransfert des Eigentums im Rahmen der résolution stellte in den Augen dieser Gerichte die einzige Möglichkeit dar, die Rechtsstellung des Käufers juristisch zu begründen, dem die verkauften Waren wie vereinbart vor der Zahlung des vollständigen Preises übergeben worden waren.
Die Interpretation des Eigentumsvorbehalts als "*clause résolutoire*" widerspricht jedoch der eigentlichen Konstruktion desselben. Grundsätzlich unterscheiden sich die *"clause de réserve de propriété"* und die "*clause résolutoire*" nämlich dadurch, daß bei letzterer im Falle der Nichterfüllung der Bedingung das Eigentum an den Verkäufer zurückfällt, während beim Eigentumsvorbehalt das Eigentum niemals überragen wurde.
In der französischen Rechtsprechung hat sich die dargelegte Behandlung des Eigentumsvorbehalt, ihn an eine Resolutivbedingung anzunähern, jahrelang behauptet.[932]

2.) Abweichen von der herkömmlichen Theorie

Bislang war gegen die Konkursfestigkeit primär das Argument der "*solvabilité apparente"* angeführt worden. Angesichts des im französischen Recht weit ausgedehnten Schutzes der Drittgläubiger mußte der Verkäufer zugunsten dieser auf die Wirksamkeit des Eigentumsvorbehalts im Konkurs verzichten. Seit der Entscheidung vom 1. April 1936 ließ sich jedoch eine abweichende Tendenz in der Rechtsprechung dahingehend feststellen, daß sie von ihrer seit Jahren bewährten *"théorie de l'apparence"* Abstand zu nehmen schien.[933] Grund dafür war unter anderen, daß diese Theorie sich nicht mehr mit der neuen Rechtsprechung zum Eigentumsvorbehalt in Einklang zu bringen ließ, da sie strenggenommen auch die Geltendmachung des Eigentumsvorbehalts vor Konkurseröff-

---

930 Amiens, 10. janv. 1974, D. 1974, 363; Pau, 20 nov. 1963, J.C.P. 1964, II, 13917.

931 Cass. req., 1. juillet 1937, S. 1937, 1, 352; Cass. req., 26. oct. 1938, D.H. 1939, p. 84.

932 Cass. civ., 28. juill. 1952, Rev. franc. dr. aérien 1952, 439; Cass. com. 18 juin 1979, Banque 1979, 1370.

933 *E. Schulze*, La clause de réserve de propriété, p. 251; Auch in den darauffolgenden Entscheidungen vom 7. Okt. 1941 (J.C.P. 1945, n° 2786) und 24. Mai 1948 (D. 1949, 1, 3) griff der Kassationshof bei der Verneinung der Konkursfestigkeit nicht mehr auf das Argument der "apparence" zurück.

nung hätte verbieten müssen.[934] Deshalb stützten sich die Entscheidungen bei der Verneinung der Konkursfestigkeit von da an wieder vermehrt auf die Argumente des Widerspruchs zu Art. 550, 576 C.com. und des ordre-public-Verstoßes. Außerdem wurde das Argument *"hantise de la fraude"*, der Gefahr des mißbräuchlichen Zusammenwirkens der Parteien zum Nachteil Dritter, zur Verneinung der Konkursfestigkeit herangezogen.[935]
Diese Entwicklung zeigt, daß die Rechtsprechung trotz der strengen Grundsatzentscheidung von 1934 den wirtschaftlichen Bedürfnissen gerecht zu werden versuchte und deshalb einige Zugeständnisse an den Verkäufer machte, mit denen sie von der bisherigen Konkursrechtskonzeption abwich.[936]

III.) Entwicklung des Eigentumsvorbehalts in der Lehre

1.) Streit über die rechtliche Konstruktion des Eigentumsvorbehalts

Aufgrund der neuen Rechtsprechung wurde in der Lehre die Frage, ob der Eigentumsvorbehalt aufschiebende oder auflösende Wirkung habe, sehr kontrovers diskutiert. Interessant an diesen Entwicklungen ist vor allem, daß der Streit um die rechtliche Konstruktion des Eigentumsvorbehaltes als aufschiebende oder auflösende Bedingung zunächst auch in Deutschland relevant war und, wie gezeigt, erst durch die gesetzliche Fixierung als aufschiebende Bedingung in § 455 BGB beendet wurde. In Frankreich wurde diese Frage jedoch aufgrund der unterschiedlichen Entwicklung der Verkäufersicherungsrechte erst fast ein halbes Jahrhundert später zum Streitgegenstand erhoben.
Zugunsten der auflösenden Wirkung wird angeführt, daß diese Interpretationsweise dem Grundprinzip des Eigentumsübergangs mit Vertragsschluß gemäß Art.. 1138, 1583 C.c. gerecht werde. Vorzugswürdig an dieser Interpretation sei auch, daß sie die Stellung des Käufers nach Übergabe der Ware durch das Eigentum rechtlich definiere.[937] Da der Eigentümer gemäß Art. 1138 C.c. die Gefahr trage und diese mit Abschluß des Kaufvertrages auf den Käufer als neuen Eigentümer übergehe, sei damit außerdem das Problem des Gefahrübergangs gelöst. Diese Lösung werde dem Grundsatz gerecht, daß derjenige der die Sache in Gebrauch nehme, auch die Verantwortung tragen müsse.

---

934 *Loussouarn*, Rev. trim. dr. com., 1949, p. 282; *Rault*, Rev. gén. dr. faillites, 1936, p. 412.

935 *Loussouarn*, Rev. trim. dr. com., 1949, p. 282; *E. Schulze,* La clause de réserve de propriété, p. 251.

936 *Rault*, Rev. gén. dr. faillites, 1936, p. 414.

937 *Demoures*, Rev. trim. dr. com. 1982, p. 51, 61, 62 ff.; *Martel-Tribes*, J.C.P. 1977, 2875, n° 16

Von der anderen Seite wird hervorgebracht, daß der Eigentumsvorbehalt eine aufschiebende Bedingung beinhalte.[938] Schon der Begriff "*réserve*" stehe im Widerspruch zu einer auflösenden Wirkung und laufe der eigentlichen Konstruktion des Eigentumsvorbehalts, als zurückbehaltenes Eigentum, zuwider. Den Positionen der Gegenmeinung wird entgegengehalten, daß Art. 1583 C.c. durch Parteivereinbarung abbedungen werden könne und auch der Gefahrübergang durch Parteivereinbarung geregelt werden könne. Entscheidendes Argument für eine aufschiebende Bedingung sei jedoch, daß der eigentliche Sinn des Eigentumsvorbehalts darin liege, den unbezahlten Verkäufer durch die mit dem Eigentum verbundenen absoluten Rechte zu schützen. Im Falle der auflösenden Wirkung verliere der Verkäufer jedoch die mit dem Eigentum verbundene Vormachtstellung.[939] Der Streit wurde bis zur Gesetzgebung von 1980 nicht beigelegt.

2.) Vermehrte Kritik an der französischen Rechtsprechung

In der Lehre machte sich nunmehr zunehmend Kritik an der französischen Rechtsprechung breit. Dabei wiederholten und vertieften die Kritiker die bereits von ihren Vorgängern[940] geäußerten Beanstandungen an der von der Rechtsprechung zur Verneinung der Konkursfestigkeit des Eigentumsvorbehaltes entwickelten "*théorie de l'apparence*".[941] Es handle sich um eine "*désastreuse pratique*"[942] seitens der Rechtsprechung, der möglicherweise zu Zeiten Balszacs eine gewisse Bedeutung zugesprochen werden konnte, heute jedoch völlig an den wirtschaftlichen Bedürfnissen vorbeigehe.[943] Denn einerseits setze sich heute das Vermögen nicht mehr ausschließlich aus "*biens apparents*" zusammen und andererseits könne bei Gegenständen, wie Maschinen, Kühlschränken oder anderen Elektrogeräten, bei denen der Abzahlungskauf die Regel sei, niemand mehr guten Gewissens behaupten, er sei tatsächlich im guten Glauben von dem Eigentum des Käufers ausgegangen.[944] Wenn sich der Gläubiger nach der "*théorie de l'apparence*" darauf verlassen können soll, daß das was er sieht, auf

938 *Mazeaud*, t. III, vol. 2, p. 204; *Acquaviva/Barcot*, G.P. 1980, p. 525; *Ghestin*, D.H. 1981, Chron., p. 2.

939 *Ghozi*, p. 22.

940 *Vallat*, p. 183 ff.; *Szamek*, p. 124; *Friedel*, dans: Hamel, La vente commerciale, p. 117; *Loussouarn*, Rev. trim. dr. com., 1949, p. 274.

941 *E. Schulze*, La clause de réserve de propriété, p. 250.

942 *Garcin/Thieffry*, G.P. 1980, n° 2, p. 193.

943 Rapport Rudloff, Droit et Affaires, 1980, n° 380, p. 109.

944 *E. Schulze*, La clause de réserve de propriété, p. 250; *Friedel*, dans: Hamel, La vente commerciale, p. 139.

Realität verweist, dann sei es unverständlich, wie die von der Rechtsprechung hervorgebrachte Theorie (über die Wirksamkeit der Klausel bei Geltendmachung vor Konkurseröffnung) diese "*apparence*" zerstören solle, da auch diese Geltendmachung den Dritten unbekannt bleibe.[945] Dies sei demnach der beste Beweis dafür, daß es sich bei der Theorie der "*apparence*" um eine Überlieferung handelte, die in der Praxis längst aufgegeben worden sei.[946] In wirtschaftlicher Hinsicht habe die Theorie die paradoxe Folge, daß dem Kredit eines Kaufmanns Ware zugrunde gelegt würden, die dieser noch nicht gezahlt habe und schlimmstenfalls niemals zahlen werde.[947] Da sich die Theorie der "*apparence*" auf keine gesetzliche Grundlage zurückführen lasse, sondern eine Kreation der Rechtsprechung sei, von der diese selbst Abstand zu nehmen scheine, müsse sie endgültig abgeschafft werden.[948]
Houin ist der Ansicht, daß der eigentliche Grund für die Versagung der Wirksamkeit des Eigentumsvorbehalts im Konkurs der Gedanke des Opfers sei. Denn im Namen der Gleichheit der Konkursgläubiger werde dem Verkäufer dafür, daß er dem Käufer einen persönlichen Kredit gewährt habe, das Opfer des Verlustes seiner bevorrechtigten Stellung auferlegt.[949]
Doch auch das Prinzip der Gleichheit der Gläubiger im Konkurs geriet mehr und mehr ins Kreuzfeuer der Kritik. Gerade die jüngste Gesetzgebung über das "*gage automobile*" stellte das Prinzip der "*égalité des créanciers*" stark in Frage. Außerdem wurde geltend gemacht, daß, neben den Superprivilegien des Fiskus, der Sozialversicherung und der Arbeitnehmer, auch die Vermieter des Konkursschuldners, bzgl. ihrer Mietforderungen privilegiert würden, so daß in Anbetracht dieser zahlreichen Durchbrechungen des Gleichbehandlungsgrundsatzes der Kreis der Privilegierten leicht um den Kreditverkäufer, der dem Konkursschuldner Ware zur Verfügung gestellt habe, erweitert werden könne, ohne daß gegen das ohnehin fragwürdige "*principe de l'égalité des créanciers*" verstoßen werde.[950] In den Augen der Kritiker kann demnach die gegenwärtige Rechtsprechung nicht mehr aufrecht erhalten werden.[951]

---

945 So schon: *Rault*, Rev. gén. dr. faillites, 1936, p. 404; *Loussouarn*, Rev. trim. dr. com., 1949, p. 182.

946 *Garcin/Thieffry*, G.P. 1980, n° 2, p. 193; *Dubanchet*, Droit et Affaires, 1980, p. 109.

947 *Garcin/Thieffry*, G.P. 1980, n° 2, p. 193.

948 *E. Schulze*, La clause de réserve de propriété, p. 251; *Friedel*, dans: Hamel, La vente commerciale, p. 139; *Loussouarn*, Rev. trim. dr. com. 1949, p. 274.

949 *Houin*, dans: Répertoire de dr. com., t. 2, n° 2073 ; ähnlich *Friedel*, dans: Hamel, La vente commercial, p. 139.

950 *E. Schulze,* La clause de réserve de propriété, p. 252.

951 *Martel-Tribes*, J.C.P. 1977, 2875, n° 29.

IV.) Neuere Gesetzgebung

Die Rechtsprechung war den Verkäufern zwar etwas entgegengekommen, indem sie die Konkursfestigkeit des Eigentumsvorbehalts dann gewährte, wenn dieser unmißverständlich vor Konkurseröffnung geltend gemacht worden war; damit war jedoch der Eigentumsvorbehalt nach wie vor kein sicheres Verkäuferschutzmittel. Aus diesem Grund mußte der Gesetzgeber erneut einschreiten, um konkreten Bedürfnissen durch entsprechende Spezialgesetze Abhilfe zu schaffen.

1.) Weitere Formen der warrants

Im Rahmen seiner Gesetzgebungstätigkeiten erweiterte der Gesetzgeber zunächst die Reihe der "*warrants*".

a.) Warrant vinicole 1935

Auf dem Gebiet der Wein- und Spirituosenerzeugung war eine Verstärkung der Kreditmöglichkeit erforderlich geworden, nachdem der Gesetzgeber den freien Verkauf von Wein und Alkohol zugunsten einer reglementierten Preis- und Marktpolitik zunehmend eingeschränkt und die Produzenten im Interesse eines kontrollierten Absatzes zu einer oft langfristigen Einlagerung verpflichtet hatte.[952] Die Veräußerung des Alkohols war nur möglich, wenn die Finanzverwaltung für die betreffende Menge einen "*titre de mouvement*" ausgestellt hatte. Durch das Gesetz vom 28. Sep. 1935 wurde eine weitere Unterart des "*warrant agricole*", ein Orderpapier, genannt "*engagement de garantie*", geschaffen, das den Winzern die vereinfachte Pfändung ihrer Vorräte erlaubte.[953] Die Stellung des "*warrant*"-Inhabers wird in diesem Fall dadurch verstärkt, daß er das Recht hatte, der Ausgabe des "*titre de mouvement*" bis zur Freigabe des Pfandes zu widersprechen und dem Zurückbehaltungsrecht damit fast dingliche Züge zu Teil wurden.[954] Der "*warrant vinicole*" hat als einer der wenigen "*warrants*" nicht unwesentliche praktische Bedeutung erlangt.[955]

---

952 *Theuerkauf*, S. 17.

953 *Wieandt*, S. 189; *Ehrig*, S. 158; *Kurtoglu*, p. 154.

954 *Ehrig*, S. 158.

955 Ergänzung durch das Décret-loi vom 23. Okt. 1936 über das "engagement de garantie", das im wesentlichen dem warrant entspricht. Danach bildet die gesetzliche Grundlage die Art. 56-59 Code du vin vom 1. Dez. 1936 und die Art. 661, 662 Code rural die beide im wesentlichen auf den warrant agricole verweisen.

b.) Warrant sur les stocks de guerre 1939

Ende der dreißiger Jahre veranlaßten die ständig wachsenden politischen Spannungen die französische Regierung, ihre Aufmerksamkeit der Produktion von Rüstungsgütern zuzuwenden. Die Versorgung der Rüstungsindustrie mit kriegswirtschaftlichen Rohstoffen und Materialien mußte über den Erdölsektor hinaus gesichert werden.[956] Aufgrund einer Verordnung, die die Produktion von Rüstungsgütern sicherstellen sollte, schlossen die Ministerien mit den Produzenten Verträge, die letztere zum Erwerb und zur Einlagerung der Rohstoffe beauftragten. Das Eigentum an den Rohstoffen sollte sofort auf den Staat übergehen, während die Produzenten erst bei Ablieferung der fertiggestellten Ware bezahlt werden sollten. Da die Produzenten damit zur Vorfinanzierung gezwungen waren, konnte der Staat eine ausreichende Vorratshaltung kriegswichtiger Materialien nur erreichen, wenn er den beteiligten Wirtschaftskreisen eine Refinanzierungsmöglichkeit eröffnen würde.[957] Deshalb bot er im Rahmen des Gesetzes vom 24. Juni 1939 die Möglichkeit der Warrantierung dieser Vorräte an.[958] Diese Form des "*warrant*" war unter kriegerischen Gesichtspunkten konzipiert und entsprach in der Konstruktion dem "*warrant pétrolier"*. Dem "*warrant sur les stocks de guerre"* kam nach 1945 keine praktische Bedeutung mehr zu.[959]

c.) Warrant industriel 1940

Mit dem Gesetz vom 12. Sept. 1940 wurde, zur Ankurbelung der Wirtschaft nach dem Waffenstillstand von 1940 zwischen Deutschland und Frankreich, der "*warrant industriel*" geschaffen.[960] Dieser verfolgte den Zweck, der französischen Wirtschaft nach Beendigung der Kampfhandlungen eine dringend benötigte Krediterleichterung zur Wiederbelebung der Friedensproduktion und zur Beseitigung der Knappheit der Industrieartikel zur Verfügung zu stellen. Dem Kreditbedürfnis entsprechend ermöglichte die Gesetzesregelung die Verpfändung von Erzeugnissen, sofern der Produzent in Besitz eines vom "*Ministère de la production industrielle*" ausgestellten "*lettre d'agrement"* war.[961] Dem Inhaber eines solchen "*lettre d'agrément"*, der auf Antrag erteilt wurde, wurde von der "*Caisse National des Marchés de l'Etat*" die erforderlichen Kredite zur Finanzierung der genehmigen Warenherstellung gewährt und außerdem erhielt der

---

956 *Ehrig*, S. 172; *Theuerkauf*, S. 20, *Cabrillac*, La protéction du créancier, p. 283.

957 *Wieandt*, S. 199; *Ehrig*, S. 172; *Theuerkauf*, S. 20.

958 *Wieandt*, S. 199.

959 *Gravenhorst*, S. 24.

960 *Cabrillac*, La protéction du créancier, p. 287; *Theuerkauf*, S. 21; *Wieandt*, S. 207.

961 *Ehrig*, S. 175.

Produzent die Möglichkeit, die hergestellten Güter mittels "*warrant*" zu verpfänden.[962] Der "*warrant*" erlaubte den Produzenten, ihre Erzeugnisse als Sicherheit für eine Darlehensforderung zu verschreiben, ohne daß die warrantierten Produkte von den gleichartigen Lagervorräten getrennt werden mußten.[963]
Der "*warrant industriel*" und die *"lettres d'agrément*" waren nur als Mittel zur Bewältigung einer ganz bestimmten Situation gedacht, so daß ihre Gültigkeit zunächst befristet war.[964] Durch das Gesetz vom 12.6.1944 i.V.m. der Ordonnance vom 26.5.1945 wurde die Verbindung zum "*lettre d'agrément*" aufgegeben und die Möglichkeit der Verpfändung durch "*warrant*" bis zu einem bestimmten Zeitpunkt (sechs Monate nach Beendigung des Krieges) auf alle Industrie- und Handwerksprodukte einschließlich der Rohstoffe ausgedehnt.[965]
Diese Spezialform des *"warrant"* fand zeitweilig großen Anklang, hat aber nach 1946 keine größere praktische Bedeutung mehr erlangt.[966] Grund für den Bedeutungsschwund war zum einen, daß nach 1946 die Erteilung der staatlichen Produktionsgenehmigung wieder an einen *"lettre d'agrément"* gebunden war und zum anderen neue besitzlose Pfandrechte hinzutraten.[967]

2.) Weitere Formen der Mobiliarhypothek

Auch die Reihe der Mobiliarhypotheken wurde im Rahmen dieser Gesetzgebungsperiode erweitert.

a.) Mobiliarhypothek an Spielfilmen

Durch den technischen Fortschritt war es möglich geworden, immer aufwendigere Filme zu produzieren, deren Kosten der Produzent nicht mehr allein tragen konnte. Da das Gesetz keine Möglichkeit der Kreditaufnahme bei der Produktion von Filmen bot, mußte auch hier der Gesetzgeber einschreiten.
Da alle in Frankreich aufzuführenden Filme und alle in Realisierung begriffenen Filmobjekte bereits aus anderweitigen Gründen in einem zentralen öffentlichen Register erfaßt waren, lag es nahe, diese Register zugleich zur Grundlage des Systems einer speziellen Mobiliarhypothek zu machen.[968] Das Gesetz vom

---

962 *Seeliger*, S. 36; *Theuerkauf*, S. 22.

963 *Wieandt*, S. 207.

964 Bis zum 1. Juli 1941, später Verlängerung bis 31. Dez. 1953.

965 Nach 1946 galt wieder das Gesetz vom 12. Sept. 1940 und damit das Erfordernis des "lettre d'agrément".

966 *von Boehmer*, Eigentumsvorbehalt, S. 206; *Wieandt*, S. 207.

967 *Theuerkauf*, S. 30.

968 *Gravenhorst*, S. 26.

22.02.1944 über das "*nantissement des films cinématographiques*" legte fest, daß Eigentum und Eigentumsveränderungen sowie Pfandrechte und alle anderen den Film betreffenden Verträge in ein Register einzutragen seien. Durch die Schaffung des Eigentumsregisters war eine Immobilisation des Filmes bewirkt worden. Die Individualisierung ergab sich bereits aus dem Drehbuch und dem Filmtitel.[969] Somit knüpft die dingliche Sicherheit an ein Eigentumsregister an und ist demgemäß, trotz gegenteiliger Bezeichnung, eine Weiterführung des bei der Hypothek an Schiffen und Flugzeugen erprobten Systems.[970] Belastungsobjekt der Mobiliarhypothek können das Filmmaterial als solches, also körperliche Gegenstände wie das Negativ und die Kopien, aber auch das Urheberrecht und die daraus fließenden Nutzungsrechte an den im Film zusammengefaßten geistigen und künstlerischen Leistungen, also unkörperliche Gegenstände sein.[971] Bei der Ausgestaltung dieser Mobiliarhypothek orientierte sich der Gesetzgeber im wesentlichen an den Vorschriften über das "*nantissement du fonds de commerce*".[972]

b.) Hypothèque aerienne

Die Hypothek an Flugzeugen regelt sich durch eine gesetzliche Verweisung auf die Bestimmungen des Gesetzes von 1917 betreffend die Hypothek an Binnenschiffen. Rechtsgrundlage der Hypothek an Flugzeugen ist in Ausführung der internationalen Übereinkunft von Paris vom 13. Okt. 1919, das Gesetz vom 31. Mai 1924. Dieses Gesetz hat gleichzeitig mit dem Hypothekensystem ein Eigentumsregister geschaffen. Das Gesetz von 1924 wurde durch den "*Code de l'aviation civil*" ersetzt. Art. 12 diese Gesetzes bestimmt, daß sich die Hypothek an Flugzeugen nach den Bestimmungen des Gesetzes über die Hypothek an Binnenschiffen vom 5. Juli 1917 in der Fassung des Gesetzes vom 19. Juli 1934 regelt.[973]

3.) Nantissement d'outillage et matériel d'équipement

Neben den genannten Spezialgesetzen schuf der Gesetzgeber 1951 das "*nantissement d'outillage et de matériel*", das insofern eine Sonderposition einnimmt, als es sich erneut um eine konkrete Reaktion des Gesetzgebers auf das Fehlen des konkursfesten Eigentumsvorbehalts darstellte. Genauso wie im Rahmen des

---

969 *Wieandt*, S. 159.

970 Ebenda, S. 159, *Kurtoglu*, p. 104; *Gravenhorst*, S. 26.

971 *Ehrig*, S. 138.

972 *Gravenhorst*, S. 26.

973 *Wieandt*, S. 114.

Gesetzes von 1934 war bei einer weiteren speziellen Verkäufersparte ein dringendes Sicherungsbedürfnis aufgetreten. Dieses Mal handelte es sich um die Verkäufer von Anlagegütern, für die trotz dahingehend unternommener Versuche der Eigentumsvorbehalt nach wie vor nicht normiert worden war und deshalb dringend ein effektives Sicherungsmittel geschaffen werden mußte.[974] Durch die Normierung eines weiteren Spezialgesetzes verzichtet der französische Gesetzgeber auf eine generelle Verbesserung des Verkäuferschutzes und beschränkte sich darauf, den Verkäufern ganz bestimmter Warengattungen ein zusätzliches auch im Konkurs beständiges Sicherungsmittel für die Kaufpreisforderung zu geben.[975]

a.) Entwicklung des nantissement d'outillage et matériel d'équipement

Vorschläge zur Normierung eines entsprechenden Spezialgesetzes waren im Laufe der Zeit bereits mehrfach unterbreitet worden. Da das Gesetz über das Unternehmenspfandrecht von 1909 die Belastung einzelner zum Betrieb gehörender Gegenstände nicht erlaubte, war, um diesem Mangel abzuhelfen, schon im Jahre 1912 ein Gesetzesentwurf "*en faveur de la vente à crédit des machines et appareils destinés à l'exploitation d'un fonds de commerce*" eingebracht worden, der Art. 43 des Gesetzes von 1909 durch ein registerpflichtiges auch im Konkurs des Käufers wirksames Verkäuferprivileg ergänzen sollte.[976] Dieses "*privilège du vendeur*" folgte dem italienischen und belgischen Vorbild und sollte Dritten gegenüber und im Konkurs Wirksamkeit zeigen. Am 7. Nov. 1912 wurde eine Kommission gegründet, die diesen Vorschlag untersuchen sollte. Obwohl Senat und Kammer dem Vorschlag zustimmten, wurde er dennoch nie verkündet.[977]
Am 5. Juni 1928 nahm der Senat diesen Gesetzesvorschlag wieder auf.[978] Nachdem auch jetzt der Vorschlag zwar als Dringlichkeitsvorlage gewählt, aber nicht verkündet wurde, geriet die ganze Frage für einige Zeit in Vergessenheit. [979] Es dauerte weitere 17 Jahre bis ein neuer Gesetzesvorschlag unterbreitet wurde.

---

974 Auch der warrant industriel bot keine Möglichkeit der Industrie beim Wiederaufbau und der Modernisierung der Anlagen zu unterstützen, da er nur Rohstoffe, fertige oder halbfertige Gebrauchsgüter erfaßte nicht aber Investitionsgüter belastet werden konnten.

975 *von Boehmer*, Eigentumsvorbehalt, S. 218.

976 Doc. parl. Sénat 1912, Annexe 246, zitiert nach *Sommade*, p. 438.

977 *Ehrig*, S. 189.

978 Doc. parl. Sénat 1928, n° 497, zitiert nach *Sommade*, p. 438.

979 *Ehrig*, S. 189; *Sommade*, p. 438.

Erst 1945 wurde diesem Thema wieder verstärkt Aufmerksamkeit geschenkt. Angesichts des ständig steigenden Bedürfnisses wurde seitens des Wirtschaftsministeriums ein neuer Vorschlag unterbreitet, der in eine ganz andere Richtung als die Vorerwähnten ging. Er knüpfte an das gesetzliche Auflösungsrecht des Verkäufers an und erklärte dieses, bei entsprechender Eintragung in ein öffentliches Register, bei der Veräußerung von Investitionsgütern für konkursfest.[980]
Im gleichen Jahr unterbreitete auch der Conseil d'Etat einen Vorschlag, der das Gesetz von 1934 über das "*gage automobile*" zur Grundlage nahm und ein besonderes "*gage sans dépossession*" für die Garantie der Zahlungen von Industrie- und Handelsmaterial gewährleisten sollte.[981]
Anfang 1946 unterbreitete der Verband der Hersteller von Werkzeugmaschinen einen Gegenentwurf, der zahlreiche Änderungen des vorangegangenen vorsah, jedoch an das Grundprinzip des "*gage sans dépossession*" anknüpfte.
Im gleichen Jahr arbeitete Hamel im Auftrage des für das Kreditwesen zuständigen "*Conseil national du crédit*" einen Entwurf aus, der sich wieder an das Gesetz von 1909 anlehnte.
Nachdem das Wirtschaftsministerium im November 1946 einen weiteren, an den von Hamel anknüpfenden Entwurf vorgelegt hatte, aber die Regierung gegen die Anerkennung dieser Vorschläge sich sperrte, wurde das Thema wieder beiseite gelegt.[982]
Auf Drängen des "*Conseil national du Crédit*" unterbreitete die Regierung unter Schumann am 16. Juni 1948 einen neuen Vorschlag, der ebenfalls auf das Gesetz von 1909 aufbaute. Mit einigen Veränderungen wurde dieser Vorschlag am 27. Juli 1950 von der Nationalversammlung angenommen, nachdem er von verschiedenen Gewerkschaftsverbänden und dem Berufsverband der Kreditinstitute eingehend untersucht worden war. Nach erneuter Prüfung durch die "*Commission de la Justice et de la Législation*" trat der Vorschlag am 18.1.1951 in Kraft.[983]
Die ration legis des neuen Gesetzes entsprach der des Gesetzes vom 29. Dez. 1934 über das "*gage automobile*" und bestand darin, als Ersatz für den konkursfesten Eigentumsvorbehalt ein besitzloses Pfandrecht zu schaffen, das speziell dazu dienen sollte, den Kaufpreis beim Erwerb von "*outillage et matériel d'équipement professionnel*", die auf Kredit gekauft wurden, zu sichern.[984]

---

980 *Sommade*, p. 438.

981 Ebenda, p. 438.

982 Ebenda, p. 438.

983 Das Gesetz wird ergänzt durch Dekrete vom 30.9.1953, 20.5.1955, sowie die Ordonnance vom 23.9.1958 und das Gesetz vom 19.12.1969.

984 Wie z.B. Maschinen, Werkzeuge, Installationen; *Mezger*, ZHR, 115 (1952), S. 155; *Sommade*, p. 439.

b.) Grundzüge des Gesetzes von 1951

Das Gesetz vom 18.1.1951 gewährt dem Verkäufer ein besitzloses Pfandrecht, sofern es sich bei dessen Geschäften um Lieferungen von "*outillage et matériel d'équipement professionnel*", also um Anlagegüter handelt, die der Ausübung irgendeines Berufes dienen.[985] Ausgeschlossen sind Verbrauchsgüter und Waren, die zur Weiterveräußerung bestimmt sind.[986] Das Pfandrecht kann nur zur Sicherung des Verkäufers oder dessen bestellt werden, der ein Darlehen zur Finanzierung des Kaufes gegeben hat.[987]
Die Bestellung des Pfandrechts hat bereits im Kaufvertrag zu erfolgen und muß innerhalb von zwei Monaten nach der Lieferung der Ware vereinbart werden.[988] Der Vertrag muß eine genaue Aufstellung und Beschreibung der einzelnen Gegenstände enthalten, ist in privatschriftlicher oder öffentlich beglaubigter Form zu schließen und unterliegt dem Verfahren des "*enregistrement*".[989] Durch die Eintragung in das Register, die innerhalb von 15 Tagen nach Bestellung des Pfandrechts zu erfolgen hat, wird das Pfandrecht sowohl im Konkurs als auch Dritten gegenüber wirksam. Die Eintragung ist konstitutiv und begründet die erforderliche Publizität.[990] Dem Gläubiger ist es zuzumuten, das Pfandrechtsregister einzusehen, ehe er einen Kredit gewährt.[991] Die Eintragung sorgt für eine Besitzfiktion, die als "*possession équivalent á la possession reelle*" angesehen wird, so daß die Stellung der Pfandgläubigers derjenigen des Faustpfandgläubigers entspricht.[992]

Dem fingierten Pfandbesitz entspricht auch hier ein fingiertes Zurückbehaltungsrecht.[993] Es beruht auf der schuldrechtlichen Verpflichtung des Verpfän-

---

985 *Ferid/Sonnenberger*, 3 D 168, S. 697; *Altorfer*, § 25 II, S. 164; *Ehrig*, S. 190; *Schmeling*, S. 19.

986 *Cabrillac*, La protéction du créancier, p. 560; *Cornu*, dans: Hamel, Le gage commercial, p. 455.

987 *Schmeling*, S. 20; *Ehrig*, S. 191.

988 *Altorfer*, § 25 II, S. 164; *Cabrillac*, La protéction du créancier, p. 560; *Sommade*, p. 440; *Schmeling*, S. 20.

989 Das Pfandregister wird auch für Nichtkaufleute beim Handelsgericht geführt.

990 *Wehser*, AWD, S. 610; *Altorfer*, § 25 II, S. 165; *Schmeling*, S. 21; *Cornu*, dans: Hamel, Le gage commercial, p. 470.

991 *Cabrillac*, La protéction du créancier, p. 162; *Ehrig*, S. 191.

992 *Fargeaud*, p. 89; *Ehrig*, S. 192; *Altorfer*, § 25 II, S. 165.

993 *Ehrig*, S. 192.

ders, die Sache nicht ohne Einwilligung der Pfandgläubigers zu veräußern.[994] Verstöße werden nach Art. 406 C.pén. geahndet.
Das Pfandrecht gewährt dem Gläubiger ein "*droit de préférence*".[995] Als "echtem" Pfandgläubiger steht ihm grundsätzlich kein unbeschränktes "*droit de suite*" zu, da Art. 2279 C.c. gilt und der Dritte nicht schon deshalb wegen grob fahrlässiger Unkenntnis bösgläubig ist, weil das Pfandrecht in ein öffentliches Register eingetragen wurde.[996]
Wenn der Schuldner aber auf Verlangen des Pfandgläubigers eine auf das Bestehen des "*nantissement" hinweisende* Plakette anbringt, muß dieser gemäß Art. 7 Abs. 2 wie der Gläubiger des Gesetzes von 1909 behandelt und ihm gem Art. 22 ein unbeschränktes "*droit de suite*" zugestanden werden.[997] Die unbefugte Beseitigung der Plakette und die Weiterveräußerung der Ware ziehen die Bestrafung wegen Untreue gemäß Art. 406 C. pén. nach sich.[998]
Der Pfandgläubiger hat bei der Verwertung die Formvorschriften des Art. 14 C.com. zu beachten. Er kann sich das Pfand auch an Zahlung Statt zuweisen lassen.[999]
Das Registerpfandrecht bleibt 5 Jahre lang bestehen und kann zweimal um weitere 5 Jahre verlängert werden. Ihm gehen nur die Vorzugsrechte wegen Gerichtskosten und Erhaltungskosten der Lohn- und Gehaltsforderungen vor. Alle anderen Privilegien, insbesondere die des Fiskus und der Sozialversicherung gehen ihm nach, so daß die Stellung des Pfandgläubigers sehr vorteilhaft ist.

Das Gesetz von 1951 wurde bei Inkrafttreten allgemein günstig aufgenommen.[1000] Seine Bedeutung liegt darin, daß man neben dem "*gage automobile*" eine praktisch brauchbare dingliche Sicherheit für den Lieferantenkredit geschaffen hatte. Aufgrund des guten gesetzlichen Schutzes des Pfandgläubigers im Rahmen diese Rechtes ist das "*nantissement d'outillage et du matériel*" eine der meist benutzen Mobiliarsicherheiten in Frankreich.[1001]

---

994 *Fargeaud*, p. 91; *Altorfer*, § 25 II, S. 165; *Bodenstein/Eberth/Jahn*, S. 90.

995 *Cornu*, dans: Hamel, Le gage commercial, p. 470.

996 Ebenda, p. 464.

997 *Ehrig*, S. 193.

998 *Mertens*, S. 105; *Fargeaud*, p. 96; *Gravenhorst*, S. 42; *Bodenstein/Eberth/Jahn*, S. 91; *Reinecker/Petereit,* S. 173; *Lambsdorff*, S. 340.

999 *Seeliger*, S. 314; *Ehrig*, S. 194.

1000 *Cornu*, dans: Hamel, Le gage commercial, p. 478.

1001 *Gerard*, Rev. jur. com. 1994, n° 11, p. 54.

4.) Crédit bail

Nachdem der Gesetzgeber zwar durch die Gesetze von 1934 und 1951 zwei praktikable Spezialsubstitute für den Eigentumsvorbehalt geschaffen, aber dennoch keine allgemeingültige Regelung verwirklicht hatte, waren die Verkäufer nach wie vor auf der Suche nach einem derartigen Schutzsystem. Deshalb gewann der Mietkaufvertrag Anfang der sechziger Jahre im Zusammenhang mit den Leasing-Geschäften erneut größere Bedeutung.

a.) Entwicklung des Leasing zum crédit-bail

Das Leasing ist ein Verfahren zur Fremdfinanzierung, welches nach 1950 in den USA aufkam. Anfang der sechziger Jahre wurde das Leasing-Verfahren auch in Europa eingeführt. In Frankreich wurde das erste Leasing-Unternehmen, die Lorca-Franca, im April 1962 gegründet und gewann als Instrument zur Fremdfinanzierung schnell an Bedeutung.[1002] Anders als in USA war das Leasing in Frankreich jedoch keine Neuheit, sondern vielmehr eine besondere Spielart der gewohnheitsrechtlich anerkannten "*location-vente*", in Form der "*location promesse de vente*".[1003] In Anbetracht dieser Tatsache brachte das Leasingverfahren in Frankreich keine außergewöhnlich neue Rechtsgestaltung.
Wesentlicher Unterschied zur hergebrachten "*location promesse de vente*" war, daß sich das Leasing-Verfahren durch ein Dreiecksverhältnis kennzeichnete. Relevant wurde dies vor allem beim gewerblichen Gebrauch: Zwischen das Unternehmen, welches ein bestimmtes Wirtschaftsgut anschaffen will und den Hersteller dieses Gutes, trat ein auf Leasing-Geschäfte spezialisiertes Finanzierungsinstitut. In Frankreich wird das Leasingverfahren von den Unternehmen in der Regel so eingesetzt, daß es sich die benötigte Ware auf dem Markt selbst aussucht und den Kauf bis zur Abschlußreife vorbereitet. Sodann sucht der Unternehmer eine Leasing-Gesellschaft, die die Maschinen von dem Lieferanten ersteht und sie seinerseits an den Unternehmer weitervermietet, wobei der Mietvertrag mit einem einseitigen Verkaufsangebot des Leasingunternehmens verbunden wird.[1004] Das Leasingunternehmen beschränkt sich daher meist auf

---

1002 *Seeliger*, S. 50; *Giovanoli*, p. 110; *Cabrillac/Mouly*, p. 417.

1003 *Gravenhorst*, S. 39; *Ehrig*, S. 118; *Seeliger*, S. 50.

1004 *Simler/Delebecque*, p. 503; *Clement*, t. II, p. 43. Im übrigen weisen die Leasing-Verträge von Fall zu Fall große Unterschiede auf. Im Kern handelt es sich aber immer um einen Mietvertrag mit einem einseitigen Verkaufsangebot des Leasing-Unternehmens an den Mieter. Das Leasing-Unternehmen bleibt als Vermieter zunächst Eigentümer.

diese finanzierungstechnische Rolle, ohne weitere Leistungen zu übernehmen.[1005]
Während der Mietzeit zahlt der Abnehmer eine bestimmte Summe an die Leasing-Gesellschaft und kann nach Ende der Mietzeit, entsprechend der vertraglichen Vereinbarung, die Ware entweder zum Restkaufpreis kaufen oder sie der Gesellschaft belassen, die sie weiterverkauft oder weitervermietet.[1006]

Eine gesetzliche Regelung fand das Leasingverfahren durch das Gesetz vom 2. Juli 1966 "*relative aux entreprises pratiquant le crédit-bail*", geändert und ergänzt durch die Ordonnance vom 28. Juli 1972.[1007] Da sich das Leasing in Frankreich als Ausgestaltung der "*location-vente*" darstellte, bot die Übernahme des amerikanischen Systems eine zumindest partielle Lösung des langjährigen Versuchs die "*location-vente*" gesetzlich zu regeln.
Der französische Gesetzestext ersetzte den Begriff "Leasing" durch den französischen Ausdruck "*crédit-bail*". Art. 1 Abs. 1 des Gesetzes vom 2. Juli 1966 normierte die Legaldefinition des "*crédit bail*", die den Anwendungsbereich auf "*biens d'équipement et de matériel d'outillage*" beschränkt.[1008] In Art. 2 Abs.1 wird die Möglichkeit, Leasing-Geschäfte zu tätigen, nur solchen Gesellschaften zugebilligt, die diese berufsmäßig tätigen.
Neben der Legaldefinition erkennt Art. 1 des Gesetzes von 1966 die Leasingverträge ausdrücklich als Mietverträge an. Durch diese Einordnung als Mietvertrag zieht auch die Anerkennung ein Aussonderungsrecht nach sich, obwohl keine ausdrückliche Regelung über die Wirksamkeit im Konkurs normiert wurde.[1009]

b.) Funktion des Leasing als Sicherungsmittel

Das Hauptinteresse des "*crédit-bail*" liegt darin, die Funktion des Eigentums als ein wirksames Sicherungsmittel auszunutzen.[1010] Denn neben der finanzierungstechnischen Seite im Rahmen der beiden schuldrechtlichen Verträge beinhaltet das Leasingverfahren gleichfalls einen dinglichen Sicherungscharakter.

1005 *Ehrig*, S. 115.

1006 *Clement*, t. II, p. 44.

1007 *Giovanoli*, p. 111.

1008 Art. 1 al. 1: "Les opérations de location de biens d'équipement et de matéril d'outillage achetés en vue de cette location par des entreprises qui en demeurent propriétaires, lorsque ces opérations, quelle que soit leur qualification, donnent au locataire la possibilité d'aquérir tout ou partie des biens loués, moyennant un prix convenu tenant compte, au moins pour partie, des versements effectués à titre de loyers."

1009 *Ehrig*, S. 118.

1010 *Gerard*, Rev. jur. com 1994, n° 11, p. 67.

Die dingliche Sicherheit gewährleistet das Eigentum an der Ware selbst, welches dem Leasinggeber zumindest so lange vorbehalten bleibt, bis der Leasingnehmer die Mietzahlungen beglichen hat.[1011] In dieser Sicherungsfunktion lag gerade für Frankreich die besondere Bedeutung dieses Verfahrens, da im Rahmen der französischen Rechtsverhältnisse, wie gezeigt, eine im Konkurs der Käufers wirksame Kaufpreissicherung schwer zu bestellen war.[1012] Damit realisierte der *"crédit bail"* teilweise das, was dem Eigentumsvorbehalt bislang versagt worden war. *"Ainsi l'opération parvient-elle à réaliser l'objektif que manquaient les clauses de réserve de propriété: fournir et grantir le crédit. La technique est original et sous cet angle boulverse et refoule le droit commun des obligations."*[1013] Der Einsatz des Eigentums als Garantie gewährleistete, daß die Interessen des Herstellers wie auch die des Abnehmers gleichermaßen in wirtschaftlicher und rechtlicher Hinsicht Berücksichtigung fanden und realisierte damit einen Interessenausgleich beim Kreditkauf, der bislang keinem der voran erörterten Sicherungsmittel in dem Maße gelungen war.[1014]

Aufgrund der Tatsache, daß der *"crédit-bailleur"* das Eigentum an der Sache bis zur Zahlung der *"soulte final"* durch den Benützer behält, ist ein Teil der Lehre der Auffassung, daß der *"crédit bail"* dem Eigentumsvorbehalt angenähert sei.[1015] *"C'est tout simplement le triomphe de l'idée de propriété retenue et en cela, la consécration du crédit-bail doit aux clause de réserve de propriété; seulement cette idée s'exprime dans un système parfaitement original, insusceptible, en fait, d'être ramené à un contrat existant."*[1016] Betrachtet man den *"crédit-bail"* losgelöst von der Dreierbeziehung, nur im Verhältnis zwischen dem Finanzierungsunternehmen und dem Benutzer der Sache (Miet-Käufer), liege in Wirklichkeit ein *"vente non translative"* vor, angenähert an den Eigentumsvorbehalt.[1017] Houin bezeichnet den *"crédit bail"* als *"une sorte de réserve de propriété"*.[1018]

Gegen eine solche Einordnung spricht m.E. bereits der Wortlaut des Art. 1 des Gesetzes vom 2. Juli 1966, der den *"crédit bail"* ausdrücklich als *"opération de*

1011 *Seeliger*, S. 50.

1012 *Ehrig*, S. 118.

1013 *Martel-Tribes*, J.C.P. 1977, 2875, n° 45.

1014 *Seeliger*, S. 50; *Ehrig*, S. 118.

1015 *Giovanoli*, p. 237.

1016 *Martel-Tribes*, J.C.P. 1977, 2875, n° 61.

1017 Nach dieser Ansicht liegt im Dreipersonenverhältnis zwischen Verkäufer und dem Finanzierungsunternehmen ein "vente translatif immédiat" vor, während zwischen dem Finanzierungsunternehmen und dem Käufer ein "vente non translative" besteht.

1018 *Houin*, J.C.P. 1980, I, 2978, n° 5.

location" einordnet.[1019] Obwohl in beiden Fällen das Eigentum beim Verkäufer verbleibt, erfolgen die Zahlungen beim Kauf unter Eigentumsvorbehalt als Ratenzahlungen und beim "*crédit-bail*" aufgrund eines Mietvertrages als Mietraten. Die Anhäufung von Mietraten entspricht nicht der Zahlung eines Kaufpreises, da die Mietraten eine Gegenleistung für die Nutzung der an den im Rahmen der Miete übertragenen Sachen darstellen.[1020]

Besonders zu beachten ist, daß der französische Gesetzgeber im Gesetz vom 2. Juli 1966 zunächst kein Publizitätserfordernis vorgesehen hatte. Bis 1972 orientiert sich die Rechtsprechung bei der Frage der Rechtsstellung des Leasinggebers im Konkurs des Leasingnehmers an den für den Mietkaufvertrag aufgestellten Grundsätzen. Konnte der Mieter tatsächlich frei entscheiden, ob er am Ende der Mietzeit das Angebot auf Abschluß eines Kaufvertrages annimmt, wurde dem Leasing-Unternehmen auch bei Konkurs des Leasingnehmers, ohne jegliche Publizität, ein Aussonderungsrecht zugestanden.[1021] Die Tatsache, daß der Leasinggeber Eigentümer der Ware bleibt, die sich im Besitz des Leasingnehmers befindet, hat jedoch dazu geführt, daß der Gesetzgeber nachträglich ein Publizitätserfordernis für den "*crédit-bail*" ins Leben gerufen hat.[1022] Er erließ am 28. September 1967 eine Ordonnance, durch die der Art. 1 des Gesetzes vom 2. Juli 1966 um einen Abs. 3 ergänzt wurde, der den Leasinggesellschaften die Beachtung eines Publizitätserfordernis auferlegt. Die Einzelheiten über die Anforderungen an den Publizitätstatbestand sind im Dekret "*rélative à la publicité des opérations de crédit-bail en matière mobilière et immobilière*" vom 4. Juli 1972[1023] geregelt.[1024] Danach ist eine Eintragung in ein bei jeder Gerichtskanzlei eines tribunal de commerce eingerichtetes Registers erforderlich (Art. 2). Die Initiative hierzu obliegt dem Unternehmer, der die Eintragung am Ort des Kunden, an dem dieser ins Handelsregister eingetragen ist, zu veranlassen hat.[1025] Nur wenn dem Publizitätserfordernis Rechnung getragen wird, zeigt der "*crédit-bail*"-Vertrag Wirksamkeit gegenüber Dritten und schützt den Vermieter auch im Konkurs.[1026] Die Nichtbeachtung der Publizitätsvorschriften hat zusätzlich zivil- und strafrechtliche Folgen (Art. 8, 13).[1027]

1019 *Malaurie/Aynès,* Cours de droit civil, t. IX, p. 295.

1020 *Clement*, t. II, p. 40.

1021 Trib. com. La Rochelle, 26. juin 1964, J.C.P. 1965, II, 14331.

1022 *Seeliger*, S. 55.

1023 Geändert durch das Dekret vom 29. Nov. 1983.

1024 *Giovanoli*, p. 144; *Clement*, t. II, p. 44.

1025 *Seeliger*, S. 56.

1026 *Clement*, t. II, p. 44; *Martel-Tribes,* J.C.P. 1977, 2875, n° 47.

1027 *Seeliger*, S. 56.

Durch dieses Dekret von 1972 bestätigte der Gesetzgeber erneut seine ehemalige Haltung, keine heimlichen Sicherungsrechte gegenüber der Konkursmasse anzuerkennen und dingliche Sicherheiten aller Art grundsätzlich publizitätspflichtig zu machen.[1028] Die Wiedereinführung des Publizitätserfordernis bedeutet damit einen Rückschritt in der Entwicklung der Verkäufersicherungsrechte, die sich von der Theorie der "*solvabilité apparente*" zu lösen schien. "*...l'Art. 8 du décret...constitue une réaction brutale contre le décline du principe de la solvabilité apparente.*"[1029]

Obwohl das Leasing ein effektives Sicherungsmittel darstellt, ist es in Frankreich dennoch nicht beliebig anwendbar, da es bei Kreditkosten von 12-14 % jährlich für den Mieter und potentiellen Käufer recht kostspielig ist.[1030] Zwar hat der "*crédit-bail*" als Institut zur Fremdfinanzierung in Frankreich einige Erfolge verzeichnet, als Sicherungsmittel ist ihm der konkursfeste Eigentumsvorbehalt aufgrund der größeren Praktikabilität und der Allgemeingültigkeit überlegen. "*La clause de réserve de propriété proprement dit n'est elle pas techniquement bien supérieur, sur ce terrain des garanties du crédit?*"[1031]

5.) Konkursrechtliche Gesetzesänderungen bezüglich der Verkäufersicherungsrechte

In dieser Entwicklungsperiode wurde auch das Konkursrecht von 1838 zweimal reformiert. Bei der Neukodifikation handelt es sich einmal um das Dekret vom 20.05.1955[1032] und das Gesetz vom 13.07.1967[1033], die hier zusammen behandelt werden sollen.
Ursprüngliches Ziel des Konkursrechts von 1838 war, die Rechte des Verkäufers im Konkurs zugunsten der anderen Konkursgläubiger einzuschränken.[1034]

1028 Ebenda, S. 55.

1029 *Martel-Tribes,* J.C.P. 1977, 2875, n° 61.

1030 *Ehrig,* S. 118.

1031 *Martel-Tribes,* J.C.P. 1977, 2875, n° 66.

1032 Dieses brachte nach einer Anzahl einzelner gesetzlicher Neuerungen eine umfassende gesetzliche Normierung des gesamten Konkurs- und Vergleichsverfahrens. Es löste die Art. 437-583 und 604-614 des alten Code de commerce von 1838 ab und wurde durch die Ordonance vom 23.12.1958 Inhalt der Artikel 437-614 des neuen Code de commerce.

1033 Die Art. 1-164 des Gesetzes vom 13.7.1967 ersetzen die Art. 437-614 C.com. (1958).

1034 In die Entwicklungsperiode fallen auch die Regelungen zum Kreditkauf, die der französische Gesetzgeber vorgenommen hat, die jedoch ausschließlich dem Schutz des Käufers dienen und deshalb nicht ausführlich behandelt werden sollen. Es handelt sich um die Dekrete vom 20. Mai 1955 und vom 4. Aug. 1956, die die Maximallaufzeit und die

Fortsetzung nächste Seite

Das Konkursrecht wurde durch zwei Grundsätze beherrscht: die *"égalité des créancier"* und die *"solvabilité apparente"*. In Anbetracht der Tatsache, daß diese Theorien vermehrt Kritik erfahren hatten und sich auch die Rechtsprechung allmählich von ihnen zu distanzieren schien, zeichnete sich ein Wandel der Konkursrechtskonzeption ab. Zu untersuchen gilt, wie dies in den Konkursrechtsreformen von 1955 und 1967 realisiert wurde und welche Auswirkungen diese Reform auf die Verkäufersicherungsrechte hatte.

a.) Allgemeine Reformen

Das Dekret von 1955 hatte zusätzlich zu dem bisher bekannten *"faillite-"*Verfahren, dem Konkursverfahren im engeren Sinn, das die kollektive Vollstreckung in das Vermögen des Schuldners und dessen Auseinandersetzung zum Inhalt hat, sofern dieser seine Verbindlichkeiten nicht begleicht, das *"règlement-judiciare"* als reines Vergleichsverfahren eingeführt, welches das herkömmliche Verfahren der *"liquidation judiciaire"* ersetzte. Dieses neue Verfahren diente dazu, Kaufleuten im Fall der Zahlungseinstellung[1035] Gelegenheit zu bieten, die Geschäfte unter der Aufsicht eines Konkursverwalters weiterzuführen. Dabei wurde mit den Gläubigern regelmäßig ein gerichtlicher Vergleich (*concordat*) abgeschlossen. Falls noch unter bestimmten Voraussetzungen (hoffnungslose Verschuldung, erhebliche Verstöße gegen kaufmännische Regeln) kein Interesse der Allgemeinheit mehr daran bestand, einen zahlungsunfähigen Kaufmann weiterhin am Geschäftsleben teilnehmen zu lassen, wurde die Vermögensverteilung im *"faillite"*-Verfahren durch den Konkursverwalter zwangsweise durchgeführt. Sowohl für das *"règlement judiciaire"* als auch für das *"faillite"*-Verfahren war ein besonderes Urteil erforderlich.
Das Gesetz von 1967 brachte eine weitere Neueinteilung des Verfahrens. Wie bisher war das *"règlement judiciaire"* mit der Möglichkeit eines *"concordat"* versehen (Art. 67). An die Stelle des *"faillite"*-Verfahrens trat jedoch, unter ähnlichen Voraussetzungen wie bisher ein Verfahren, welches *"liquidation des*

Minimalhöhe des Kredits festlegen. Der Verstoß gegen diese Vorschriften, die für Kaufleute und Nichtkaufleute gleichermaßen Geltung haben, bewirkt die Nichtigkeit des Vertrages. Das Gesetz vom 10. Jan. 1978, ergänzt durch die Dekrete vom 17. März 1978 und vom 24. März 1978, dient nur dem Schutz des "consommateur-acheteur à crédit", d.h. es ist nicht auf Kaufgeschäfte zwischen Kaufleuten anwendbar. Es beinhaltet Vorschriften zur Information und zum Schutz des Konsumenten (*Falletti*, p. 19).

1035 Die Rechtsprechung hat zwischen Zahlungseinstellung und Insolvenz unterschieden. Ein Schuldner kann noch solvent sein, (d.h. sein Aktivvermögen übersteigt die Verbindlichkeiten) und sich dennoch im Zustand der "cessation des paiements" befinden, da er gegenwärtig seine Verbindlichkeiten nicht begleichen kann. So bereits: Cass. com., 15. févr. 1897, D. 1897, I, 237.

biens" (Konkursverfahren) genannt wurde (Art. 80).[1036] Der alte Begriff "*faillite*" wurde seit dem nur noch im Zusammenhang mit Sanktionen angewandt, die unter besonderen Voraussetzungen neben die "*liquidation des biens*" traten (z.B. Berufsverbot).[1037] Für die Eröffnung des *"règlement judiciaire"* oder der "*liquidation des biens"* war, wie bisher, ein gerichtliches Urteil erforderlich.[1038] Im Hinblick auf die "*periode suspecte*" konnte das Gericht den Zeitpunkt der Zahlungseinstellung bis höchstens 18 Monate vor dem Eröffnungsurteil festlegen. (Art. 29).[1039] Der Zeitpunkt der Zahlungseinstellung des Gemeinschuldners wurde dabei vom Gericht nach freiem Ermessen festgelegt. Die periode suspecte begann jedoch, anders als nach dem Code de commerce von 1958, nicht bereits 15 Tage vor, sondern erst mit dem Tage, auf den das Gericht den Zeitpunkt der Zahlungseinstellung festsetzte.
Das Gesetz von 1967 lockerte des weiteren die enge Beschränkung des Konkursrechts auf Kaufleute und bezog jetzt auch juristische Personen, selbst wenn diese nicht die Eigenschaften eines Kaufmanns besaßen, in das Konkursverfahren mit ein (Art. 1.).

b.) Rechte der gesicherten Verkäufer im Konkurs

Hinsichtlich der grundsätzlichen Geltung der Verkäufersicherungsrechte im Konkurs hat sowohl das Dekret von 1955 als auch das Gesetz von 1967 die bisherige Gesetzgebung bestätigt. Art. 60 des Gesetzes von 1967 löste Art. 534 C.com. (1958) (= Art. 98 des Dekrets von 1955) ab und entspricht im wesentlichen Art. 550 C.com. (1838).[1040] Im Unterschied zu seinen Vorgängern erwähnte Art. 60 jetzt ausdrücklich das Vertragsauflösungsrecht. Art. 63 des Gesetzes von 1976 griff die Vorschrift des Art. 577 C.com. (1838) wieder auf, die auch das Dekret von 1955 in Art. 224 (= Art. 550 C.com. (1958)) im wesentlichen bewahrt hatte.[1041] Auch das Rückforderungsrecht für Ware *"in transitu"* wurde gemäß Art. 62 des Gesetzes von 1967 (Art. 113 des Dekrets von 1955 =

1036 *von Boehmer*, Eigentumsvorbehalt, S. 167; *Ehrig*, S. 91.

1037 Seit dem Gesetz von 1967 können auch juristische Personen in Konkurs fallen (Art. 1).

1038 Da bei der Behandlung der Verkäufersicherungsrechte kein Unterschied zwischen dem "réglement judiciaire" und der "liquidation des biens" besteht, werden im folgenden beide Verfahren im folgenden kurz unter der Bezeichung Konkurs zusammengefaßt.

1039 *von Boehmer*, Eigentumsvorbehalt, S. 167.

1040 Art. 60: "Le privilège, l'action résolutoire et le droit de revendication établis par l'article 2102 n° 4 du Code civil au profit du vendeur d'effets mobiliers, ne peuvent être exercés à l'encontre de la masse que dans la limite des dispositions ci-après."

1041 Art. 63: "Peuvent être retenues par le vendeur les marchandises qui ne sont pas délivrées ou expédiées au débiteur ou à un tiers agissant pour son compte."

Art. 549 C.com. (1958)) erhalten, der dem Art. 576 C.com. (1838) entsprach.[1042]
Die wesentliche Neuerung der Konkursrechtsreformen bestand darin, daß in der Frage, bis zu welchem Zeitpunkt oder bis zu welchem Ereignis der Verkäufer sein "*droit de résolution*" geltend machen darf, das Dekret vom 20. Mai 1955 endgültig und mit Gesetzeswirkung Klarheit schuf.[1043] In Art. 112 des Dekrets von 1955 (Art. 584 C.com. (1958)) wurde die bisherige Rechtsprechung des Kassationshofes, die die rechtzeitige Aussonderung von Waren infolge rechtzeitiger Vertragsauflösung anerkannte, ausdrücklich bestätigt und in Art. 61 des Konkursgesetzes von 1967 übernommen.[1044] Gemäß § 61 I des Gesetzes von 1967 konnte eine Kaufsache, die sich bereits im Besitz des Konkursschuldners befand, auch noch nach Eröffnung des Konkursverfahrens ausgesondert werden, falls das Vertragsauflösungsrecht vor Eröffnung desselben, entweder durch richterliches Urteil oder im Rahmen der vertraglich vereinbarten Auflösungsklauseln geltend gemacht worden war.[1045]
Ebenso wurde auch der Eigentumsvorbehalt behandelt, obwohl er in den genannten Vorschriften nicht erwähnt wurde, denn schon nach der älteren Rechtsprechung, deren Ergebnisse 1955 übernommen werden sollten, bewahrte sich der Verkäufer sein Recht, wenn er es vor der Konkurseröffnung ausdrücklich geltend machte. Es schadete auch nichts, wenn der Verkäufer sein Recht erst nach der Zahlungseinstellung durch den Käufer, also während der "*période suspect*" ausübte.[1046]
Durch diese Gesetzgebung, welche die Möglichkeit der Geltendmachung vor Konkurseröffnung gesetzlich legitimiert, wurde das Scheitern der "*théorie de l'égalité*" und der "*théorie de solvabilité apparente*" bestätigt: "*....la force reconnue à l'apparence et à l'égalité des créanciers et mis en échec.*"[1047]

1042 Art. 62: "Peuvent être revendiqué les marchandises expédiée au débiteur, tant que la tradition n'en a point été effectuée dans les magasins ou dans ceux du commissionnaire chargé de les vendre pour son compte."

1043 *Rosskopf*, S. 30.

1044 "Peuvent être revendiquées, aussi longtemps qu'elles existent en nature, en tout ou en partie, les marchandises dont la vente a été résolue antérieurement au jugement prononcant la faillite ou le règlement judiciaire, soit par décision de justice, soit par le jeu d'une clause résolutoire acquise. La résolution doit pareillement être prononcée ou constatée par décision de justice postérieurement au jugement prononcant la faillite ou le règlement judiciaire. Lorsque l'action en revendication ou en résolution a été intentée antérieurement au jugement déclaratif par le vendeur non payé."

1045 *von Boehmer,* Eigentumsvorbehalt, S. 178.

1046 *Martel-Tribes,* J.C.P. 1977, 2875, n° 33; *Ehrig*, S. 93; *von Boehmer*, Eigentumsvorbehalt, S. 183.

1047 *Martel-Tribes,* J.C.P. 1977, 2875, n° 33.

Eine weitere Neuerung fand sich für die besonders gesicherten Gläubiger in Art. 40 des Gesetzes von 1967. Bis 1967 entgingen die Pfandgläubiger, die mit besonderen Spezialsicherungsrechten ausgestattet waren, den Folgen des Konkurses, da sie außerhalb der Masse standen.[1048] Sie waren nicht gezwungen, ihre Forderungen erst geltend zu machen und anerkennen zu lassen, sondern konnten die Ware verwerten, d.h. individuelle Rechtsverfolgung betreiben.[1049] Das Gesetz von 1967 normierte für alle Gläubiger, auch die mittels speziellen Sicherungsrechten ausgestatteten Forderungsinhaber, gemäß Art. 40 I eine Anmeldungspflicht für ihre Forderungen.[1050] Damit wurden auch die besonders gesicherten Pfandgläubiger in das Verfahren mit einbezogen.[1051] Meldete der Pfandgläubiger seine Forderung nicht ordnungsgemäß an, wurde er gemäß Art. 41 von der Geltendmachung seiner Rechte ausgeschlossen. Nach Anerkennung der Forderung verlieh jedoch Art. 35 I des Gesetzes von 1967 dem Verkäufer, dessen Forderungen "*sont garanties par un privilège spécial, un nantissement ou une hypothèque...*", aufgrund dieser besonderen Sicherheiten die Möglichkeit, trotz Eröffnung des Konkurses seine Rechte individuell zu verfolgen.[1052] Damit wurde die Sonderstellung der mit speziellen Sicherungsrechten ausgestatteten Gläubiger gegenüber allen übrigen Konkursgläubigern gesetzlich normiert, deren Recht auf individuelle Rechtsverfolgung mit Konkurseröffnung erlosch.[1053]

Diese Konkursrechtsreform deutete eine Änderung der Konkursrechtskonzeption des französischen Rechts an, die sich im Laufe der nächsten Jahre durch mehrere weitere Reformen bestätigen sollte. Die diesem Gesetz vorangehenden Insolvenzrechtsordnungen standen noch stark unter dem Einfluß einer strafrechtlichen Bewältigung des Unternehmenszusammenbruchs. Das Dekret von 1955 hatte bereits die Entkriminalisierung zum Ziel, es betonte jedoch immer noch stark den Unterschied zwischen betrügerischem und einfachem Konkurs.[1054] Das Gesetz von 1967 war das erste französische Insolvenzgesetz, das an den klassischen Zielen des Insolvenzrechts ausgerichtet war: Befriedigung

---

1048 *Seeliger*, S. 289.

1049 *Houin*, J.C.P. 1980, I, n° 2978.

1050 *Seeliger*, S. 289.

1051 *Houin*, J.C.P. 1980, I, n° 2978.

1052 *Seeliger*, S. 282.

1053 Ebenda, S. 281.

1054 *Niggemann/Lutz*, Berichte und Dokumente zum ausländischen Wirtschafts- und Steuerrecht, 1986, S. 1.

der Gläubiger und Liquidierung des Unternehmens.[1055] Das Besondere war einerseits, daß der Gesetzgeber im Rahmen des Vergleichsverfahrens auch den Unternehmen die Möglichkeit geben wollte, den Konkurs zu vermeiden und ihre Existenz zu sichern und durch die Anmeldungspflicht auch die gesicherten Gläubiger in das Verfahren einbezog.[1056] Andererseits erweiterte er für die Verkäufer die Möglichkeit, die Vertragsauflösung geltend zu machen und ihre Rechte auch im Konkurs zu wahren.

V.) Vermehrte Orientierung an Deutschland im Rahmen rechtsvergleichender Arbeiten

Durch die gesetzliche Normierung des "*gage automobile*" und des "*nantissement d'outillage et du matériel d'équipement professionnel*" als Substitute des Eigentumsvorbehalts wurde dessen Anwendungsbereich stark reduziert. Selbst in den Fällen, die nicht von Spezialgesetzen umfaßt waren, sah die Praxis i.d.R. aufgrund der geringen Wirksamkeit des Eigentumsvorbehalts im Konkurs von der Verwendung ab. "*...les vendeurs dont l'action de revendication est paralysée par l'ouverture d'une procédure collective, préférant ne plus s'en prévaloir.*"[1057] Es schien, als hätten die besitzlosen Pfandrechte dem Eigentumsvorbehalt den Rang abgelaufen. "*...dans la pratique des ventes mobilière cette garantie donnée au vendeur en cas de vente à crédit -la réserve de propriété- semble disparaître au profit de nantissement sans dépossession.*"[1058]
Doch obwohl der Eigentumsvorbehalt in der Praxis nur noch eine sehr geringe Rolle spielte, wurde seine Bedeutung in der Lehre zunehmend größer. Daß der Eigentumsvorbehalt in Frankreich nach 1934 nicht vollkommen verschwand und gegen Mitte des Jahrhunderts in der Lehre wieder großen Aufschwung fand, ist vor allem auf den Einfluß Deutschlands zurückzuführen.[1059] Denn nachdem die Römischen Verträge von 1957 die Europäische Wirtschaftsgemeinschaft (EWG) ins Leben gerufen hatten, nahmen die Außenhandelsbeziehungen und der Warenaustausch innerhalb der Mitgliedstaaten ständig zu. Besonders intensiviert wurden die Handelsbeziehungen zwischen Frankreich und Deutschland, so daß diese beiden Länder bei einem ständig steigenden jährlichen Warenaustausch in beiden Richtungen füreinander jeweils

---

1055 *Niggemann*, Internationales und ausländisches Wirtschafts- und SteuerR, 1995, S. 5.
1056 *Houin*, J.C.P. 1980, I, n° 2978.
1057 *Maciejcyk*, p. 14.
1058 *Malaurie*, Rep. Civ. Dalloz, Ventes Généralités, n° 43.
1059 So auch *Maciejcyk*, p. 14.

die wichtigsten Handelspartner innerhalb der EWG wurden.[1060] Mit dieser raschen Entwicklung des gegenseitigen Handels im Bereich des gemeinsamen Marktes konnte die Rechtsangleichung und die Rechtsvereinheitlichung auf dem Gebiet des Kaufrechts, aber auch des Insolvenz- und Vollstreckungsrechts, nicht Schritt halten.[1061] Die Kaufleute der deutschen Rheinseite verwendeten die Eigentumsvorbehaltsklausel, ohne sich bewußt zu sein, daß diese Klausel nach französischem Recht weder im Konkurs noch gegenüber Dritten Wirkung zeigte.[1062] Die französischen Exporteure reizten die Vorteile der deutschen Eigentumsvorbehaltsklausel. Denn nach ihrem Recht waren sie nahezu schutzlos gestellt, wenn der Käufer bei Aushändigung eines akzeptierten Wechsels zwischen der Lieferung der Ware und der Fälligkeit des Wechselpapiers in Konkurs fiel.[1063] Allerdings waren die Kenntnisse der französichen Exporteure über die Funktionsweise des Eigentumsvorbehaltes in der Regel recht lückenhaft. Durch die Unkenntnis und die mangelnde Vertrautheit mit dem jeweils anderen Rechtssystem wurden die Kaufleute bei Exportgeschäften häufig mit unvorhergesehenen Problemen konfrontiert, die unweigerlich zu Rechtsstreitigkeiten führten und bei besserer Kenntnis des ausländischen Rechts größtenteils hätten vermieden werden können.[1064]

Aufgrund des Fehlens eines konkursfesten Eigentumsvorbehalts im französischen Recht wurde der Blick immer häufiger auf den Nachbarn Deutschland als Vorbild gelenkt, so daß in Frankreich eine wahre "Rechtsvergleichungswelle" ins Rollen geriet.

Vorliegend soll gezeigt werden, wie sich die französische Literatur mit dem deutschen Eigentumsvorbehalt zunehmend auseinandersetzte und neue Gesichtspunkte, wie die wirtschaftlichen Vorteile des Eigentumsvorbehalts und die Einsatzmöglichkeit desselben als "*clause de financement de la production industrielle*", herausarbeitete und damit die Reform vom 12.5.1980 vorbereitete.

1060 *Wehser*, AWD 1972, S. 602.

1061 Ebenda, S. 602.

1062 *Meissner*, G.P. 1972, p. 369.

1063 Ebenda, p. 369.

1064 *Arnold*, AWD 1976, S. 131.

1.) Zunehmendes Interesse der französischen Rechtsvergleicher am deutschen Recht

a.) Erich Schulze 1958

Erich Schulze war der erste französische Rechtsvergleicher, der sich im Rahmen einer rechtsvergleichenden Studie ausschließlich mit dem System des Eigentumsvorbehalts in Deutschland und Frankreich befaßte.[1065]
Schulze widmete sich eingehend den unterschiedlichen Strukturen des Kaufvertrages und der Verkäuferschutzmethoden im deutschen und französischen Recht und kam zu folgenden Ergebnissen:

aa.) Überwiegen des persönlichen Elements beim Kauf

Wesentliche Unterschiede zwischen deutschem und französischem Recht bestünden bereits darin, daß in Frankreich das persönliche Element des Kaufes gegenüber dem materiellen Element wesentlich größere Bedeutung habe als in Deutschland. Aufgrund der Tatsache, daß der Verkäufer das Eigentum unmittelbar mit Abschluß des Kaufvertrages verliere, müsse er sich der Realisierung seiner Kaufpreiszahlung möglichst sicher sein. Der Kaufmann versuche daher, sich ein Bild von der Kreditwürdigkeit des Kaufwilligen zu machen und lasse sich dabei von seiner Erfahrung und Menschenkenntnis leiten. Das Fehlen effektiver dinglicher Sicherungsmittel zwinge die Parteien zu größerer Vorsicht. Gleichfalls versuche sich auch der Kaufwillige seinerseits einen Eindruck von der Vertrauenswürdigkeit des Verkäufers zu verschaffen, da mit dem Eigentumsübergang, d.h. gemäß § 1583 C.c. schon mit Abschluß des Vertrages, die Gefahr des Untergangs der Sache auf ihn übergeht. Die Forderung eines Kaufmannes, neben der Unterzeichnung des Kaufvertrages und der Ratenzahlungswechsel besondere Sicherheiten zu erhalten, werde in Frankreich oft als Ausdruck unberechtigten Mißtrauens angesehen und sei daher in Kaufmannskreisen verpönt.[1066] Durch den Eigentumsvorbehalt, wie er in Deutschland gebräuchlich sei, werde das persönliche Element aus dem Kauf beseitigt, da der Verkäufer seine Kaufpreisforderung wirksam sichern könne und der Gefahrübergang an die Lieferung der Ware und nicht an das Eigentum gebun-

---

1065 *E. Schulze,* La clause de réserve de propriété en droit civil et international privé franco-allemand comparé, Thèse, Paris 1958.

1066 *Rosskopf,* S. 123.

den sei.[1067] Für die persönliche Einschätzung der Vertrauenswürdigkeit bestehe somit kein Bedarf.[1068]

bb.) Eigentumsvorbehalt im Sinne einer "clause de financement"

Der Eigentumsvorbehalt werde in Deutschland im wesentlichen als eine Art "*clause de financement*" für die Industrieproduktion eingesetzt. Dem Industriellen werde dadurch ermöglicht, Grundstoffe auf Kredit zu erwerben, diese zu verarbeiten und weiterzuverkaufen. Als Sicherheit veräußere er sein Anwartschaftsrecht oder trete Forderungen aus künftigen Geschäftsverbindungen im voraus ab. Es handele sich also weniger um einen Verbraucherkredit oder ein Investitionsdarlehen, als um einen Produktionskredit.
Schulze ist der Ansicht, daß sich die Franzosen, anders als die Deutschen, der Notwendigkeit eines solchen Kredits bisher noch nicht bewußt geworden seien.[1069]
Es bestehe aber auch in Frankreich Anwendungsbedarf für den Eigentumsvorbehalt, wie er in Deutschland zur Anwendung komme, da die zunehmende Industrialisierung, die Expansion der Unternehmen und der Ausbau der Handelsbeziehungen einen ständig zunehmenden Kreditbedarf schufen.[1070] Es sei jedenfalls wünschenswert, daß der Gesetzgeber die durch die unhaltbare Argumentation der Rechtsprechung entstandene Rechtsunsicherheit durch eine baldige gesetzliche Normierung des Eigentumsvorbehaltes beseitige.[1071]

cc.) Dogmatische Bedenken gegen die Übernahme des deutschen Eigentumsvorbehalts

Trotz der Vorteile, die der deutsche Eigentumsvorbehalt in den Augen von Schulze mit sich bringt, sei derzeit die Übernahme des Eigentumsvorbehaltes in der Form, wie er in Deutschland gebraucht werde - nämlich als "*propriété retenue*" - nicht realisierbar. Der Eigentumsvorbehalt könne nur eingeführt werden, wenn die Klausel nicht als "*propriété rétenue*", sondern als "*droit de gage*" interpretiert werde. Dabei stützte sich Schulze darauf, daß die rechtliche Natur der Eigentumsvorbehaltsklausel nicht eindeutig definierbar sei, er jedenfalls

---

1067 *E. Schulze,* La clause de réserve de propriété, p. 102.
1068 Ebenda, p. 290.
1069 Ebenda, p. 249.
1070 Ebenda, p. 295.
1071 So auch: *Friedel*, dans: Hamel, La vente commerciale, p. 117.

auch einige pfandrechtliche Elemente enthalte.[1072] Er wies ausdrücklich darauf hin, daß auch einige deutsche Juristen diese Interpretation befürwortet hätten.[1073]

Problematisch bei dieser Interpretation Schulzes war jedoch, daß das französische Pfandrecht dem Publizitätserfordernis unterlag, welches die Offenbarung der Vermögenssituation des Schuldners gewährleisten sollte. Die Publizität konnte seiner Auffassung nach nur durch die Einschreibung des Eigentumsvorbehalts in ein öffentliches Register gewahrt werden. Schulze erkannte jedoch auch, daß dies wiederum einen erheblichen Praktikabilitätsverlust mit sich brächte.

Zweites Problem, welches sich bei der Interpretation als "*droit de gage*" stellte, war, daß der Einsatz des Eigentumsvorbehalts als "*clause de financement*" - wie Schulze sie nannte - nur gewährleistet war, wenn der Käufer die Ware verarbeiten und weiterveräußern durfte. Da die Lösung, die das deutsche Recht in Form von Verarbeitungs- und Weiterveräußerungsklausel anbot, nach Schulzes Ansicht im französischen Recht schwer zu realisieren war, schlug er vor, die "*clause de réserve de propriété*" für diesen Fall mit einem "*droit de suite*" zu verbinden. Diese neue Eigentumsvorbehaltsklausel sollte nach Schulzes Ansicht außerdem als eine weitere Ausnahme zum "*principe de l'égalité*" auch im Konkurs des Käufers wirksam sein.

1072 *E. Schulze*, La clause de réserve de propriété, p. 297; besonders im Zusammenhang mit strafrechtlichen Gesichtspunkten S. 218 und der kaufmännischen Buchhaltung S. 223.

1073 Tatsächlich ist auch Blomeyer (*Blomeyer*, Studien zur Bedingungslehre, Berlin 1939) der Auffassung, daß die wirtschaftliche Bedeutung des Eigentumsvorbehalts die eines Pfandrechts sei. Er knüpft dabei an eine bereits zur Entstehungszeit des Eigentumsvorbehalts vertretene, später weitgehend aufgegebene Ansicht an. Da das Eigentum von "ewiger Dauer" sei und erst mit der Sache selbst untergehe, das Pfandrecht aber durch "zeitliche Dauer" gekennzeichnet sei und schon mit der Forderung erlösche, müsse der Eigentumsvorbehalt ebenfalls pfandrechtlich ausgestaltet sein (S. 220). Nach der von ihm entwickelten These erwirbt der Vorbehaltsverkäufer volles Eigentum, das allerdings mit einem besonders ausgestalteten Verfallspfand des Verkäufers belastet ist (S. 220). Zum eigentlichen Kaufvertrag, der auf Verschaffung lastenfreien Eigentums gerichtet sei, komme die Bestellung des besonders ausgestalteten Pfandrechts für den Verkäufer hinzu. Eine Eigenart dieses Pfandrechtes liege darin, daß es bei der Übereignung nicht vom Käufer bestellt, sondern vom Verkäufer vorbehalten werde (S. 228). Aus einem solchen kombinierten Vertrag habe der Käufer nur Anspruch auf belastetes Eigentum. Blomeyer hält das Rücknahmerecht des Verkäufers beim Eigentumsvorbehalt nur deshalb für gegeben, weil es der Verkäufer zur Verstärkung seiner pfandrechtlich zu beurteilenden Rechtsstellung brauche. Die Rücknahme sei nicht nur zum endgültigen Behalten bei späterer Aufhebung des Kaufvertrages oder bei Geltendmachung des Schadensersatzanspruchs berechtigt, sondern auch zur Durchführung des Vertrages unter Benutzung des im Eigentumsvorbehalt liegenden Sicherungsrechts (S. 203).

dd.) Denkanstoß für eine Reform des französischen Rechts

Schulze selbst mußte sich jedoch eingestehen, daß seine Lösung nicht völlig zufriedenstellend war: "*Nos suggestions, le lecteur a dû s'en rendre compte ne sont pas en tout les points completes.*"[1074] Es schien vielmehr, als wollte er mit seinem Vorschlag vor allem einen Denkanstoß liefern und die tiefe Verwurzelung des Eigentumsvorbehalts mit einigen wesentlichen Grundprinzipien des deutschen Rechts aufzeigen, die eine an sich wünschenswerte einfache Übernahme des deutschen Systems schwierig gestaltete.
Deshalb rief er zu weiteren rechtsvergleichenden Studien auf. Diese sollten möglicherweise bislang unbeachtete Gesichtspunkte des Eigentumsvorbehalts aufdecken, die eine Rezeption des deutschen Eigentumsvorbehaltes begünstigen könnten. Er hielt solche weiteren rechtsvergleichenden Arbeiten nicht nur für interessant, sondern auch für notwendig, um das deutsche Rechtssystem besser kennenzulernen und zu verstehen: "*Connaissance est compréhension !*"[1075]

ee.) Zusammenfassung

Die von Schulze erstellte Theorie des Pfandrechtsvorbehalts operierte im französischen Recht losgelöst von den wesentlichen Entstehungsursachen des Eigentumsvorbehalts, da dieser von der Praxis, genauso wie in Deutschland, gerade wegen der rechtlichen Unzulänglichkeiten der pfandrechtlichen Sicherung ins Leben gerufen worden war. Außerdem wird bei dieser Konstruktion weder der Vertragswortlaut noch der darin zum Ausdruck gebrachte Parteiwille berücksichtigt.
Obwohl sich auch in Deutschland nach wie vor einige Anhänger von Blomeyers Eigentumsvorbehaltskonstruktion finden, ist auch hier die h.M. der Ansicht, daß sie mit geltendem Recht nicht vereinbar ist.[1076] Sie verstößt gegen den Gesetzeswortlaut der §§ 455, 158 BGB und steht mit der Regelung des Fahrnispfandrechts in § 1204 ff. BGB nicht in Einklang. Auch § 5 AbzG brachte zum Ausdruck, daß der Verkäufer aufgrund des Eigentumsvorbehalts "seine" Sache wieder an sich nehmen kann und widersprach somit der Theorie des Pfandrechts.
Wie alle vorangegangenen Veränderungsvorschläge haftete auch Schulze noch an den Vorgaben des französischen Rechts. Obwohl er der Erste war, der von

---

1074 *E. Schulze,* La clause de réserve de propriété, p. 301.

1075 Ebenda, p. 302.

1076 Für die Einordnung als Pfandrecht sprechen sich v.a. *Hübner*, NJW 1980, S. 729 und *Berger*, S. 43, 183 m.w.N. aus. Der Eigentumsvorbehalt stellt in ihren Augen nichts anderes dar, als ein besitzloses Sicherungspfandrecht des Verkäufers. Anders dagegen die h.M.: *Serick*, Eigentumsvorbehalt, Bd. I, § 5 III, S. 95; *Baur/Stürner*, § 59 IV, Rdn. 5; *Palandt/Putzo*, § 455, Rdn. 6; *Weber*, § 9 I, S. 174; *Reinicke/Tiedtke*, Rdn.1105.

dem den Franzosen "heiligen" Publizitätserfordernis absah, klammerte er sich nach wie vor an das rechtliche Konstrukt eines Pfandrechts.

b.) Colloque de Nancy 1962

1962 wurde die Frage des Eigentumsvorbehalts anläßlich eines Kolloquiums in Nancy ausgiebig diskutiert. An dem vom Verband europäischer Juristen organisierten Kolloquium nahmen Juristen aus Deutschland, Frankreich, Holland, Griechenland, Luxemburg und Belgien teil. Thema des Kolloquiums waren die dem Verkäufer bei Kreditkäufen beweglicher Gegenstände innerhalb des Gemeinsamen Marktes zu gewährenden Garantien.[1077]
Im Rahmen der einzelnen Länderberichte stellte Friedel[1078] die auf die Verschiebung des Eigentumsübergangs abzielenden Klauseln des französischen Rechts dar.[1079] Er brachte dabei zum Ausdruck, daß die Probleme der Anerkennung des Eigentumsvorbehaltes im Konkurs nur durch das Einschreiten des Gesetzgebers behoben werden könnten, wobei zunächst an eine Änderung der konkursrechtlichen Vorschriften zu denken sei. Problematisch sei jedoch angesichts der bisherigen Entwicklungstendenz die Schaffung publizitätsloser Verkäufersicherungsmittel. In Anbetracht der Tatsache, daß der Gesetzgeber bislang nur besitzlose Pfandrechte zugelassen habe, die dem Publizitätserfordernis entsprachen, sei es unwahrscheinlich, daß er in absehbarer Zeit seine Richtung ändern und ein allgemeines besitzloses Pfandrecht für alle Verbrauchsgüter oder einen Eigentumsvorbehalt normieren werde. Die Gefahren einer exzessiven Ausdehnung des Kreditkaufes bei beweglichen Sachen seien zu groß. Andererseits lasse sich an Waren, die ständig den Besitzer wechseln und häufig nur von geringem Wert seien, kaum eine wirksame Publizitätsform realisieren. Fast resignierend gelangte Friedel deshalb zu dem Ergebnis, daß die Chancen, eine zufriedenstellende Lösung zur Gewährleistung eines umfassenden allgemeinen Verkäufersicherungsmittels beim Kreditkauf zu finden, seinerzeit sehr gering seien.

Angesichts eines Berichts des deutschen Juristen Dr. Buehler beschäftigten sich die französischen Juristen[1080] auch ausgiebig mit dem deutschen Recht. Her-

---

1077 Revue du Marché commun, 1962, n° 49, p. 266.

1078 Georges Friedel, Professeur à la Faculté de Droit et des Sciences économiques de l'Université de Nancy.

1079 Ebenda, p. 279.

1080 Zu den Teilnehmern gehörten Gérard Vivier, Avocat à la Cour d'Appel de Nancy; Jean Rault, Avocat à la Cour de Paris; Léon Labbé, Avocat aux Conseils; Ernest Massin, Agréé au Tribunal de Commerce de la Seine; Jacques Ledoulx, Administrateur civil au Ministère des Finances et des Affaires Economiques; M. Kreher, Avocat à la Cour de

Fortsetzung nächste Seite

vorgehoben wurde, daß das deutsche Recht, obwohl es keines der komplizierten französischen Spezialsicherungsrechte kenne, sondern vielmehr mit dem einfachen Schutzsystem von Eigentumsvorbehalt und Sicherungsübereignung auskomme, teilweise sogar eine effektivere Sicherung des Verkäufers gewährleiste als das französische Recht.[1081] Das deutsche System habe den großen Vorteil, daß der Eigentumsvorbehalt ein allgemeingültiges Sicherungsmittel darstelle, das auf jede Art beweglicher Sachen anwendbar sei.[1082] Bei dem Versuch der Perfektionierung des eigenen Systems könnte sich der französische Gesetzgeber an diesem orientieren, ohne es gleichwohl zu übernehmen, da einer solchen Übernahme die fehlende Publizität entgegenstehe.[1083]

Die Teilnehmer des Kolloquiums gelangten schließlich zu dem Ergebnis, daß eine gesetzliche Normierung eines allgemeingültigen Eigentumsvorbehalts geboten sei. Eine solche Regelung müsse ein adäquates Publizitätserfordernis beinhalten und dem Eigentumsvorbehalt im Konkurs Wirksamkeit zusprechen.[1084] Sie forderten deshalb das Tätigwerden des Gesetzgebers hinsichtlich einer entsprechenden gesetzlichen Normierung.

c.) William Garcin und Jacques Querenet 1963

1963 meldeten sich William Garcin und Jacques Querenet in einem Artikel der Gazette du Palais [1085] zu Wort. Sie hatten sich zum Ziel gesetzt, den französischen Juristen das System des unmittelbaren Nachbarn und Handelspartners Deutschland nahezubringen. Dabei war ihnen besonders daran gelegen, den Franzosen die Vorteile vor Augen zu führen, die das deutsche Recht gegenüber dem französischen Recht bot. In der Tat stellte sich ihr Aufsatz als wahre Lobeshymne auf das deutsche Institut des Eigentumsvorbehaltes dar. Wie von Schulze angeregt, fanden diese beiden Rechtsvergleicher tatsächlich einen bislang von den französischen Rechtsvergleichern weitgehend unbehandelten Aspekt des Eigentumsvorbehalts, der ihn für die Franzosen noch interessanter werden ließ: Seine wirtschaftliche Bedeutung. Der Eigentumsvorbehalt, wie er im deutschen Recht vorgesehen sei, habe positive Auswirkungen auf die Ge-

---

Paris; M. Lappa, Avocat à la Cour de Lyon; M. Bellanger, Agréé près le Tribunal de Commerce de la Seine.

1081 *Massin*, Revue du marché commun, 1962, p. 303.

1082 Ebenda, p. 303.

1083 Ebenda, p. 304.

1084 Résolutions prises par le colloque, Revue du marché commun, p. 314.

1085 *Garcin/Querenet*, G.P. 1963, n° 7, p. 60.

samtstruktur der Wirtschaft.[1086] Grund dafür seien ihrer Überzeugung nach die vielfältigen Einsatzmöglichkeiten, die das deutsche Recht beim Eigentumsvorbehalt bot, seine formfreie Vereinbarungsmöglichkeit und seine Wirksamkeit im Konkurs.

aa.) Verlängerungs- und Erweiterungsformen des Eigentumsvorbehalts

Anders als Percerou, der die erweiterten und verlängerten Formen des Eigentumsvorbehalts noch als Absurdität verworfen hatte, erkannten Garcin und Querenet, welche Bedeutung sie in wirtschaftlicher Hinsicht tatsächlich spielen. Die Autoren versuchten den französischen Juristen daher vor allem das Prinzip des verlängerten Eigentumsvorbehaltes und die Vorteile von Sicherungsübereignung und Vorausabtretung deutlich zu machen. Sie erkannten, daß der Verkäufer durch die Ausdehnung der Klausel eine weitgehende Bindung der Kaufsache, deren Eigentumsübergang weiter hinausgeschoben wird, erwirkt und damit erreicht, daß der vom Verkäufer gewährte Kredit wirksam abgesichert wird.
Die Autoren kritisierten dabei die Haltung der französischen Rechtsprechung besonders im Hinblick darauf, daß der Primärkäufer i.d.R. nicht mehr der Konsument sei, sondern meistens als Zwischenhändler fungiere. Diesem komme ungerechtfertigterweise der Schutz des Code civil zugute, der eigentlich den Endverbraucher schützen solle. Der Zwischenhändler sei jedoch im Gegensatz zum herstellenden Verkäufer weniger schutzbedürftig, da er im Gegensatz zu diesem kaum Investitionen tätigen müsse und deshalb nur geringe Risiken trage. Zur Förderung der Expansion und zur Produktivitätssteigerung müsse deshalb aus wirtschaftlichen Gesichtspunkten der produzierende Verkäufer gegenüber dem Zwischenhändler geschützt und begünstigt werden. Und fast triumphierend stellt Garcin fest: "*Telle est la position de la législation allemande en matière de vente !*"[1087]
Weiterhin wirtschaftlich vorteilhaft wirke sich das in Frankreich unbekannte System der Sicherungsübereignung aus, welches mit dem Eigentumsvorbehalt verbunden werden könne. Es ermögliche dem Verkäufer durch Vereinbarung eines verlängerten Eigentumsvorbehaltes die Weiterverarbeitung der Ware vor

---

1086 Ebenda, p. 62.

1087 Ebenda, p. 62. Um den Weiterverkauf zu ermöglichen ohne vertragsbrüchig zu werden, müsse der Zwischenhändler entweder seine zukünftigen Forderungen gegen den Käufer im voraus an den Verkäufer abtreten oder einen verlängerten Eigentumsvorbehalt vereinbaren. Im eigenen Interesse werde der Zwischenhändler daher den Kaufpreis so schnell wie möglich begleichen. Das wiederum bewirke, daß der Hersteller keine umfangreichen, langfristigen Darlehen gewähren müsse, wodurch eine Abhängigkeit des Einzelhändlers vermieden werde.

Zahlung des Kaufpreises zu gestatten, indem er sich sicherungshalber durch vorweggenommenes Besitzkonstitut das Eigentum an der durch Verarbeitung erlangten Sache übertragen lasse. Der Käufer könne die Ware auch zur Sicherheit an eine Bank weiterübereignen, um so die zur Barzahlung an den Verkäufer notwendigen Geldmittel zu erhalten.
Dieses komplexe, für den Laien kompliziert anmutende Sicherungssystem stelle an die deutschen Zwischenhändler höhere Anforderungen als an die französischen Zwischenhändler. Dies habe zur Folge, daß sich die Zwischenhändler in Deutschland teilweise zu großen Handelsketten zusammengeschlossen hätten und dadurch ihrerseits Druck auf die Hersteller ausüben könnten. Dadurch entstehe ein System, in dem sich Produktionspreis und Wiederverkaufspreis gegenseitig regulieren.[1088] Das Fazit dieser ersten Untersuchung von Garcin: "*Der Eigentumsvorbehalt ist eine der Ursachen des deutschen Wirtschaftswunders.*"[1089]

bb.) Formlose Vereinbarung und Konkursfestigkeit

Garcin und Querenet lobten weiterhin die Tatsache, daß nach deutschem Recht keinerlei Formalitäten erforderlich seien, um dem Eigentumsvorbehalt zwischen den Parteien, gegenüber Dritten oder im Konkurs Wirksamkeit zu verschaffen, so daß heute die Mehrheit der Kaufverträge in Deutschland mit einer Eigentumsvorbehaltsklausel ausgestattet sei und alle in Deutschland gebräuchlichen Lieferbedingungen von vornherein einen Eigentumsvorbehalt zugunsten des Verkäufers enthielten.
Sie stellten fest, daß nach deutschem Recht der Verkäufer weder der Konkursmasse geopfert, noch die Konkursgläubiger zum Nachteil des Verkäufers bereichert würden.[1090]

Wie noch zu zeigen sein wird, widmete sich Garcin in den nächsten Jahren eingehend den hier erstmalig aufgeworfenen Gedanken, um seine etwas kühn anmutende These wissenschaftlich genau zu belegen. Doch schon diese ersten Ergebnisse seiner Untersuchungen haben Garcin so beeindruckt, daß er sich die Anpassung des französischen Systems an das Deutsche zum Ziel setzt.
Zwar erklärte er später selbst, daß 1963 noch kein offensichtliches Interesse an seinem Artikel bestanden habe: "*L'article de doctrine n'obtenait aucune réacti-*

1088 Ebenda, p. 63.
1089 Ebenda, p. 63.
1090 Ebenda, p. 62.

on apparente."[1091] Dennoch verfolgte er sein Ziel konsequent und initiierte schließlich die Reform des Eigentumsvorbehaltes in Frankreich.

d.) Andere Rechtsvergleicher

Auch wenn sich in den Augen Garcins keine unmittelbare offensichtliche Reaktion auf seinen Aufsatz zeigte, so brachte er dennoch den Stein ins rollen. Zahlreiche Rechtsvergleicher widmeten sich jetzt dem Problem des Kaufs unter Eigentumsvorbehalt.[1092] Immer häufiger kamen sie zu dem Ergebnis, daß der deutsche Eigentumsvorbehalt beachtliche Vorteile lieferte.[1093]
Ausgangspunkt aller rechtsvergleichenden Untersuchungen war, wie auch schon bei Schulze, stets die stark differierenden Grundvoraussetzungen des deutschen und französischen Kaufrechts, die Mitursache für die unterschiedliche Entwicklung der beiden Länder sind.

aa.) Probleme beim Verständnis des deutschen Abstraktionsprinzips

Servos, der sich in zwei Aufsätzen ausführlich mit dem deutschen und französischen System beschäftigte[1094], spricht davon, daß sich das deutsche Kaufrecht aus zwei Phasen konstituiere: In der ersten Phase verpflichte sich der Verkäufer das Eigentum zu übertragen, in der zweiten übertrage er durch einen neuen Rechtsakt das Eigentum an der Sache. Die Funktion dieser doppelten Vorgehensweise liege darin, daß der Käufer nicht unmittelbar mit seiner vertraglichen Verpflichtung, sondern erst mit Übergabe Eigentümer der verkauften Sache werde. Da es eine solche zweiphasige Vorgehensweise im französischen Recht nicht gäbe, resultiere daraus einer der Gründe für die Abneigung der Franzosen gegen den Kauf unter Eigentumsvorbehalt.[1095]
Wie Servos waren auch einige andere Rechtsvergleicher[1096] der Auffassung, daß das Eigentum allein mit der Übergabe übergehe und übersahen, daß das

---

1091 *Garcin*, Droit et Affaires, 1980, n° 380, p. 3.

1092 *Servos*, Rev. int. dr. comp., 1968, p. 395; *Padis*, AWD 1970, p. 227; *Meissner*, G.P., 1972, p. 369; *Neumayer*, Rev. int. dr. comp., 1973, p. 597; *Tallon*, in: Festschrift für Bärmann, S. 921; *Bouloc*, Rev. int. dr. comp., 1973, p. 618; *Servos*, dans: Etudes offerts à J. Lambert, 1975, p. 515.

1093 *Meissner*, G.P. 1972, p. 369.

1094 *Servos*, Rev. inter. dr. comp., 1968, S. 395 u. Etudes offerts à J. Lambert, 1975, S. 515; wobei er der Einführung eines deutschen Eigentumsvorbehaltes aufgrund der großen Unterschiede zwischen deutschem und französischem Recht skeptisch gegenübersteht.

1095 *Servos*, Etudes offerts à J. Lambert, 1975, p. 517.

1096 z.B.: *Demoures*, Rev. trim. dr. com., 1982.

deutsche Recht die Übergabe allein nicht ausreichen läßt, sondern vielmehr einen dinglichen Vertrag fordert, der, wie alle Verträge, eine Übereinstimmung zweier Willenserklärungen voraussetzt.[1097] Dies wird durch § 929 II BGB bestätigt, der für den Fall, daß der Käufer bereits im Besitz der Sache ist, die dingliche Einigung für den Eigentumsübergang ausreichen läßt. Die von den Franzosen als Kennzeichen des deutschen Kaufvertrages angeführte "*dualité*" muß sich also genaugenommen auf das nebeneinander des dinglichen und des schuldrechtlichen Vertrages beziehen, die unabhängig voneinander jeweils eine eigenständige Über-einstimmung zweier Willenserklärungen voraussetzen. Vereinfachend wird häufig auch nur von zwei Rechtsgeschäften gesprochen: dem schuldrechtlichen und dem dinglichen, während sich letzteres aus der dinglichen Einigung und dem Realakt der Übergabe zusammensetzt. Einige französische Juristen meinen jedoch, wenn sie von "*dualité*" sprechen, den schuldrechtlichen Vertrag einerseits und die Übergabe auf der anderen Seite.[1098] Letztere stellt jedoch nur den Vollzug des dinglichen Geschäfts, also einen Realakt dar. Diese für die Franzosen kompliziert anmutende Unterscheidung war von einigen Rechtsvergleichern nicht gemacht worden.[1099] Teilweise entbehrten die Untersuchungen daher noch der vollkommenen wissenschaftlichen Durchdringung der Problematik.

bb.) Unterschiedliche Konkursrechtskonzeptionen

Ein weiterer wesentlicher Punkt für die unterschiedliche Behandlung im deutschen und französischen Recht sei, nach Servos Auffassung, in den unterschiedlichen Konkursrechtskonzeptionen der beiden Rechtsordnungen zu finden. Der französische Gesetzgeber bevorzuge die Konkursgläubiger, die dem Schuldner ihr Vertrauen entgegengebracht hätten, gegenüber dem Einzelgläubiger, der sich das Eigentum an einer verkauften und durch Übergabe in das Vermögen des Konkursschuldners gelangten Sache vorbehalten habe. Der deutsche Gesetzgeber dagegen, so Servos, gehe davon aus, daß das Eigentumsrecht gegenüber anderen Rechten Vorrang habe. Die Rechte der Gläubigergemeinschaft würden folglich nach deutschem Recht hinter dem stärkerem Recht des Individualeigentums zurücktreten.[1100]

1097 *Servos*, Etudes offerts à J. Lambert, 1975, p. 517; *Demoures*, Rev. trim. dr. com., 1982.

1098 *Servos*, Etudes offerts à J. Lambert, 1975, p. 517 und Rev. int. dr. comp., 1968, p. 396; *Demoures*, Rev. trim. dr. com., 1982, p. 60, stellt die Frage, ob man tatsächlich von zwei Verträgen sprechen könne oder vielmehr von einem Vertrag und der matriellen Ausführung desselben ausgehen müsse.

1099 So auch *Garcin*: Droit et Affaires, 1976, n° 323, p. 27.

1100 *Servos*, Etudes offerts à J. Lambert, 1975, p. 525.

cc.) Dogmatik

Gemeinsam war all diesen Rechtsvergleichern, daß sie den Erfolg rühmten, der dem Eigentumsvorbehalt in Deutschland zuteil wurde. Besonders beeindruckt waren sie von den unterschiedlichen Erscheinungsformen des Eigentumsvorbehaltes.[1101]

Von einigen französischen Juristen wird allerdings kritisiert, daß die rechtliche Begründung des Eigentumsvorbehaltes und der Sicherungsübereignung auch in Deutschland recht mäßig sei.[1102] Denn der Eigentumsvorbehalt erfahre in § 455 BGB nur eine knappe, auf bewegliche Sachen beschränkte Regelung. Die Sicherungsübereignung finde in § 223 II, § 930 BGB nur eine mittelbare Normierung. Beide Institute würden weder in der Konkursordnung noch im Handelsgesetzbuch erwähnt.[1103] Ebensowenig würden die Verlängerungs- und Erweiterungsformen normiert, es handele sich bei diesen Rechtsinstituten vielmehr um Schöpfungen der Rechtslehre und der Rechts- und Wirtschaftspraxis.[1104] Dennoch müsse der französische Jurist anerkennen, daß der Eigentumsvorbehalt und die Sicherungsübereignung Rechtsinstitute darstellen, die als wichtige Mittel der Kreditsicherung im Geschäfts- und Wirtschaftsleben Einzug gehalten hätten und dem Kreditverkäufer solide Sicherheiten zur Verfügung stellten, durch die die Risiken der Kreditgewährung auf beachtliche Weise vermindert würden.[1105]

2.) Rechtsvergleich durch das Institut C.N.R.S. (Centre National de la Recherche Scientifique)

Ihren Höhepunkt erlebte die Rechtsvergleichung durch die Studien des C.N.R.S. Dieses hatte es sich im Rahmen des Forschungsprojektes des *"Service de Recherches Juridiques Comperatives"* zur Aufgabe gemacht, die Rechtslage auf dem Gebiet des Eigentumsvorbehalts in den europäischen Ländern und den U.S.A. zu untersuchen.[1106]

1101 *Tallon*, in: Festschrift für Bärmann, S. 922, *Servos*, Etudes, p. 517.

1102 *Padis*, p. 228; *Servos*, Etudes offerts à J. Lambert, 1975, p. 516.

1103 *Padis*, p. 228; *Servos*, Etudes offerts à J. Lambert, 1975, p. 516.

1104 *Servos*, Rev. int. dr. comp., 1968, p. 396.

1105 *Padis*, S. 228; *Neumayer*, Rev. int. dr. comp., 1973, p. 605; *Reinecker*, Sparkasse 1980, S. 349; *Servos*, Etudes offerts à J. Lambert, 1975, p. 530, der sich in seinem zweiten Aufsatz hauptsächlich mit den Problemen beschäftigt, die beim Handel zwischen Deutschland und Frankreich durch die unterschiedlichen Rechtssysteme auftreten.

1106 1973 schloß der französische Justizminister ein Forschungsabkommen mit dem C.N.R.S. und dem später noch zu behandelnden Institut Jupiter. Nach diesem Abkom-

Fortsetzung nächste Seite

Das C.N.R.S. legte dem Justizminister 1975 einen "*Rapport préliminaire*" und 1976 einen weiteren "*Rapport*" vor. Der erste Bericht enthielt die Ergebnisse einer umfassenden rechtsvergleichenden Studie des französischen, deutschen, amerikanischen, englischen, italienischen, niederländischen und dänischen Eigentumsvorbehaltes. Bei der Bestandsaufnahme wurde festgestellt, daß bei der Fülle der unterschiedlichen Kreditsicherungsmittel in den Mitgliedsländern der europäischen Gemeinschaft der Eigentumsvorbehalt in Deutschland eine Sonderrolle einnahm.[1107] Zwar sahen einige Länder neben einer Reihe anderer Sicherungsrechte die Möglichkeit eines Verkauf unter Eigentumsvorbehalt in Sondergesetzen vor. Dabei wurde jedoch meist nur der einfache Eigentumsvorbehalt normiert (Italien, Dänemark) bzw. die erweiternden Formen zumindest selten verwendet (Niederlande, England). Einen Sicherungsmechanismus, kombiniert aus Eigentumsvorbehalt und Sicherungsübereignung oder in Verbindung mit Weiterverarbeitungs- oder Weiterveräußerungsklauseln, kannte zu dieser Zeit jedoch keine dieser Rechtsordnungen. Die französischen Juristen beschäftigten sich daher ernsthaft damit, ob das gesamte deutsche System von den Franzosen übernommen werden könne. Im "*Rapport préliminaire*" wurde dieser Gedanke erstmalig offiziell ausgesprochen und die Konsequenzen erörtert, die eine eventuelle Übernahme eines deutschen Eigentumsvorbehalts ins französische Recht mit sich brächten.[1108]

Der "*Rapport préliminaire*" stellte eine Zusammenfassung und Aktualisierung aller im Laufe der Jahre durch die Rechtsvergleicher und Kritiker angesprochenen Probleme einer Einführung des deutschen Systems in das französische Recht dar und diente als Grundlage für die 1979 eingeleitete Reform des Eigentumsvorbehalts in Frankreich. Er enthielt jedoch weder eine Beurteilung der Zweckmäßigkeit einer solchen Übernahme des deutschen Rechts noch eine Anerkennung der Vorteile gegenüber verschiedenen anderen Sicherungsmitteln, die dem Verkäufer beim Kreditkauf nach französischem Recht zur Sicherung der Ratenzahlung zustehen. Eine derartige Beurteilung und Einschätzung der damaligen Rechtslage in Frankreich enthielt der nachfolgende Bericht des C.N.R.S. von 1976, der entsprechende Veränderungsvorschläge anführte.

---

men sollte eine genaue Untersuchung der Voraussetzungen des Eigentumsvorbehalts in den europäischen Ländern und den U.S.A. vorgenommen werden und diejenige Rechtsordnung herausgefunden werden, die als Vorbild für eine Änderung und Anpassung des französischen Systems ins Auge gefaßt werden könne.

1107 Rapport du C.N.R.S. 1975, p. 7.

1108 Ebenda, p. 21.

a.) Probleme bei der Einführung des deutschen Eigentumsvorbehalts und deren Lösung

Im folgenden sollen die von dem C.N.R.S. aufgeworfenen Probleme und die jeweiligen Lösungsvorschläge kurz zusammengefaßt werde.

aa.) Konsensprinzip

Zunächst wurde geprüft, ob es wegen des in Frankreich geltenden Konsensprinzips zulässig sei, beim Kauf unter Eigentumsvorbehalt ausdrücklich zu vereinbaren, daß der Kaufvertrag nur ein "*vente non translative*", d.h. nur schuldrechtliche Verpflichtungen hervorrufe und der Eigentumsübergang aufschiebend bedingt werde. Es wurde zu bedenken gegeben, daß eine solche Vereinbarung dem Trennungsprinzip sehr nahe käme und auf lange Sicht die Ablösung des Konsensualprinzips durch das Trennungs- oder Abstraktionsprinzip zur Folge habe könnte.[1109]
Das C.N.R.S. kam jedoch zu dem Ergebnis, daß das deutsche Abstraktionsprinzip, das zwischen obligatorischem Kauf und Eigentumsübergang unterscheidet, zwar die Einführung eines Eigentumsvorbehaltes begünstige, das Konsensualprinzip schließe ihn jedoch nicht grundsätzlich aus.[1110] Vielmehr sei es seit langem anerkannte Rechtsprechung, daß es sich bei Art. 1583 C.c. um dispositives Recht handele.

bb.) Französisches Besitzverständnis

Weiter wurde zu bedenken gegeben, daß das französische Besitzverständnis nicht dem des deutschen Rechts entspreche.[1111] Anders als das deutsche Recht, welches unter Besitz allein die tatsächliche Sachherrschaft über die Sache verstehe, fordere das französische Recht, daß die Sachherrschaft im Augenblick ihrer Erlangung von einem Herrschaftswillen, dem "*animus domini*", getragen werde.[1112] Problematisch sei daher die rechtliche Konstruktion der Position von Vorbehaltsverkäufer und -käufer. Der Herrschaftswille fehle dem Erwerber

---

1109 Ebenda, p. 21.

1110 Rapport du C.N.R.S. 1976, p. 11.

1111 Das französische Recht legt den subjektiven Besitzbegriff zugrunde, nach dem die tatsächliche Sachherrschaft mit einem Herrschaftswillen verbunden sein muß. Das französische Recht unterscheidet nicht zwischen unmittelbarem und mittelbarem Besitzer, es kennt nur den einheitlichen Besitz. "Possessio" ist demnach nach der deutschen Terminologie immer nur Eigenbesitz. *Ferid/Sonnenberger*, 3 A 104, S. 538; *Ortsscheidt*, Rev. inter. dr. comp., 1983, n° 1, p. 772; *Hübner/Constantinesco*, S. 183.

1112 Rapport du C.N.R.S. 1975, p. 8.

schon deshalb, weil er durch die Vereinbarung des Eigentumsvorbehaltes einen anderen als Eigentümer anerkenne. Nur der Verkäufer habe beim Eigentumsvorbehalt den Willen, Eigentümer der Sache zu bleiben.
Das C.N.R.S. kam aber zu dem Schluß, daß auch das französische Besitzverständnis im Falle der Einführung des Eigentumsvorbehalts keiner grundlegenden Reform bedürfe. Denn mangels Unterscheidung zwischen mittelbarem und unmittelbarem Besitzer sei der Erwerber nach französischem Recht eben wegen des fehlenden "*animus domini*" nur Gewahrsamsinhaber ("*déteneur précaires*") der Sache für einen anderen.[1113]

cc.) Gefahrübergang

Das C.N.R.S. stellte weiter fest, daß im französischen Recht eine Gefahrtragungsregelung, wie sie §§ 446 I, 447 BGB vorsehe, fehle.[1114] Da der französische Käufer mit Abschluß des Kaufvertrages das Eigentum erwerbe, gehe im gleichen Zeitpunkt auch die Gefahr über.[1115] Das C.N.R.S. schlug daher vor, gemäß dem deutschen Vorbild, den Gefahrübergang durch eine entsprechende Parteivereinbarung an die Lieferung der Sache zu binden.[1116]

dd.) Publizitätserfordernis

Schließlich gab das C.N.R.S. zu bedenken, daß das französische Recht dem Erfordernis der Publizität für die Wirksamkeit dinglicher Rechte gegenüber Dritten wesentlich enger verbunden sei, als das Deutsche. Den hohen Stellenwert der Publizität bestätige die Verordnung von 1972, durch die für das Gesetz vom Juli 1966 über den *"crédit bail"* das Publizitätserfordernis nachträglich eingeführt worden sei. Würde der Eigentumsvorbehalt trotz fehlender Publizität gegenüber jedermann für wirksam erklärt, so würde das Publizitätserfordernis bei allen anderen dinglichen Rechten in Frage gestellt.[1117] Damit widersetze man sich den fundamentalen Grundsätzen des französischen Rechts und es entstünden unlösbare Konflikte mit den bestehenden Sicherungsrechten.[1118]

1113 Rapport du C.N.R.S. 1976, p. 12.

1114 Rapport du C.N.R.S. 1975, p. 21. Da das französische Recht eine solche Regelung, nach der die Gefahr des zufälligen Untergangs der Kaufsache mit Lieferung auf den Vorbehaltskäufer übergeht, nicht kennt, muß auf den allgemeinen Grundsatz "*res perit domino*" zurückgegriffen werden. Danach ist der Gefahrübergang an den Eigentumsübergang gebunden. *Hübner/Constantinesco*, S. 168.

1115 *Hübner/Constantinesco,* S. 168.

1116 Rapport du C.N.R.S. 1976, p. 13.

1117 Rapport du C.N.R.S. 1975, p. 24.

1118 Ebenda, p. 24.

Die Lösungsvorschläge der Autoren gingen dahin, das Publizitätserfordernis nur für Sachen über einem bestimmten Wert einzuführen, die Publizitätspflicht nur den Gläubigern, die ihrerseits Sicherungsrechte besitzen, nicht jedoch den Konkursgläubigern, aufzuerlegen oder den Eigentumsvorbehaltskäufer zu verpflichten, dem neuen Kreditgeber die Rechnungen mit Eigentumsvorbehaltsvermerk vorzulegen.[1119]

ee.) Gutglaubensvorschriften

Problematisch könne nach Ansicht des C.N.R.S. weiterhin sein, daß für das französische Recht der Schutz des gutgläubigen Dritten nach dem Grundsatz des Art. 2279 C.c. *"en fait de meubles, la possession vaut titre"* charakteristisch sei.[1120] Der gutgläubige Besitz hindere die Rückforderung der Ware durch den Verkäufer von einem gutgläubigen Dritten und stehe damit der Wirksamkeit des Eigentumsvorbehaltes gegenüber Dritten entgegen.[1121] Zwar kenne auch das deutsche Recht den Schutz des gutgläubigen Erwerbers. Die Anforderungen an den guten Glauben seien jedoch im deutschen Recht wesentlich höher als im französischen. Für Investitions- und Konsumgüter, die gewöhnlicherweise auf Kredit gekauft würden, erhebe das deutsche Recht sogar eine Erkundigungspflicht. So müsse sich beispielsweise der Käufer eines Gebrauchtwagens immer den KFZ-Brief vorlegen lassen, da andernfalls der gute Glaube an das Eigentum des Verkäufers wegen grob fahrlässigen Verhaltens versagt werde. Das C.N.R.S. kam jedoch zu dem Schluß, daß auch diesbezüglich ein Publizitätserfordernis Abhilfe schaffen könne.[1122]

1119 Rapport du C.N.R.S. 1976, p. 18.

1120 Rapport du C.N.R.S. 1975, p. 20.

1121 Nach französischem Recht sind die Anforderungen an den guten Glauben wesentlich geringer als nach deutschem Recht. Der gute Glaube wird gemäß Art. 2268 C.c. grundsätzlich vermutet, so daß die Beweislast für die Bösgläubigkeit dem Verkäufer obliegt. Nach deutschem Recht ist dagegen bei dem Erwerb von Investitions- oder Konsumgütern vom Händler, sowie bei üblicherweise unter Eigentumsvorbehalt gelieferter Ware oder bei bekannt zahlungsschwachem Veräußerer, mit der Vereinbarung eines Eigentumsvorbehaltes üblicherweise zu rechnen und daher eine Nachforschung beim Vorlieferanten geboten. Andernfalls wird die Gutgläubigkeit verneint. BGHZ 10, 17; 14, 21; *Weber*, § 9 V, S. 182; *Palandt/Bassenge*, § 932 Rdn. 12, m.w.N.; Ausführlich: *Serick*, Eigentumsvorbehalt, Bd. I, § 10 II 1, S. 218.

1122 Rapport du C.N.R.S. 1976, p. 16.

ff.) Schwächung der Spezialprivilegien

Schließlich gaben die Autoren zu bedenken, daß durch einen konkursfesten Eigentumsvorbehalt die Spezialprivilegien des französischen Rechts an Wirksamkeit verlieren würden, da der Eigentümer seine Sache zurückfordern könne, ehe die privilegierten Gläubiger oder die nach konventionellen Sicherungsmitteln gesicherten Gläubiger ausbezahlt seien.[1123] Sie wiesen darauf hin, daß durch die Anerkennung der generellen Wirksamkeit des Eigentumsvorbehaltes der Kreditverkäufer in jedem Konkursverfahren den ersten Rang einnehme und die Privilegien des Art. 2101 C.c. und 2102 C.c., sowie die des Fiskus, der Sozialversicherung und der Arbeitnehmer einen Großteil ihrer Wirksamkeit verlören. Diesbezüglich sei es aber Sache des Gesetzgebers, ein Gleichgewicht zwischen dem Vorteil des starken Sicherungsmittels des Kreditverkäufers und der Notwendigkeit der Bevorzugung einiger Gläubiger herzustellen.[1124] Die Reform sei gleichzeitig eine Gelegenheit, das komplizierte Schutzsystem, welches das französische Recht durch die Anhäufung vieler Privilegien geschaffen habe, bzgl. seiner Notwendigkeit und seiner Klassifizierung zu überdenken und evtl. zu vereinfachen. Ein vielfältig verwendbares, allgemeines Sicherungsmittel stelle jedenfalls eine große Erleichterung dar.

gg.) Übernahme der Verlängerungs- und Erweiterungsformen des deutschen Eigentumsvorbehalts

Die Einführung der Sonderformen des Eigentumsvorbehaltes wurde vom C.N.R.S. nicht nur für problematisch gehalten, sondern direkt verworfen. Der verlängerte Eigentumsvorbehalt, der dem Erwerber die Weiterveräußerung im gewöhnlichen Geschäftsgang ermöglicht, könne nach französischem Recht Dritten nicht entgegengehalten werden, wenn dieser "*aquéreur de bonne fois*" sei. Auch eine Weiterverarbeitungsklausel sei mit der Konzeption des französischen Eigentumsrechts unvereinbar, da sich das Eigentumsrecht nur auf eine bestimmte Sache beziehen könne und untergehe, wenn die Sache durch Verarbeitung ihre Individualität verliere.[1125] Ferner sei die Verbindung mit einer Vorausabtretungsklausel nach der gegenwärtigen Rechtslage in Frankreich ein schwieriges dogmatisches Problem, da die Abtretung Dritten gegenüber nur nach Mitteilung an den Schuldner wirksam sei. Diese Mitteilung müsse gemäß Art. 1690 C.c. durch Zustellung seitens des Gerichtsvollziehers erfolgen, es sei denn, der Schuldner habe von der Übertragung in einer notariellen Urkunde

---

1123 Rapport du C.N.R.S. 1976, p. 15.

1124 Rapport du C.N.R.S. 1976, p. 15.

1125 Rapport du C.N.R.S. 1976, p. 11.

Kenntnis genommen (Art. 1690 Abs. 2 C.c).[1126] Nach Ansicht der Autoren stehen der Einführung einer Sicherungsabtretung beim verlängerten Eigentumsvorbehalt demnach die strengen Formvorschriften entgegen. Problematisch gestaltet sich für sie außerdem die Abtretung künftiger Forderungen gegen noch unbekannte Schuldner. Zwar seien nach h. M. auch künftige Forderungen abtretbar. Darunter würden jedoch nur solche Forderungen verstanden, deren Rechtsgrund zur Zeit des Abtretungsvertrags schon bestehe, d.h. bestimmt sei.[1127] Der Rechtsgrund der künftigen Weiterverkaufsforderung bestehe beim verlängerten Eigentumsvorbehalt zur Zeit der Abtretung aber gerade noch nicht. Außerdem sei der Schuldner der Weiterverkaufsforderung zur Zeit der Vereinbarung noch nicht bekannt, so daß das Erfordernis der "*signification*" nach 1690 C.c. nicht erfüllt werden könne.[1128]

b.) Probleme bei der Übernahme der deutschen Sicherungsübereignung

Die Übernahme der Sicherungsübereignung erschienen den Autoren, ähnlich wie die Verlängerungs- und Erweiterungsformen des Eigentumsvorbehalts, von vornherein nicht realisierbar: "*Cette motivation apparait comme tout à fait étrangère à l'esprit du droit français.*"[1129] Dabei beriefen sie sich auf die Rechtsprechung des französischen Kassationsgerichtshofes, die die Sicherungsübereignung als mit französischem Recht unvereinbar erklärt hatte.[1130] Das Gericht begründete seine Entscheidung damit, daß es sich bei der Sicherungsübereignung um einen "*pacte commissoire*" (Verfallsklausel) handle, der mit dem französischen ordre public unvereinbar sei, da er gegen die zwingenden Vorschriften des Art. 2078 C.c. und Art. 93 al. 4 C.com. verstoße. [1131]

[1126] *Brödermann*, ZVglRWiss 1984, S. 210.

[1127] *Margellos*, La protection du vendeur, 1989, n° 143, p. 182 m.w.N.

[1128] Rapport du C.N.R.S. 1976, p. 11.

[1129] Rapport du C.N.R.S. 1976, p. 9.

[1130] Cass. req., 24. mai 1933, S. 1935, 1, 257; Cass. civ., 8. juillet 1969 J.C.P. 1970, II, 16182.

[1131] Cass. req., 24. mai 1933, S. 1935, 1, 257; Cass. civ., 8. juillet 1969 J.C.P. 1970, II, 16182; Cass. civ., 3. mai 1973, Rev. crit. dr. inter. pr., 1974, p. 100. Nach diesen Vorschriften sei jede Vereinbarung nichtig, nach der im Falle der Nichtzahlung der Schuld das Eigentum an der Pfandsache auf den Pfandgläubiger übergehen soll oder der Gläubiger ermächtigt wird, die Pfandsache freihändig zu verkaufen. Eine öffentliche Versteigerung ebenso wie eine Übernahme der Sache als Eigentum, sei nur nach einem entsprechenden gerichtlichen Beschluß möglich.
Art. 2078 C.c.: "Le creancier ne peut à défaut de payement disposer du gage: sauf à lui faire ordonner en justice que ce gage lui demeura en payement et jusqu'à due concurrence, d'après une estimation faite par experts, ou qu'il sera vendu aux enchères. Toute

Fortsetzung nächste Seite

Zwar hielten die Autoren die von der Rechtsprechung vorgenommene rechtliche Qualifikation der Sicherungsübereignung für fragwürdig, stimmten ihr jedoch in ihrer Grundidee zu. Der Gläubiger könne die meisten Rechte, die mit dem Eigentum grundsätzlich verbunden sind, mangels tatsächlicher Sachherrschaft an der Sache nicht ausüben, sondern mache sich das Eigentumsrecht vielmehr nur dahingehend zu nutze, daß er es als Sicherungsmittel für den Fall der Nichterfüllung seiner Forderung einsetze. Dieses fiktive Eigentum stelle jedoch ein Sicherungsmittel dar, welches dem französischen Mobiliarsicherungsrecht inhärenten Publizitätserfordernis zuwiderlaufe. Auch technisch sei eine Einführung der Sicherungsübereignung nur schwer möglich, da das französische Recht keine dem § 930 BGB entsprechende Vorschrift kenne. Damit könne die rechtliche Stellung des Erwerbers nicht definiert werden. Dieser habe die Stellung eines Eigentümers inne, ohne die Sache selbst in Händen zu halten und sei außerdem Besitzer ohne "*animus domini*". Es müsse demnach zunächst das Rechtsinstitut des Besitzmittlungsverhältnisses in das französische Recht aufgenommen werden, was jedoch nur im Rahmen einer umfassenden Reform des Besitzrechts möglich wäre. Die Verweigerung der Anerkennung der Sicherungsübereignung macht deutlich, daß in Frankreich der Einsatz des Eigentums zum Zwecke der Kreditsicherung bis dato weitgehend ungebräuchlich war.

c.) Fazit

Das doppelte Bestreben Frankreichs, einerseits ein Kreditsicherungsmittel einzuführen, welchem in Deutschland großer Erfolg beschieden war, und andererseits an den wesentlichen Strukturen, vor allem am Publizitätserfordernis des französischen Rechts auf diesem Gebiet festzuhalten, erschien etwas widersprüchlich. Nicht unberechtigt war daher der Gedanke, ob bei nur teilweiser Übernahme des deutschen Systems dem Eigentumsvorbehalt in Frankreich, losgelöst vom deutschen Gesamtsystem, überhaupt eine sichere Zukunft beschieden sei.[1132] Andererseits erlaubte es die hier vorgeschlagene Reform, den Eigentumsvorbehalt in den rechtlichen Rahmen der bereits bestehenden französischen Sicherungsrechte einzuordnen.

3.) Verdrängung des deutschen durch das amerikanische Vorbild ?

Starke Konkurrenz erfuhr das deutsche Recht innerhalb der Studien der "*école comparatiste*" durch eine zweite Rechtsordnung, die für eine eventuelle Über-

---

clause qui autoriserait le créancier à s'approprier le gage ou à en disposer sans les formalités ci-dessus est nulle."

[1132] Rapport du C.N.R.S. 1976, p. 19.

nahme in das französische Recht ins Auge gefaßt wurde. Obwohl das deutsche System als perfekt galt und in den Augen der Rechtsvergleicher viele Vorteile brachte, schien es einigen von ihnen nach wie vor ein schwieriges Unterfangen, die deutschen Regeln an das französische Rechtssystem anzupassen. Da nach der vorangegangenen Studie nur die partielle Übernahme überhaupt denkbar war, traten einige Juristen den deutschen Praktiken mit großer Zurückhaltung gegenüber.[1133] Ihnen erschien es sinnvoller, einen neuen, einheitlichen, auf alle Formen des Mobiliarkredits anwendbaren Typ dinglicher Sicherheiten zu schaffen, der die herkömmlichen Sicherungsmittel gänzlich ersetzen sollte. Aus diesem Grunde wurde daher die Übernahme des amerikanischen Rechtsinstituts des "*security interest*" (Art. 9 UCC) erwogen.

Der UCC hatte eine neue Systematik und Begrifflichkeit für alle Mobiliarsicherungsrechte entwickelt. Anstelle der bisherigen Rechte, wie "*pledge*" (Faustpfandrecht), "*assignement*" (Sicherungszession), "*chattel mortgage*" (Mobiliarhypothek), "*conditional sale*" (Sicherungsübereignung), "*leasing*" oder "*factor's lien*" (Unternehmerpfandrecht), trat das neue einheitliche Institut des "*security interest*", das generell sämtliche Ansprüche jedweder Art einschloß, solange sie sich auf Befriedigung aus Mobilien richten, wozu sowohl bewegliche Sachen, wie auch Forderungen, zu rechnen sind.[1134] Das Sicherungsinteresse ist dabei vollkommen vom Eigentum getrennt, so daß der Käufer mit Abschluß des Kaufvertrages, wie im französischen Recht, Eigentümer der Sache wird.[1135] Für die Frage, wer primär Befriedigung aus dem Sicherungsgut erlangen kann, ist es gleichgültig, ob das Eigentum dem Gläubiger oder dem Schuldner zusteht. Das "*security interest*" tritt vielmehr als eine Art Mobiliarhypothek neben das Eigentum und gewährt ein vom Eigentum unabhängiges Recht, aus dem Gegenstand Befriedigung zu suchen.[1136] Es entsteht im Innenverhältnis zum Schuldner bereits bei Vertragsschluß (*attachment*). Der Verkäufer kann, wenn der Käufer nicht rechtzeitig zahlt, die Ware zurücknehmen oder gerichtlich gegen den Käufer vorgehen. Sollen die Rechte auch gegenüber Dritten oder im Schuldnerkonkurs Bestand haben, ist im allgemeinen ein gesonderter Publizitätsakt (perfection) erforderlich, der das Sicherungsinteresse "*perfected*", d.h. gegenüber gutgläubigen Erwerbern oder Gläubigern, die die Zwangsvollstreckung betreiben wollen, wirksam gemacht hat. Perfektion kann durch Erlangung des unmittelbaren Besitzes durch Registrierung (filing) und aus-

---

1133 *Tallon*, in: Festschrift für Bärmann, S. 922.

1134 § 9-102 UCC in der Fassung von 1972.

1135 *Reichard/Kühnel/Wittig/Grebner*, S. 378.

1136 *Stumpf*, Eigentumsvorbehalt und Sicherungsübereignung, S. 450.

nahmsweise mit Vertragsabschluß[1137] eintreten. Nach der Perfektion werden die Inhaber eines "*security interest*" gegenüber den anderen Gläubigern im Konkurs bevorzugt.
Bei dem "*security interest*" handelt es sich also um ein Institut, welches der "*hypothek mobilière*" des französischen Rechts des Moyen-Age nahekommt.[1138] Die Einführung desselben in Frankreich hätte den französischen Kaufleuten zur Finanzierung ihrer Transaktionen ein ihnen vertrautes, einfaches und wirksames Mittel an die Hand geben und deshalb mit weit weniger Aufwand verbunden sein als die Übernahme des deutschen Eigentumsvorbehalts.[1139]
Tallon bemerkte dazu, daß die Tatsache, daß die amerikanischen Juristen die "*hypothèque mobilière*" wiederentdeckt hätten und sie verallgemeinernd zur Anwendung bringen würden, die Praktikabilität dieses Systems beweise.[1140] Er war deshalb der Auffassung, daß die Franzosen durch die Einfachheit und Vertrautheit des amerikanischen Modells dazu verleitet würden, dieses dem komplizierten deutschen System von Eigentumsvorbehalt und Sicherungsübereignung vorzuziehen.[1141]
Auch Unidroit hatte sein Interesse an einer "*méthode d'approche globale*" wie der des amerikanischen Rechts gezeigt und das amerikanische Recht im Rahmen einer Studie 1977 eingehend untersucht.[1142] Im Rahmen der Studien des C.N.R.S. wurde festgestellt, daß der Vorteil der Übernahme des amerikanischen Systems darin bestehe, daß es weder mit dem Prinzip des Eigentumsübergangs bei Vertragsschluß noch mit dem Publizitätsgrundsatz kollidiere und dennoch ein effektives Sicherungssystem gewährleiste. "*Le systéme unique des Etats-Unis respecte le principe de la common law du transfert de propriété à l'aquéreur dès l'échange des volontés, tout en accordant au vendeur créancier une garantie efficace. De plus les droits des tiers sont sauvegardés, puisque, pour leur être opposable, la sûreté doit être publiée.*"[1143] Das C.N.R.S. zog deshalb in Erwägung, die verschiedenen Sicherungsrechte und den Eigentumsvorbehalt in einem einheitlichen rechtlichen Rahmen nach Vorbild des amerikanischen Rechts zusammenzufassen.[1144]

1137 Bei landwirtschaftlichen Ausrüstungsgegenständen oder Konsumgegenständen, die an den Endabnehmer geliefert werden.

1138 *Pontavice*, Banque, 1980, p. 3.

1139 *Pontavice*, Banque 1980, p. 2; *Margellos*, La protection du vendeur, 1989, n° 15, p. 17.

1140 *Tallon*, in: Festschrift Bärmann, S. 931.

1141 Ebenda, S. 933.

1142 Unidroit, Bull. d'information, janv. 1977, p. 6.

1143 Rapport du C.N.R.S. 1975, p. 14.

1144 Rapport du C.N.R.S. 1976, p. 19/20.

Diese Vorschläge, die sich zur Vereinheitlichung und Modernisierung des französischen Rechts der dinglichen Sicherheiten am amerikanischen Modell orientierten, erregten zwar bei den Juristen ein gewisses Interesse, haben aber letztlich dennoch nur ein begrenztes Echo gefunden.[1145] Folge der Einführung dieses Modells wäre nämlich gewesen, daß - wie erwähnt - neben dem Eigentumsvorbehalt auch alle anderen speziellen Sicherungsrechte, die das französische Recht im Laufe der Jahrhunderte hervorgebracht hatte, durch ein allgemeines Sicherungsmittel ersetzt und damit völlig abgeschafft worden wären. An eine solche Entwicklung sei, so Margellos, in naher Zukunft jedoch nicht zu denken.[1146] Aus diesem Grund konnte das amerikanische Recht dem deutschen nicht seinen Rang ablaufen.

VI.) Zusammenfassung

Die Entwicklung der Verkäufersicherungsrechte bis 1976 zeigt, wie der Gesetzgeber ständig bemüht war, mit der wirtschaftlichen Entwicklung Schritt zu halten, indem er weitere Ersatzmittel für den Eigentumsvorbehalt schuf. Die Lücke im Gesetz, die durch das Fehlen eines allgemeingültigen, konkursfesten Eigentumsvorbehalts entstanden war, machte sich besonders bei der wirtschaftlichen Entwicklung nach dem zweiten Weltkrieg bemerkbar. Die gesetzliche Fixierung eines allgemeingültigen Eigentumsvorbehalts konnte sich trotz der allmählichen Distanzierung von der ehemaligen Argumentation der Rechtsprechung, basierend auf der "*solvabilité apparent*" und der "*égalité des créanciers*", nicht durchsetzen. Grund dafür war vor allem die bedeutende Rolle der Publizität im französischen Recht und die damit verbundene Abneigung der französischen Juristen gegen ein heimliches Sicherungsmittel. Zwar wurde auch in den letzten 30 Jahren der Versuch einer Normierung eines Eigentumsvorbehaltes unternommen, doch auch dieser endete in einer spezialgesetzlichen Regelung, in Gestalt des "*nantissement d'outillage et du matériel*". Die beiden neuen konkursfesten Gesetze von 1934 und 1951, die beide Substitute des sich als unzureichend erweisenden Eigentumsvorbehalts darstellten, haben dessen Anwendungsbereich stark eingeschränkt.[1147] Obwohl dieser in der Praxis kaum noch vorkam, gewann der Eigentumsvorbehalt in der Lehre dennoch zunehmend an Bedeutung. Grund dafür waren die Arbeiten der Rechtsvergleicher, die unermüdlich neue Vorteile des deutschen Eigentumsvorbehalts herausarbeiteten.
Im vorstehenden Kapitel wurde deutlich, wie sich die französischen Juristen im Laufe der Zeit der Vorteile bewußt wurden, die der deutsche Eigentumsvorbe-

---

[1145] *Margellos*, La protection du vendeur, 1989, n° 16, p. 19.

[1146] Ebenda, p. 19.

[1147] *Wehser*, AWD 1972, S. 602.

halt mit sich brachte. Obwohl auch andere Rechtsordnungen Gegenstand der rechtsvergleichenden Untersuchungen waren, nahm das deutsche Recht sehr bald eine Sonderrolle ein. Zwar hatte man schon früh begonnen, sich mit dem deutschen Eigentumsvorbehalt auseinanderzusetzen, doch erst nach und nach wurde den Rechtsvergleichern der Umfang der positiven Auswirkungen bewußt. Anfangs schien der Vorteil nur in der Konkursfestigkeit des Eigentumsvorbehalts und seiner positiven gesetzlichen Normierung zu liegen, da er damit im Gegensatz zu dem nur gewohnheitsrechtlich anerkannten, im Konkurs wirkungslosen, französischen Eigentumsvorbehalt ein effektives Sicherungsmittel lieferte. Bald zeigte sich jedoch, daß das deutsche System durch die Verbindung mit Verarbeitungs- und Weiterveräußerungsklauseln, mit der Vorausabtretung von Forderungen und der Sicherungsübereignung weitere Vorteile lieferte. Damit hatte das deutsche Recht ein Sicherungssystem geschaffen, welches weit über die Wirkung des einfachen Eigentumsvorbehaltes hinausging und die französischen Rechtsvergleicher stark beeindruckte. Trotz der neuen Erkenntnis taten sich die Franzosen aber lange Zeit sehr schwer, die deutschen Regeln dem französischen Recht zugänglich zu machen. Die Veränderungsvorschläge hielten lange am Konstrukt des besitzlosen Pfandrechts und vor allem am Publizitätserfordernis fest.

Obwohl die Übernahme der Sonderformen des deutschen Eigentumsvorbehalts in das französische Recht den Franzosen trotz aller Bewunderung, die sie für dieses System aufbrachten, weiterhin unmöglich schien, wurde die Übernahme des einfachen Eigentumsvorbehalts für möglich gehalten. Während sich die französische Gesetzgebung ständig damit beschäftigte, neue Sicherungsrechte hervorzubringen, hatten die Rechtsvergleicher schon bald die eigentliche Ursache des Problems erkannt und Abhilfe durch die Übernahme eines deutschen Eigentumsvorbehaltes in das französische Recht vorgeschlagen. Es zeigt sich somit, daß der deutsche Eigentumsvorbehalt durch die Arbeit der Rechtsvergleicher zum Vorbild für die französische Rechtsentwicklung geworden ist.

3. KAPITEL: REFORMBESTREBUNGEN ZUR EINFÜHRUNG EINES DEUTSCHEN EIGENTUMSVORBEHALTS SEIT 1976

Die zahlreichen rechtsvergleichenden Arbeiten hatten der französischen Rechtswissenschaft die Probleme und Mangelhaftigkeit des französischen Systems vor Augen geführt und Reformbestrebungen ausgelöst, die schließlich durch eine neue Gesetzgebung umgesetzt wurden.

I.) Ursachen der Reform

Die Vertreter der "*école comparatiste*", die für die Übernahme des deutschen Systems in das französische Recht plädierten[1148], sollten weitere Unterstützung durch die von Pontavice als "*école économiste*" titulierten Vertreter bekommen.[1149] Diese stützten sich auf die wirtschaftlichen Vorteile, die die Einführung eines deutschen Systems in Frankreich mit sich bringen würde und brachten die Reform des französischen Rechts in Gang. Wortführer und Urheber der "*école économiste*" war William Garcin.

1.) Initiator der Reform: William Garcin

Garcin hatte sich - wie dargestellt - bereits erstmals 1963 an die Öffentlichkeit gewandt, dieser seine Vorstellungen unterbreitet und durch seine Untersuchungen ein vermehrtes Interesse an der deutschen Rechtsordnung geweckt. Er war ein Kenner und Verehrer des deutschen Rechts und zeigte sich als unermüdlicher Verfechter des deutschen Eigentumsvorbehalts.[1150] Konsequent verfolgte Garcin sein Ziel, einen deutschen Eigentumsvorbehalt in Frankreich einzuführen. In seinen Augen brachte das deutsche System so wesentliche wirtschaftliche Vorteile, daß an die Übernahme eines anderen Rechtssystems, beispielsweise des amerikanischen, nicht gedacht werden könne, auch wenn die Einführung des deutschen Systems mit großen Schwierigkeiten verbunden sein sollte.[1151]
Garcin war Gründer des Institut Jupiter, welches sich unter seiner Leitung ausführlich den wirtschaftlichen Auswirkungen des Eigentumsvorbehaltes widmen sollte. Bereits 1959 hatte er in der ersten Sitzung des Instituts, das damals noch unter einem anderen Namen tagte, einen Vortrag über den Eigentumsvorbehalt gehalten, der großes Interesse geweckt hatte. Schließlich wurde ihm in dem oben erwähnten Forschungsabkommen, welches zwischen dem Institut Jupiter, dem französischen Justizministerium und dem *"Centre National de la Recherche Scientifique"* (C.N.R.S.) geschlossen wurde, 1974 der Auftrag erteilt, in breit angelegten rechts- und wirtschaftsvergleichenden Untersuchungen die Auswirkungen und Vorteile des Eigentumsvorbehaltes für Recht und Wirtschaft in Frankreich zu untersuchen.[1152] Seit seiner Gründung proklamiert das Institut Jupiter die Übernahme eines deutschen Eigentumsvorbehaltes zugunsten des

---

1148 Diese Bezeichnung wurde den Rechtsvergleichern später von Pontavice gegeben. *Pontavice*, Banque, 1980, p. 2.

1149 *Pontavice*, Banque, 1980, p. 5.

1150 *von Breitenstein*, RIW 1980, S. 687.

1151 *Garcin*, Droit et Affaires, 1976, n° 363, p. 3.

1152 Ebenda, S. 687.

Verkäufers ins französische Recht. Zusammen mit dem Bericht des C.N.R.S. wurden auch die Berichte des Instituts Jupiter der Reform zu Grunde gelegt und spielten eine entscheidende Rolle für die Gesetzesänderung vom 12.05.1980.

2.) Wirtschaftspolitische Gründe der Reform

1976 erschien der erste Bericht des Instituts Jupiter mit dem Titel "*La réserve de propriété et ses conséquences économiques*", der 1979 durch einen zweiten Bericht mit dem Titel "*La réserve de propriété et le crédit interentreprises*" ergänzt und aktualisiert wurde.[1153] In diesen Berichten wurden anhand von statistischem Material und Umfrageergebnissen sowohl die Finanzstruktur der Einzelunternehmen als auch der Wirtschaftskreislauf in Deutschland und Frankreich untersucht.

Im Abschlußbericht von 1976 wurde zunächst zum Ausdruck gebracht, daß es Aufgabe des Gesetzgebers sei, das Recht den wirtschaftlichen Bedürfnissen anzupassen: "*Le juriste est un serviteur de l'économie.*"[1154] Obwohl das geltende Recht des Code civil gegenwärtig den Praktiken des internationalen Handels nicht mehr gerecht werde, habe es der Gesetzgeber bisher unterlassen, der Wirtschaft durch entsprechende gesetzliche Regelungen zu maximaler Effektivität zu verhelfen.[1155] Diesem Manko müsse in Zukunft durch die gesetzliche Normierung eines konkursfesten Eigentumsvorbehaltes nach deutschem Vorbild Abhilfe geschaffen werden.[1156] Der Bericht von 1976 enthielt zunächst einen mikroökonomischen Vergleich, dem eine Untersuchung der Konsequenzen auf die Gesamtwirtschaft des Landes (makroökonomischer Vergleich) folgte.

Wesentliche Punkte der Studie waren die Häufigkeit der Nutzung des Eigentumsvorbehaltes und seine Wirksamkeit, die Bedeutung und Auswirkung des Lieferantenkredits und des dem Käufer gewährten Bankkredits, die Häufigkeit und Ursachen der Zahlungseinstellungen, die Auswirkungen der Zahlungsmodalitäten und insbesondere des Wechsels auf die Geldmenge und damit auf die Inflation, sowie Auswirkungen des Mechanismus zur Finanzierung des Warenverkehrs auf die Liquidität der Herstellungsunternehmen, auf deren Investitionsneigung und damit auf den Arbeitsmarkt.

Erstaunlich ist, daß die wirtschaftlichen Auswirkungen des Eigentumsvorbehaltes weder in Deutschland noch in Frankreich zuvor Gegenstand intensiver Untersuchungen waren, so daß sich die Studien des Instituts Jupiter auf wissen-

---

[1153] Rapport Jupiter 1976, Droits et Affaires, 1976, n° 323; Rapport Jupiter 1979, Droits et Affaires, 1979, n° 363.

[1154] *Ripert* zitiert nach Rapport Jupiter 1976, Droits et Affaires, 1976, n° 323, p. 50.

[1155] Rapport Jupiter 1976, Droits et Affaires, 1976, n° 323, p. 17.

[1156] Ebenda, p. 17.

schaftlichem Neuland bewegten und 1976 die Mitglieder des Instituts mangels wirtschaftlicher Auswertungen oder Statistiken über die Wirkung des Eigentumsvorbehaltes gezwungen waren, in doppelter Hinsicht, nämlich in Frankreich und in Deutschland, Untersuchungen zu führen.[1157] Einzige Stütze waren die Sitzungsberichte des 51. Deutschen Juristentages zu der Frage, ob sich in Deutschland gesetzliche Maßnahmen zur Reform der Mobiliarsicherheiten empfehlen.[1158]
Bald fand das Institut Unterstützung durch die Wirtschaft. Auf Initiative des französischen Generalkonsulates wurde 1977 die "*Groupe de travail sur le crédit interentreprises*" ins Leben gerufen, die seit dem 26.04.1977 fünfzehn Sitzungen abhielt, deren Diskussionsgegenstand im wesentlichen die aus den langen Zahlungsfristen beim Kreditkauf resultierenden wirtschaftlichen Probleme waren. Das *"Comité de Liaisons des Centrales de Bilans"* der INSEE, dem die Banque de France, das Crédit National und die Caisse des dépôts angehörten, veröffentlichte im November 1977 vier weitere Studien als eine Zusammenfassung der "*Journées d'Etudes du 14. Juin 1977*" unter dem Titel *"Les entreprises et les fluctuations économiques"*.[1159] Diese Berichte lieferten umfassende Vergleichszahlen über den "*crédit interentreprises*" in Frankreich und veranlaßten das Institut Jupiter 1979, seine Untersuchungen wieder aufzunehmen. Der neue Bericht von 1979 baute auf den Ergebnissen des ersten Berichtes von 1976 auf und ergänzte sie durch die neu herausgearbeiteten Aspekte auf dem Gebiet der "*ventes interentreprises*".

Ausgehend von der statistisch belegten hohen Konkursanfälligkeit[1160] der französischen Unternehmen, wurde in beiden Berichten nach den Ursachen der als

---

1157 Rapport Jupiter 1979, Droits et Affaires, 1979, n° 363, p. 1, 70.

1158 Sitzungsberichte des 51. Deutschen Juristentags Bd. II Teil O, S. 52, 181, Nr. 1.

1159 *Gresh*, Une évaluation du credit interentreprises par secteur, de 1971 à 1974; *de Vannoise*, Le credit commercial interentreprises: 400 milliards en 1975; *Poucin*, Le crédit interentreprises - relations commerciales; *Mader*, Le credit interentreprises et ses conséquences financières. Alle diese Untersuchungen wurden in der Annex zum "Rapport au Premier Ministre", der von der "Groupe de travail sur le crédit interentreprises" im Januar 1979 herausgegeben wurde, angeführt.

1160 Mangels ausreichender, konkursfester Kreditsicherungsmöglichkeiten für den Warenverkehr war die Zahl der Konkurs- und Vergleichsverfahren in Frankreich mit 15.467 Verfahren, trotz der geringeren Einwohnerzahl, doppelt so hoch, wie in Deutschland (7.722 Verfahren). Da im Konkurs v.a. die Super- und Generalprivilegien der Arbeitnehmer, das Vorrecht der Sozialversicherungen und bei wachsendem Steuervolumen das Fiskusprivileg die Masse auszehrten, waren die Aussichten für nichtbevorrechtigte Gläubiger auf die Quote sehr gering. Nur in 15% der Fälle konnten die Gläubiger bei Zahlungsunfähigkeit überhaupt darauf hoffen, aus der Konkursmasse befriedigt zu wer-

Fortsetzung nächste Seite

unzulänglich empfundenen Zustände in Frankreich und nach möglichen positiven Auswirkungen des Eigentumsvorbehaltes auf die Wirtschaftslage gesucht, die die Einführung eines solchen in Frankreich rechtfertigen könnten.[1161] Bei den im folgenden herausgearbeiteten Punkten ließ sich die positive Wirkung des Eigentumsvorbehaltes in Deutschland besonders deutlich hervorheben:

a.) Häufigkeit des Eigentumsvorbehalts in Deutschland

Die gewaltigen Prozentsätze über die Verwendungshäufigkeit des Eigentumsvorbehalts im deutschen Wirtschaftsverkehr ließen in den Augen der Autoren auf das außerordentliche Ansehen schließen, das der Eigentumsvorbehalt als Kreditsicherungsmittel in Deutschland genoß.[1162] Den Umfrageergebnissen zufolge enthielten in Deutschland nahezu alle Warenkäufe, die nicht bar bezahlt wurden, einen Eigentumsvorbehalt. Großhandel und Industrie wickelten mindestens 86 % ihrer Kreditgeschäfte über den Eigentumsvorbehalt ab. 70-80% der Kaufleute gaben an, den verlängerten Eigentumsvorbehalt in Form der Verbindung mit einer Weiterverkaufsklausel regelmäßig zu gebrauchen. In der Industrie wurde der verlängerte Eigentumsvorbehalt zu mindestens 80% verwendet.

b.) Gleichgewicht zwischen Verkäufer und Käufer

Das französische Rechtssystem war durch ein ungerechtfertigtes Ungleichgewicht zu Lasten des Verkäufers (Art. 1607 II) gekennzeichnet: Es gab dem Verkäufer nur ein subjektives Recht auf Kaufpreiszahlung und erschwerte die Rechtsverfolgung dadurch, daß für das nur unter strengen Voraussetzungen mögliche Rückforderungsrecht das Eingreifen des Richters erforderlich war.[1163] Im deutschen Recht wurde dagegen mit Hilfe des Eigentumsvorbehalts ein Gleichgewicht zwischen Verkäufer und Käufer hergestellt: Bei Abschluß des Kaufvertrags stand dem Zahlungsversprechen des Käufers das Lieferungsversprechen des Verkäufers als gleichwertiges Leistungsversprechen gegenüber, ohne den Käufer durch die Eigentumsübertragung bei Vertragsschluß zu bevorteilen. Nach Vertragsschluß, zwischen Lieferung und Zahlung, wurde zwischen Verkäufer und Käufer, sowohl in rechtlicher als auch in wirtschaftlicher Hinsicht, ein Gleichgewicht realisiert, da das Eigentum aufgrund des Eigentums-

---

den. Die Aussicht der nicht bevorrechtigten Konkursgläubiger, aus der Konkursmasse etwas zu erlangen, lag unter 3%.

1161 *von Breitenstein,* RIW 1980, S. 688.

1162 Rapport Jupiter 1976, Droits et Affaires, 1976, n° 323, p. 53.

1163 Rapport Jupiter 1976, Droits et Affaires, 1976, n° 323, p. 71.

vorbehalts auch bei Vorablieferung erst mit vollständiger Zahlung des Kaufpreises durch den Käufer überging. Nach Lieferung war der Käufer zwar Besitzer der Ware, durfte aber, solange nicht vollständig gezahlt worden war, nicht frei über diese verfügen und mußte damit rechnen, daß der Verkäufer, der Eigentümer der Ware geblieben war, bei Nichtzahlung den Besitz zurücknahm. Dadurch konnte der Verkäufer, wenn nötig, wirksam Druck auf den Käufer ausüben und ihn zur Zahlung des Kaufpreises drängen, ohne gerichtliche Unterstützung in Anspruch nehmen zu müssen.[1164] Das absolute Recht des Eigentums gewährte dem Verkäufer ein wirksames Sicherungsmittel, welches es ihm ermöglichte, bedenkenlos auch an solche Käufer zu veräußern, deren Solvenz ihm nicht bekannt war. Der Käufer seinerseits konnte sich jederzeit von den vorbehaltenen Rechten befreien, indem er den Kaufpreis zahlte.[1165]

c.) Vermeidung von Konkurskaskaden

In Frankreich veranlaßte die Rechtsprechung, die dem Vorbehaltsverkäufer nur dann ein Aussonderungsrecht im Konkurs zugestand, wenn er es rechtzeitig vor Eröffnung des Konkurses den Schuldnern gegenüber eindeutig geltend machte, die Lieferanten bei den kleinsten Anzeichen für finanzielle Schwierigkeiten ihrer Abnehmer alles daran zu setzen, ihre Kaufpreisforderung zu realisieren, die Kaufsache zurückzufordern oder so schnell wie möglich ihr Recht auf Vertragsauflösung geltend zu machen, damit dieses im Konkursfall als "*opposable*" anerkannt wurde. Das gefährdete Unternehmen fand keine Lieferanten mehr, die bereit waren, anders als gegen Barzahlung zu liefern. Die Gefahr, daß die gerade gelieferte Ware dazu diente, nur die privilegierten Gläubiger zu befriedigen, war zu groß, da sich kein Verkäufer freiwillig der Konkursmasse opfern wollte.[1166]

Folge war, daß an sich sanierungsfähige Unternehmen vorschnell in Konkurs getrieben wurden und Lieferanten, die zu lange mit der Vertragsauflösung gezögert hatten, mangels konkursfester Absicherung der Lieferantenkredite selbst in wirtschaftliche Bedrängnis gerieten. Dadurch wurden sogenannte Konkurskaskaden oder Insolvenzketten ausgelöst und langfristig ein Ansteigen der Arbeitslosigkeit provoziert. "*Les faillites en chaine entraînant une douloureuse multiplication du chômage.*"[1167]

1164 Ebenda, p. 69.

1165 *Garcin*, Droit et Affaires 1980, n° 380, p. 44.

1166 Rapport Jupiter 1976, Droits et Affaires, 1976, n° 323, p. 65.

1167 *Mader*, Le credit interentrerises et ses conséquences financières, p. 2, Annex IV du Rapport 1979.

In Deutschland wurde dagegen durch den konkursfesten Eigentumsvorbehalt die voreilige Auslösung von Insolvenzverfahren und die generelle Konkursanfälligkeit vermindert, da der Eigentumsvorbehaltsverkäufer aufgrund seiner dinglichen Sicherheit auch bei einem finanziell gefährdeten Käufer die weitere Entwicklung gelassen abwarten konnte. Seine dingliche Absicherung gab ihm sogar die Möglichkeit, ohne großes Risiko auch an gefährdete Unternehmen weiter zu liefern und damit zur Konkursabwendung beizutragen.

d.) Bewirkung einer schnelleren Zahlung

Da der Käufer nach deutschem Recht beim einfachen Eigentumsvorbehalt die Sache nicht weiterveräußern durfte, ohne sie vorher bezahlt zu haben, war er im eigenen Interesse bemüht, den gesamten Preis möglichst schnell zu begleichen. Der Käufer, auf der einen Seite eingeschränkt durch den Eigentumsvorbehalt und seine wirtschaftlichen Folgen, auf der anderen Seite angereizt durch den Preisnachlaß bei Barzahlung[1168], nahm in der Regel bei der Bank einen Kredit[1169] auf, um den Verkäufer entweder direkt bei Lieferung oder innerhalb eines Monates bar bezahlen zu können und sich so des Eigentumsvorbehalts zu entledigen.[1170] Im Gegensatz zu dem in Frankreich üblichen Wechsel, der eine einmalige Zahlung bei Fälligkeit voraussetzte, wurde der Bankkredit nur durch eine maximale Laufzeit beschränkt, konnte aber jederzeit ratenweise zurückgezahlt werden. Die Gebühren eines solchen Bankkredites deckten sich in der Regel durch das höhere Skonto. Diese Methode führte zu einer Zunahme der Barzahlungen und damit zu einer für die Konjunktur günstigen Beschleunigung des Geldumlaufes und einer Senkung der Geldschöpfung der Unternehmen.[1171] Dadurch entfiel der für den Wechsel typische Inflationseffekt.[1172]
Der in Frankreich zur Kreditfinanzierung übliche Wechsel entbehrte außerdem jeglicher Durchgriffsmöglichkeit gegenüber dem Käufer außerhalb eines gerichtlichen Verfahrens, war deshalb schwerfällig, langwierig und kostenintensiv. Industrie und Großhandel wurden dadurch unverhältnismäßig belastet, der Warenaustausch erschwert und der Zahlungsverkehr verlangsamt.[1173]

1168 In Deutschland war ein Skontosystem üblich, bei dem der Verkäufer bei Barzahlung einen Preisnachlaß gewährte.

1169 Bei der Anleihe des Käufers bei der Bank handelte es sich um einen einfachen Bankkredit, der seinerseits mittels Sicherungsübereignung der gekauften Ware, verlängertem Eigentumsvorbehalt oder einer Grundschuld gesichert wurde.

1170 Rapport Jupiter 1979, Droits et Affaires, 1979, p. 28; Rapport Jupiter 1976, Droits et Affaires, 1976, n° 323, p. 74.

1171 Rapport Jupiter 1976, Droits et Affaires, 1976, n° 323, p. 78.

1172 Ebenda, p. 72.

1173 Ebenda, p. 72.

e.) Mehr Dynamik für die französische Wirtschaft

Langfristige Folge der Einführung des Eigentumsvorbehalts war nach den Untersuchungen des Instituts Jupiter schließlich eine neue Dynamik der französischen Wirtschaft. Durch die Einführung des dinglich abgesicherten Bankkredits wurde der Hersteller oder Verkäufer von dem bisher von ihm zu gewährenden, ungesicherten Lieferantenkredit entlastet. Dies führte zu einer Erleichterung der Finanzverwaltung der produzierenden Industrie und zu neuen Investitionsanreizen. Dadurch verbesserte sich die Liquiditätslage. Die Unternehmen konnten die Produktion steigern und erhielten die Möglichkeit, neue Arbeitsplätze zu schaffen. Für den Staat fielen dadurch neue Steuereinnahmen oder Beitragsleistungen an, die den möglichen Ausfall von Forderungen des Fiskus durch das Aussonderungsrecht des Vorbehaltsverkäufers ausglichen.
Weiterer Vorteil war, daß der Verkäufer im Falle einer Wirtschaftskrise und dem völligen Fehlen von Bankkrediten in dem vorbehaltenen Eigentum ein starkes Sicherungsmittel fand, welches ihm erlaubte, auch wenig bekannten Käufern einen Kredit zu gewähren und damit den Absatz aufrechtzuerhalten.[1174]

3.) Europapolitische Gründe der Reform

Unter den Mitgliedstaaten der EG bestand Einigkeit, daß zur Vollendung des europäischen Binnenmarktes ein Konkursübereinkommen erforderlich sei, weil die Verwirklichung grenzüberschreitender Insolvenzhaftung ein Wettbewerbsfaktor im Binnenmarkt sei.[1175] Die Vereinheitlichung des Konkursrechts beschäftigte die Kommission deshalb bereits seit 1960. Wegen der Vielschichtigkeit der mit dem Konkurs zusammenhängenden Probleme und um die Erarbeitung des EuGVÜ nicht zu verzögern, hatte man es für angebracht gehalten, die Anerkennung und Vollstreckung von Entscheidungen in Konkurssachen nicht in diesem Übereinkommen zu regeln, sondern diesbezüglich ein Sonderübereinkommen über Konkurse und konkursähnliche Verfahren auszuhandeln.[1176] Zu diesem Zweck wurde bei der Kommission eine Arbeitsgruppe gegründet, die aus Sachverständigen der Mitgliedstaaten und der Kommission sowie Beobachtern der Benelux-Kommission zum Studium der Rechtsvereinheitlichung und der Haager Konferenz über das internationale Privatrecht be-

---

1174 Ebenda, p. 63.

1175 *Thieme*, RabelsZ 45 (1981), S. 460 ff; *Potthast*, S. 39.

1176 *Lemontey*, in: Vorschläge und Gutachten zum Entwurf des EG-Konkursrechtsübereinkommens, S. 96.

stand.[1177] Am 17. Mai 1968 fand in Brüssel der "*Journée d'études juridiques*" unter dem Titel "*Idées nouvelles dans le droit de la faillite*" statt, anläßlich dessen vor allem der Eigentumsvorbehalt sehr kontrovers diskutiert und im Rahmen der Harmonisierung des Insolvenzrechts eine einheitliche Legalisierung des konkursfesten Eigentumsvorbehalts für ganz Europa gefordert wurde.[1178] In einem "*avant-projet de convention européene sur la faillite*" wurde 1970 eine entsprechende Regelung des Eigentumsvorbehalts vorgeschlagen, die die Konkursfestigkeit des Eigentumsvorbehalts vorsah.[1179] Dieses "*avant-projet*" fand rege Aufnahme und wurde von zahlreichen Autoren analysiert, kommentiert und kritisiert.[1180] Aufgrund des Beitritts Dänemarks, Großbritanniens und Irlands zur EG und zahlreicher nationaler Konkursrechtsreformen mußte der Vorentwurf neu verhandelt werden, wodurch die Arbeiten ständig verzögert wurden.[1181]

Auf Grundlage des "*avant-projet*" wurde im Juli 1980 von der Kommission der EuropäischenGemeinschaften ein Entwurf eines EG-Konkursrechtsübereinkommens erarbeitet, der durch Lemontey als Vorsitzendem der Arbeitsgruppe dem Ratspräsidenten und den Vertretern der Mitgliedstaaten sowie dem Präsidenten der Kommission übermittelt wurde.[1182] Der Abschnitt des Entwurfs, der sich mit der Konkursfestigkeit der Mobiliarsicherheiten befaßte, war nach den Worten Drobnigs schon in den Vorarbeiten ein "Schmerzenskind" und ist ein "Sorgenkind" geblieben.[1183] Da alle Vorzugsrechte der Rechtsordnungen der Vertragsstaaten unangetastet bleiben sollten, durchbrach dieser Abschnitt den Grundgedanken der EG-Universalität des Konkurses.[1184] Der Entwurf von 1980

1177 EG-Bulletin Beilage 2/82, S. 3.

1178 *Coppens*, dans: Journée Jean Dabin, 1969, p. 235; Im Rahmen eines Beitrages des deutschen Juristen Stumpf über die "Expérience allemande de la réserve de propriété" wurde auch der deutsche Eigentumsvorbehalt ausführlich diskutiert; *Stumpf*, dans: Journée Jean Dabin, 1969.

1179 Art. 39. de l'avant-projet de convention: 1. "Les effets des clauses de réserve de propriété concernants prévus à l'article 38, sont régis par la loi de l'etat contractant où la faillite a été prononcée. Cette loi doit reconnaître l'opposabilité aux créanciers de l'acheteur, des clauses de réserve de propriété portant sur la chose vendue et garantissant le paiement du prix lorsque ces clauses sont constatées par un simple écrit établi avant la livraison sans qu'aucune autre condition de forme soit exigée."

1180 *Noel/Lemotey*, Rev. trim. dr. eur. 1968, p. 703; *Ganshof*, Cah. dr. eur. 1971, p. 175; *derselbe*, Cah. dr. eur. 1983, p.163; *Coppens*, Journée Jean Dabin, p. 235; *Hirsch*, Cah. dr. eur. 1970, p. 50; *Thieme*, RabelsZ 45 (1981), S. 461 m.w.N.

1181 *Chabot*, Rev. Intégr. europ.1981, p. 46.

1182 *Thieme*, RabelsZ 45 (1981), S. 459.

1183 *Drobnig*, in: Vorschläge und Gutachten zum Entwurf des EG-Konkursrechtsübereinkommens, S. 357.

1184 Ebenda, S. 368.

befaßte sich in Art. 41 Abs. 1 u.a. mit dem Mobiliarkauf unter Eigentumsvorbehalt. Angesichts der zahlreichen Probleme, die die Vereinheitlichung auf diesem Gebiet mit sich brachte, hatten sich die Sachverständigen jedoch nicht auf eine einheitliche Lösung einigen können und legten deshalb drei Lösungsvarianten vor.[1185] Diese bestanden (1.) aus einer materiell einheitlichen Regelung, die sich im wesentlichen mit dem Art. 39 des "*avant-projet*" von 1970 deckte[1186], (2.) einer international-privatrechtlichen Regelung[1187] und (3.) einer Anwendung der "*lex fori concursus*"[1188]. Hinsichtlich der Wirksamkeit des Vorbehalts im Konkurs (Art. 41 II, III) stellte die erste der angebotenen Varianten, die einheitsrechtliche, eine inhaltliche Regelung im EinhG zur Diskussion.[1189] Die 2., die international-privatrechtliche Variante bot dagegen eine kollisionsrechtliche Lösung, nach der das Recht des Lagestaates bei Konkurseröffnung maßgeblich ist. Nach der 3. Variante galt das Recht des Eröffnungsstaates. Diesem Entwurf von 1980 wurde die Komplexität, die mangelnde Praktikabilität sowie die ungenügende Harmonisierung des Insolvenzrechts entgegengehalten.[1190] Seiner Verwirklichung stand außerdem die Ungewißheit über die Auswirkungen der nationalen Insolvenzrechtsreformen entgegen. Zwar war sich die Arbeitsgruppe der Schwächen ihres Vorschlages bewußt, sie hatte jedoch keine andere Alternative gesehen.
Diese Bestrebungen der Konkursrechtsvereinheitlichung setzte diejenigen Mitgliedstaaten unter Druck, bei denen der Eigentumsvorbehalt entweder gar keine Regelung gefunden hatte oder insolvenzrechtlich unwirksam war. Diese Mitgliedstaaten gerieten in Zugzwang. Neben Frankreich waren davon vor allem Belgien und Luxemburg betroffen. Die französische Regierung, die ausgesprochen europafreundlich eingestellt war, wollte selbst in der Lage sein, die Verhandlungen erfolgreich voranzutreiben. Für dieses Vorhaben war die vorzeitige Angleichung des nationalen Rechts an das erwartete künftige EG-Recht hilfreich.

1185 Ebenda, S. 374; *Thieme*, RabelsZ 45 (1981), S. 459.

1186 1. Variante: Für die Gültigkeit von Kaufverträgen mit Eigentumsvorbehalt gilt das nach den Regeln des internationalen Privatrechts des Konkurseröffnungstaates anzuwendende Recht. EG-Bulletin, Beilage 2/82, S. 19.

1187 2. Variante: Für die Gültigkeit von Kaufverträgen mit Eigentumsvorbehalt gilt das auf den Vertrag anzuwendende Recht. EG-Bulletin, Beilage 2/82, S. 19.

1188 3. Variante: Keine Bestimmung, folglich Anwendung des Rechts des Konkurseröffnungsstaates gemäß Artikel 18 des Übereinkommens. EG-Bulletin, Beilage 2/82, S. 19.

1189 *Thieme*, RabelsZ 45 (1981), S. 481.

1190 Derselbe, in: Vorschläge und Gutachten zum Entwurf des EG-Konkursrechtsübereinkommens, S. 469.

4.) Zusammenfassung

Neue wirtschaftliche und politische Bedürfnisse zwangen die französischen Juristen, einige Prinzipien zu überdenken, die zu lange zur Grundkonzeption des französischen Rechts gehört hatten.[1191] Die Untersuchungen des Instituts Jupiter haben gezeigt, daß der Eigentumsvorbehalt sowohl den mikroökonomischen Bestand der Unternehmen wie auch die makroökonomische Stabilität der Wirtschaft sicherte und ihm damit große wirtschaftliche Bedeutung zukam. Garcin appellierte daher an den französischen Gesetzgeber, Frankreich solle sich der Möglichkeit ähnlicher positiver wirtschaftlicher Veränderungen, wie sie Deutschland erfahren habe, nicht verschließen.

Diese wirtschaftlichen Argumente in Verbindung mit der europapolitischen Komponente haben dem Eigentumsvorbehalt in Frankreich schließlich zum Durchbruch verholfen. Ob die von Garcin erstellte These, daß der Eigentumsvorbehalt der Schlüssel zum deutschen Wirtschaftswunder sei[1192], in ihrer Absolutheit tatsächlich Bestand hat, kann im Rahmen dieser Arbeit nicht näher untersucht werden. Kritisch zu beleuchten wären die Ausführungen m.E. z.B. unter dem Aspekt, ob eine losgelöste Betrachtung der Zahlungsmodalitäten von anderen Einflußgrößen wie Lohnniveau, Zinssatz, staatliche Investitionsförderung, Inflationshöhe, private und öffentliche Nachfrage, die in ihrem Zusammenspiel und gegenseitigen Abhängigkeiten das Wachstum und die Entwicklung der Volkswirtschaft bestimmen, Bestand haben kann. Determinanten wie die gesamtwirtschaftliche Nachfrage haben möglicherweise größeren Einfluß auf die Steigerung des Bruttosozialprodukts als die Möglichkeit, Handel mit abgesicherten Bankkrediten zu betreiben. Fraglich ist auch, ob nicht die Auswirkungen der Zahlungsmodalitäten auf die Investitionsneigung im Hinblick auf die Zinsentwicklung am Kapitalmarkt näher untersucht werden müßten.
Dennoch kann festgehalten werden, daß sich die Zentralbank im Falle des früher üblichen Lieferantenkredites aufgrund der künstlichen Ausweitung der Geldmenge durch die Möglichkeit zur mehrfachen Beleihung des Wechsels i.d.R. dazu veranlaßt sah, die Zinssätze zu erhöhen, um der Ausweitung der Geldmenge Einhalt zu gebieten. Die Erhöhung des Zinsniveaus bedeutete aber eine Verteuerung der Kreditaufnahmemöglichkeiten und hatte daher eine stark investitionshemmende Wirkung. Die in diesem Fall bestehende Notwendigkeit

---

1191 Rapport Jupiter 1979, Droits et Affaires, 1979, n° 363, p. 43.

1192 "*La réserve de propriété n'est-elle pas une des clès du succès économique allemand?*"*Garcin*, Droit et Affaires, 1979, n° 363, p. 3; *Kergall*, Réserve de propriété et politique économique, Annex 0 du Rapport Jupiter 1979, Droits et Affaires, 1979, n° 363, p. 1.

zur Korrektur der zahlungsmodusindizierten Geldmengenausweitung entstand dagegen bei geltendem Eigentumsvorbehalt nicht, da das Zinsniveau unverändert blieb. Der Eigentumsvorbehalt besaß daher ceteris paribus (bei konstanten übrigen Determinanten) einen deutlich positiven, wachstumsfördernden Einfluß auf die Wirt-schaft. Insofern ließ sich der Eigentumsvorbehalt als Baustein des deutschen Wirtschaftswunders charakterisieren und die argumentative Zugkraft der These bestätigen.

II.) Wende der Rechtsprechung

Durch das Urteil vom 20. Nov. 1979 wurden neue Weichen in der Rechtsprechung zum Eigentumsvorbehalt gestellt.[1193] Diese, unter dem Namen Mecarex-Urteil bekannte Entscheidung der Cour de Cassation, legte den Eigentumsvorbehalt erstmals wieder als eine den Eigentumsübergang aufschiebende Vertragsklausel aus.[1194] Die Cour de Colmar, deren Urteil der Kassationshof kassierte, dürfte selbst überrascht gewesen sein, als der Kassationshof ihre Entscheidung mit der Begründung aufhob, daß sie durch die Auslegung des Eigentumsvorbehalts als "*clause résolutoire*" diesen "denaturiere".[1195] In seinem Urteil vom 20.11.1979 erklärte der Kassationshof ohne weitere Begründung schlicht und einfach, das Berufungsgericht habe mit seiner Auslegung einer nicht aufschiebenden, sondern auflösenden Bedingung die Eigentumsvorbehaltsklausel falsch interpretiert (*dénaturé*), insoweit als diese klar und genau bestimme, daß die Übertragung des Eigentums bis zur vollständigen Bezahlung aufgeschoben werde.[1196] Der Kassationshof hob das angefochtene Urteil auf und verwies die Sache zu erneuter Verhandlung an die Cour d'appel von Metz. Breitenstein weist darauf hin, daß es bemerkenswert sei, daß der Kassationshof nicht an das gleiche, sondern an ein anderes im Überschneidungsbereich von deutscher und französischer Rechtstradition gelegenes Berufungsgericht zurückverwies.[1197] Ob sich der Kassationshof damit eine Überlegungsfrist oder neue Gesichtspunkte zur Beurteilung des Eigentumsvorbehalts verschaffen wollte, bleibt offen. Garcin meinte in dieser Rechtsprechung einen Vorgriff auf die sich anbahnende Reform zum Eigentumsvorbehalt erblicken zu können.[1198]

[1193] *Garcin*, Droit et Affaires, 1980, n° 376, p. 65.

[1194] Cass. com., 20. nov. 1979, Rev. trim. dr. com., 1980, p. 43.

[1195] *Garcin/Thieffry*, G.P. 1980,1, p. 195.

[1196] Cass. com., 20. nov. 1979, Rev. trim. dr. com., 1980, p. 43.

[1197] *von Breitenstein*, RIW 1980, S. 686.

[1198] *Garcin*, Droit et Affaires, 1980, n° 376, p. 687.

III.) Gesetzesvorschläge

Die langjährigen Diskussionen und die sowohl von der französischen Wirtschaft als auch von den Rechts- und Wirtschaftswissenschaften immer nachdrücklicher erhobene Forderung nach der Konkursfestigkeit des Eigentumsvorbehaltes führten dazu, daß aus der Mitte des Senats drei Gesetzesentwürfe zur Regelung des Eigentumsvorbehalts eingebracht wurden.[1199] Die Gesetzesinitiative beruhte demnach nicht auf einer im Justizministerium erarbeiteten Vorlage, die dem Parlament durch die Regierung vorgeschlagen wurde, sondern auf parlamentarischen Initiativen.[1200]
Anhand dieser Vorschläge und des daraus resultierenden Gesetzes soll untersucht werden, wie der französische Gesetzgeber die von Garcin angeregte Reform umsetzte und ob es dabei tatsächlich zu einer Übernahme des deutschen Rechts, d.h. zu einer Einführung eines dem § 455 BGB entsprechenden Gesetzes kam.
In der parlamentarischen Diskussion wurden folgende drei Gesetzesvorschläge bearbeitet:

1.) Gesetzesvorschlag von Dubanchet

Der erste Gesetzesvorschlag wurde von dem Senator Dubanchet am 13. Juni 1978 eingebracht.[1201] In seinem "*exposé des motifs*" stützte sich Dubanchet auf die von den Instituten C.N.R.S. und I.R.C.E.M. entwickelten Ergebnisse. Dubanchet war der Ansicht, daß die deutschen Kaufleute weder intelligenter noch gewissenhafter seien als ihre französischen Kollegen.[1202] Der Grund für die geringere Anzahl der Konkurse in Deutschland liege vielmehr allein in der Existenz eines konkursfesten Eigentumsvorbehalts. Da der Eigentumsvorbehalt im französischen Recht gerade im Konkurs keine Wirksamkeit zeige, sei seiner Ansicht nach eine rein konkursrechtliche Reform ausreichend. Sein Entwurf sah daher nur die Ergänzung dreier Bestimmungen des Konkursgesetzes vom 13.07.1967 vor, die seiner Auffassung nach bereits eine dem deutschen Recht vergleichbare Lösung realisiere.[1203] Zum einen sollte der Geltungsbereich des Art. 65 des Konkursgesetzes von 1967, der den Herausgabeanspruch derjenigen

---

1199 *Arnold*, BB 1981, S. 270.

1200 *Soinne*, J.C.P. 1982, n° 13903, p. 590; *von Breitenstein*, RIW 1980, S. 689; *Brocca*, p. 15.

1201 *Dubanchet*, Proposition de loi, Sénat, n° 407, 1978, Droit et Affaires, 1980, n° 380, p. 91.

1202 Proposition de loi, Sénat, n° 407, 1978, p. 6, Droit et Affaires, 1980, n° 380, p. 96.

1203 Exposé des Motifs, Sénat n° 407, 1987, p. 6, Droit et Affaires, 1980, n° 380, p. 96.

Eigentümer regelte, die dem Gemeinschuldner ihre Ware zur Verwahrung oder zum Weiterverkauf anvertraut hatten, auf den unter Eigentumsvorbehalt veräußernden Verkäufer ausgedehnt werden. Dabei sollte der neue Gesetzestext den ausdrücklichen Hinweis beinhalten, daß der Eigentumsvorbehalt als Suspensivklausel zu verstehen sei.[1204]
Des weiteren schlug Dubanchet vor, dem Regelungszusammenhang der Art. 65 und 66 desGesetzes von 1967 einen verlängerten Eigentumsvorbehalt hinzuzufügen, indem Art. 66 dahingehend ergänzt werden sollte, daß der Eigentumsvorbehaltskäufer seinem Verkäufer die aus dem Weiterverkauf resultierenden Forderungen abtreten könne.[1205]
Schließlich sollte Art. 66 bzgl. des Anspruchs auf Herausgabe des Kaufpreises auf Art. 65 verweisen. Durch diese Lösung machte Dubanchet nicht nur den einfachen Eigentumsvorbehalt nach deutscher Wirkungsweise für Frankreich nutzbar, sondern übernahm teilweise auch die deutschen Strukturen des verlängerten Eigentumsvorbehalts.

2.) Gesetzesvorschlag von Cousté

Cousté unterbreitete der Nationalversammlung am 23. Juni 1978 seinen Gesetzesvorschlag.[1206] Dieser wich wesentlich von dem Vorschlag Dubanchets ab, da Cousté keine konkursrechtliche Reform, sondern eine Änderung des materiellen Kaufrechts vorschlug. Er erklärte in seinem "*exposé des motifs*", daß in Frankreich Abhilfe für die gegenwärtige Situation nur durch eine komplette Reform des französischen Kaufrechts erreicht werden könne.[1207] Sein Gesetzesvorschlags orientierte sich deshalb am deutschen Recht, welches durch das Erfordernis einer dinglichen Einigung bei Eigentumsübergang das Eigentum bei entsprechendem Parteiwillen auch erst bei vollständiger Zahlung übergehen lasse. Cousté schlug deshalb vor, vom Konsensualprinzip Abstand zu nehmen und auch für das französische Recht die Trennung zwischen obligatorischem

---

1204 Ergänzung zu Art. 65: "Les marchandises vendues par un contrat contenant ou impliquant une clause de réserve de propriété au bénéfice du vendeur (clause suspensive) sont assimilées aux marchandises consignées."

1205 Ergänzung zu Art. 66: "Peut être également revendiqué le prix ou la partie du prix des marchandises visées aux Art. 61 et 65 qui n'a pas été payé ni réglé en valeur, ni compensé en compte courant entre le débiteur et l'acheteur. L'acheteur qui se propose de revendre les marchandises vendues sous réserve de propriété avant de les payer, pourra céder en garantie au vendeur les créances à naitre de la revente desdites marchandises."

1206 *Cousté*, Proposition de loi, A.N., n° 515 1978, J. O. 1978.

1207 Exposé des motifs, A.N. n° 515, 1978, J.O. 1978, p. 2.

Vertrag und dinglicher Übergabe vorzunehmen und den Verkäufer im Falle der Zahlungsverzögerung durch einen Eigentumsvorbehalt zu schützen.[1208]
Art. 1583 C.c. sollte deshalb durch eine Klausel abgeändert werden, nach der der Eigentumsübergang von der Übergabe der Sache und der Zahlung des Kaufpreises abhängt .[1209] Der Verkäufer sollte die Ware ab Lieferung innerhalb einer Frist von 60 Tagen herausverlangen können.[1210]
Auch Cousté sah einen verlängerten Eigentumsvorbehalt vor, indem er vorschlug, daß der Verkäufer, sofern die Rückforderung innerhalb von 60 Tagen nach der Lieferung erfolgte, die Ware gegebenenfalls auch dann zurückfordern können sollte, wenn die Verarbeitung bereits begonnen hatte.[1211]
Außerdem war Cousté der Auffassung, daß dem Publizitätserfordernis des französischen Rechts auch beim Eigentumsvorbehalt Folge geleistet werden müsse. Er sah daher vor, daß der Eigentumsvorbehalt im Konkurs nur bei Eintragung in ein öffentliches Register der Masse ein Jahr lang entgegengehalten werden konnte.[1212] Cousté ging demnach mit seinem Gesetzesvorschlag wesentlich weiter als Dubanchet, hielt jedoch im Gegensatz zu diesem am Publizitätserfordernis fest.

3.) Gesetzesvorschlag von Millon

Am 7. November 1978 wurde der Nationalversammlung schließlich ein dritter Gesetzesvorschlag unterbreitet.[1213] Millons Vorschlag war einfacher als der von Cousté, beinhaltete jedoch ebenso eine Änderung des materiellen Rechts.[1214]
Auch Millon stützte sich in seinem "*exposé des motifs*" auf das deutsche Vorbild.[1215] Er betonte, daß dieses den Abschluß eines dinglichen Vertrages vorsehe, der im Falle der Barzahlung unmittelbar bei Übergabe erfolge, während beim Kreditkauf seine Wirksamkeit zeitlich auch bis zur vollständigen Zahlung

---

1208 Ebenda, p. 4.

1209 Art. 1583-1: "La vente est parfaite entre les paties et la propriété acquise de droit à l'égard du vendeur dès que la chose a été livrée et le prix payé."

1210 Art. 1583-2: "Le paiement du prix peut être fractionné et la dernière fraction reporté jusqu'à l'expiration d'une période de deux mois comptée à partir du jour de la livraison."

1211 Art. 1583-3: "Le vendeur peut revendiquer les biens meubles dans l'état de première transformation oú ils se trouvent le cas échéant et en empêcher la revente tant qu'ils sont entre les mains de l'acheteur, à condition que la revendication soit faite dans les soixante jours suivant la livraison."

1212 Art. 1583-4: "En cas de paiement fractionné, l'inscription est valable un an et est opposable à la masse de faillite si elle est antérieure à l'ouverture de la faillite."

1213 *Millon*, Proposition de loi, A.N., n° 671, 1978, J. O. 1978.

1214 Rapport du Duget, G.P. 1980 n° 3, p. 302.

1215 Exposé des motifs, A.N. n° 671, 1978, p. 4, J.O. 1978.

aufgeschoben werden könne.[1216] Deshalb sah Millon vor, daß der Kauf erst dann "*parfaite*" sein sollte, wenn die Sache übergeben und der Kaufpreis gezahlt wurde.[1217] Anders als Cousté verlangte er kein Publizitätserfordernis und sah keine Verlängerungsform vor.

4.) Beratung der Vorschläge

Millon und Cousté ließen sich bei ihren Gesetzesvorschlägen durch die im deutschen Recht vorgesehene Trennung zwischen obligatorischem und dinglichem Geschäft inspirieren. Sie versuchten, durch ihre Vorschläge ein dem deutschen Recht entsprechendes System zu schaffen, in dem das Eigentum nicht unmittelbar mit Vertragsabschluß übergehen sollte.

Bei der Diskussion dieser Vorschläge wurde erwogen, ob die damalige gesetzliche Regelung, die den Eigentumsübergang allein an den Abschluß des Kaufvertrages band, also nur vom Zahlungsversprechen abhängig machte, noch eine zufriedenstellende und zeitgerechte Lösung darstellte.[1218] Das deutsche Vorbild regte, nach Ansicht von Berichterstatter Rudloff, zu einer Angleichung des Code civil an das deutsche Recht an: "*Les avantages du système allemand peuvent faire naitre la tentation de modifier le droit commun de la vente et notamment l'article 1583 du Code civil pour l'aligner sur les solutions du Code civil allemand.*"[1219]

Unerwähnt blieb von Millon und Cousté jedoch, daß sich ihre Vorschläge in einem wesentlichen Punkt vom deutschen Recht unterschieden: Sie knüpften den Eigentumsübergang nicht an die dingliche Einigung und die diese vollziehende Übergabe, sondern primär an die Kaufpreiszahlung. Eine solche Regelung entsprach dem aus dem römischen Recht bekannten System, auf dem das deutsche Recht zwar aufbaut, das jedoch noch nicht den letzten Schritt zur vollständiger Abstraktion vollzogen hatte. Zwar hatte man auch in Deutschland das römische System zunächst beibehalten, durch Savigny wurde es jedoch zum Abstraktionsprinzip ausgebaut.

Der "Fortschritt" der von Cousté und Millon vorgeschlagenen Lösungen lag demnach eigentlich nicht in der Übernahme deutscher Rechtsgedanken, sondern in der Wiedereinführung des römischen Rechts. Das Abhängigmachen des Eigentumsübergangs von der vollständigen Kaufpreiszahlung kam der Einführung

---

[1216] Ebenda, p. 4, J. O. 1978.

[1217] "*La vente est parfaite entre les parties et la propriété acquise de droit à l'égard du vendeur dès qu'il est convenu de la chose et que le prix est payé.*" Exposé des motifs, A.N. n° 671, 1978, p. 4, J.O. 1978.

[1218] Rapport Rudloff, Sénat n° 14, p. 14, Droit et Affaires, 1980, n° 380, p. 114.

[1219] Ebenda, p. 114.

des aus dem römischen Recht bereits bekannten gesetzlichen Eigentumsvorbehaltes gleich. Problematisch war, ob sich diese Entwicklung in Form einer "*retour en arrière*" überhaupt mit der Konzeption des Code civil vereinbaren ließ. Durch eine solche Änderung wäre in Frankreich der Eigentumsübergang nicht mehr wie bis dahin von der Einigung abhängig gemacht, sondern von der Erfüllung der vertraglichen Verpflichtungen durch eine Vertragspartei, ohne daß die andere Vertragspartei ihrerseits zur Lieferung gezwungen wäre. Dies hätte jedoch einen Widerspruch zu Art. 1582 C.c. provozierten, der den Kauf als synallagmatischen Vertrag festlegt. Da auch das Verhältnis zu Art. 1138 C.c. in diesem Zusammenhang überdacht werden müßte, hätte die kühne Umformulierung des Art. 1583 C.c. demnach das gesamte französische Kaufrecht aus den Angeln gehoben.

Die Wiedereinführung des römischen Rechts hätte außerdem im Widerspruch zu der gesamten bisherigen Entwicklung gestanden, während der sich, wie dargestellt, das Konsensprinzip im französischen Recht durch die "Entmaterialisierung" des Übergabeaktes aus Gründen der Vereinfachung im Laufe der Zeit aus dem römischen Recht entwickelt hatte.

Auch der Senat hielt die Reform des Kaufrechts in diesem Zusammenhang für einen zu weitgehenden Eingriff gegenüber dem erstrebten Ziel. "*...les problèmes de fond qu'il pose, la portée d'un texte sur le droit commun de la vente est disproportionnée par rapport à l'objet cherché.*"[1220] Die Einführung eines gesetzlichen Eigentumsvorbehalts mache weitergehende Reformen, wie z.B. die des Konkursrechts, erforderlich; außerdem betreffe eine Reform des Art. 1583 C.c. nicht nur das Handelsrecht, sondern auch alle Kaufgeschäfte zwischen Privatleuten, was in der parlamentarischen Debatte als übertrieben verworfen wurde. Es sei ferner zu bedenken, daß nicht Art. 1583 C.c. der Entwicklung des Eigentumsvorbehaltes entgegengestanden habe, sondern vielmehr die Rechtsprechung, die dem Eigentumsvorbehalt die Wirksamkeit im Konkurs versagte.[1221]

Bei dem Vorschlag von Cousté wurde ferner die von diesem aufgestellte Fristenregelung kritisiert, deren Einhaltung kaum realisierbar sei. Schließlich widerspreche das von Cousté geforderte Publizitätserfordernis den gerade gewonnenen Erkenntnissen über die Praktikabilität des Eigentumsvorbehalts. Denn der Eigentumsvorbehalt betreffe primär Verbrauchs- und Konsumgüter, also Ware, die Teil ständig rotierender Warenlager und des Umlaufvermögens sei und damit selten eine einheitliches Ganzes darstelle. Die Aufstellung eines Publizitätserfordernisses sei bei dieser Ware praktisch kaum realisierbar; es verteuere und verzögere das Sicherungsmittel unnötig.[1222]

1220 Ebenda, p. 114.

1221 Ebenda, p. 114.

1222 Déb. pal. Sénat, Séance 11.12.1979, J. O. 1979, déb. parl., p. 5323.

Der Senat und die Nationalversammlung lehnten deshalb die Gesetzesvorschläge von Cousté und Millon als zu weitgehende Eingriffe in das materielle Recht ab.[1223]

Lebhafte Anerkennung im Senat fand dagegen der Vorschlag von Dubanchet. Der Senat war der Auffassung, daß diese Regelung, die nur die Einwendbarkeit des Eigentumsvorbehalts im Konkurs- und Vergleichsverfahren vorsah, dem geltenden französischen Recht besser gerecht werde als die Vorschläge von Millon und Cousté. Dieses neue Gesetz löse die als überholt angesehene Rechtsprechung ab, verbessere die Rechte des Verkäufers beweglicher Sachen im Konkurs- und Vergleichsverfahren und gewährleiste, dem deutschen Vorbild entsprechend, einen besseren Interessenausgleich zwischen Verkäufer und Käufer.[1224] Damit entspreche der Vorschlag von Dubanchet der Zielsetzung der Legislative, die neben der Verringerung der Konkurse die Stärkung der rechtliche Stellung der kreditgewährenden Verkäufer und die Vereinfachung des französischen Kreditsicherungsrechts umfaßte.[1225]
Der im Vorschlag Dubanchets vorgesehene verlängerte Eigentumsvorbehalt und eine während der Debatte vorgeschlagene Verarbeitungsklausel wurden vom Senat allerdings nicht gebilligt.[1226] Der Senat kürzte vielmehr den Gesetzesvorschlag auf das zur Sicherung des Eigentumsvorbehaltsverkäufers im Konkurs- oder Vergleichsverfahren des Käufers Erforderliche.[1227] Alle den Eigentumsvorbehalt auslegenden oder ergänzenden Formulierungen wurden gestrichen und der Gesetzesvorschlag auf eine einfache Ergänzung des Art. 65 durch folgenden Halbsatz beschränkt: ".....*ainsi que les marchandises vendues avec une clause de réserve de propriété au bénéfice du vendeur*".[1228]
Die Gesetzeskommission des Senats begründete ihre Entscheidung unter anderem damit, daß der Reformvorschlag sich auf konkursrechtliche Vorschriften beschränken solle, die von Dubanchet aufgestellte Klausel über die Abtretung künftiger Forderungen im Zusammenhang mit dem Weiterverkauf der Ware komme jedoch der materiellrechtlichen Einführung eines verlängerten Eigentumsvorbehaltes gleich. Rudloff legte dar, daß die Übernahme dieser deutschen

---

1223 Déb. parl. A.N., Séance 18.4.1980, J. O. 1980, déb. parl., p. 567; Déb. pal. Sénat, Séance 11.12.1979, J. O. 1979, déb. parl., p. 5323.

1224 Rapport Rudloff, Senat n° 14, p. 3, Droit et Affaires, 1980, n° 380, p. 103.

1225 *Ohl*, Droit et pratique, n° 1, 1980, p. 589.

1226 Rapport Rudloff, Sénat n° 14, p. 10, Droit et Affaires, 1980, n° 380, p. 110.

1227 Ebenda, p. 110.

1228 Art. 1 du Proposition de loi au A.N. 1979, n° 1481; Art. 2: "A l'article 66 de la loi n° 67-563 du 13. juillet 1967, la référence à l'art. 61 est remplacée par la référence à l'article 65."

Institute den Rahmen der vorgesehenen Reform sprengen würde.[1229] Derartige weitgehende Lösungen sollten bis zu einer Gesamtregelung der Abtretung von handelsrechtlichen Forderungen zurückgestellt werden und vielmehr Gegenstand einer umfassenden Reform des Kreditsicherungsrechts sein. Außerdem ziehe eine Erweiterung des Gesetzes durch Verlängerungsklauseln eine erhebliche Komplizierung der kaufmännischen Beziehungen und des kollektiven Verfahrens nach sich.[1230] Gerade die Erfahrungen in Deutschland hätten gezeigt, daß vor allem im Zusammenhang mit der Globalzession häufig Probleme und damit zusammenhängende Rechtsstreitigkeiten auftreten könnten, die in Frankreich vermieden werden sollten.[1231] Die gekürzte Version des Gesetzesvorschlags von Dubanchet wurde in der am 11. Dez. 1979 im Dringlichkeitsverfahren einberufenen Sitzung des Senats mit großer Mehrheit angenommen und am 12. Dez. 1979 an die Nationalversammlung weitergeleitet.

Die Gesetzgebungskommission der Nationalversammlung unter dem Vorsitz von Foyer billigte auf Vorschlag des Berichtführers Millon den vom Senat angenommenen Gesetzesvorschlag am 17. Dez. 1979 ohne weitere Änderungen.[1232]
Danach ging man davon aus, daß die Gesetzesänderung an dem für den 20. Dez. 1979 vorgesehen Beratungstermin mit großer Mehrheit verabschiedet würde.[1233]
Diese frühe Verabschiedung wurde jedoch durch den Widerstand der französischen Regierung vereitelt. Der Haushaltsminister fürchtete eine Beeinträchtigung der Staatsfinanzen durch den Ausfall von Steuereinnahmen im Konkurs und forderte daher zunächst die Klärung der steuerlichen Auswirkungen des Gesetzesvorschlags.[1234]
Daher wurde die Debatte trotz großer Proteste der Parlamentarier auf die erste ordentliche Sitzungsperiode im April 1980 vertagt.

IV.) Kritische Stimmen gegen die Neuerungen

Trotz des starken Überwiegens der Befürworter der neuen Gesetzesänderung fehlte es in der parlamentarischen Auseinandersetzung nicht an kritischen Ge-

---

1229 Rapport Rudloff, Senat n° 14, 1979, p. 15, Droit et Affaires, 1980, n° 380, p. 115.

1230 Ebenda, p. 115.

1231 Ebenda, p. 116.

1232 Rapport Millon, A.N. n° 1492, Droit et Affaires, p. 132.

1233 *Garcin/Thieffry*, G.P. 1980, n° 2, p. 196.

1234 *Garcin*, Droit et Affaires, n° 376, 1980, p. 69; *von Breitenstein*, RIW 1980, S. 689.

genstimmen.[1235] Neben der "*école comparatiste*" und der "*école économiste*" faßte Pontavice diese Gegner der Reform des Eigentumsvorbehaltsrechts in Frankreich zu einer "*troisième école*" zusammen, die sich der Beibehaltung des gegenwärtigen französischen Rechts verschrieben hatten.[1236] Hauptvertreter dieser "*école*" waren Fangain, Houin und Lyonnet.[1237]

Sie waren der Ansicht, daß der Grundsatz der Gleichbehandlung der Gläubiger im Konkurs nicht dadurch außer Kraft gesetzt werden dürfe, daß den Verkäufern ein Superprivileg auf Kosten der übrigen Gläubiger gewährt werde.[1238] Das Prinzip der Gleichheit der Gläubiger bildete in ihren Augen das Herzstück des Konkursrechts.[1239] Die Begünstigung des Verkäufers erfolge auf Kosten der Erbringer von Dienstleistungen, der Arbeitnehmer, der Staatskasse und der Konkurs-gläubiger. "*Ce n'est pas en avantageant Pière au détriment de Paul qu'on améliorera les conséquences des procédures collectives.*"[1240]

Das deutsche Recht, welches die Franzosen mit dem neuen Gesetzesvorschlag imitieren wollten, sei in ihren Augen ein komplexes System, welches durch den simplen Gesetzesvorschlag von Dubanchet in keinster Weise erfaßt werde. "..*il s'agit d'un projet trop simple, sinon simplet, qui n'a pas apperçu les difficultés qu'il manquera pas de soulever.*"[1241] Houin sprach sich deshalb kategorisch gegen diesen Gesetzesvorschlag aus: "*Je suis en complet désaccord avec la protéction excessive qui sera conférée aux fournisseurs.....*"[1242]

Ähnlich äußerte sich Fangain: "*La théorie est belle, mais inapplicable.*"[1243] Aus den veröffentlichten Statistiken, in denen die Konkursfälle in Deutschland und Frankreich verglichen wurden, sei der voreilige Schluß gezogen worden, daß es der deutschen Wirtschaft Dank des Eigentumsvorbehaltes besser gehe als der französischen Wirtschaft. Seiner Ansicht nach hätte zunächst gründliche und objektive Ursachenforschung betrieben werden müssen, ehe Schlußfolgerungen dieser Art gezogen werden könnten.[1244] Schließlich dürfe man sich keine Illusionen über die Anzahl und Komplexität der Probleme machen, die der Eigentumsvorbehalt auch in Deutschland hervorgerufen habe. Immerhin habe ein

---

1235 *Arnold*, BB 1981, S. 271; *Depser*, Eigentumsvorbehalt, S. 93.

1236 *Pontavice*, Banque, 1980, p. 5.

1237 *Lyonnet*, G.P. 1980, n° 1, p. 119; *Houin*, J.C.P. 1980, I., 2978; *Fangain*, G.P. 1980, n° 3, p. 260.

1238 *Lyonnet*, G.P. 1980, n° 1, p. 119; *Houin*, J.C.P. 1980, I., 2978, n° 17.

1239 *Pontavice*, Banque 1980, p. 5.

1240 *Houin*, J.C.P. 1980, I., 2978, n° 17.

1241 *Houin*, J.C.P. 1980, I., 2978, n° 20.

1242 Ebenda, n° 20.

1243 *Fangain*, G.P., 1980, n° 3, p. 260.

1244 Ebenda, p. 260.

gewisser "Roef Seruk" dem Eigentumsvorbehalt ein dreibändiges Werk von jeweils tausend Seiten gewidmet.[1245] Und wenn eine einzige Rechtsfigur eine Interpretation von tausenden von Seiten erforderlich machte, welche Rechtsunklarheit und Verwirrung müsse der Eigentumsvorbehalt dann in Deutschland hervorgerufen haben?[1246] Rolf Serick war damit, wie er selbst sagte, von den französischen Gegnern des gesetzlich normierten, konkursfesten Eigentumsvorbehaltes zu einem der "Buhmänner" ausgemacht worden.[1247]
In den Augen von Lyonnet ist die Konsequenz einer gesetzlichen Neuregelung i.S.v. von Dubanchet, daß in Schwierigkeiten geratene Unternehmen zunächst künstlich am Leben gehalten werden, letztlich aber doch mit wesentlich geringerem Vermögensstand und noch größerer Schuldenlast Konkurs anmelden müßten. Dadurch werde die ohnehin zu hohe Zahl masseloser Insolvenzen noch erhöht.[1248] Außerdem werde die Fortführung oder wirtschaftliche Abwicklung des Betriebes im Konkurs unmöglich gemacht, wenn die Waren unmittelbar zu Beginn des Verfahrens an den Verkäufer zurückgegeben werden müßten.[1249]
Mousseron ergänzte, daß die Wirkung des Eigentumsvorbehaltes für die Zukunft nicht überschätzt werden dürfe. Die avisierte Reform könne nicht mit dem traditionellen deutschen System gleichgesetzt werden.[1250] Auch Pédamon wies darauf hin, daß die teilweise Übernahme des komplexen deutschen Systems, welches tief in der deutschen Rechtstradition verwurzelt sei, nicht als Allheilmittel für die wirtschaftlichen Probleme Frankreichs gesehen werden dürfe: "*La réserve de propriété en Allemagne est une institution multiforme, diversifiée, profondément enracinée dans les traditions et les pratiques commerciales de ce pays. Ce n'est pas "une potion magique" qu'il suffit d'administrer à notre économie pour exorciser ses maux et lui redonner toute sa vigueur.*"[1251] Fangain hielt es für einen Trugschluß, in dem Fehlen eines dem deutschen vergleichbaren Eigentumsvorbehaltes in Frankreich die Ursache allen Übels zu suchen und anzunehmen, daß dieser die Rettung alle gefährdeten Unternehmen verbürge.[1252] Diese kritischen Stimmen konnten sich jedoch in den Parlamentsdebatten nicht durchsetzen.

1245 Ebenda, p. 260.

1246 Schlußfolgerung von Serick selbst auf die Aussage von Fagain. *Serick*, in: Aktuelle Probleme, S. 130.

1247 *Serick*, in: Aktuelle Probleme, S. 129.

1248 *Lyonnet*, G.P. 1980, n° 1, p. 119.

1249 Ebenda, p. 120.

1250 *Mousseron*, Cah. dr. entr., 1980, n° 4, p. 1.

1251 *Pédamon*, Cah. dr. entr. 1981, n° 6, p. 41.

1252 *Fangain*, G.P., 1980, n° 3, p. 260.

V.) Das Gesetz vom 12. Mai 1980

Der Gesetzesvorschlag von Dubanchet wurde schließlich nach der Vertagung im Zusammenhang mit einigen Zusatzanträgen und Ergänzungsvorschlägen von der Regierung neu beraten. Diesen überarbeiteten Entwurf nahm die Nationalversammlung am 18.04.1980 an und legte ihn am 22.04.1980 dem Senat vor.[1253] Der Entwurf bestand aus vier Artikeln, die folgende Bestimmungen enthielten:
Art. 1 regelte, daß Art. 65 des Gesetzes von 1967 dahingehend erweitert werden sollte, daß auch bei Waren, die mit einer den Eigentumsübergang von der vollständigen Bezahlung des Preises abhängig machenden Klausel verkauft werden, eine Rückforderung möglich sein sollte, wenn der Eigentumsvorbehalt zwischen den Parteien in einem spätestens zum Zeitpunkt der Lieferung erstellten Schriftstück vereinbart worden war.[1254]
Gemäß Art. 2 sollte die in Art. 59 des Gesetzes von 1967 vorgesehene Frist, innerhalb derer die Ware zurückgefordert werden konnte, von einem Jahr auf vier Monate, beginnend mit dem Datum der Veröffentlichung des das Konkurs- oder Vergleichsverfahren eröffnenden Urteils, verkürzt werden.[1255]
Art. 3 sollte klarstellen, daß bei einem Verkauf unter Eigentumsvorbehalt die tatsächliche Übergabe der Kaufsache die Mehrwertsteuer entstehen lassen sollte. Außerdem sollten die unter Eigentumsvorbehalt verkauften Waren bzw. die entsprechenden Forderungen sowohl bei dem Käufer als auch bei dem Verkäufer auf der Aktivseite der Bilanz gesondert ausgewiesen werden.[1256]
Art. 4 sah vor, daß Art. 66 des Gesetzes von 1967, der bei Weiterveräußerung durch den Gemeinschuldner den Herausgabeanspruch auf den noch nicht beglichenen Kaufpreis ausweitete, solange dieser noch nicht gezahlt oder verrechnet

---

1253 Proposion de loi, Sénat n° 222, 1980, J. O. 1980.

1254 Art. 1:".....ainsi que les marchandises vendues avec une clause suspendant le transfert de propriété au paiement intégral du prix lorsque cette clause a été convenue entre les parties dans un écrit établi, au plus tard, au moment de la livraison."

1255 Art. 2: "La revendication des biens mobiliers ne peut être exercée que dans le délai de quatre mois à partir de la publication du jugement ouvrant la procédure de réglement judiciaire ou de liquidation de biens."

1256 Art. 3: "La livraison au sens de l'article 38-2 *bis* du code général des impôts et la délivrance au sens du deuxième alinéa du II de l'article 256 du même code s'entendent de la remise matérielle du bien lorsque le contrat de vente comporte une clause de réserve de propriété. Les dispositions du deuxième alinéa du II de l'article 256 s'appliquent à l'ensemble des ventes assorties d'une clause de réserve de propriété. Les marchandises vendues avec une telle clause doivent figurer sur une ligne distincte à l'actif du bilan de l'acquéreur. La créance correspondant à la vente doit également figurer sur une ligne distincte à l'actif du bilan du vendeur."

worden war, nicht mehr auf Art. 61, sondern jetzt auf Art. 65 verweisen sollte.[1257]
Diese modifizierte Fassung wurde vom Senat am 29.4.1980 angenommen, worauf das neue Gesetz, betreffend die Wirkungen der Eigentumsvorbehaltsklauseln in Kaufverträgen, am 12.05.1980 ausgefertigt wurde und sogleich in Kraft trat. "*Le problème législatif est donc dépassé*", wie Derrida in seinem Bericht über den Eigentumsvorbehalt erklärte.[1258]

Im folgenden sollen die formellen und materiellen Voraussetzungen, die das neue Gesetz an die Wirksamkeit des Eigentumsvorbehalts stellte, untersucht und einige ungeregelt gebliebene Anschlußfragen näher betrachtet werden. Fraglich ist, inwieweit das neue an deutschem Vorbild orientierte Gesetz wirklich eine Annäherung an deutsches Recht gebracht hat.

1.) Formelle Anforderungen an den Eigentumsvorbehalt

Anders als das deutsche Recht unterwarf das neue Gesetz den Eigentumsvorbehalt einigen formellen Voraussetzungen.

a.) Schriftform

Gemäß Art. 65 des neuen Gesetzes mußte der Eigentumsvorbehalt spätestens bei Lieferung der Ware schriftlich vereinbart worden sein.[1259] Aus den Gesetzgebungsarbeiten ergibt sich, daß der Gestzgeber dabei die einfache Schriftlichkeit des Handelsverkehrs (z.B. Briefwechsel, Telegramm, Fernschreiben) genügen lassen wollte. Auch die Aufnahme der Klausel in die allgemeinen Geschäftsbedingungen - gleichgültig, ob diese Teil eines veröffentlichten Schriftstückes, einer Auftragsbestätigung oder eines bei der Übergabe der Ware dem Verkäufer ausgehändigten Lieferscheines waren - sollte den Anforderungen an die Schriftform genügen, wenn die Eigentumsvorbehaltsklausel klar und in leserlicher Form hervorging.[1260] Die Schriftform des "*acte sous seing privé*" im Sinne der Art. 1322 ff. C.c. war mithin nicht erforderlich.[1261]

1257 Art. 4: "A l'article 66 de la loi n° 67-563 du 13. juillet 1967, la référence à l'article 61 est remplacée par la référence à l'article 65."

1258 *Derrida*, D. 1980, Chron., p. 296.

1259 Ebenda, p. 300; *Margellos*, La protection du vendeur, 1983, p. 236.

1260 *Pontavice*, Banque, 1980, p. 36; *Acquaviva/Bacrot*, G.P. 1980, p. 542.

1261 *Arnold*, BB 1981, S. 272.

Obwohl der ursprüngliche Entwurf von Dubanchet keinen Formzwang vorgesehen hatte[1262], wollte der Gesetzgeber durch das Erfordernis der Schriftform zum einen die Möglichkeiten des Mißbrauchs durch Parteiabsprachen zum Nachteil der Gläubiger verhindern, zum anderen Übereinstimmung des französischen Rechts mit dem geplanten EG-Konkursrechtsübereinkommen[1263] gewährleisten.[1264] Im Rahmen einer ministeriellen Stellungnahme wurde jedoch klargestellt, daß sich das Schriftformerfordernis nicht auf die Wirksamkeit der Eigentumsvorbehaltsklausel an sich beziehen sollte, sondern nur eine Voraussetzung für ihre Konkursfestigkeit darstellen sollte.[1265]
Nach französischem Recht war die Einhaltung der Schriftform damit zwar keine Voraussetzung für die Gültigkeit des Eigentumsvorbehaltes, bewirkte aber - im Unterschied zum deutschen Recht - eine Rechtsfolge, nämlich die Konkursfestigkeit, die anders nicht erreicht werden konnte.[1266]
Nach deutschem Recht bedarf der Eigentumsvorbehalt dagegen keiner besonderen Form, so daß in der Regel eine mündliche Absprache ausreicht.[1267] Aufgrund seiner wirtschaftlichen Verbreitung stellt der in den Allgemeinen Geschäftsbedingungen enthaltene Eigentumsvorbehalt weder eine überraschende Klausel i.S.d. § 3 AGBG noch eine unangemessene Benachteiligung i. S. d. § 9 AGB dar.[1268]

b.) Vereinbarung des Eigentumsvorbehalts

Der Eigentumsvorbehalt mußte nach dem neuen französischen Gesetz zwischen den Parteien vereinbart worden sein, d.h. der Eigentumsvorbehalt bedurfte zu seiner Wirksamkeit der Annahme durch den Käufer, die spätestens bis zum Zeitpunkt der Lieferung vorliegen mußte. Unklar war jedoch zunächst, auf welche Art und Weise diese Annahme zu erfolgen hatte.

1262 *Dubanchet*, Proposition de loi, Sénat, n° 407, 1978, Droit et Affaires, 1980, n° 380, p. 91.

1263 Siehe dazu Ausführungen unter D.), Kapitel 3, I. 3.

1264 *Ghestin*, D. 1981, Chron., p. 15; *Derrida*, D. 1980, Chron., p. 301; *Demoures*, Rev. trim. dr. com., 1982, p. 47; *Margellos*, La protection du vendeur, 1983, p. 249.

1265 Réponse à M.E. Pinte, J.O. 6.10.1980, Lettre de la distribution 1980 X., S.1; *Derrida*, dans: La clause de réserve de propriété, p. 95.

1266 *Brödermann*, ZVglRWiss 1984, S. 198.

1267 *Serick*, Eigentumsvorbehalt, Bd. I, § 5 II 2, S. 85.

1268 Im nichtkaufmännischen Rechtsverkehr muß allerdings gem. § 2 AGBG ausdrücklich auf den Eigentumsvorbehalt hingewiesen werden, eine stillschweigende Einbeziehung ist hier nicht möglich.

Ein Teil der Lehre war der Ansicht, daß der Käufer seine Zustimmung zur Eigentumsvorbehaltsklausel schriftlich erklären müsse.[1269] Nach dieser Meinung mußten auch die einfachen Klauseln in den Allgemeinen Geschäftsbedingungen oder Musterverträgen vom Käufer schriftlich angenommen werden.[1270] Die Gegenmeinung war der Ansicht, daß eine Zustimmung im Handelsverkehr auch stillschweigend erfolgen könne.[1271] Die im Handelsverkehr erforderliche schnelle Abwicklung der Geschäfte werde durch den überflüssigen Formalismus einer doppelten Unterschrift oder einer anderen Form der schriftlichen Annahme erschwert.[1272]

Diese Ansicht lehnte sich an das deutsche Recht an: Das deutsche Recht nämlich verlangt für den Abschluß eines Kaufes unter Eigentumsvorbehalt - wie das französische Recht - die Zustimmung des Käufers. In Deutschland kann diese aber unstreitig konkludent, d.h. durch schlüssiges Verhalten, erfolgen.[1273] Im Gegensatz zum französischen Recht kann der Eigentumsvorbehalt in Deutschland nach Auffassung eines Teils der Lehre nicht nur formfrei, sondern auch stillschweigend vereinbart werden und dennoch volle Wirkung gegenüber jedermann entfalten.[1274] Auch bei einem nachträglich auf dem Lieferschein vermerkten Eigentumsvorbehalt kann die Zustimmung in der vorbehaltslosen Annahme der Ware in Kenntnis des nachträglichen Eigentumsvorbehalts lie-

---

[1269] Ein eigenständiger, vom Hauptvertrag getrennter Vertrag sei aber nicht erforderlich. Entscheidend sei nur, daß sich die Zustimmung auf den Eigentumsvorbehalt beziehe und in irgendeiner Weise schriftlich erfolge. Die Annahme könne sowohl auf käufereigenen wie auch vom Verkäufer herrührenden Schriftstücken durch eigenhändige Unterschrift sowie per Telex oder Telegramm erfolgen. *Juan*, G.P. 1981, p. 12; *Derrida*, dans: La clause de réserve de propriété, p. 97; *Chaput*, J.C.P. 1981, Doctr., n° 3017; *Soinne*, J.C.P. 1982, n° 13903, p. 592; *Derrida*, D. 1980, Chron., p. 301; *Arnold*, BB 1981, S. 272; *Depser*, RIW 1984, S. 177; *Brocca*, p. 36.

[1270] *Arnold*, BB 1981, S. 272. Auch der französische Justizminister hatte auf die Anfrage des Abgeordneten Pinte vom 01.09.1980 geantwortet, die Wirksamkeit einer *"clause convenue dans un écrit"* erfordere, daß sowohl das Angebot des Eigentumsvorbehalts seitens des Verkäufers als auch die Annahme seitens des Käufers schriftlich erfolge. Réponse à M.E. Pinte, J. O., A.N., 6.10.1980, Lettre de la distribution 1980 X., S.1.

[1271] *Pontavice*, Banque, 1980, p. 36; *Thieffry*, dans: La clause de réserve de propriété, p. 118; *Riotte*, Petites Affiches, 1981, n° 39, p. 13; *Ghestin*, dans: La clause de réserve de propriété, p. 289; *Mousseron/Pérochon*, in: Aktuelle Probleme, S. 118; *Demoures*, Rev. trim. dr. com., 1982, p. 46.

[1272] *Brocca*, p. 39; *Garcin/Thieffry*, La clause de réserve de propriété, p. 119; *Pontavice*, Banque, p. 36; Aus der Formulierung des Gesetzgebers *"convenu dans un écrit"* könne nur hergeleitet werden, daß der Eigentumsvorbehalt schriftlich festgelegt werden müsse, dazu reiche aber die sogenannte einseitige Schriftlichkeit aus.

[1273] *Serick*, Eigentumsvorbehalt, Bd. I, § 5 II 3 a, S. 86.

[1274] Ausführlich: *Schulte*, BB 1977, 269, m.w.N.; *Serick*, Eigentumsvorbehalt, Bd. I, § 5 II 3 a, S. 85; a.A.: BGH 64, 395; *Reinicke/Tiedtke*, Rdn. 1107.

gen.[1275] Anders als im französischen Recht kann der Eigentumsvorbehalt in Deutschland nach h.M. auch noch nach Lieferung der Ware vereinbart werden, wenn der Vertrag im beiderseitigen Einverständnis dahingehend geändert wird.[1276] Umstritten ist lediglich die rechtliche Konstruktion.[1277] Nach französischem Recht wurde diese Konstruktion dagegen wegen Verstoßes gegen Art. 2078 Abs. 2 C.c. abgelehnt.

c.) Frist

Anders als das deutsche Recht setzte der neue Art. 59 dem Verkäufer für die Geltendmachung seines Rückforderungsanspruchs eine Frist von vier Monaten ab Veröffentlichung des Eröffnungsurteils. Der Gesetzgeber wollte mit dieser Regelung dem Konkursverwalter die Möglichkeit gewähren, sich möglichst schnell einen Überblick über das Aktivvermögen des Schuldners zu verschaffen, um die Durchführung des Konkursverfahrens nicht zu lähmen.[1278] Diese Vorschrift bezog sich aber nicht nur auf den Eigentumsvorbehalt, sondern fand auf alle Rückforderungsrechte an beweglichen Sachen im Konkurs Anwendung.

d.) Publizität

Zunächst war unklar, ob der französische Gesetzgeber durch die Normierung der steuerrechtlichen Bilanzvorschrift in Art. 3 Abs. 3 des Gesetzes von 1980 den Eigentumsvorbehalt indirekt mit einem Publizitätserfordernis verbunden hatte. Es zeigte sich jedoch bald, daß die Bilanzvorschrift des Art. 3, nach der alle unter Eigentumsvorbehalt verkauften Waren in besonderen Spalten der Bilanz des Vorbehaltskäufers ausgewiesen werden mußten, kein effektives Publizitätsmittel, sondern vielmehr eine einfache Informationsquelle darstellte.[1279] Sie diente primär der Information des Konkursverwalters und verpflichtete diesen, den Vorbehaltseigentümer unmittelbar von der Konkurseröffnung zu

---

[1275] *Reinicke/Tiedtke*, Rdn. 1112; *Palandt/Putzo*, § 455, Rdn. 12.

[1276] *Serick*, Eigentumsvorbehalt, Bd. I, § 5 II, S. 89, 92; *Palandt/Putzo,* § 455, Rdn 12; *Baur/Stürner*, § 59, Rdn. 11.

[1277] Der BGH verlangt eine Rückübereignung gem. §§ 929 I, 930 BGB und anschließende aufschiebend bedingte Übereignung auf den Käufer (BGH NJW 1953, 217). Die Literatur hält dies für unnötig und läßt durch eine dem § 455 BGB entsprechende Inhaltsänderung des Vertrages die Erfüllungswirkung der Übereignung entfallen. Der Verkäufer erhält danach das um das Anwartschaftsrecht gekürzte Eigentum zurück. *Palandt/Putzo*, § 455 Rdn 21; *Serick*, Eigentumsvorbehalt, Bd. I, § 5 II, S. 88 ff., 92, 93; *Staudinger-Honsell*, § 455 Rdn 15.

[1278] *Brocca*, p. 43; *Derrida*, D. 1980, Chron., p. 302; *Arnold*, BB 1981, S. 272.

[1279] *Scarano*, Droit et pratique, 1991, p. 129; *Margellos*, La protection du vendeur, 1983, p. 254.

informieren.[1280] Da sie regelmäßig nur die bei Jahresabschluß maßgebliche Situation wiedergab, war sie nicht detailliert genug, um dem Zweiterwerber eine eindeutige Auskunft darüber zu geben, ob die erworbene Ware mit derjenigen identisch war, die der Gesamtbetrag in der Sparte der unter Eigentumsvorbehalt erworbenen Ware in der Bilanz auswies.[1281] Die Bilanz war daher auch nicht geeignet, den bösen Glauben des Zweiterwerbers zu begründen.[1282]

Der Gesetzgeber hatte die Eintragung des Eigentumsvorbehalts in die Bilanz auch nicht als Bedingung für die Einwendbarkeit gegenüber der Masse angesehen. Dies läßt sich daraus ableiten, daß das Gesetz von 1980 keine speziellen Sanktionsvorschriften für den Fall der Nichtbeachtung dieser Vorschrift enthielt.[1283]

Festzuhalten bleibt, daß der Gesetzgeber bei der Neukodifikation von 1980 erstmals das Publizitätsprinzip außer Acht ließ und ein neues publizitätsloses Sicherungsmittel schuf. Diese neue Gesetzgebung markierte den Bruch mit der herkömmlichen französischen Tradition und erteilte dem Prinzip der "*solvabilité apparante*" eine endgültige Absage.[1284] Die Anerkennung des publizitätslosen Eigentumsvorbehalts bedeutete eine wesentliche Annäherung an das deutsche Recht.

2.) Materielle Anforderungen an den Eigentumsvorbehalt

Auch in materieller Hinsicht näherten sich die Regelungen des neuen Gesetzes an das deutsche Recht an. Wie im deutschen Recht wurden vom Anwendungsbereich des neuen Gesetzes von 1980 nur Kaufverträge erfaßt, während Dienstleistungs- und Unternehmensverträge ausgeschlossen waren.[1285] Große Differenzen zum deutschen Recht blieben jedoch im Falle der Weiterverarbeitung und des Weiterverkaufs der Ware. Außerdem ließ das Gesetz einige materiellrechtliche Fragen offen.

1280 *Reinecker*, Sparkasse 1980, S. 349.

1281 *Roure*, Petites Affiches, 1981, n° 5, p. 9; *Margellos*, La protection du vendeur, 1983, p. 254.

1282 *Pontavice*, Banque, 1980, p. 42; *Margellos*, La protection du vendeur, 1983, p. 254.

1283 Eine Sanktionierung erfolgte allenfalls dadurch, daß es bei Nichteinhaltung der Bilanzvorschrift an einer ordnungsgemäßen Buchführung i.S.d. Handels- und Gesellschaftsrechts fehlte, die im Falle des Konkurs- oder Vergleichsverfahrens zu einer persönlichen Haftung und Bestrafung der für die Buchführung verantwortlichen Person führte. *Depser*, Eigentumsvorbehalt, S. 101; *Scarano*, Petites Affiches 1991, n° 23, p. 11.

1284 *Brödermann*, ZVglRWiss, 1984, S. 196.

1285 *Lemontey*, G.P. 1981, p. 3.

a.) "marchandises en nature"

Gegenstand des Herausgabeanspruchs nach dem Gesetz von 1980 konnten nur "*marchandises*" sein, nicht dagegen unbewegliche Sachen. Der Begriff "*marchandises*" wurde dabei weit ausgelegt[1286], so daß nicht nur Handelsware im herkömmlichen Sinn des Wortes, sondern vielmehr alle beweglichen körperlichen Sache erfaßt wurden.[1287] Art. 65 verlangte in materieller Hinsicht die Existenz der entsprechenden "*marchandise*", an der sich der Verkäufer das Eigentums vorbehalten hatte, *"en nature"* beim Käufer.[1288] Das bedeutete, daß derjenige, der die Ware zurückforderte, die Identität und Identifizierbarkeit der Ware beweisen mußte. Er trug die Beweislast dafür, daß er tatsächlich Eigentümer der gerade zurückgeforderten Ware war.

Probleme ergaben sich bei der Rückforderung verarbeiteter Ware, da das neue Gesetz einen vertraglich vereinbarten verlängerten Eigentumsvorbehalt, in Form einer Verarbeitungsklausel, wonach der Eigentumsvorbehaltsverkäufer auch Eigentümer der neuen Ware wird, nicht vorsah.[1289] Die h.M. ging davon aus, daß das Gesetz vom 12. Mai 1980 restriktiv ausgelegt werden müsse und eine Ausdehnung des Eigentumsvorbehalts auf verarbeitete Ware unzulässig sei.[1290]

1286 *Brocca*, p. 47; *Derrida*, dans: La clause de réserve de propriété, p. 92; *Depser*, Eigentumsvorbehalt, S. 95; *Acquavivat/Bacrot*, G.P. 1980, p. 538; *Demoures*, Rev. trim. dr. com., 1982, p. 45: Danach werden alle beweglichen körperlichen Sachen erfaßt, auch Ausrichtungs- und Einrichtungsgegenstände, die gerade nicht zum Weiterverkauf im Handelsrecht bestimmt sind. a.A.: Douai, 24. 9. 1987, G.P. 1988, I, 415; *Derrida*, D, 1980, Chron., p. 293, n° 4: Nach dieser Ansicht ist der Eigentumsvorbehalt nur bei zum Weiterverkauf bestimmten Gütern zulässig, nicht dagegen für solche Güter, die zur Fortführung eines Unternehmens benötigt werden.

1287 Der Conseil National du Patronat ergänzte, daß darunter ausnahmsweise auch Inhaberpapiere fallen sollten, während alle anderen unkörperlichen Sachen, wie Forderungen, Rechte am künstlerischen und literarischen Eigentum, Patente, Software, Markenzeichen vom Anwendungsbereich ausgeschlossen seien. *Brocca*, p. 47; a.A.: *Derrida*, dans: La clause de réserve de propriété, p. 92.

1288 *Reinecker*, Sparkasse, 1980, S.350; *Chaput*, J.C.P. 1981, Doctr., 3017, n° 30; *Acquaviva/Bacrot*, G.P., 1980, p. 538; *Soinne*, J.C.P. 1982, n° 13903, p. 594; *Riotte*, Petites Affiches 1981, n° 39, p. 14; *Derrida*, dans: La clause de réserve de propriété, p. 93; *Brocca*, p. 51.

1289 *Depser*, Eigentumsvorbehalt, S. 96.

1290 Durch die Verarbeitung verliere die Ware ihre Individualität. Sie existiere nicht mehr "*en nature*" und entziehe sich daher jeder Rückforderungsmöglichkeit. *Brocca*, p. 57; *Derrida*, dans: La clause de réserve de propriété, p. 90; *Pontavice*, Banque 1980, p. 28; *Arnold*, BB 1981, S. 271. Diese Ansicht wurde durch die Ergebnisse der parlamentarischen Verhandlung zum Gesetz von 1980 gestützt, in denen eine Ausdehnung des Eigentumsvorbehalts auf die verarbeitete Ware abgelehnt wurde, da sie den Rahmen der Reform übersteige.

Garcin dagegen war der Ansicht, daß sich der Eigentumsvorbehalt auch auf verarbeitete Ware erstrecke und der Verkäufer diese zurückfordern könne.[1291] Er begründete dies damit, daß im französischen Recht - anders als im deutschen Recht - das Eigentum bei Verarbeitung nicht unmittelbar auf den Verarbeitenden übergehe, sondern gemäß Art. 570 C.c. beim Verkäufer bleibe.[1292] Die Ware verändere durch die Verarbeitung auch nicht ihre Natur, sondern werde "Ware einer anderen Sorte": "*La transformation des marchandises telle qu'elle est prevue par ces articles ne les fait pas changer de nature mais changer d'espèce.*"[1293]

Auch bei der Rückforderung von Gattungsware war das Vorliegen des Merkmals "*en natur*" problematisch. Produkte wie Getreide, Flüssigkeiten oder pulverisierte Ware wurden in der Regel unverpackt geliefert und in großen Silos gelagert. Dabei wurde die neue Ware mit bereits vorhandener, identischer Ware vermischt. In diesem Fall war die Ware nicht mehr individualisierbar und konnte deshalb grundsätzlich mangels Vorhandensein des Merkmals "*en nature*" nicht zurückgefordert werden.[1294] War die Sache aufgrund ihrer Beschaffenheit nicht eindeutig von anderen zu unterscheiden, konnte die Identität der Ware nur durch getrennte Lagerung oder eine genaue Auflistung der gelagerten Ware und besondere Verpackungen oder Lieferung in markierten und numerierten Containern sichergestellt werden.[1295] Der Verkäufer mußte also bei Gattungssachen jede mögliche Vorkehrung treffen, um die Ware identifizierbar zu machen, wobei die Identifikationsmöglichkeit bei Konkurseröffnung ausreichend war.[1296] Der Mangel des Beweises der Identität zog die Unmöglich-keit der Rückforderung nach sich. Der Verkäufer konnte seine Forderung dann nur noch als ungesicherter Gläubiger geltend machen.

1291 *Garcin*, dans: La clause de réserve de propriété, p. 28.

1292 Art. 570 C.c.: "Si un artisan ou une personne quelconque a employé une matière qui ne lui appartenait pas à former une chose d'une nouvelle espèce, soit que la matière puisse ou non reprendre sa première forme, celui qui en était le propriétaire a le droit de réclamer la chose qui en a été formée en remboursant le prix de la main-d'oeuvre estimée à la date du remboursement."

1293 *Garcin*, dans: La clause de réserve de propriété, p. 28.

1294 *Pontavice*, Banque, 1980 p. 26; *Brocca*, p. 51.

1295 *Roure*, Petites Affiches, 1981, n° 5, p. 11; *Brocca*, p. 51; *Derrida*, dans: La clause de réserve de propriété, p. 93. Auch Marken, Seriennummern und sonstige Erkennungszeichen erleichterten den Identitätsnachweis.

1296 *Demoures*, Rev. trim. dr. com. 1982, p. 45; *Chaput*, J.C.P. 1981, Doctr., 3017, n° 16.

Das Herausgabeverlangen auf Grundlage eines Eigentumsvorbehalts versagte somit immer dann, wenn die Ware verarbeitet, weiterveräußert oder auch nur so eingelagert wurde, daß sie von anderen Waren nicht mehr unterschieden werden konnte.
Der deutsche Verkäufer dagegen kann sich durch die Vereinbarung einer Verarbeitungsklausel gegen einen Verlust seines Eigentums durch Verarbeitung absichern und das vorbehaltene Eigentum an der neuen Sache fortsetzen.[1297]
Trotz ausgiebiger Diskussionen anläßlich des neuen Gesetzes von 1980 erfolgte in Frankreich keine gesetzliche Normierung der Sonderformen des Eigentumsvorbehalts. Laut Serick versagt der französische Eigentumsvorbehalt damit gerade in den Fällen seine Wirksamkeit, die in Deutschland im Mittelpunkt der Fort- und Weiterentwicklung des Eigentumsvorbehaltes stehen und von 1900 bis heute zu einem "imponierenden Geflecht von Verlängerungs- und Erweiterungsformen" geführt haben.[1298]

b.) Rückforderung des Weiterverkaufspreises

Wie bereits ausgeführt hatte auch die Regelung über die Vereinbarung eines verlängerten Eigentumsvorbehalts in Gestalt einer Vorausabtretung der Forderungen aus Zweitgeschäften in der parlamentarischen Beratung keine Mehrheit gefunden.[1299] Um so erstaunlicher war daher die Regelung des neuen Art. 66, die dem Verkäufer dann, wenn der Käufer die Ware unerlaubter Weise doch weiterveräußern sollte, einen Anspruch auf den von dem Zweitkäufer zu entrichtenden Kaufpreis gewährte.[1300] Dabei handelte es sich um eine rein konkursrechtliche Lösung, die - wenn man mit Serick in deutschrechtlichen Kategorien spricht - eine Ersatzaussonderung der Weiterverkaufsforderung als Surrogat für die Vorbehaltsware darstellte, die beim Erstkäufer hätte ausgesondert werden können.[1301] Durch dieses gesetzliche Ersatzaussonderungsrecht hatte der Gesetzgeber im Konkurs- oder Vergleichsfall eine Art gesetzlich verlängerten Eigentumsvorbehalt geschaffen[1302] und damit eine ähnliche Rechtslage hergestellt, wie sie im deutschen Recht durch das vertragliche Institut des verlängerten Eigentumsvorbehalts besteht. Für den Fall des Weiterverkaufs vor Konkurseröffnung sollte der Verkäufer durch das Ergreifen

---

[1297] *Depser*, Eigentumsvorbehalt, S. 21.

[1298] *Serick*, in: Aktuelle Probleme, S. 132.

[1299] Siehe Ausführungen unter D.), Kapitel 3, III, 4.).

[1300] *Acquavivat/Bacrot*, G.P. 1980, p. 548.

[1301] *Serick*, in: Aktuelle Probleme, S. 132.

[1302] *Brödermann*, ZVglRWiss 1984, S. 210, *Kalomiris*, S. 63; *von Breitenstein*, RIW 1980, S. 690; *Depser*, Eigentumsvorbehalt, S. 96.

der dinglichen Surrogation den ersatzlosen Verlust seiner Sicherheit verhindern.[1303]

Nach Serick zeigt diese Regelung die Einsicht des französische Gesetzgebers, daß die Rechtsfigur *"réserve de propriété"* ohne eine Erstreckung des Eigentumsvorbehaltes auf die Zweitkaufpreisforderung den Beteiligten "Steine statt Brot" gebe.[1304] Denn auf der Ebene des Zwischenhandels kann, solange die Kaufpreisforderung noch offen und der Zugriff auf die Ware unmöglich ist, der Vorbehaltslieferant nur durch eine Erweiterung seines Sicherungsrechtes an der Ware auf den durch diese Ware erzielten Kaufpreis ausreichend gesichert werden. Es muß ihm eine konkursfeste Zugriffsmöglichkeit auf das rechtliche und wirtschaftliche Surrogat eröffnet werden. Diesen Weg hat der französische Gesetzgeber dem Lieferanten durch Art. 66 kraft Gesetz eröffnet.[1305]

Bei einem Weiterverkauf nach Konkurseröffnung wurde der Verkäufer allerdings nur Massegläubiger, weil nach diesem Zeitpunkt die Zahlung und Verrechnung von Forderungen verboten war. Gestattete der Verkäufer die Weiterveräußerung, lag darin ein Verzicht auf seinen Eigentumsvorbehalt.[1306] Wie bei der Ersatzaussonderung nach deutschem Recht griff auch Art. 66 nur bei unberechtigtem Weiterverkauf ein, da er nur einen Ersatzanspruch dafür schaffen sollte, daß der Herausgabeanspruch durch die Weiterveräußerung verloren ging.[1307]

c.) Rechtsnatur des Eigentumsvorbehalts

Nachdem der Eigentumsvorbehalt im deutschen Recht seit seiner gesetzlichen Normierung im BGB von 1896 als eine den Eigentumsübergang aufschiebende Bedingung eingeordnet wurde, erhoffte man sich in Frankreich durch das neue Gesetz von 1980 ebenfalls Klarheit über die Rechtsnatur des Eigentumsvorbehalts zu erlangen.

Tatsächlich war die Frage der Einordnung des Eigentumsvorbehaltes als aufschiebende oder auflösende Bedingung durch die Regelung des Gesetzes vom 12.05.1980 auch beantwortet worden.[1308] Denn der Gesetzestext sprach in Art. 65 klar von einer *"clause suspendant le transfert de propriété au paiement*

[1303] *F. Pérochon*, La réserve de propriété, p. 276, n° 302; *Kalomiris*, S. 76.

[1304] *Serick*, in: Aktuelle Probleme, S. 136.

[1305] Ebenda, S. 136.

[1306] *Depser*, Eigentumsvorbehalt, S. 97; *Kalomiris*, S. 85.

[1307] *Margellos*, La protection du vendeur, 1989, n° 332.

[1308] *Garcin*, dans: La clause de réserve de propriété, p. 48.

intégral du prix". Ein Blick auf die *"traveaux préparatoires"* räumte schließlich die letzten Zweifel aus, da der ursprüngliche Entwurf von Dubanchet einen ausdrücklichen Zusatz über die Einordnung als *"clause suspensiv"* enthalten hatte.[1309] Dieser Zusatz wurde zwar von der Gesetzgebungskommission gestrichen. Sowohl der Senat als auch die Nationalversammlung hielten jedoch in den Debatten zum Gesetz vom 12.05.1980 an der aufschiebenden Wirkung des Eigentumsvorbehalts fest.

Weitgehende Einigkeit bestand in der Literatur auch darüber, daß der Eigentumsvorbehalt wie nach deutschem Recht den Eigentumsübergang - und nicht den Vertragsschluß selbst - aufschieben sollte.[1310] Bei Nichtzahlung und Rückforderung der Ware blieben demnach die aus dem Vertrag resultierenden Rechtsbeziehungen zwischen den Parteien bestehen. Begründet wurde dies damit, daß die Kaufpreiszahlung, die als Hauptpflicht aus dem Kaufvertrag resultiere, nicht Bedingung des Zustandekommens des Vertrages sein könne.[1311] Diese Einordnung des Eigentumsvorbehaltes wurde der eigentlichen Intention der Parteien gerecht, die ursprünglich nur darin bestand, sich gegen die Nichterfüllung der vertraglichen Verpflichtungen zu schützen, nicht jedoch den Vertrag als Ganzes in Frage zu stellen.[1312] Dogmatische Bedenken wegen des in Frankreich geltenden Konsenprinzips wurden gegen eine solche Konstruktion nicht geltend gemacht, da nach allgemeiner Meinung Art. 1583 C.c. von jeher als dispositiv angesehen wurde.[1313]

Trotz der überwiegenden Übereinstimmung darin, daß der Eigentumsvorbehalt den Eigentumsübergang aufschiebe, wurde der aufschiebende Charakter unterschiedlich interpretiert. Ein Teil der französischen Lehre bevorzugte die Einordnung des Eigentumsvorbehaltes als Befristung.[1314] Mit der befristeten

---

1309 *Dubanchet*, Proposition au Sénat, 1978, n° 407, p. 7, Droit et Affaires, 1980, n° 380, p. 97; *Brocca*, p. 23; *Garcin*, dans: La clause de réserve de propriété, p. 48.

1310 *Planiol/Ripert*, Traité pratique, t. X, n° 10, p. 11; *Friedel*, dans: Hamel, La vente commercial, p. 128; *Mazeaud*, t. III, vol. 2, n° 922-2, p. 199; *Vandamme*, note sous Cass. civ., 28. mars et 22. oct. 1934, D.P., 1934, p. 151; *Aquavivat/Bacrot*, G.P. 1980, n° 33, p. 2; *Ghestin*, D. 1981, Chron., p. 1; *Martel-Tribes*, J.C.P. 1977, I, 2875, n° 5.

1311 *Ghestin*, D. 1981, Chron., p. 6; *Margellos*, La protection du vendeur, 1989, n° 31 m.w.N.

1312 *Martel-Tribes*, J.C.P. 1977, I, 2875, n° 5.

1313 Cass. req. 22.07.1872, D 1873, I, p. 111; Cass. civi. 08.06.1904, D.P: 1904, I, p. 455; Cass. civ. 19.01.1942, J.C.P. 1942; II, n° 1815; *Acquaviva-Bacrot*, p. 545. Siehe auch Ausführungen oben unter C., Kapitel 2, II.), 2.) b.) aa.).

1314 *Esmein*, note sous Cass. civ., 28. mars et 22. oct. 1934, D. 1934, I, p. 337; *Pontavice*, Banque 1980, p. 1221; *Ghestin*, D. 1981, Chron., n° 21, p. 6; *Guyon*, note sous Metz 29. oct. 1980, D. 1981, p. 138.

Zahlung korrespondiere ein befristeter Eigentumsübergang. Die Qualifikation als Befristung sei vorzugswürdig, da eine aufschiebende Bedingung "*per definitionem*" von einem zukünftigen ungewissen Ereignis abhängig sei und unabhängig vom Willen der Parteien bestehe (Art. 1181 C.c.). Die Zahlung des Kaufpreises dagegen sei an den Willen des Käufers gebunden.[1315] Zudem berief sich diese Auffassung auf den Wortlaut des Art. 65 des Gesetzes von 1980, der von *"suspendant"* spricht.[1316]

Die h.M. in Frankreich stufte die Eigentumsvorbehaltsklausel jedoch wie nach deutschem Recht als aufschiebende Bedingung des Eigentumsübergangs ein und hielt der vorgenannten Argumentation entgegen, daß die Befristung ein Ereignis sei, dessen Realisierung mit absoluter Sicherheit erfolge.[1317] Ungewiß sei bei der Befristung nur das Datum des Eintritts des Ereignisses. Gerade dies treffe jedoch auf die Kaufpreiszahlung nicht zu. Denn wäre sich der Verkäufer der Zahlung sicher, bräuchte er keine Klausel in den Vertrag aufzunehmen, die ihn gerade im Falle des Ausbleibens der Zahlung schützen soll.[1318] Diese Interpretation der h.M. wurde durch die *"traveaux préparatoires"* gestützt: Dubanchet hatte - wie bereits ausgeführt – den Eigentumsvorbehalt in seinem Gesetzesvorschlag als aufschiebende Bedingung und nicht als Befristung vorgesehen. Dies wurde von Rudloff und Millon in den Berichten über die Gesetzesdebatten bestätigt.[1319]

Das praktische Interesse dieser Einordnung lag vor allem darin, daß die Realisierung der Bedingung mit rückwirkendem Effekt verbunden war (Art. 1178 C.c.). Anders als die Befristung, deren Wirkung in der Zukunft liegt, erlaubt die Bedingung, daß alle Handlungen, die der Käufer während der Zeit zwischen Vertragsschluß und Kaufpreiszahlung vorgenommen hat, rückwirkend wirksam werden und er mit der Zahlung als Eigentümer seit Vertragsschluß angesehen wird, der Käufer dagegen bei der Befristung erst ab Fälligkeit die Eigentumsrechte wirksam ausüben kann.[1320]

1315 *Brocca*, p. 25; *Ghestin*, dans: La clause de réserve de propriété, p. 54.

1316 *Mousseron-Pérochon*, in: Aktuelle Probleme, S. 100.

1317 *Derrida*, D. 1980, Chron., p. 293; *Pédamon*, Rev. jur. com., 1982, n° 2, p. 57; *Planiol/Ripert*, Taité pratique, t. X, n° 217, p. 257; *Ohl*, Droit et pratique, 1980, n° 1, p. 587; Rapport Rudloff, Droit et Affaires 1980, n° 380, p. 114; *Juan*, G.P. 1981, p. 13.

1318 *Juan*, G.P. 1981, p. 13.

1319 *Dubanchet*, Proposition de loi, n° 407, p. 4, Droit et Affaires, 1980, n° 380, p. 94; Rapport Rudloff, n° 14, p. 14, 99; Rapport Millon, n° 1492, p. 5, Droit et Affaires, 1980, n° 380, p. 123.

1320 *Margellos*, La protection du vendeur, 1989, p. 40.

Die Qualifikation des Eigentumsvorbehalts als aufschiebende Bedingung und nicht als Befristung wird seiner Natur - zumindest nach deutschem Verständnis - besser gerecht, da andernfalls der Möglichkeit der Nichtzahlung des Kaufpreises nicht Rechnung getragen wird.

d.) Verhältnis zum Gutglaubenserwerb

Die Reform vom 12. Mai 1980 hatte keine Änderung der Auslegungsweise der Vorschriften des Gutglaubenserwerbs mit sich gebracht. Die h.M. war der Ansicht, daß dem Zweiterwerber keine Erkundigungspflicht hinsichtlich des Bestehens des Eigentumsvorbehalts aufgebürdet werden könne. Der Eigentumsvorbehaltsverkäufer müsse daher die Rechte Dritter an der Ware respektieren und könne bei gutgläubigem Zweiterwerb die Ware nicht zurückfordern, es sei denn, er sei in der Lage den bösen Glauben des Zweitgläubigers zu beweisen. Das Fehlen der wirksamen Publizität des Eigentumsvorbehalts verstärke die Gutglaubensvermutung des Zweiterwerbers.[1321] Da man in Frankreich der Auffassung war, daß der Verkäufer das ihm bekannte Risiko einer publizitätslosen Sicherheit tragen müsse, gingen die Interessen des Zweiterwerbers denen des Verkäufers vor.[1322]

e.) Gefahrübergang

Für den Gefahrübergang beim Kauf unter Eigentumsvorbehalt galten im deutschen und französischen Recht auch nach der Reform unterschiedliche Regelungen.[1323] Denn auch beim Kauf unter Eigentumsvorbehalt blieb es im französischen Recht bei der Regelung des § 1138 C.c., wonach der Verkäufer als Eigentümer die Gefahr des zufälligen Untergangs der verkauften Sache bis zur vollständigen Kaufpreiszahlung trägt.[1324] Die Verkäufer waren daher bemüht, das Risiko durch Vertragsgestaltung auf den Käufer zu übertragen und gegebenenfalls Versicherungsprämien in den Kaufpreis einzukalkulieren, um so - wie nach deutschem Recht - den Gefahrübergang mit Lieferung der Sache zu erreichen.[1325]

[1321] *Brocca*, p. 61; Derrida, dans: La clause de réserve de propriété, p. 105.

[1322] *Kalomiris*, S. 61.

[1323] *Brödermann*, ZVglRWiss 1984, S. 203.

[1324] *Demoures*, Rev. trim. dr. com. 1982, p. 39; *Acquaviva/Bacrot*, G.P. 1980, p. 554.

[1325] Siehe bereits Vorschlag des C.N.R.S.

f.) Unmittelbarer Besitz oder "détention précaire"

Während nach deutschem Recht die rechtliche Position der Parteien beim Eigentumsvorbehalt eindeutig geklärt ist[1326], standen die französischen Juristen nach dem Erscheinen des Gesetzes vom 12.05.1980 vor dem Problem, die Stellung, die der Eigentumsvorbehaltskäufer erlangt hatte, zu definieren. Mangels Eigentumsübergangs bei Abschluß des Kaufvertrages fanden sie sich vor einer Art juristischen Leere wieder. Das Institut des mittelbaren Besitzes war, wie gezeigt, im französischen Recht nicht bekannt.[1327] Da die Reform keine gleichzeitige Änderung des Besitzrechts mitgebracht hatte, blieb der Verkäufer nach französischem Recht Besitzer der Sache, während der Eigentumsvorbehaltskäufer *"détenteur précaire"*, d.h. Gewahrsamsinhaber der Sache wurde.[1328]

g.) Übertragung des Eigentumsvorbehalts

Nach der neuen Gesetzgebung stellte sich die Frage, ob der zwischen den Vertragsparteien vereinbarte Eigentumsvorbehalt z. B. zur Sicherung des Kredits übertragen werden kann.[1329] Da der französische Gesetzgeber die Sicherungsübereignung nach wie vor nicht anerkannte, entfiel die Möglichkeit die Ware zur Sicherung eines Darlehens an die Bank zu übereignen. Trotz der dahingehenden Anregung von Houin[1330] hatte der französische Gesetzgeber es unterlassen, dieses Problem gesetzlich zu regeln.[1331]
Bei der Beantwortung der Frage der Übertragbarkeit des Eigentumsvorbehalts wurde wieder auf das deutsche Vorbild zurückgegriffen. Dabei wurde festgestellt, daß nach deutschem Recht eine Übertragung des Eigen-

---

1326 Indem der Eigentumsvorbehaltskäufer unmittelbaren Fremdbesitz an der Sache innehat und der Eigentümer den mittelbaren Eigenbesitz behält.

1327 *Ghestin*, D. 1981, Chron., p. 7.

1328 *Ortsscheidt*, Rev. int. dr. comp. 1983, n° 1, p. 775; *Garcin*, dans: La clause de réserve de propriété, p. 24; *Margellos*, La protection du vendeur, 1989, p. 102. Wobei die Innehabung keinen Besitz im Rechtssinne darstellte.

1329 *Depser*, Eigentumsvorbehalt, S. 103. In Betracht kam z. B. die Übertragung auf die Bank, an die sich die Vertragsparteien zur Finanzierung von Kreditkäufen wandte. Zu beachten ist dabei, daß die Bankendefinition in Frankreich enger ist als in Deutschland. Sie erfaßt weder den Sparkassensektor noch die Finanzierungsinstitute, die mit eigenen Mitteln arbeiten. Gem. Art. 1 des Gesetzes vom 13.6.1941 sind Banken solche Unternehmen, die gewerbsmäßig von der Öffentlichkeit Einlagen oder sonstige Gelder annehmen, um sie auf eigene Rechnung für Diskont-, Kredit-, oder Finanzierungsgeschäfte zu verwenden.

1330 *Houin*, J.C.P., 1980, Doctr., 2978.

1331 *Brocca*, p. 129.

tumsvorbehaltes auf die Banken problemlos möglich ist[1332], weil der deutsche Eigentumsvorbehalt als ein selbständiges, nichtakzessorisches Sicherungsrecht verstanden wird, das nicht im Rahmen des § 401 BGB mitübertragen wird, sondern selbständig übertragen werden kann.[1333] Des weiteren wurde festgestellt, daß der deutsche Eigentumsvorbehaltsverkäufer mit dem Eigentumsvorbehaltskäufer einen *weitergeleiteten Eigentumsvorbehalt* vereinbaren kann, nach dem sich letzterer verpflichtet, die unter Eigentumsvorbehalt gekaufte Sache nur so weiter zu übereignen, daß der Verkäufer Vorbehaltseigentümer bleibt.[1334]

Um eine Übertragung auch nach französischem Recht zu ermöglichen, wurden mehrere Übertragungsmöglichkeiten in Erwägung gezogen: Ein Teil der Lehre trat dafür ein, den Eigentumsvorbehalt im Rahmen der Forderungsabtretung als Nebenrecht der Forderung (*accessoire de la créance*) im Sinne des Art. 1692 C.c. einzuordnen und akzessorisch mit der Kaufpreisforderung zu übertragen.[1335] Teilweise wurde die Übertragung des Eigentumsvorbehalts auch im Rahmen einer "*subrogation conventionnelle*", d.h. eines Gläubigereintritts aufgrund vertraglicher Vereinbarung, bejaht.[1336] Da gemäß Art. 1250 C.c. bei

---

1332 *Pontavice*, Banque 1980, p. 80; *Pédamon*, Cah. dr. entr. 1980, n° 6, p. 33.

1333 BGHZ 42, 53; *Palandt/Heinrichs*, § 401, Rdn. 5; *Weber*, § 9 IV, S. 179; *Reinicke/Tiedtke*, S. 378. Bei der Abtretung der Kaufpreisforderung durch den Eigentumsvorbehaltsverkäufer ist dieser dem Zessionar in der Regel schuldrechtlich zur Eigentumsübertragung verpflichtet. Die Übereignung an den Zessionar erfolgt dann durch Abtretung des aufschiebend bedingten Herausgabeanspruchs gemäß § 931 BGB.

1334 Der Abnehmer des Käufers soll demnach nicht schon Eigentümer werden, wenn er seine Schuld gegenüber dem Käufer beglichen hat, sondern erst dann, wenn auch der Käufer den Verkäufer befriedigt hat. Eine solche Klausel ist jedoch in der Praxis unüblich und für den Fall, daß sie in den Allgemeinen Geschäftsbedingungen des Verkäufers enthalten ist, gem. § 9 AGBG unwirksam.

1335 *Brocca*, p. 130; *Soinne*, G.P. 1985, Doktr. p. 290; *Pontavice*, Banque, 1980, p. 85; *Cabrillac*, dans: Mélanges A. Weill, p. 109; *Acquaviva/Bacrot*, G.P. 1980, p. 10, n° 110; *J. Mestre*, La subrogation personnelle, p. 548; *Merle*, Banque 1986, p. 645; *Ghozi*, p. 64. A.A.:*Ghestin*, D. 1981, Chron., p. 64; *Mousseron*, Cah. dr. entr., 1980, n° 4, p. 3; *Vallens*, J.C.P. 1986, 14651, n° 8; *Houin*, J.C.P. 1980, Doktr., 2978, n° 8; *Gavalda*, dans: La clause de réserve de propriété, p. 168.

1336 *Ghestin*, D. 1981, Chron., n° 9; *Garcin/Thieffry*, G.P. 1980, p. 9; Kennzeichen der "*subrogation*" war, daß der erfüllende Nichtschuldner, der in die Forderung eintrat, die dem Gläubiger eingeräumten Sicherungen für sich in Anspruch nehmen konnte (Art. 1250, Art. 1251 C.c.). Die "*subrogation*" konnte einmal gem. Art. 1250 Abs. 2 C.c. durch Vereinbarung zwischen Schuldner (Eigentumsvorbehaltskäufer) und Erfüllendem (Bank) erfolgen; da diese Form des Gläubigereintritts an das strenge Formalitätserfordernis der notariellen Beurkundung gebunden war, kam ihr jedoch im Handelsverkehr keine große Bedeutung zu. Häufiger war die Variante der "*subrogation*" gem. Art. 1250, al. 1 C.c., die durch privatschriftliche Vereinbarung zwischen Gläubiger

der "*subrogation conventionnelle*" neben Forderungen, Privilegien und gegen den Schuldner bestehenden Hypotheken, auch das Recht, Auflösungsklage zu erheben, auf den neuen Gläubiger überginge, müsse dies auch für den Eigentumsvorbehalt gelten.[1337] Außerdem wurde eine Übertragung des Vorbehaltseigentums mittels Trattenindossament in Erwägung gezogen, da nach dem Wortlaut von Art. 118 C.com. das Wechselindossament alle aus dem gezogenen Wechsel folgenden Rechte übertrug. [1338] Der Indossatar sollte auf alle Sicherheiten zurückgreifen können, die die Erfüllung der dem Wechsel zugrunde liegenden Forderung sicherten.[1339] Schließlich wurde die Vertragsübernahme (*cession du contrat*) als weitere Möglichkeit der Übertragung des Eigentumsvorbehalts vorgeschlagen. [1340] Dabei handelte es sich um eine Vereinbarung, die dem Abschließenden die Übertragung der Gesamtheit der Rechtsbeziehungen aus dem Rechtsgeschäft auf das Kreditinstitut erlaubte, welches den Warenlieferanten finanzierte. Der Übernehmende ersetzte den Verkäufer in jeder Hinsicht, so daß ihm nicht mehr oder weniger Rechte als dem Verkäufer zustanden und er damit auch in den Genuß des Eigentumsvorbehalts kam.[1341]

Die endgültige Klärung der möglichen Übertragungsart wurde der Rechtsprechung überlassen. Wie diese der dargestellten Probleme Herr wurde, soll im weiteren Fortgang dieser Untersuchung dargestellt werden.

h.) Schutz des Vorbehaltkäufers

Der französische Eigentumsvorbehaltsverkäufer war durch die Gesetzesänderung vom 12.05.1980 jetzt fast ebensogut geschützt wie der deutsche bei Vereinbarung eines einfachen Eigentumsvorbehalts, da ihm Art. 65 dieses Gesetzes jetzt ein Aussonderungsrecht im Konkurs gewährte. Auffällig war jedoch die wesentlich schwächere Rechtsposition des Eigentumsvorbehaltskäufers nach französischem Recht.[1342] Das deutsche Recht verschafft dem Käufer

---

(Eigentumsvorbehaltsverkäufer) und Erfüllender (Bank) erfolgte. Der Eigentumsvorbehaltsverkäufer empfing das Geld in diesem Fall direkt von der Bank.

1337 *Pontavice*, Banque 1980, p. 85; *J. Mestre*, La subrogation personnelle, p. 548.

1338 *Pontavice*, Banque 1980, p. 86.

1339 Bei dieser Lösung zog der Verkäufer auf seinen Schuldner einen Wechsel, um diesen an die Bank zu indossieren. Durch das Indossament eines Wechsels, den sich der Verkäufer vom Käufer für die Kaufpreisforderung hatte ausstellen lassen, ging die Kaufpreisforderung und mit ihr der Eigentumsvorbehalt auf die Bank über, sofern dieser ausdrücklich auf dem Wechsel vermerkt war.

1340 *Acquaviva/Bacrot*, G.P. 1980, p. 559.

1341 *Ghozi*, p. 69.

1342 *Depser*, Eigentumsvorbehalt, S. 112; *Mezger*, ZIP 1980, S. 409; *Pontavice*, Banque, 1980, p. 38.

in mehrerer Hinsicht eine gesicherte Rechtsstellung: Zunächst schützt das Anwartschaftsrecht den Käufer gegen nachteilige Handlungen (§ 160 I BGB) und Verfügungen (§ 161 I S.1 BGB) des Vorbehaltsverkäufers und dessen Gläubiger (§ 161 I S. 2 BGB). Als Anwartschaftsberechtigter kommt er außerdem in den Genuß der Schutzrechte der §§ 832, 985 und 1004 BGB. Zusätzlich kann der Käufer als rechtmäßiger unmittelbarer Besitzer die einem solchen zukommenden Besitzschutzrechte (§§ 986, 858) geltend machen.
Nach französischem Recht wurde der Käufer zwar, anders als im deutschem Recht, bei zufälligem Untergang der Ware nach Übergabe von seiner Pflicht zur Kaufpreiszahlung befreit[1343], er erhielt jedoch keine dem Anwartschaftsrecht entsprechende Rechtsposition.[1344] Das französische Recht kannte ein solches "*droit de propriété en attente*" nicht. Die Ausbildung eines absolut geschützten Rechtsguts im Sinne eines Anwartschaftsrechts des Vorbehaltskäufers war für die Mehrheit der französischen Juristen zu dieser Zeit ein zu weitgehendes Bekenntnis zur juristischen Abstraktion.[1345]
Da der Käufer, wie oben ausgeführt, auch nicht Besitzer im Rechtssinne, sondern nur "*détenteur précaire*" war, konnte er auch nicht von den Besitzschutzrechten profitieren.
Ein Teil der Lehre war der Ansicht, daß der Eigentumsvorbehaltskäufer ein "*germe de droit*" innehabe.[1346] Das "*germe de droit*" begründe eine tatsächliche Hoffnung auf künftigen Rechtserwerb und verleihe dem Erwerber nach den Regeln über die Wirkungen der aufschiebenden Bedingungen "*condition pendente*" in bestimmtem Umfang Schutz.[1347] Der Käufer könne über sein Recht frei verfügen, da das "*germe de droit*" veräußert und vererbt werden könne.[1348] Dieses "*germe de droit*", soweit es überhaupt anerkannt wurde, konnte jedoch nicht den Stellenwert einer Anwartschaft einnehmen und keinen entsprechenden Schutz gewährleisten, da es kein selbständiges Recht war, sondern als "*droit éventuel*" verstanden wurde.

[1343] S.o. bei ee.) Gefahrübergang.

[1344] *Garcin*, Droit et Affaires, 1980, n° 376, p. 65; *Depser*, Eigentumsvorbehalt, S. 113.

[1345] *Brödermann*, ZVglRWiss 1980, S. 220.

[1346] Margellos erklärte dies dahingehend, daß er sich in der Erwartung befinde, Eigentümer zu werden und damit ein "*droit de propriété virtuel*" besitze. Zwar sei das effektive Erlangen des Eigentums, solange die Bedingung noch nicht erfüllt sei, eine bloße Möglichkeit, die wesentlichen Voraussetzungen des Eigentums seien jedoch erfüllt, so daß das Recht bereits im Keim vorhanden sei. *Margellos*, La protéction du vendeur, 1983, p. 269.

[1347] *Ferid/Sonnenberger*, 1 C 15, S. 210.

[1348] *Margellos*, La protéction du vendeur, 1983, p. 269 mit weiteren Angaben.

i.) Sanktionen bei Nichtachtung des Eigentumsvorbehalts

Der Vorbehaltskäufer, der die Ware ohne Genehmigung des Vorbehaltsverkäufers weiterverkauft, macht sich in Deutschland gemäß § 246 StGB der Unterschlagung strafbar. [1349] . In Frankreich gibt es dagegen keinen Straftatbestand der Unterschlagung und auch eine Strafbarkeit des Vorbehaltskäufers wegen "*abus de confiance*" gemäß Art. 408 C.pén. (Untreue) entfällt grundsätzlich, da Art. 408 C.pén. den Kaufvertrag nicht in seinen Tatbestandsmerkmalen enthält.[1350] Auch die Tatbestände des Art. 379 C.pén. oder Art. 405 C.pén. sind offensichtlich unpassend.[1351] Nach beiden Rechtsordnungen hat der Vorbehaltsverkäufer aber einen zivilrechtlichen Schadensersatzanspruch gegen den Käufer (§ 823 I oder II BGB i.V.m. § 246 StGB bzw. Art. 1382 C.c.) und bei Bösgläubigkeit auch gegen den Dritten.[1352]

VI.) Zusammenfassung

Diese Entwicklung zeigt, daß der französische Gesetzgeber nach langem Zögern schließlich der Forderung der Wirtschaft nachgegeben und, inspiriert durch das deutsche Recht, den Eigentumsvorbehalt für konkursfest erklärt hat. Garcin hatte damit sein Ziel zumindest zum Teil erreicht: Der Eigentumsvorbehalt verschaffte jetzt auch dem französischen Verkäufer im Konkurs des Käufers eine gesicherte Rechtsposition und hatte zumindest in den Grundzügen einiges mit dem deutschen Eigentumsvorbehalt gemeinsam. Insgesamt beschränkte sich die Reform jedoch auf einige wenige Änderungen des Konkursrechts und sah von einer Übernahme der materiellrechtlichen Regelung des deutschen Kaufrechts zum Eigentumsvorbehalt ab. Damit war es dem französischen Gesetzgeber gelungen, eine Grundsatzreform des Kaufrechts zu vermeiden und den wesentlichen Strukturen des nationalen Rechts treu zu bleiben. Der Gesetzesvorschlag von Dubanchet hatte die positiven Auswirkungen des deutschen Eigentumsvorbehalts auch für Frankreich zugänglich gemacht, ohne jedoch den § 455 BGB ins französische Recht zu übernehmen.[1353]

Fest steht jedoch, daß die Reform nur durch das Zusammentreffen von wirtschaftlichen Überlegungen aus den Kreisen der französischen Unternehmerschaft mit einer dem Vorhaben günstigen europapolitischen Konstellation realisiert wurde. Verbürgt ist der Ausspruch von Foyer, Vorsitzender der Gesetzge-

---

[1349] Wobei auch der Versuch gem. § 246 II StGB strafbar ist.

[1350] *Brödermann*, ZVglRWiss 1984, S. 204.

[1351] *Acquaviva/Bacrot*, G.P. 1980, p. 546; *Demoures*, Rev. trim. dr. com., 1982, p. 38.

[1352] *Riotte*, Petites Affiches, 1981, n° 39, p. 16.

[1353] *Garcin/Thieffry*, La clause de réserve de propriété, p. 20.

bungskommission der Assemblé National, wonach die Regierung ihren anfänglich hartnäckigen Widerstand gegenüber der Reform schließlich "*de façon miraculeuse*" aufgegeben habe.[1354] Es bestand in Frankreich der Wille, mit der Änderung des nationalen Rechts ein Hindernis auf dem Weg zu einem europäischen Konkursrechtsübereinkommen zu beseitigen und damit der Rechtsangleichung zu dienen.[1355]

Das Gesetz vom 12.05.1980 stellte jedoch aus der Sicht einiger Juristen nur einen ersten kleinen Schritt zur Annäherung an das deutsche System dar, denn auch nach Inkrafttreten des neuen Gesetzes blieb das französische Recht hinsichtlich der Ausgestaltungsmöglichkeiten des Eigentumsvorbehalts noch weit hinter dem deutschen zurück.[1356] Diese Tatsache gab danach Witz Anlaß zu der Aussage, daß "*die erhoffte Angleichung der beiden Rechtsordnungen in den Kinderschuhen steckengeblieben ist*".[1357] Diese Auffassung wurde auch von einigen französischen Juristen geteilt, die die Reform für eher enttäuschend hielten: Péndamon war der Ansicht, daß das französische Recht neben dem deutschen sehr "blaß" aussehe; "*Par comparaison (avec le droit allemand) le droit français fait pâle figure. La loi du 12. mai 1980 ignore toutes les formes sophistiquées de réserve de propriété.*"[1358] Jonas erklärte, daß der Gesetzgeber bei der Reform nur halbherzig vorgegangen sei und die getroffenen Regelungen nur eine vorläufige Lösung bis zur Gesamtregelung des Kreditsicherungsrechts darstellen würden.[1359] Ohl brachte dementsprechend zum Ausdruck, daß sich die Franzosen nur wünschen könnten, daß das Gesetz vom 12. Mai 1980 bald durch Regelungen ergänzt werde, die eine effektive Ausnutzung des Eigentumsvorbehalts gewährleisten.[1360]

Dennoch hat die Einführung eines einfachen, konkursfesten Eigentumsvorbehalts in das französische Recht durch das Gesetz vom 12.05.1980 diesen zu einer für den deutsch-französischen Handelsverkehr interessanten und wirksamen Mobiliarsicherheit aufgewertet und damit den Handelsverkehr für deutsche und französische Kaufleute wesentlich vereinfacht.[1361]

1354 *Foyer*, J.O. Déb. Ass. Nat. 1980, p. 572.

1355 *Rudloff*, J.O. Déb. Sén. 1979, p. 5324.

1356 *Pédamon*, Rev. jur. com., 1982, n° 2, p. 57; *Jonas*, p. 65.

1357 *Witz*, NJW 1982, S. 1902.

1358 *Pédamon*, Rev. jur. com., 1982, n° 2, p. 57.

1359 *Jonas*, p. 65.

1360 *Ohl*, Droit et pratique, 1980, n° 1, p. 605.

1361 *Depser*, RIW 1984, S. 179.

Bellenger war der Ansicht, daß man, ohne den Propheten spielen zu wollen, davon ausgehen könne, daß das Gesetz entweder ganz in Vergessenheit geraten oder eine grundsätzliche Änderung der Stellung des unbezahlten Verkäufers im Konkurs bewirken werde.[1362]

4. Kapitel : Entwicklung der Verkäufersicherungsrechte seit 1980

I.) Entwicklung der Rechtsprechung zum Eigentumsvorbehalt seit 1980

Entscheidend für die weitere Entwicklung des Eigentumsvorbehalts nach 1980 war vor allem das Verhalten der Rechtsprechung, die bei strikter Fortsetzung ihrer bislang restriktiven Haltung gegenüber dem Eigentumsvorbehalt die Tragweite der Gesetzesreform erheblich hätte schmälern können. Angesichts der deutlichen Stoßrichtung der Gesetzesreform gegen die für verfehlt gehaltene Rechtsprechung der Cour de Cassation bestand die Möglichkeit einer Abwehrreaktion seitens der Gerichte.[1363] Deshalb soll im folgenden zunächst die Entwicklung der Rechtsprechung zum Eigentumsvorbehalt anhand einiger markanter Rechtsfragen dargestellt werden.

1.) Vereinbarung des Eigentumsvorbehalts

Zunächst zeigte sich ein Mißtrauen der Richter, vor allem der Handelsrichter, bei der Zulassung einer stillschweigenden Annahme des Eigentumsvorbehalts durch den Käufer. Lange Zeit waren die Anforderungen an die Wirksamkeit der Aufnahme der Eigentumsvorbehaltsklausel in Musterverträge, Allgemeine Geschäftsbedingungen, Lieferbedingungen und Rechnungen umstritten.[1364] Der

---

[1362] *Bellenger*, Rev. jur. com., 1981, n° 2, p. 329.

[1363] *von Breitenstein*, RIW 1980, S. 691.

[1364] Ein Teil der Rechtsprechung schloß sich der ministeriellen Stellungnahme an und verlangte, daß der Käufer entweder durch seine Unterschrift oder seinen Firmenstempel sein Einverständnis ausdrücklich schriftlich erklärt haben müsse: Trib. com Paris, 3. oct. 1980, Rev. jur. com. 1981, p. 58; Trib. com. Toulouse, 5. juin 1981, Rev. jur. com. 1981, p. 378; Trib. com. Paris, 1. juillet 1981, Rev. jur. com. 1981, p. 381; Cass. com., 12. déc. 1984, Bull. civ. IV, n° 348, p. 283; Trib. com. Nanterre, 15. avril 1983, G.P. 1993, p. 282; *Robine*, p. 22 m.w.N.
Der andere Teil der Rechtsprechung verzichtete hingegen für die Wirksamkeit der Eigentumsvorbehaltsklausel im Insolvenzfall auf eine schriftliche Zustimmung des Käufers, da sich der Erwerber nicht mit dem Einwand der fehlenden Zustimmung der Anwendbarkeit des Eigentumsvorbehalts entziehen könne: Trib. com. Rennes, 22. août 1980, Cah. dr. entr., 1980, n° 6, p. 18; Trib. com. Rennes, 4. sept. 1981, G.P. 1981, 1, somm., p. 301; Trib. com. Paris, 21. oct. 1981, G.P. 1981, 2, somm., p. 303; Rennes, 10.

Streit um das Erfordernis einer ausdrücklichen Annahme wurde aber schließlich durch die Grundsatzentscheidung des Kassationshofes vom 11. Mai 1984 endgültig beigelegt.[1365]

In den Entscheidungsgründen, die systematisch von weiteren Entscheidungen übernommen wurden[1366], hieß es, daß auf eine schriftliche Annahme des Eigentumsvorbehalts durch den Käufer verzichtet werde könne: "*L'opposabilité à la masse d'une clause de réserve de propriété n'est pas subordonnée à l'existence d'une accord écrit de l'acheteur.*"[1367]

Seit dieser Entscheidung sah die Rechtsprechung in der widerspruchslosen Hinnahme der Klausel, der Vertragsausführung und insbesondere der vorbehaltslosen Warenannahme durch den Käufer eine stillschweigende Zustimmung zum Eigentumsvorbehalt, solange die Voraussetzungen an die Offenkundigkeit erfüllt waren.[1368] Dies war der Fall, wenn die Eigentumsvorbehaltsklausel in den Verkaufsdokumenten leicht ersichtlich und gut lesbar (de façon claire et apparente) enthalten war und sie sich klar und deutlich vom übrigen Druckbild abhob, so daß der Käufer sie weder ignorieren, noch übersehen konnte und die Annahme vermutet werden mußte. Ein in den AGB (z.B. auf der Rückseite von Auftragsangeboten oder auf Rechnungen oder Lieferscheinen) enthaltener Eigentumsvorbehalt war nur wirksam, wenn er deutlich sichtbar hervorgehoben wurde (z.B. durch Fettdruck oder Umrandung) und ggf. auf der Vorderseite ein ersichtlicher Hinweis angebracht war.[1369] Klauseln, die - wie im deutschen Geschäftsverkehr üblich - ohne Hervorhebung inmitten des Textes der AGB aufgeführt wurden, bedurften dagegen zur Wirk-

---

févr. 1983, Rev. jur. com. 1983. p. 317; Limoges, 5. mars 1984, D. 1984, n° 12; *Robine*, p. 34 m.w.N.

1365 Cass. com., 11. mai 1984, G.P. 1985, 1, p. 55.

1366 Cass. com., 19. fév. 1985, J.C.P. 1985, Somm., p. 193; Cass. com., 12. mai 1984, Bull. IV, n° 154, p. 129; Cass. com., 10. fév. 1987, Bull. IV, n° 36, p. 28; Cass. com., 15. juillet 1987, D. 1988, Somm., p. 11; Cass. com., 4. juin 1989, G.P. 1989, Somm., p. 139; Cass. com., 13. juin 1989, J.C.P. 1989, éd. E, I, n° 18911; Cass. com., 19. févr. 1985, J.C.P. 1985, Som. p. 161.

1367 Cass, com., 19. fév. 1985, J.C.P. 1985, Somm., p. 193.

1368 Cass. com., 5. nov. 1985, Bull IV, n° 258, p. 216; Cass. com., 12. déc. 1984, Bull. IV, n° 347,p. 282; Trib. com. Rennes, 4. sept. 1981, G.P. 1981, Somm., p. 301; Trib. com. Nantes, 12. oct. 1982, G.P. 1983, I, p. 8; Orléon, 2. mars 1987, Juris-Data n° 044117, *Robine*, p. 35 m.w.N.; *Margellos*, La protection du vendeur, 1989, n° 314.

1369 Cass. com. 11. juillet 1995, G.P. 1995, p. 17.

samkeit nach wie vor der ausdrücklichen Bestätigung durch den Vertragspartner.[1370]

Aufgrund dieser neuen Entwicklung begannen die Käufer ihrerseits in ihre Allgemeinen Geschäftsbedingungen Klauseln aufzunehmen, mit denen die Anwendung des Eigentumsvorbehalts grundsätzlich versagt wurde. So kam es häufig zur Kollision widersprüchlicher Vertragsbedingungen. Zunächst war die Rechtsprechung hinsichtlich der Behandlung dieser Frage nicht einheitlich: Teilweise wurde für das Zustandekommen des Eigentumsvorbehalts eine ausdrückliche schriftliche Vereinbarung gefordert, da der Käufer seinen ablehnenden Willen bereits geäußert habe.[1371] Ein anderer Teil der Rechtsprechung vertrat die Ansicht, daß der Eigentumsvorbehalt auch bei einer in den AGB des Bestellscheins enthaltenen Abwehrklausel dann als angenommen gelte, wenn der Verkäufer in der Auftragsbestätigung seinerseits deutlich auf den in seinen allgemeinen Geschäftsbedingungen enthaltenen Eigentumsvorbehalt hingewiesen und der Käufer darauf nicht mehr reagiert hatte.[1372]
Der Kassationshof hat schließlich beim Vorliegen antizipierter Abwehrklauseln zugunsten des Vorrangs der Vertragsbedingungen des Käufers entschieden: Die Tatsache, daß der Käufer den Lieferschein in Kenntnis des Eigentumsvorbehalts unterschrieben habe, beinhalte keine stillschweigende Annahme des Eigentumsvorbehalts, wenn dieser bereits zuvor die Anwendung in den allgemeinen Vertragsbedingungen ausgeschlossen habe. Zur Wirksamkeit des Eigentumsvorbehalts sei in diesem Fall eine ausdrückliche Zustimmung erforderlich.[1373] Die Beweislast für die Annahme der Klausel bzw. der sie enthaltenden allgemeinen Geschäftsbedingungen, obliegt dem Klauselverwender.[1374]

Diese Darstellungen machen deutlich, daß die Rechtsprechung, abgesehen von dem Fall der Kollision der Allgemeinen Geschäftsbedingungen, hinsichtlich der Voraussetzungen des Eigentumsvorbehalts, zugunsten der Erweiterung seines Anwendungsbereiches eine liberalere Haltung angenommen hatte.

1370 *Klein*, RIW 1991, S. 810; a.A.: *F. Pérochon*, La réserve de propriété, n° 189; *Ghestin*, D. 1981, Chr., p. 1: Sie stellen die gleichen Anforderungen wie an die Einbeziehung der AGB, da keine besonderen Vorschriften über Form und Annahme der Klausel bestünden und es somit bei den üblichen Voraussetzungen bleiben müsse.

1371 Trib. com. Paris 10. mars 1986, Rev. jur. com. 1986, 256; Paris, 20. juin 1990, D. 1991, Somm., p. 41.

1372 Paris, 25. sept. 1986, Rev. jur. com. 1989, p. 215.

1373 Cass. com., 25. oct. 1994, J.C.P. 1995, n° 6, p. 29; weitere Angaben: Rev. proc. coll. 1995, n° 2, p. 192, n° 4, p. 471.

1374 Cass. com., 11. juillet 1995, J.C.P. 1996, éd. G. n° 6 , I, 22583, p. 74; Cass. com., 11. juillet 1995, J.C.P. 1996, éd. G., n° 6, I, 22583, p. 75.

2.) Rückforderung eingebauter, verarbeiteter und vermischter Ware

Entscheidend für die Geltungskraft des Eigentumsvorbehalts war vor allem die Frage, ob die Rechtsprechung die Rückforderung von verarbeiteter, eingebauter oder vermischter Ware zulassen würde. Die Beantwortung dieser Frage hing von den Anforderungen an die Existenz der Ware "*en nature*" ab.
Zunächst nahm die Rechtsprechung der Instanzgerichte bzgl. der "*incorporation*" und der "*transformation*" der Ware eine restriktive Haltung ein.[1375] Es wurde entschieden, daß jegliche Form von Einbau, Einarbeitung oder Verarbeitung und auch der Fabrikationsbeginn die Rückforderung der Ware ausschließe.[1376] Jede von der Einlagerung oder Verladung der Ware abweichende Behandlung hebe die "*existence en nature*" auf, da in jeder Bearbeitung der Wert der Arbeit des Käufers enthalten sei, der nicht dem Verkäufer, sondern der Konkursmasse zustehe.[1377] Durch die mit der Trennung einer Sache verbundene Wertminderung des Ganzen würde den anderen Gläubigern indirekt Masse entzogen, die durch die Arbeit des Käufers erworben worden sei.[1378]
Im Laufe der Zeit ließ sich in der Rechtsprechung der Instanzgerichte jedoch auch hier eine zunehmend verkäuferfreundliche Haltung beobachten. Sie erkannte den Herausgabeanspruch des Vorbehaltsverkäufers an, wenn die Vorbehaltsware ohne Beschädigung von der Sachgesamtheit getrennt werden konnte.[1379] Auch im Falle der Verarbeitung sollte der Vorbehaltsverkäufer die Ware

---

1375 *Robine*, p. 49.

1376 Trib. com. Rennes, 4. sept. 1981, G.P. 1981, Somm., p. 301; Rennes, 12. déc. 1984, D. 1984, I.R., 1; Paris, 13. mars 1984, Juris-Data n° 021605; Douai, 20. juin 1986 Juris-Data n° 043397.

1377 Rennes, 12. sept. 1984, D. 1986, IR, p. 170; Trib. com. Paris, 1. juill. 1981, n° 965; Paris, 25. oct. 1983, G.P. 1984, 1, p. 19; Rennes, 12. sept. 1984, D. 1986, I.R., p. 169; Trib. com. Paris, 1. juillet 1981, Rev. jur. com. 1981, 379; Paris, 25. oct. 1983, G.P. 1984, I, p. 19.

1378 Nach dieser restriktiven Konzeption wurde z.B. der Herausgabeanspruch hinsichtlich einer unter Eigentumsvorbehalt gelieferten und in ein eigens dafür errichtetes Gebäude eingebauten Trockenanlage abgewiesen. Cass. com. 6. janv. 1987, D. 1988, som., p. 11.

1379 Cass. com. 18. sept, 1989 Rev. dr. banc. 1990, p. 151; Angers, 12. nov. 1986, Rev. proc. coll. 1987, p. 75. Anerkannt wurde nach diesen Grundsätzen, daß eine Batterie, die in einen Motor eingebaut worden war und ohne Veränderung wieder ausgebaut werden konnte, noch in Natur vorhanden sei. Trib. com. Verseilles, 19. aout 1986, G.P. 1987, Somm., p. 12. Ebenso später Cass. com., 29. janv. 1991, Rev. huiss. 1991, p. 214. Ebenso wurden an einem Auto montierte Reifen und in einem Wohnwagen eingebaute Kühlschränke und Heizungen behandelt. Cass. com., 18. juillet 1989, Rev. poc. coll. 1989, n° 4, p. 507; Cass com., 7. juin 1988, J.C.P. 1988, éd. G, n° 38, p. 287; Orléan, 17. févr. 1988, Rev. poc. coll. 1991, n° 2. p. 225.

dann herausverlangen können, wenn die vom Vorbehaltsverkäufer durchgeführten Arbeiten nicht zu einer Änderung der grundlegenden Charakteristika oder der Eigenständigkeit der Ware geführt hatte.[1380] Unproblematisch war eine Sache jedenfalls dann noch "*en nature*" vorhanden, wenn nur die Veränderung bzw. Verarbeitung vorbereitende Arbeiten stattgefunden hatten.[1381]
Im Anschluß an die untergerichtliche Rechtsprechung stellte schließlich die Cour de Cassation den Grundsatz auf, daß die Ware solange "*en natur*" vorhanden sei, wie sie nicht völlig untrennbar mit anderen verbunden, d.h. "*définitivement et irrémediablement indissociable de l'installation*" sei.[1382] Der Rückfordernde müsse lediglich beweisen, daß die Rücknahme der Ware ohne großen Aufwand erfolgen könne: "*nécessite qu'un simple démontage*".[1383] Ausdrücklich verweigert hat der Kassationshof die Rückforderung nur dann, wenn die zurückgeforderten Waren "*...ont été spécialement concues et adaptées dans lequel chacun des élements n'a d'utilité que par rapport aux autres et à l'universalité dont il fait partie se trouve brisée.*"[1384] Auch bei der Verarbeitung neigte der Kassationshof zunehmend einer den Vorbehaltsverkäufer begünstigenden Entscheidungspraxis zu.[1385] Da der Verkäufer den Wert der Bearbeitung zu

---

1380 Versailles, 22. 10. 1986, Juris-data n° 047823. Der Cour de Reims hat in diesem Rahmen die Rückforderung von Zink, welches im Rohzustand geliefert worden war, auch nach der vom Käufer vorgenommen Galvanisierung zugelassen, mit der Begründung, daß sich der Verkäufer durch die Rückforderung nicht ungerechtfertigt bereichere, da das Material Zink an sich noch vorhanden sei. Reims, 3. juill. 1986, Juris-Data n° 044099.

1381 Paris, 25. oct. 1983, D. 1984, I.R., 234; Cass. com., 26. févr. 1991, Rev. proc. coll. 1992, n° 1. p. 72; Cass. com., 17. mai 1988, J.C.P. 1988, éd. E, n° 17608.

1382 Cass. com., 15. juillet 1987, Rev. proc. coll. 1987, n° 4, p. 68; Cass. com., 6. juillet 1993, Rev. huiss., 1993, p. 1300.

1383 Cass. com., 8. déc. 1987, Bull. IV, n° 269. Etwas anderes galt zunächst noch für bewegliche Sachen, die bei einer unbeweglichen Sache eingebaut und damit "*immeuble par natur*", d.h. ebenfalls unbeweglich, wurden. Diese konnten aufgrund der materiellen Verbindung zum Grundstück selbst nicht zurückgefordert werden. Cass. com., 6. janv. 1987, Rev. proc. coll. 1987, n° 2, p. 76. Später hat der Kassationshof die Rückforderung des gelieferten, in ein funktionelles Ganzes eingebauten Materials anerkannt, wenn die Einbauarbeiten nicht vollständig abgeschlossen waren, die Ware in ihrem ursprünglichen Zustand erhalten war, für ihre Rücknahme nur eine leichte "*démontage*" erforderlich war und die Kosten des Ausbaus gegenüber dem Wert der Sache nicht unverhältnismäßig waren. Cass. com., 8. déc. 1987, G.P. 1988, Somm., p. 59; Cass. com., 5. oct. 1993, Rev. proc. coll., 1993, n° 4, 561.

1384 Cass. com., 6. juillet 1993, Rev. proc. coll., 1993. n° 4, 560; Cass com, 6. mars 1993, Rev. poc. coll., 1994, n° 3, 560.

1385 So hatte er in einem Fall, in dem als Vorbehaltsware geliefertes Holz einem Trocknungsprozeß unterworfen worden war oder Fadenballen bereits eingefärbt worden waren, dem Herausgabeantrag stattgegeben. Cass. com. 17. mai.1988, Bull. IV n° 166.

ersetzen habe, werde ein gerechter Ausgleich zwischen den Interessen des Verkäufers (kein Verlust des Anspruchs) und der Masse (kein Verlust der durch die Bearbeitung erfahrenen Wertsteigerung) realisiert.[1386]
Die Rechtsprechung hatte zwar durch ihre zunehmend liberalere Interpretation des Erfordernisses *"existence en nature"* den Anwendungsbereich für die eingebaute und verarbeitete Ware ausgeweitet, von der Anerkennung eines dem deutschen verlängerten Eigentumsvorbehalt entsprechenden Systems kann allerdings noch nicht gesprochen werden.

Auch bei der Rückforderung von Gattungssachen, wo die Rechtsprechung zunächst einen klaren Identitätsnachweis verlangte[1387], vereinfachte sie im Laufe der Zeit den Identitätsbeweis.[1388] Diese Erleichterung des Identitätsnachweis bei Gattungswaren wurde auch vom Kassationshof übernommen.[1389] Dementsprechend mußte der Vorbehaltsverkäufer nur noch die Herkunft der beim Käufer lagernden Vorbehaltsware durch Vertragsdokumente oder sonstige Geschäftsunterlagen darlegen, die eine hinreichende Identifikation ermöglichten.

[1386] Cass com. 17. mai 1988, Bull. civ. 1988, IV, n° 166; Cass. com. 6. mars 1990, D. 1991, Som. 146.

[1387] Erlaubt wurde die Rückforderung von Gattungssachen dann, wenn der Verkäufer beweisen konnte, daß er der einzige Lieferant war und nur eine einzige Lieferung stattgefunden hatte. Cass. com., 15. déc. 1992, Rev. proc. coll., 1993, n° 1, p. 127.

[1388] Sie zog dabei im wesentlichen zwei Kriterien heran, die dem Vorbehaltsverkäufer als Nachweis der Identität dienten: Zum einen wurde ein quantitativer Vergleich zwischen der herausverlangten und der beim Vorbehaltskäufer vorhandenen Ware angeführt. Versailles, 11. mars 1987, D. 1988, n° 1, Somm., p. 10. Danach war die Ware dann noch "*en nature*" vorhanden, wenn der Verkäufer beweisen konnte, daß er dem Schuldner Material von weitaus größerer Menge, als im Lager vorhanden, geliefert hatte und daß der größte Teil der noch vorhandenen Ware nicht von anderen Lieferanten stammte. Versailles, 11. mars 1987, D. 1987, I.R., p. 92; Rennes, 10. fév. 1981, G.P. 1983, I, p. 161. Wenn die Vorbehaltsware zwar mit gleichen Gattungssachen anderer Zulieferer vermischt worden war, sich jedoch eindeutig feststellen ließ, daß keine der gelieferten Ware das Lager des Vorbehaltskäufers verlassen hatte, verzichtete die Rechtsprechung auf einen exakten Identitätsnachweis. Paris, 2.10.1987, Banque, 1987, p. 1209. Zum anderen sollte die Zurechenbarkeit der Vermischung von unbezahlter und bezahlter Ware eine Erleichterung des Identitätsnachweises gewähren. So wurde einer Herausgabeklage eines Vorbehaltsverkäufers mit der Begründung stattgegeben, daß der Käufer nicht von dem Umstand profitieren dürfe, daß er unbezahlte und bezahlte Vorbehaltsware aus mehreren Lieferungen des Verkäufers in seinem Warenlager vermischt habe. Trib. com. Rennes, 4. sept. 1981, G.P. 1981, I, Somm., p. 301.

[1389] Ohne allerdings die Anknüpfungspunkte der unterinstanzlichen Gerichte zu übernehmen. Cass. com., 3. juin 1986, J.C.P. 1986, Somm., p. 237; ebenso: Paris, 2. oct. 1987, G.P. 1988, p. 199; Cass. com., 23. juin 1986, D. 1988, n° 1, p. 10; Nancy, 15. janv. 1988, Juris-Data, n° 040077.

Der Konkursverwalter, der sich einer Rückforderung entgegenstellte, mußte dagegen nachweisen, daß die Ware am Tage des Eröffnungsurteils nicht mehr im Lager vorhanden war.[1390] Diese Entwicklung ist ein weiteres Zeichen für die zunehmend verkäuferfreundliche Haltung der Rechtsprechung.[1391]

3.) Rückforderung des Weiterveräußerungspreises

Auch bei der Rückforderung des Preises, den der Käufer beim Verkauf der Ware von einem Zweitkäufer erlangt hat, wich die Rechtsprechung im Laufe der Zeit von ihrer restriktiven Haltung ab, derzufolge die Ware zum Zeitpunkt des Eröffnungsurteils noch "*en nature*" in den Räumlichkeiten des Schuldners vorhanden sein mußte und erst danach an den Zweitkäufer ausgeliefert werden durfte.[1392] In seinem Urteil vom 8. März 1988 modifizierte der Kassationshof diese Haltung, dahingehend, daß die Waren, deren Preis zurückgefordert werden sollte, bei Verkündung des Eröffnungsurteils nicht mehr physisch in den Räumlichkeiten des Schuldners vorhanden sein müsse. Sie dürfe nur nicht verarbeitet oder unlösbar eingebaut und damit "*définitivement et irrémédiablement indissociable*" geworden sein.[1393]
Aus dieser Rechtsprechung ließ sich aber ableiten, daß eine Kombination des Eigentumsvorbehalts mit einer Vorausabtretungsklausel hinsichtlich Weiterverkaufsforderungen ebenso wie mit einer einfachen Verarbeitungsklausel nach wie vor als unzulässig angesehen wurde, d.h. in Konkurs keine Wirkung entfalten konnte.[1394]

1390 Cass. com. 7.11.1989, Bull. civ. IV, n° 277, p. 187. Ein ungenaues Inventar, das keine hinreichende Identifikationsmöglichkeit eröffnete, konnte den Konkursverwalter nicht entlasten.

1391 Ein Bruch in dieser liberalen Rechtsprechung schien sich mit einer Entscheidung des Kassationshofs vom 2. Mai 1989, Rev. proc. coll., 1989, p. 506 anzudeuten. Danach sollte dem Vorbehaltsverkäufer auch dann die Darlegungs- und Beweislast für die Identität der Vorbehaltsware obliegen, wenn die Herkunft der Vorbehaltsware umstritten und das vom Verwalter aufgestellte Inventar ungenau waren. Ausführlich: *F. Pérochon*, Petites Affiches, 1990, n° 16, p. 14. In einer Folgeentscheidung kehrte die Cour de Cassation aber zum Grundsatz des beschränkten Identitätsnachweises zurück.

1392 Dies wurde damit begründet, daß die Rückforderung des Preises unter den gleichen Voraussetzungen erfolgen müsse wie die Rückforderung der Ware. Cass. com., 27. mai 1986, Rev. juri. com. 1988, p. 89; *Robine*, m.w.N.

1393 Cass. com., 8. mars 1988, Bull. civ. IV, n° 99

1394 *Brocca*, p. 57; *Margellos*, La protection du vendeur, 1989, n° 338; *Pontavice*, Banque 1980, 1373. Bemerkt sei hier jedoch noch, daß die Rechtsprechung dann, wenn es sich bei dem Zweiterwerber um eine Bank handelte, dieser eine Erkundigungspflicht auferlegte. Der Bank als professioneller Einrichtung könne es eher zugemutet werden, sich Rechnungen vorlegen zu lassen, als einem "normalen" Zweiterwerber. Cass. com.,

Fortsetzung nächste Seite

4.) Übertragbarkeit des Eigentumsvorbehalts

Wie dargestellt war das Problem der Übertragbarkeit des Eigentumsvorbehalts in der Lehre stark umstritten.[1395] Anfänglich war auch die Rechtsprechung über die Anerkennung der Übertragbarkeit des Eigentumsvorbehalts uneinheitlich.[1396] Der Kassationsgerichtshof entschied aber bereits am 7. Dezember 1983 erstmals, daß der Eigentumsvorbehalt im Rahmen der Forderungsübertragung durch "*subrogation conventionnelle*" mit übergehen könne, sofern eine ausdrückliche dahingehende Vereinbarung vorliege. Die Zahlung durch einen Dritten im Rahmen einer "*subrogation*" lasse die Forderung zugunsten des eingetretenen Gläubigers bestehen und gewähre diesem alle Rechte und Klagemöglichkeiten, die dem ursprünglichen Gläubiger zustanden und vor der Zahlung mit der Forderung verbunden waren.[1397] Auch die meisten unterinstanzlichen Gerichte sprachen sich zugunsten der Übertragbarkeit im Rahmen der *"subrogation conventionnelle"* aus.[1398] Durch zwei Grundsatzentscheidungen

---

3.oct.1989, D. 1991, J.C.P. éd. G. 1990, II, 21454; Cass. com., 14. nov. 1989, D. 1991, Somm. 43.

1395 Siehe Ausführungen unter D., Kapitel 3, V.) 1.) hh.).

1396 Einige Entscheidungen hatten sich gegen die Einordnung des Eigentumsvorbehalts als dingliches Sicherungsrecht oder akzessorische Nebenforderung entschieden und damit die Übertragbarkeit im Rahmen der Forderungsabtretung oder der "*subrogation conventionnelle*" verneint. Nancy, 19. déc. 1985, D. 1986, p. 2; Trib. com. Nice, 1.7.1983, D. 1984, I.R., p. 1. Auch die Anwendbarkeit des Art. 118 C.com. wurde für den Eigentumsvorbehalt verneint. Nancy, 19. déc. 1985, D. 1986, p. 246. Andere Entscheidungen hatten sich dagegen positiver gegenüber einer Übertragbarkeit des Eigentumsvorbehalts ausgesprochen. Aix, 15. mars 1985, G.P. 1985, p. 534; Paris, 28. nov. 1985, Rev. jur. com., 1986, p. 219; Dijon, 22. mars 1987, J.C. P., 1987, n° 14988.

1397 Cass. 7. déc. 1983, D., 1984, IR, p. 247.

1398 Mit der Begründung, daß weder Art. 1250 C.c. bezüglich der Ansprüche und Vorzugsrechte, welche den Gegenstand der Subrogation bilden können, noch das Gesetz vom 12. Mai 1980 ein Verbot bzgl. der Übertragung des Vorbehaltseigentums beinhalte. Deshalb könne der Verkäufer, dessen Ansprüche durch einen Dritten befriedigt worden seien, das Eigentum, das er sich bis zur vollständigen Zahlung des Kaufpreises vorbehalten hatte, bei ausdrücklicher Vereinbarung auf jeden Dritten übertragen, ohne auf diese Weise den "ordre public" oder die Ansprüche seines (ehemaligen) Vertragspartners zu verletzen. Aix en Provence, 15. mars 1985, Rev. jur. com., 1985, p. 174; Paris, 25, nov. 1985, D. 1986, p. 170. Trotz eines weiteren negativen Urteils des Gerichts in Nancy, 19. nov. 1986, Juris-Data, n° 044138, haben sich die Richter ab 1986 grundsätzlich positiv gegenüber der Übertragung des Eigentumsvorbehalts ausgesprochen: "*.... la subrogation entraine le transfert du droits et actions du subrogant au profit du subrogé parmi lesquels l'action en revendication..*" Toulouse, 20. mai 1987, D., 1988 Somm., p. 11.

der höchstrichterlichen Rechtsprechung vom 15. März 1988 wurde der Streit um die Übertragbarkeit endgültig beendet. In beiden Urteilen wurde die Übertragung des Eigentumsvorbehalts im Rahmen der "*subrogation conventionnelle*" jetzt auch ohne eine zusätzliche ausdrückliche Vereinbarung zugelassen.[1399] Außerdem hat der Kassationshof in einem weiteren Urteil auch die Übertragung des Eigentumsvorbehalts im Rahmen des Art. 118 C.com. als "*accessoire*" anerkannt.[1400]
Da die Abtretungsmöglichkeit des Eigentumsvorbehalts wesentlich zur Erweiterung der Sicherungsmöglichkeiten des Verkäufers im Rahmen des Eigentumsvorbehalts beiträgt, war entscheidend, welche Behandlung dieses Problem durch die Rechtsprechung erfahren würde. Auch hier verlief die Entwicklung zugunsten des Verkäufers.

5.) Zusammenfassung

Die vorstehend ausgeführten Entwicklungen der Rechtsprechung zeigen, daß die Vorsicht seit der Annahme des Gesetzes vom 12.05.1980, mit der die Klagen des Eigentumsvorbehaltsverkäufers auf Rückforderung ursprünglich behandelt wurden, nach und nach einer liberaleren Haltung der Gerichte gewichen ist.[1401] Die französische Rechtsprechung hat nicht an ihrem eigentumsvorbehaltfeindlichen Standpunkt festgehalten. Die befürchtete Abwehrreaktion der Gerichte ist demnach ausgeblieben. Dadurch hat die Rechtsprechung die Wirkungsweise des Eigentumsvorbehalts zugunsten des Verkäufers stark verbessert.[1402]

II.) Entwicklung der Lehre zum Eigentumsvorbehalt

Nachdem das ersehnte Gesetz zum Eigentumsvorbehalt 1980 Wirklichkeit geworden war, häuften sich die wissenschaftlichen Arbeiten auf diesem Gebiet. Der Eigentumsvorbehalt war bei den Juristen allgemeines Gesprächs- und Diskussionsthema geworden. Unmittelbar nach Inkrafttreten des Gesetzes von 1980

1399 Cass. com., 15. mars 1988, Petites Affiches, 1988, p. 8. Diesen Entscheidungen lag beidesmal der Fall zugrunde, daß ein Kreditinstitut einem Käufer dadurch einen Kredit gewährt hatte, daß es die Zahlung der Kaufpreisforderung gegen Abtretung des Eigentumsvorbehalts übernommen hatte. Der Kassationshof erklärte dazu, daß es im Falle des Konkurses des Käufers keinen Unterschied mache, ob die Rückforderung der unter Eigentumsvorbehalt verkauften Ware durch den Verkäufer oder durch einen Dritten erfolgt der in dessen Rechte eingetreten sei.

1400 Cass. com., 11. juill. 1988, J.C.P., 1988, éd G, n° 31.

1401 *Candé*, Petites Affiches, 1993, p. 133.

1402 *Cas/Bout/Ferrier,* n ° 5237, p. 1492; *Candé*, Petites Affiches, 1993, p. 134.

verging kaum eine Woche, in der nicht irgendwo in Frankreich eine Vortragsveranstaltung, ein Seminar, eine Tagung oder ein Kolloquium stattfand, das dem Eigentumsvorbehalt gewidmet war.[1403] Die verschiedenen Ausgestaltungen des verlängerten oder erweiterten Eigentumsvorbehalts, der Sicherungsübereignung und der Globalzession wurden diskutiert. Der unbefangene Beobachter konnte den Eindruck gewinnen, daß die französischen Juristen in großer Eile das nachholen wollten, was sich in Deutschland in jahrzehntelanger Entwicklung von Praxis, Rechtsprechung und Wissenschaft entwickelt hatte.[1404]

Auch im Laufe der nächsten Jahre ließ das Interesse der französischen Juristen am Eigentumsvorbehalt kaum nach. Ständig erschienen neue Veröffentlichungen zu diesem Thema.[1405] Dabei war das französische Recht vor allem nach 1984 häufig Gegenstand von Kritik. Hauptkritikpunkt war die fehlende Anerkennung der Verlängerungs- und Erweiterungsformen des Eigentumsvorbehalts, wie sie das deutsche Recht kannte. Viele Juristen waren der Auffassung, daß, obwohl die Reform von 1980 die Situation des Verkäufers beweglicher Sachen verbessert habe, die Ergebnisse nach wie vor ungenügend seien. So warfen Cabrillac und Mouly dem gegenwärtigen System vor, daß der Eigentumsvorbehalt ein "*billet de loterie gratuit*" sei, da der Verkäufer, ohne auf das Geschehen Einfluß nehmen zu können, zu den "Gewinnern" zähle, wenn er seine Sache noch "*en nature*" wiederfinde, bzw. der Kaufpreis des Weiterverkaufs noch nicht entrichtet sei, andernfalls gehöre er zu den "Verlierern", da er sein Aussonderungsrecht verliere und als einfacher Konkursgläubiger behandelt werde.[1406]

Als der ersehnte wirtschaftliche Erfolg, der mit der Einführung eines einfachen konkursfesten Eigentumsvorbehaltes verbunden sein sollte, ausblieb und die

---

1403 Journée-débat du 19 juin 1980, organisée par Francis Lefèvre Formation: Les clauses de reserve de propriété; Colloque organisé à Paris le 25. et 26. sept. 1980 par l'Institut de la Formation Permanente (IRCEM); Troisième congrès de l'association national des conseiles juridiques des 10./11./12. oct. 1980; Avis du conseil national de la comptabilité (CNC) relatif à la comptabilisation des transactions avec clause de réserve de propriété, 16. déc. 1980; Colloque sur la reserve de propriété de l'association national des juristes de banques, 8. oct. 1980.

1404 *von Breitenstein*, RIW 1980, S. 691.

1405 *Ghestin/Jamin*, Etude sur l'opportunité d'éventuelles modifications à apporter à la loi du 12. mai 1980, Paris 1989; *Ghozi*, La clause de réserve de propriété en droit anglais, belge et francais, 1987; *Margellos*, La protection du vendeur à crédit d'objets mobiliers corporels à travers la clause de réserve de propriété, 1983 und in der Neuauflage: Paris 1989; *Maciejczyk*, La clause de réserve de propriété dans les proédures collectives, 1992; *Tene-Boukary*, La réserve de propriété dans les ventes à crédit, 1984; *Crocq*, Propriété et Garantie, 1992; *D. Lussot*, Vente et transfert de propriété en droit allemand, 1994; *F. Pérochon*, La réserve de propriété dans la vente de meubles corporels, 1988.

1406 *Cabrillac/Mouly*, n° 728.

französischen Zahlungsfristen nach wie vor wesentlich länger waren als die deutschen, wurde der Ruf nach dem Gesetzgeber, der die eingeleitete Reform nun weiterführen müsse, immer lauter und das Ausbleiben der Gesamtreform des Kreditsicherungsrechts zunehmend kritisiert.[1407]
Das deutsche Recht verlor auch nach der Reform nicht seinen Vorbildcharakter, sondern blieb Gegenstand der Diskussion und wurde weiterhin zur französischen Rechtsordnung in Bezug gesetzt.[1408] In rechtsvergleichender Hinsicht wurde vor allem Margellos tätig, der einen umfassenden Vergleich der europäischen Rechtsordnungen auf dem Gebiet des Eigentumsvorbehalts vornahm.[1409] Witz und Péndamon wiesen unermüdlich auf die "*supériorité*" des deutschen Rechts gegenüber dem französischen auf dem Gebiet der Mobiliarsicherheiten hin.[1410] Auch andere Autoren stellten immer wieder fest, daß das deutsche Recht der Mobiliarsicherheiten im europäischen Vergleich eines der bestentwickelten sei, während das französische Recht unter den europäischen Rechtsordnungen auf diesem Gebiet eine isolierte Stellung einnehme.[1411] "*Il est connu que le système allemand des garanties réelles sur des marchandises vendues est l'un des plus developpés parmi les systèmes juridiques des pays européens.*"[1412]
Anlaß zu neuer Diskussion hatte vor allem das bereits besprochene Grundsatzurteil des Kassationshofes gegeben, welches die Qualifizierung des Eigentumsvorbehalts als "*accessoire*" anerkannt hatte.[1413] Heftig diskutiert wurde in der Lehre lange Zeit, ob das Eigentum, das wichtigste und stärkste dingliche Recht überhaupt, als dingliches Sicherungsmittel einer Forderung angesehen werden und damit zu einem akzessorischen dinglichen Recht "abqualifiziert" werden könne.[1414] Die Auffassung, daß im Rahmen der Vertragsfreiheit nichts gegen eine vertraglich vereinbarte Sicherheit spreche, solange diese nicht gegen den

---

1407 *Pédamon*, Etudes offertes à René Rodière, 1981, p. 210; *Ohl*, Droit et pratique, 1980, n° 1, p. 605.

1408 *Heide*, Rev. inter. dr. comp. 1995, p. 459; *Sacarano*, Droit et pratique, 1991, p. 123; *Pédamon*, Rev. jur. com., 1982, n° 2, p. 57; *Witz*, in: Festschrift für Günther Jahr, 1993, S. 533.

1409 *Margellos*, La protection du vendeur à crédit d'objets mobiliers corporels à travers la clause de réserve de propriété, 1983, 1989; derselbe: La réserve de propriété en Europe, Cah. jur., 1987.

1410 *Pédamon*, Etudes offertes à René Rodière, 1981, p. 210; Cah. dr. entr. 1980, n° 6, p. 32; *Witz*, in: Festschrift für Günther Jahr, 1993, S. 533.

1411 *Malaurie*, J.C.P. 1995, Suppl. 5, p. 46.

1412 *Heide*, Rev. int. dr. comp. 1995, p. 460.

1413 Cass. com., 15. mars 1988, G.P., 1988, Somm., p. 108; *Clement*, t. II, p. 175.

1414 *Ghestin*, D. 1981, Chron., p. 64; *Mousseron*, Cah. dr. entr., 1980, n° 4, p. 3; *Gavalda*, dans: La clause de réserve de propriété, p. 168.

"*ordre public*" verstoße, konnte sich schließlich durchsetzen.[1415] Durch die direkte und logische Verbindung zwischen Eigentum und Garantie werde der dingliche Sicherungscharakter des Eigentumsvorbehalts geschaffen.[1416] Der Einsatz des Eigentums als dingliches Sicherungsmittel stelle dabei keine "Abqualifizierung" desselben dar. Vielmehr werde ihm dadurch neue Bedeutung zugemessen. Die Anerkennung als Sicherungsmittel ließ das Eigentum für die französischen Juristen in einem neuen Licht erscheinen. Sie stellte vielseitige Einsatzmöglichkeiten zur Verfügung und bot eine Möglichkeit, die Lücken im Schutzsystem der herkömmlichen Sicherungsmittel zu schließen.[1417] Deshalb begann sich die Lehre vermehrt mit der Funktion des Eigentums als dingliches Sicherungsmittel bei körperlichen Sachen[1418] auseinanderzusetzen und seine verschiedenen Einsatzformen zu erörtern. In den Mittelpunkt der Diskussion gelangte dabei vor allem die "*fiducie*", mit der sich Witz bereits seit 1981 ausführlich beschäftigt hatte.[1419] Die verschiedenen Ausgestaltungsmöglichkeiten und Einsatzformen der "*fiducie*" wurden Gegenstand zahlreicher Untersuchungen, wobei vor allem der Einsatz der "*fiducie*" bei körperlichen Sachen, in Form der Sicherungsübereignung, zunehmend die Aufmerksamkeit der französischen Juristen erregte.[1420] Die Rechtsprechung, die der Sicherungsübereignung die Wirksamkeit versagte, wurde vermehrt Gegenstand von Kritik. Die Einordnung der Sicherungsübereignung als "*pacte commissoire*" wurde als unhaltbar empfunden, da bei der Sicherungsübereignung, im Gegensatz zum "*pacte commissoire*", das übertragene Recht gerade kein Pfandrecht, sondern das Eigentumsrecht sei. Der Gläubiger erhalte das Eigentum bei der Sicherungsübereignung aufgrund eines Willenskonsenses beider Vertragsparteien bereits mit Vertragsschluß, während beim "*pacte commissoire*" der Eigentumswechsel durch die Ausübung des Rechts seitens des Pfandgläubigers bedingt sei, der das Eigentum an der Sache erst zum Zeitpunkt der Nichtzahlung erwerbe.[1421] Außerdem sei das Argument der fehlenden Publizität, welches aufgrund des Verkehrsschutzes Dritter bis 1980 für die Mobiliarkreditsicherung gefordert worden

---

[1415] *Salvage-Gerest*, p. 40.

[1416] *Clement*, t.II, p. 175.

[1417] *Delebecque*, Rev. jur. com. 1994, n° 1, p. 386.

[1418] Bei unkörperlichen Sachen, v.a. bei Forderungen war die Funktion des Eigentums als "*propriété-sûtreté*" schon allgemein anerkannt.

[1419] *Witz*, La fiducie en droit privé français, 1980.

[1420] Die fiducie (Sicherungsübereignung) an Forderungen hatte sich in der Lehre bereits durchgesetzt: *Witz*, La fiducie en droit français, p. 303, n° 154, m.w.N. und ist durch die Gesetze vom 2.2.1981 "Loi Dailly" und vom 31.12.1993 bestätigt worden. *Simler/Delebecque,* p. 457; *Malaurie/Aynès*, Cours de droit civil, t. IX, p. 289, n° 753.

[1421] *Garcin/Thieffry*, G.P. 1980, p. 200; ähnlich auch *Ghestin*, D. 1981, Chron., p. 11; *Depser*, Eigentumsvorbehalt, S. 135.

war und der Anerkennung der Sicherungsübereignung bis dato entgegenstand, durch das neue Gesetz von 1980 obsolet geworden, da das französische Recht den Eigentumsvorbehalt ohne die gewöhnlichen Publizitätserfordernisse wie Besitzübertragung oder Registereintragung anerkannt hatte. "*Ce qui est vrai pour la propriété réservée devrait également l'être pour la propriété transférée à titre de garantie.*"[1422] Deshalb wurde in der Lehre zunehmend auch die Anerkennung der Sicherungsübereignung gefordert, deren Übernahme aus dem deutschen Recht in theoretischer und praktischer Hinsicht empfehlenswert sei.[1423] Der Vorteil der Sicherungsübereignung liege darin, daß sie keine Besitzübergabe erfordere und gleichzeitig zur Sicherung jeder Art von Forderungen eingesetzt werden könne. Sie sei den besitzlosen Spezialpfandrechten aufgrund dieser Allgemeingültigkeit als Sicherungsmittel überlegen und könne ohne Formalaufwand gewährt werden. Dadurch werde die Realisierung der Gläubigerrechte erleichtert.[1424] Anläßlich eines Gesetzesentwurfs, auf den im weiteren noch näher eingegangen werden soll, wurde die "*fiducie*" Gegenstand mehrerer Kolloquien, anläßlich derer vor allem auch die entsprechenden Lösungen in anderen europäischen Ländern diskutiert wurden.[1425] Im Mittelpunkt der Diskussion standen dabei das englische System des "*trust*" und die deutsche Sicherungsübereignung.[1426]
Diese Entwicklung macht deutlich, daß in Frankreich mittlerweile der Vorteil des Einsatzes des Eigentums als Sicherungsmittel und dessen vielseitige Nutzungsmöglichkeit bewußt geworden war, so daß das Eigentum teilweise als "*reinge des sûretés*" tituliert wurde.[1427]

III.) Entwicklung der Gesetzgebung seit 1980

Nach den vorangegangenen Feststellungen drängt sich die Frage auf, wie der Gesetzgeber auf die liberalere Rechtsprechung und die neuen Entwicklungen in der Lehre reagierte. Fraglich ist, ob er den Forderungen hinsichtlich einer wei-

---

1422 *Witz*, Rev. jur. com. 1981, n° spéc., p. 74.

1423 Derselbe, La fiducie en droit privé français, n° 210; *Crocq*, Propriété et garantie, t. II, p. 442.

1424 *Witz*, in Lebendiges Recht, S. 800.

1425 Am 5. April 1990 organisierte das "Centre interprofessionnel de recherches en droit bancaire" in Lyon ein Kolloquium über die fiducie, dessen Arbeiten in Rev. dr. banc., 1990, n° 19, p. 105 veröffentlicht wurden. Am 29. Nov. 1990 veranstaltete das "Centre d'Etudes juridiques françaises de l'Université de la Sarre" unter Leitung von Claude Witz in Paris ein Kolloquium: La fiducie et ses applications dans plusieures pays européens, Allemagne, Angleterre, Liechtenstein, Luxembourg, Suisse.

1426 *Witz*, in: Lebendiges Recht, S. 797.

1427 *Cabrillac/Mouly*, n° 527; *Witz*, Rev. jur. com. 1981, n° spéc., p. 67.

terführenden Reform gerecht wurde, indem er die 1980 begonnene Annäherung an das deutsche Recht fortführte und sich möglicherweise für eine vollständige Übernahme des deutschen Rechts entschied, und inwieweit sich diese auch in Form gesetzlicher Reformen manifestierte.

1.) Loi Dailly vom 02.01.1981

Am 02.01.1981 wurde auf Initiativantrag von Senator Dailly das Gesetz "*facilitant le crédit aux entreprises*"[1428] erlassen. Dieses sollte zur Erleichterung der Kreditaufnahme beitragen, indem es eine Ausnahme von den Formvorschriften für die Abtretung und Verpfändung von Forderungen (Art. 1690, 1075 C.c.) vorsah.[1429]

In den Anwendungsbereich der Loi Dailly fallen alle zugunsten eines Kreditinstituts vorgenommenen Abtretungen von gegenwärtigen aber auch zukünftigen, im Rahmen einer beruflichen Tätigkeit vertraglich begründeten Forderungen.[1430] Damit sind Forderungen gegen Privatleute als Verbraucher von der Abtretung nach der Loi Dailly ausgeschlossen. Durch die Neufassung von 1984 wurde klargestellt, daß nunmehr auch künftige Forderungen, d.h. solche, die aus einem schon geschlossenen oder noch abzuschließenden Rechtsgeschäft herrühren und bei denen weder Betrag noch Fälligkeit bereits bestimmt sind, abgetreten werden können. Die grundsätzliche Bestimmbarkeit der Forderung ist ausreichend, um sie zum Gegenstand einer Abtretung nach der Loi Dailly zu machen.[1431] Zessionar kann jedoch nach diesem Gesetz immer nur ein Kreditinstitut sein, so daß es keine Anwendung für den Vorbehaltsverkäufer hinsichtlich der Vereinbarung eines verlängerten Eigentumsvorbehalts finden kann.[1432]

Die Formerleichterungen des Gesetzes bestehen in der Möglichkeit, Forderungen, die gegen verschiedene Schuldner gerichtet sind und zu verschiedenen Zeitpunkten fällig werden, unter Wahrung gewisser Formvorschriften in eine Liste oder Aufstellung (*bordereau*) aufzunehmen, deren Übergabe an das Kre-

---

1428 Dieses Gesetz ersetzt das Gesetz vom 28.9.1967 über die protestable Rechnung, auf der mehrere Forderungen gegen denselben Schuldner, insbesondere mehrere Raten für die Bezahlung der Rechnung figurieren und durch eine Art Indossament, nämlich einen Abtretungsvermerk, auf eine Bank übertragen werden konnten. Die protestable Rechnung hat sich aber in der Praxis als neues Kreditsicherungsmittel nicht durchgesetzt. Das Gesetz von 1981 wird durch das Gesetz vom 24. Jan. 1984 ergänzt: "*Même lorsqu'elle est effectuée à titre de garantie et sans stipulation d'un prix, la cession de créance transfére aux cessionnaires la propriété de la créance cédée.*"

1429 *Gerth*, WM 1984, S. 793; *Mezger*, RIW 1981, S. 213.

1430 *Malaurie/Aynès*, Cours de droit civil, t. IX, p. 204.

1431 *Kalomiris*, S. 90.

1432 Ebenda, S. 62.

ditinstitut, je nachdem was gewollt ist, die Übertragung oder Verpfändung der Forderung begründet.[1433] Um das Risiko, das der Drittschuldner mit befreiender Wirkung vor Bekanntgabe der Forderungsübertragung oder Verpfändung mit befreiender Wirkung an den Zedenten leistet, abzuwenden, kann das Kreditinstitut dem Drittschuldner der abgetretenen oder verpfändeten Forderung die Zahlung an den Zedenten jederzeit verbieten.

Die Loi Dailly stellt eine Annäherung an das deutsche System der Sicherungsabtretung von Forderungen dar. Denn in der Befreiung der Forderungsabtretung für die in ihm geregelten Geschäfte vom Formerfordernis des Art. 1690 C.c. und der Beschränkung der Anforderungen in Art. 1 Abs. 2 Nr. 4 auf die bloße Bestimmbarkeit der Forderungen liegt die Anerkennung der Globalzession, wie sie im deutschen Recht bekannt ist.[1434]

Ausschlaggebend für die vorliegenden Untersuchungen ist, ob im Rahmen der Loi Dailly auch der Eigentumsvorbehaltsverkäufer das vorbehaltene Eigentum in der erleichterten Form des Art. 1 auf seine Bank übertragen oder verpfänden kann. Das wäre dann der Fall, wenn das vorbehaltene Eigentum als Nebenrecht oder vertragliche Sicherheit der Kaufpreisforderung i.S.d. Art. 1 Abs. 2 Nr. 5 des Gesetzes vom 02.01.1981 zu qualifizieren ist.[1435] In der parlamentarischen Beratung der Loi Dailly wurde eine Gesetzesinitiative verworfen, die eine derartige Qualifizierung des Eigentumsvorbehalts vorsah und damit darauf abzielte, klarzustellen, daß eine Zession gemäß 1690 C.c. auch die Übertragung des Vorbehaltseigentums bewirkt.[1436] Die Initiative scheiterte zum einen daran, daß sich bei den Parlamentariern die Einordnung des Eigentumsvorbehalts als "*sûreté conventionnelle*" bzw. als "*accessoire*" noch nicht durchgesetzt hatte[1437] und zum anderen aus rein ökonomischen Gründen nicht nur der Lieferantenkredit begünstigt werden sollte. Auch eine ministerielle Stellungnahme vom 16. Feb. 1981 ermöglichte keine Klärung der Frage in dogmatischer Hinsicht, sondern überließ die Lösungsfindung der Rechtsprechung.[1438]

Die Rechtsprechung hat, wie oben gezeigt, im Laufe der Zeit die Einordnung des Eigentumsvorbehalts als "*accessoire*" anerkannt. Mit dieser Entwicklung korrespondierend setzte sich inzwischen in Rechtsprechung und Lehre die Auf-

---

1433 *Gerth*, WM 1984, S. 793; *Depser*, Eigentumsvorbehalt, S. 107.

1434 *Witz*, Rev. iur. com., 1981, n° 2, p. 70; Derselbe, Festschrift für G. Jahr, S. 548; *Mezger*, RIW 1981, S. 217; *Kalomiris*, S. 89.

1435 *Schmidt/Gramling*, D. 1981, p. 220; *Mezger*, RIW 1981, S. 217.

1436 J. O. débat A.N. 11.12.1980, p. 4847; J. O. débat Sénat 20.12.1980, p. 6566.

1437 Der Vorschlag hatte vorgesehen, den Begriff "*sureté conventionelle*" durch den weiteren Begriff "*accessoire*" zu ersetzen, da dieser alle Rechte und Klagemöglichkeiten umfaßt, die mit der Forderung verbunden sind.

1438 Réponse ministerielle du 16. févr. 1981, J. O., A.N. (Q) 23. mars 1981, p. 1280.

fassung durch, daß bei Abtretung einer Forderung in Form der Loi Dailly die mit ihr verbundenen akzessorischen Sicherungsrechte, darunter auch der Eigentumsvorbehalt, auf den Zessionar übergehen.[1439] "*Bien entendu, le banquier porteur d'un bordereau Dailly jouit des mêmes prérogatives dès l'instant que sa créance qui lui est transmise est assortie d'une clause de réserve de propriété.*"[1440]
Auch für den Fall, daß der Käufer die im Rahmen des Weiterverkaufs erlangte Kaufpreisforderung mittels "*bordereau*" an eine Bank abtritt, gilt, daß der Verkäufer der Bank den Eigentumsvorbehalt wirksam entgegenhalten kann.[1441] Denn das Recht des Zessionars "Loi Dailly" soll dem Recht des Verkäufers unter Eigentumsvorbehalt nicht vorgehen. Vielmehr erlangt dieser eine Forderung, die mit einem Rückforderungsrecht des Eigentumsvorbehaltsverkäufers belastet ist.[1442]
Diese Entwicklung zeigt, welche starke Stellung der Eigentumsvorbehalt eingenommen hatte. Pérochon spricht von einem "*triomphe absolu*" des Eigentumsvorbehaltsverkäufers gegenüber dem "*banquier cessionnaire de la créance*".[1443]

2.) Die Insolvenzrechtsreform von 25.01.1985

Das Unternehmenssanierungsgesetz vom 25.01.1985 war Teil einer großangelegten Insolvenzrechtsreform, deren Vorarbeiten bis zum Ende der siebziger Jahre zurückreichen.[1444] Die Weltwirtschaftskrise von 1973 hatte die Lückenhaftigkeit des Gesetzes vom 13.07.1967 deutlich gemacht, das in einer wirtschaftlichen Wachstumsphase beschlossen worden war.[1445] Ebensowenig wie ältere Gesetze anderer Länder, war das Gesetz von 1967 in der Lage, mit der auch in Frankreich in der zweiten Hälfte der siebziger Jahre einsetzenden Flut von Unternehmenszusammenbrüchen fertig zu werden. Grund dafür war, daß es sich, wie alle klassischen Insolvenzgesetze, die Befriedigung der Gläubiger und die Liquidierung des Unternehmens zum Ziel gesetzt hatte.[1446] Die ständig

---

1439 *Simler/Delebecque*, p. 502, n° 608; *Schmidt/Gramling,* D. 1981, p. 220; *Lemontey*, G.P., Dokr., 1981, p. 2, 90; *Maciejczyk*, p. 74.

1440 *Simler/Delebecque*, p. 502, n° 608.

1441 Cass. com., 20. juin 1989, Rev. jur. com. 1989, p. 365; Paris, 3. févr. 1988, G.P. 1988, p. 12.

1442 *Malaurie/Aynès*, Cours de droit civil, t. IX, p. 295; Trib. com. Nanterre, 12. dec. 1986, Banque 1987, n° 469, p. 198; ausführlich *D. Martin,* D. 1986, p. 323; *Rives-Lange*, Banque, 1989, n° 491, p. 211; *Priso*, p. 522.

1443 *Pérochon*, note sous Cass. com. 20 Juin 1989, D. 1989, I, 431.

1444 *Schmidt/Niggemann,* RIW 1986, S. 246.

1445 *Litaudon*, RIW 1987, S. 348.

1446 *Schmidt/Niggemann*, RIW 1986, S. 246.

steigende Zahl der Insolvenzen und die damit verbundenen zunehmenden Arbeitslosenzahlen in den 70er und 80er Jahren ließen die Franzosen jedoch die Ziele des Insolvenzgesetzes grundlegend überdenken.[1447] Das Insolvenzgesetz von 1985 war daher das Ergebnis der neu gewonnenen Überzeugung, daß durch eine Insolvenzgesetzgebung Konkurse verhindert und Arbeitsplätze geschaffen werden könnten. Im folgenden soll untersucht werden, wie sich das neue Gesetz auf die Verkäufersicherungsrechte und dabei vor allem auf den Eigentumsvorbehalt auswirkte.

a.) Das neue Insolvenzverfahren

Das erklärte oberste Ziel des Gesetzgebers von 1985 war, ein Verfahren zu schaffen, das die Sanierung von solchen Unternehmen ermöglichen sollte, die nicht in der Lage waren, mit ihrem verfügbaren Aktivvermögen ihre fälligen Verbindlichkeiten zu bestreiten (Art. 3) und dadurch die Erhaltung der Unternehmenstätigkeit und der Beschäftigung zu ermöglichen.[1448] Um dieses Ziel zu erreichen, faßte das neue Gesetz Konkurs und Vergleich zu einem einheitlichen Insolvenzverfahren zusammen. Dem eigentlichen Liquidationsverfahren wurde eine Beobachtungsphase vorangestellt, in der das Unternehmen fortgeführt wurde (Art. 35).[1449] Ziel der Beobachtungsphase war es, eine Bestandsaufnahme und Diagnose des Unternehmens vorzunehmen und einen Sanierungsplan vorzubereiten. Am Ende der Beobachtungsphase wurde entweder durch Urteil ein Sanierungsplan festgelegt oder die Eröffnung des Konkursverfahrens ausgesprochen (Art. 61). Die Beobachtungsphase unterlag den typischen insolvenzrechtlichen Schutzmechanismen: Es wurde ein Verwalter eingesetzt (Art. 31 ff.), Altschulden durften nicht mehr beglichen werden (Art. 33), während des Verfahrens eingegangene Verbindlichkeiten wurden bevorrechtigt (Art. 40), den Gläubigern wurde die individuelle Rechtsverfolgung verboten (Art. 47) und

[1447] *Niggemann/Lutz*, Berichte und Dokumente zum ausländischen Wirtschafts- und Steuerecht, 1986, S. 5; Der erste Schritt der Insolvenzrechtsreform war das Gesetz vom 1.3.1984 über die Vorbeugung und die gütliche Regelung der Schwierigkeiten von Unternehmen. Die zweite Etappe der Reform besteht in dem Gesetz vom 25.1.1985, das durch das Dekret vom 27.12.1985 vervollständigt wurde.

[1448] *Schmidt/Niggemann*, RIW 1986, S. 247; *Maciejczyk*, p.17.

[1449] Die grundsätzlich auf drei Monate anberaumte, aber im Zweifel auf maximal zwölf Monate verlängerbare (Art. 8 al. 2) Beobachtungsphase wird durch das Eröffnungsurteil eingeleitet (Art. 5) und hat die automatische Fortführung des Unternehmens zur Folge. Nur wenn die Fortführung des Unternehmens nicht mehr möglich ist, wird das Konkursverfahren direkt eingeleitet; *Litaudon*, RIW 1987, S. 351; *Niggemann/Lutz*, Berichte und Dokumente zum ausländischen Wirtschafts- und Steuerecht, 1986, S. 6.

vermögensschädigende Rechtsgeschäfte unterlagen der Anfechtung (Artt. 107 ff.).

b.) Schwächung der Rechtsstellung der Gläubiger

Die Rechtsstellung der Gläubiger wurde den neuen wirtschaftlichen und politischen Ziele untergeordnet, um nicht zu sagen geopfert.[1450] Symbolisch für die Schwächung der Stellung der Gläubiger war die Beseitigung der Konkursmasse, die als juristische Person mit eigenem Vermögen die Gläubiger repräsentierte.[1451] Die Gläubiger, deren Forderungen vor dem Eröffnungsurteil entstanden waren, bewahrten zwar ein gemeinsames Interesse, die eingeklagte Forderung fiel aber in das Schuldnervermögen und diente nicht wie bisher der Erhöhung der Aktiva der Konkursmasse.[1452] Grund dafür war, daß die Masse entbehrlich geworden war, weil die Befriedigung der Gläubiger und die Liquidation des Unternehmens nicht mehr an erster Stelle stand.[1453]

Zur Finanzierung der Beobachtungsphase und um die Sanierung des Unternehmens zu ermöglichen, sah das neue Gesetz des weiteren erhebliche Einschnitte bei den Rechten der Gläubiger einschließlich der dinglich gesicherten Gläubiger vor: Das Gesetz von 1985 normierte in Art. 40 ein neues Vorzugsrecht (*privilège*) für die während der Beobachtungsphase begründeten Forderungen, das Vorrang vor allen schon vor Verfahrenseröffnung begründeten Forderungen hatte, selbst wenn diese mit Vorzugsrechten oder Sicherheiten versehen waren.[1454] Die durch Hypothek, Pfandrecht usw. gesicherten Gläubiger, die als Gegenleistung für ihre Kredite eine dingliche Sicherheit erhalten hatten, waren demnach wie "gewöhnliche Gläubiger" zu behandeln.[1455] Durch das mit dieser Regelung verbundene Anwachsen der Neuschulden (maximale Länge der Beobachtungsphase ist 18 Monate), durch die Kosten der Fortführung des Unternehmens und durch die bevorrechtigte Arbeitnehmerforderung wurde die Stel-

---

1450 *Niggemann*, Internationales und ausländisches Wirtschafts- und SteuerR, 1995, S. 5; *Litaudon*, RIW 1987, S. 349.

1451 *F. Pérochon*, La clause de réserve de propriété, p. 22; *Maciejczyk*, p. 19.

1452 *Maciejczyk*, p. 18.

1453 *Litaudon*, RIW 1987, S. 251.

1454 *Clement*, p. 274; *Schmidt/Niggemann*, RIW 1986, S. 251.

1455 Nur die Arbeitnehmer galten als sog. "*superprivilégiés*", die Vorrang vor allen anderen Privilegien hatten (Art. 40).

lung der Altgläubiger - vor allem der mit einem besitzlosen, dinglichen Sicherungsrecht ausgestatteten Gläubiger - stark geschwächt.[1456]
Anders als im Liquidationsfall, in dem die Befugnis zur individuellen Rechtsverfolgung wieder auflebte und dinglich gesicherte Gläubiger ihre Rechte grundsätzlich wieder wahrnehmen konnten (Artt. 161, 159), wurde im Sanierungsfall eine weitere Forderungsverkürzung vorgesehen: Das Gericht hatte die Möglichkeit, eine einheitliche Forderungsstundung vorzuschreiben, die auch die dinglich gesicherten Gläubiger erfaßte (Artt. 76, 74). Die Sicherungsgläubiger wurden also nicht vorrangig oder schneller befriedigt als ungesicherte Gläubiger (Art. 74). Außerdem wurden die Forderungen während der Stundung nicht verzinst, was wirtschaftlich betrachtet einer Forderungskürzung gleichkam.[1457]
Eine weitere Schwächung der Rechtsstellung der Gläubiger lag darin, daß alle Altgläubiger[1458] verpflichtet wurden, ihre Forderungen innerhalb von 15 Tagen ab Veröffentlichung des Eröffnungsbeschlusses im BOAC[1459] anzumelden (Art. 50). In Art. 115 des Gesetzes von 1985 wurde damit die Frist zur Geltendmachung des Herausgabeverlangens, die bisher vier Monate ab Veröffentlichung des Eröffnungsbeschlusses im BOAC betrug, auf drei Monate ab Eröffnung des Verfahrens verkürzt.[1460] Die Frist wurde mit einem Herausgabeantrag an den *"juge commissaire"* gewahrt und ihre Versäumung hatte den völligen Rechtsverlust zur Folge. Diese kurze Handlungsfrist und das Erfordernis eines Herausgabeantrags bedeutete vor allem für die Verkäufer, deren Eigentumsrecht in einem öffentlichen Register eingetragen war, eine extreme Härte.[1461]

Die dargelegten Neuerungen manifestierten die radikale Vorgehensweise des französischen Gesetzgebers.[1462] Indem er den Gläubigern die Durchsetzungsmöglichkeit der Sicherungsrechte erschwerte, degradiert er Warenkreditgeber

---

1456 *F. Pérochon*, La clause de réserve de propriété, p. 23; *Niggemann/Lutz*, Berichte und Dokumente zum ausländischen Wirtschafts- und Steuerecht, 1986, S. 13.

1457 *Derrida/Godé/Soetais,* Redressement judiciaire, n° 552.

1458 Darunter sind die Gläubiger zu verstehen, deren Forderungen vor dem Eröffnungsbeschluß entstanden sind.

1459 Bulletin Officiel des Annonces Commerciales.

1460 *Vallens*, J.C.P. 1986, n° 14651, p. 86; Priso, p. 513.

1461 *Niggemann*, Internationales und ausländisches Wirtschafts- und SteuerR, 1995, S. 28; *Clement*, p. 221. Nach Vorprüfung der Forderung durch den Gläubigervertreter entschied der *"juge-commissaire"* (Insolvenzrichter) über ihre Zulässigkeit. Im Falle der Zulassung hatte der Gläubiger die Möglichkeit einem teilweisen Forderungsverzicht zuzustimmen, andernfalls mußte er sich an einen Tilgungsplan halten. Bei Erstellung eines Sanierungsplans, hatte der Gläubiger die in demselben vom Gericht festgelegten Tilgungsfristen einzuhalten (Art. 74, 86 al. 3, 93).

1462 *Schmidt/Niggemann*, RIW 1986, S. 248; *Litaudon*, RIW, 1987, p. 351.

und Finanzierungsinstitute zu bloßen Zuschauern, obgleich das Unternehmen weiterhin auf ihre Mitarbeit angewiesen war.[1463] Es konnte von einem Verfall der klassischen Sicherungsrechte gesprochen werden.

c.) Eigentumsvorbehalt

Obwohl der Eigentumsvorbehalt nicht den erwarteten wirtschaftlichen Umschwung gebracht hatte[1464], wurde im Rahmen der Insolvenzrechtsreform von 1985 niemals in Erwägung gezogen, die durch das Gesetz von 1980 erworbenen Neuerungen abzuschaffen oder einzuschränken.[1465] Der Gesetzgeber von 1985 wollte vielmehr das Prinzip der Konkursfestigkeit des Eigentumsvorbehalts im Rahmen der Reform von 1980 aufrechterhalten.[1466] Die Klagen aus dem Eigentumsvorbehalt waren damit im Rahmen der aus einem dinglichen Sicherungsrecht folgenden Klagen die einzigen, die auch im neuen Verfahren unter nur unwesentlich veränderten Bedingungen wirksam blieben.[1467] Art. 121 al. 2 erlaubte genauso, wie der bisherige Art. 65 des Gesetzes von 1967, die Aussonderung der unter Eigentumsvorbehalt veräußerten Ware.[1468] Art. 121 al. 2, 2 des Gesetzes von 1985 verlängerte das Wahlrecht des Konkursverwalters zeitlich bis zu dem vom "*juge commissaire*" festgelegten Ende der Beobachtungsphase.[1469] Bis zu diesem Termin konnte der Verwalter die Herausgabe der Ware vereiteln, indem er bezahlte oder zumindest die Bezahlung des Preises garan-

---

1463 *Vasseur*, J.C.P. 1985, n° 13201; *Schmidt/Niggemann*, RIW 1986, S. 248.

1464 *Tene-Boukary*, p. 324; *Merle*, Banque, 1986, p. 644. Die mit dem Eigentumsvorbehalt nach den Studien des Instituts Jupiter zusammenhängenden wirtschaftlichen Konsequenzen waren im wesentlichen ausgeblieben. Die in Aussicht gestellte Verkürzung der Zahlungsfristen durch vermehrte Verwendung des Eigentumsvorbehalts, sowie die Verringerung der Zahl der Konkurse war bislang nicht eingetreten. Grund dafür war unter anderem, daß sich die Franzosen schwer taten von den althergebrachten Gewohnheiten Abstand zu nehmen.

1465 Exposé des motifs A.N. 14. juin 1983, n° 1578, p. 7.

1466 A.N. n° 1578, 14. juin 1983; Débat A.N. 25. Mars 1985, J. O. 1985 p. 1300.

1467 *F. Pérochon*, La clause de réserve de propriété, p. 23; *Priso*, p. 510.

1468 Art. 121 al. 2: "Peuvent également être revendiquées les marchandises, si elles se retrouvent en nature, vendues avec une clause subordonnant le transfert de propriété au payement intégral du prix lorsque cette clause a été convenue entre les parties dans un écrit établi au plus tard au moment de la livraison. Toutefois, il n'y a pas lieu à revendication si le prix est payé immédiatement ou, au plus tard, à l'issue de la période d'observaion initiale, suivant le délai fixé par le juge-commissaire, l'administrateur étant tenu de garantir le paiement du prix." Ersetzt wurde nur das Wort "*suspendue*" durch das Wort "*subordonné*", da der aufschiebende Charakter inzwischen allgemein anerkannt war. Inhaltliche Auswirkungen sollte diese Änderung nicht haben.

1469 *Maciejczyk*, p. 21; *Vallens*, J.C.P. 1986, n° 14651, p. 86; *Priso*, p. 514.

tierte (Art. 121).[1470] War die Zahlung des Restkaufpreises sichergestellt, z.B. durch eine Bürgschaft des Konkursverwalters, entfiel die Sicherungswirkung des Aussonderungsrechts.[1471]
Art. 122 ließ auch den bisher in Art. 66 des Gesetzes von 1967 verankerten gesetzlichen verlängerten Eigentumsvorbehalt unverändert bestehen.[1472] Während der parlamentarischen Diskussion war im Senat der Vorschlag unterbreitet worden, den Satz *"à condition qu'elles se retrouvent en nature"* ganz aus dem Gesetzestext zu streichen und damit die Rückforderung auch bei Verarbeitung der Ware zuzulassen.[1473] Diese Veränderung, die der Anerkennung des deutschen verlängerten Eigentumsvorbehalts gleichgekommen wäre, wurde jedoch verworfen, da der Verkäufer nicht zum Nachteil der anderen Gläubiger durch die im Rahmen der Verarbeitung erfolgte Aufwertung der Ware bereichert werden sollte.[1474]
Erschwert wurde für den Verkäufer allerdings der Nachweis des Vorhandenseins der Ware *"en nature"*, falls der Konkursverwalter von der ihm in Art. 27 gewährten Option Gebrauch machte und kein Inventar erstellte.[1475] Denn die Erstellung eines Inventars durch den Konkursverwalter war nunmehr, im Gegensatz zum Gesetz von 1967, fakultativ und wurde nur durch Beschluß des Richters angeordnet. Es war dem Vorbehaltskäufer daher anzuraten, zugleich mit der Geltendmachung des Herausgabeanspruchs, die Erstellung eines Inventars durch den Verwalter zu beantragen.[1476]

1470 Damit war auch der Streit, der nach der Reform von 1980 hinsichtlich der Anwendbarkeit des Art. 38 auf den Eigentumsvorbehalt bestanden hatte, beigelegt worden.

1471 *Clement*, t. II, p. 287; *Vallens*, J.C.P. 1986, n° 14651, p. 86; *Litaudon*, RIW 1987, S. 350. Diese Vorschrift fand ihre Rechtfertigung darin, daß der Gesetzgeber bemüht war, die Rückgabe derjenigen Ware zu vermeiden, die zur Aufrechterhaltung des gewöhnlichen Geschäftsgangs erforderlich waren. *Priso*, p. 514.

1472 Danach konnte der Preis der bei Verfahrenseröffnung weder in Geld oder in anderen Zahlungsmitteln bezahlt worden war, noch in einem Kontokorrent zwischen dem Schuldner und dem Käufer verrechnet worden war, herausverlangt werden. *Niggemann/Lutz,* Berichte und Dokumente zum ausländischen Wirtschafts- und Steuerrecht, 1986, S. 19.

1473 Sénat, séance 7. juin 1984, n° 347, J. O. 1984, p. 1407.

1474 Ebenda, p. 1407.

1475 Art. 27 de la loi de 25. jan. 1985: "Le juge-commissaire *peut* préscrire l'inventaire des biens de l'entreprise.

1476 *Böckenhoff*, RIW 1994, S. 468. Nach Anordnung der Inventarerrichtung war der Konkursverwalter, wie auch nach dem Gesetz von 1967/1980 zur Inventarerrichtung verpflichtet und mußte andernfalls beweisen, daß die Ware bei Konkurseröffnung nicht mehr en natur vorhanden war.

d.) Ergebnis

Nach der Reform von 1985, die die allgemeine Schwächung der Gläubigerrechte bewirkte, waren demnach nur noch die Lieferanten unter Eigentumsvorbehalt damit in einer gesicherten Position. Als Finanzierungsform für Investitionsgüter stellte der Eigentumsvorbehalt die zuverlässigste Sicherungsmöglichkeit dar.[1477] Durch die Erhaltung des Aussonderungsrechts wurde die Stellung der Lieferanten, die unter Eigentumsvorbehalt lieferten, im Verhältnis zu den anderen Insolvenzgläubigern gestärkt.[1478] Pérochon war sogar der Ansicht, daß im Gegensatz zu der drastischen Verringerung der Vorrechte aller Gläubiger, eingeschlossen derjenigen, die mit speziellen Sicherungsrechten ausgestattet waren, der Verkäufer unter Eigentumsvorbehalt die Position eines "*superprivilégié*" einnehme.[1479] Litaudon war außerdem der Ansicht, daß die neue Rechtsstellung der Gläubiger nach dem Gesetz von 1985 die Kreditvergabe unter Eigentumsvorbehalt in Zukunft fördern werde. Da den herkömmlichen Spezialsicherungsrechten im Falle des Konkurses kein Vorrang mehr gewährt werde, würden die Banken zögern, Kredite an die Unternehmen zu bewilligen, bei denen sie davon ausgehen könnten, daß ihre Sicherung hinter die "*superprivilèges*", wie das Privileg der Arbeitnehmer und das der Neugläubiger, zurücktreten werde.[1480] Die unter Eigentumsvorbehalt liefernden Warenkreditgeber könnten den Unternehmen dagegen jederzeit einen wirksam gesicherten Kredit gewähren. Auf diese Weise werde der "*crédit interentreprises*" gefördert.[1481] Mit der h.M. konnte demnach gesagt werden, daß der Eigentumsvorbehalt nahezu unbeschadet aus der Reform hervorging.[1482]
Das Gesetz von 1985 machte den Wandel der Konkursrechtskonzeption deutlich, der sich schon durch das Gesetz von 1980 angedeutet hatte und jetzt deutlich vollzogen wurde. Durch die neue Zielsetzung des Konkursrechts in Form der Fortführung der Unternehmen und der Aufrechterhaltung der Arbeitsplätze war der Schutz der Gläubiger und die Befriedigung ihrer Rechte stark in den Hintergrund getreten.[1483] Damit setzte sich diese Konkursrechtskonzeption in Gegensatz zu den bisher vertretenen Grundsätzen. Da die Befriedigung der

---

1477 *Litaudon*, RIW 1987, S. 352.

1478 Ebenda, S. 352.

1479 *F. Pérochon*, La clause de réserve de propriété, p. 23.

1480 *Litaudon*, RIW 1987, S. 352.

1481 Ebenda, S. 352.

1482 *Ghestin/Jamin*, Etude, p. 4; *Soinne*, G.P. 1985, Doct. p. 404; *F. Pérochon*, La clause de réserve de propriété, p. 22; *Scarano*, Droit et pratique, 1991, p. 123; *Cas/Bout/Ferrier*, n° 5245, p. 1491.

1483 *Houin*, Rev. jur. com. 1982, n° 2, p. 11.

übrigen Gläubiger nicht mehr an erster Stelle stand, war auch der Schutz derselben vor publizitätslosen Sicherungsmitteln nicht mehr oberstes Gebot. Deshalb war neben den bereits angeführten Praktikabilitätserwägungen die Schwächung der Gläubigerstellung ein weiterer Grund dafür, daß von einem Publizitätserfordernis beim Eigentumsvorbehalt abgesehen wurde.

3.) Das Insolvenzgesetz vom 10.06.1994

Im Laufe der Jahre zeigte sich, daß auch das Gesetz von 1985 sein Ziel verfehlt hatte. Die Zahl der Unternehmenszusammenbrüche war vor allem seit den 90er Jahren weiter gestiegen. Besonders im Krisenfall erwies sich die Tatsache, daß der Gesetzgeber von 1985 aus den Gläubigern die Verlierer der Reform gemacht hatte, für die Kreditvergabe als überaus nachteilig.[1484] Da vor allem die Banken aus der Schwächung ihrer Rechtsposition als Gläubiger Konsequenzen gezogen und die Kreditvergabe stark eingeschränkt hatten, führte dies besonders bei kleineren und mittelständischen Unternehmen zu erheblichen Nachteilen.[1485]

Mit der Verabschiedung des Gesetzes vom 10.06.1994 sollte das Insolvenzgesetz aus dem Jahre 1985 im Bereich zentraler Vorschriften reformiert werden.[1486] Das Hauptziel des Gesetzgebers von 1994 war die Wiederherstellung eines Interessengleichgewichts durch die Verbesserung der Stellung der Gläubiger[1487] und in der Zurückgewinnung des Vertrauens der Kreditgeber.[1488]

a.) Allgemeine Stärkung der Gläubigerrechte

Durch das neue Gesetz sollte die Unterscheidung zwischen ungesicherten und dinglich gesicherten Gläubigern, die durch das Gesetz von 1985 wegen der insgesamt sehr schlechten Gläubigerstellung verloren gegangen war, wiederher-

---

1484 *Ducouloux-Favard/Kopp/Pernazza,* Petites Affiches 1994, n° 110, p. 105.

1485 *Campana*, Rev. proc. coll. 1994, p. 489; *Derrida/Sortais*, D. 1994, Chron., p. 284; *Maciejczyk*, p. 18.

1486 Der Reform von 1994 zur Neuregelung der *"droits des entreprises en difficulté"* gingen zwei parlamentarische Initiativen und ein Gesetzesvorschlag seitens des Justizministeriums voraus: Propositions de loi n° 310, 8. juin 1992 et n° 316, 8. juin 1993; *Vallens*, Petites Affiches, 1994, p. 15. Der von der Nationalversammlung nach vielen Änderungen gewählte Text (n° 319) wurde vom Senat erneut kritisiert, erfuhr weitere Änderungen und wurde erst nach einer zweiten Lesung angenommen.

1487 *Meteye*, G.P. 1994, Doktr., p. 13; *Ducouloux-Favard/Kopp/Pernazza*, Petites Affiches, 1994, n° 110, p. 106; *Hinfray*, G.P. 1995, n ° 216, p. 3; *Benezra*, G.P. 1994, n° 320, 321, p. 9; *Zervudacki-Farnier*, Les petites affiches, 1995, n ° 112, p. 8.

1488 *Derrida/Sortais,* D. 1994 Chron., p. 268.

gestellt werden. Der Gesetzgeber war der Auffassung, daß die Gläubiger, die ihren Kredit durch eine dingliche Sicherheit abzusichern suchten, anders als die ungesicherten Gläubiger, die mangels Absicherung bewußt das Risiko der Nichterfüllung eingegangen seien, nunmehr eine gewisse Sicherheit erwarten dürften.[1489] Einige Autoren sprachen daraufhin vom "*printemps des sûretés réelles*".[1490]

Im Einzelnen wurden folgende relevante Änderungen vorgenommen: Für den Fall der Veräußerung der Ware während der Beobachtungsphase hat das Gesetz von 1994 Art. 34 um einen Abs. 2 komplettiert, der dem dinglich gesicherten Gläubiger die Möglichkeit gibt, gegen Stellung einer Bankbürgschaft den ihm zustehenden Verkaufserlös herauszuverlangen.[1491] Ziel dieser Neuerung war es, die Zahlung an die dinglich gesicherten Gläubiger zu beschleunigen[1492] und zu verhindern, daß Gelder, die aus der Veräußerung von Waren während der Beobachtungsphase stammen, ohne Vorteil für die Gläubiger auf einem Konto festliegen.[1493]

Außerdem beseitigte der Gesetzgeber von 1994 die besondere Härte, die für in öffentlichen Registern eingetragene Eigentümer[1494] durch das Erfordernis der Geltendmachung des Herausgabeanspruchs innerhalb der Dreimonatsfrist entstanden war. Denn Art. 115-1 sieht jetzt vor, daß der in einem besonderen Register eingetragene Eigentümer seine Forderung nicht mehr anerkennen lassen muß und dadurch sein Recht nicht wegen Fristversäumung verlieren kann.[1495]

Darüber hinaus hat der Gesetzgeber von 1994 die Frist für die Geltendmachung der Herausgabe verlängert. Die Rückforderung ist nunmehr statt innerhalb von drei Monaten ab Urteilsverkündung, innerhalb von drei Monaten ab Veröffentlichung des Urteils im BOAC möglich, wodurch in der Regel eine Verlängerung von sechs Wochen entsteht.[1496]

Schließlich kann nach dem neuen Gesetz von 1994 nunmehr auf die Beobachtungsphase verzichtet werde, wenn die Sanierung offensichtlich aussichtslos erscheint (Art 11). In diesem Fall ist es zulässig, sofort die Unternehmensliqui-

---

1489 *Calendini*, Rev. proc. coll. 1994, p. 497.

1490 *Cabrillac/Pétel*, Petites Affiches, n° spéc. 14. Sep. 1994, p. 59.

1491 *Hinfray*, G.P. 1995, n° 216, p. 5; *Derrida/Sortais,* D. 1994, Chron., p. 286. Die Bankbürgschaft soll die Rückzahlung garantieren, falls die bevorrechtigten Gläubiger aus dem dem Schuldner verbleibenden Aktivvermögen nicht befriedigt werden können.

1492 *Calendini*, Rev. proc. coll. 1994, p. 499.

1493 *Derrida/Sortais,* D. 1994, Chron., p. 286; *Hinfray*, G.P. 1995, n° 216, p. 5.

1494 Wie Leasinggeber und den Eigentümer eines "*fond de commerce*".

1495 *Niggemann*, Internationales und ausländisches Wirtschafts- und SteuerR, 1995, S. 30.

1496 *Zervudacki-Farnier*, Petites Affiches, 1995, n° 112, p. 8; *Niggemann*, Internationales und ausländisches Wirtschafts und SteuerR, 1995, S. 29; *Breban*, G.P. 1995, n° 15, p. 25; F. *Pérochon*, Petites Affiches 1994, n° 110, p. 82; *Clement*, t. II, p. 227.

dation zu beschließen. Der Gesetzgeber von 1994 schränkte außerdem den Anwendungsbereich des Art. 40 für den Fall ein, daß das Konkursverfahren eröffnet wird. In dieser Situation sei eine Sanierung des Unternehmens ausgeschlossen, so daß der eigentliche Sinn des Art. 40 nicht mehr erreicht werden könne. Die neue Fassung des Art. 40 Abs. 2 sieht nunmehr vor, daß im Falle einer Liquidation oder Unternehmensveräußerung, die Neugläubiger erst nach den dinglich gesicherten Gläubigern befriedigt werden.[1497] Erhalten bleibt die besondere Vorzugsstellung der Neugläubiger also lediglich noch im Bereich der Unternehmenssanierung. Die immense Bedeutung dieser Modifikation wird dadurch hervorgehoben, daß über 90% aller Insolvenzen in Frankreich entweder über die Unternehmensveräußerung oder die Liquidation abgewickelt werden.[1498]

b.) Eigentumsvorbehalt

Unter den dinglich gesicherten Gläubigern profitieren auch die Verkäufer beweglicher Sachen von der Stärkung der Wirksamkeit des Eigentumsvorbehalts.[1499] Zunächst wurde in Art. 121 Abs. 2 der Aussonderungsanspruch dahingehend präzisiert, daß die Ware *"au moment de l'ouverture de la procédure"* noch *"en nature"* vorhanden sein muß.[1500] Da die alte Regelung keinerlei Bestimmung darüber enthielt, bis zu welchem Zeitpunkt die Rückforderung noch möglich war, schafft der Gesetzgeber damit Klarheit.[1501] Des weiteren wurde der Begriff "*marchandises*" durch den weiteren Begriff "*biens*" ersetzt, ohne allerdings eine weitere Definition dieses Begriffs zu liefern.[1502]
In Art. 121 Abs. 2 des Gesetzes von 1994 schwächt der Gesetzgeber die Schriftformvoraussetzungen bei Lieferungen aus fortlaufenden Geschäftsbeziehungen ab.[1503] Bei Sukzessivlieferungsverträgen kann der Eigentumsvorbehalt nun-

---

1497 *Campana/Legeais*, Petites Affiches, 1994, n° 110, p. 51; *Niggemann*, Internationales und ausländisches Wirtschafts- und SteuerR, 1995, S. 38.

1498 *Böckenhoff*, RIW 1994, S. 1053; *Niggemann*, Internationales und ausländisches Wirtschafts- und SteuerR, 1995, S. 38.

1499 *F. Pérochon*, Petites Affiches 1994, n° 110, p. 82.

1500 Art. 212 al. 1: "Peuvent également être revendiqués, s'ils se retrouvent en nature au moment de l'ouverture de la procédure, les biens vendus avec une clause de réserve de propriété subordonnant le transfert de propriété au paiement intégral du prix."

1501 *Clement*, t. II, p. 237.

1502 Diese Änderung wird als Bestätigung der Auffassung verstanden, nach der der Begriff "*marchandises*" bei weiter Auslegung alle beweglichen Sachen erfaßt. Außerdem sollte der Rechtsprechung die Möglichkeit zur Ausdehnung des Anwendungsbereichs auf Immobilien und unkörperliche Sachen gegeben werden. *Clement*, t. II, p. 237; *Breban*, G. P. 1995, n° 15, p. 26.

1503 *Soinne*, Petites Affiches 1994, n° 110, p. 76; *Crocq*, Petites Affiches 1994, n° 110, p. 91.

mehr in einem Rahmenvertrag vereinbart werden, ohne bei jeder Einzellieferung erneut fixiert werden zu müssen.[1504] Damit setzt sich der Gesetzgeber in Gegensatz zur Rechtsprechung, die bei fortlaufenden Geschäftsbeziehungen für jede Lieferung eine eigenständige Eigentumsvorbehaltsvereinbarung forderte.[1505] Ziel war es, den Anwendungsbereich des Eigentumsvorbehaltes zu erweitern und die Handelsbeziehungen flexibler zu gestalten.[1506]
Neben dieser formalen Verbesserung erweitert die neue gesetzliche Fassung den Begriff der Vorbehaltsware *"en natur"*: Nach dem neuen Art. 121 Abs. 3 kann die Vorbehaltsware auch dann herausverlangt werden, wenn die mit anderen beweglichen Gegenständen verbundene Vorbehaltsware ohne Beschädigung der Sachgesamtheit wie auch ohne eigene Schädigung ausgebaut werden kann.[1507]
Der Gesetzgeber bestätigte damit die bereits bestehende Praxis der Rechtspre-

---

1504 Art. 121 al. 2: "Cette clause, qui peut figurer dans un écrit régissant un ensemble d'opérations commerciales convenue entre les parties, doit avoir être convenue entre les parties dans un écrit établi, au plus tard, au moment de la livraison."

1505 Cass. com., 13. juin 1989, Petites Affiches 1990, n° 54; Paris, 19. avril 1983, G.P. 1983, p. 283.

1506 *Breban*, G.P. 1995, p. 25; *Soinne*, Petites Affiches 1994, n° 110, p. 76; *Hinfray*, G.P. 1995, n° 216, p. 6. Hinzuweisen ist jedoch auf ein redaktionelles Versehen während der Gesetzgebungsarbeiten, das eigentlich die völlige Abschaffung des Schriftlichkeitserfordernisses im Rahmen der *"procédures collectives"* zur Folge hatte. Denn Art. 153-4 regelt, daß die Art. 100-127 auf die "procedures de liquidation judicaires" anzuwenden sind mit Ausnahme der Regelung des zweiten Teils des Art. 121 Abs. 2. Da dieser zweite Teil gerade das Schriftformerfordernis normiert, würde die Verweisung bedeuten, daß sich der Verkäufer im Falle eines Konkursverfahrens auch dann auf den Eigentumsvorbehalt berufen kann, wenn dieser nur mündlich vereinbart wurde oder aus einem Schriftstück resultiert, das nach Lieferung erstellt wurde. Da bei den Gesetzgebungsarbeiten jedoch niemals zur Debatte stand, das Schriftlichkeitserfordernis gänzlich zu beseitigen, steht diese Verweisung im Widerspruch zum Willen des Gesetzgebers und führt außerdem dazu, dem Mißbrauch durch Absprachen zwischen Gläubiger und Schuldner Tür und Tor zu öffnen. Dieser Verweisungsfehler läßt sich darauf zurückführen, daß bei den Gesetzgebungsarbeiten auf die ursprüngliche Fassung des Art. 121 Abs. 2 des Gesetzes von 1985 Bezug genommen wurde, die die Aussonderung im Falle der Zahlung des Kaufpreises bis zum Ende der Beobachtungsphase ausschloß (Art. 121 al. 2, zweiter Satz des Gesetzes von 1985: "Toutefois il n'y a pas lieu à revendication si le prix est payé immédiatement ou, au plus tard, à l'issue de la période d'observation initale, suivant le delai fixé par le juge-commissaire, l'administrateur étant garantir le paiement du prix.").

1507 Art. 121 al. 3 erster Satz des Gesetzes von 1994: "La revendication en nature peut s'exercer dans les mêmes conditions sur les biens mobiliere incorporés dans un autre bien mobilier lorsque leur récupération peut être effecuée sans dommage pour les biens eux-mêmes et le bien dans lequel ils ont incorporés."

chung durch gesetzliche Normierung.[1508] Der neue Art. 121 Abs. 3 bestimmt, daß eine Rückforderung *"en nature"* auch bei Gattungsware möglich ist, wenn sich im Warenlager des Gemeinschuldners Waren gleicher Art und Güte befinden.[1509] Der Lieferant muß demnach nur den Beweis erbringen, daß die beim Gemeinschuldner vorgefundenen "*choses fongibles*" mit den von ihm gelieferten und unbezahlten identisch sind.[1510] Damit geht Art. 121 Abs. 3 weiter als die bisherige Rechtsprechung und läßt auch die Rückforderung anderer Ware als die gelieferte zu, solange sie gleicher Art und Güte ist.[1511] Diese Änderung stellt eine beträchtliche Verbesserung der Wirksamkeit des Eigentumsvorbehalts zugunsten der Verkäufer von vertretbaren Sachen dar, die mangels Individualisierbarkeit ihrer Ware lange Zeit nicht vom Eigentumsvorbehalt profitieren konnten.[1512]

Anders als das Gesetz von 1985, sieht die neue Fassung des Art. 27 nunmehr zwingend die Erstellung eines Inventars unmittelbar nach Verfahrenseröffnung vor.[1513] Die neue Regelung bedeutet für den Verkäufer eine wesentliche Er-

---

1508 Wie bereits im Rahmen der Reform von 1985 war seitens des Justizministeriums erneut der Versuch unternommen worden, auch die Rückforderung verarbeiteter Ware zuzulassen, wenn diese "ohne Schaden" erfolgt. Der Justizminister wollte damit dem verlängerten Eigentumsvorbehalt volle Geltung verschaffen. Im Rahmen der Parlamentsdebatte wurde der Vorschlag des Justizministeriums jedoch wieder verworfen, da er zu ungenau formuliert war und sich nicht eindeutig klären ließ, was unter dem Begriff "ohne Schaden" zu verstehen war. Außerdem wurde ein solches Rückforderungsrecht als zu weitgehender Eingriff erachtet: "*...cet amendement permettrait d'aller rechercher des portes ou des fenêtres dans une maison...*" Séance Sénat 8. avr. 1994, J.O. 1994, p. 878.

1509 Art. 121 al. 3 zweiter Satz des Gesetzes von 1994: "La revendication en nature peut égalment s'exercer sur des biens fongibles lorsque se trouvent entre les mains de l'acheteur des biens de même espèce et de même qualité."

1510 *Benezra*, G.P. 1994, n° 320, 321, p. 9; *Niggemann*, Internationales und ausländisches Wirtschafts- und SteuerR, 1995, S. 33; *Storp*, RIW 1996, S. 465.

1511 *Clement*, p. 196; *F. Pérochon,* Petites Affiches 1994, n° 110, p. 85; *Soinne*, Rev. proc. coll., 1994, p. 476.

1512 Nicht eindeutig geklärt wird allerdings die Rechtslage, wenn mehrere Gläubiger ihre Aussonderungsrechte an einer Menge von "*choses fongibles*" geltend machen, die nicht zur Befriedigung aller ausreicht. Pérochon geht davon aus, daß es sich bei Art. 121 Abs. 3 um eine gesetzliche Eigentumszuweisung handelt, bei der die Verteilung der "*choses fongibles*" unter den Vorbehaltsverkäufern im Verhältnis der Qualität der jeweiligen Sachen, deren Aussonderung von den einzelnen Gläubigern verlangt wird, vorzunehmen ist. Das "Ministère des Entreprises" sah dagegen in Art. 121 Abs. 3 eine bloße Eigentumsvermutung zugunsten der Gläubiger. Bei konkurrierenden Aussonderungsgläubigern kann danach jedoch keiner als Eigentümer vermutet werden. Die Konstruktion der gesetzlichen Eigentumsvorbehaltzuweisung ist daher im Ergebnis vorzugswürdig. *F. Pérochon,* Petites Affiches 1994, n° 110, p. 85.

1513 *Böckenhoff*, RIW 1994, S. 1055.

leichterung des Nachweises darüber, daß sich die Vorbehaltsware bei Verfahrenseröffnung noch im Lager des Vorbehaltskäufers befand.[1514]
Allerdings war im Rahmen der Gesetzesdebatte der Nationalversammlung auch der Vorschlag unterbreitet worden, ein obligatorisches Publizitätserfordernis für den Eigentumsvorbehalt, zumindest bei Waren von großem Wert, einzuführen.[1515] Der Senat hatte sich jedoch mit einem solchen obligatorischen Publizitätserfordernis nicht einverstanden erklärt.[1516] Dennoch hat sich überraschenderweise in der parlamentarischen Debatte die Lösung durchgesetzt, die dem Verkäufer die Eintragung in das bisher durch das Dekret vom 4. Juli 1972 für Leasingverträge zur Verfügung stehende Register *ermöglicht* (Art. 115).[1517] Wenn der Kaufvertrag über eine Sache Gegenstand eines solchen Publizitätsaktes geworden ist, wird der Verkäufer ebenso wie der Leasinggeber von seiner Pflicht befreit, sein Eigentum an der zurückgeforderten Sache fristgerecht nachzuweisen.[1518] Auf den Eigentumsvorbehaltsverkäufer sind im Falle einer solchen Eintragung die Erleichterungen des Art. 115-1 und des Art. 85 Abs. 5 des Dekrets vom 21. Okt. 1994 anzuwenden, so daß er seine Ware zurücknehmen kann, ohne die Frist des Art. 115 einzuhalten und ohne sein Herausgabeverlangen beim "*juge-commissaire*" geltend machen zu müssen.[1519] Die Vorschrift des Art. 115-1 normiert somit eine fakultative Publizität, die nur eine Verfahrenserleichterung bewirkt, ohne sich auf die grundsätzliche Möglichkeit der Geltendmachung im Konkurs auszuwirken.[1520] Anders als bei der bisher geforderten Publizität, dient diese nicht dem Schutz der Drittgläubiger, sondern soll nur zur weiteren Verbesserung der Verkäuferstellung beitragen. Da Voraussetzung der Eintragung die genaue Identifikationsmöglichkeit der Ware ist, die nicht nur bei Eintragung, sondern auch für die Zukunft gegeben sein muß, fallen Gattungsware und alle übrigen Verbrauchsgüter aus dem Anwendungsbereich weitgehend hinaus.[1521] Damit eignet sich diese Publizitätsform im wesentlichen nur für Investitionsgüter, so daß ihr kaum praktische Bedeutung zukommt. Die

---

[1514] Der neugefaßte Art. 27 sieht außerdem vor, daß die Nichterstellung des Inventars kein Hinderungsgrund für einen Antrag auf Herausgabe ist. Zwar liegt die Beweislast beim Verkäufer, dieser kann jedoch den Beweis, wie aus dem Zusatz des Art. 27 folgt, auch auf jede andere Art und Weise erbringen. *Clement*, t. II, p. 199.

[1515] Rapport Houillon, n° 411, 1994, p. 51.

[1516] Rapport Houillon, n° 411, 1994, p. 51.

[1517] Art. 115-1: "Le propriétaire d'un bien est dispensé de faire reconnaître son droit de propriété lorsque le contrat portant sur ce bien a fait l'objet d'une publicité."

[1518] *Clement*, p. 228; *Niggemann*, 1995, S. 32.

[1519] *Derrida/Sortais*, D. 1994, Chron., p. 287.

[1520] *Soinne*, Petites Affiches 1994, n° 82, p. 14; *Niggemann*, Internationales und ausländisches Wirtschafts- und SteuerR, 1995, S. 33.

[1521] *F. Pérochon*, J.C.P. 1995, Supp. 5, p. 25.

Vorschrift des Art. 115-1 stellt damit kein Publizitätserfordernis im herkömmlichen Sinne des französischen Rechts dar.[1522]

c.) Ergebnis

Zwar bleibt nach der nunmehr am 01.10.94 erfolgten Umsetzung der Reform des Insolvenzrechts das Ziel der Unternehmenserhaltung formal bestehen. In Anbetracht der vorskizzierten Verstärkung der Gläubigerrechte verlieren die Instrumente der Unternehmenssanierung und -veräußerung jedoch erheblich an Bedeutung.[1523] Das Gesetz von 1994 hat die im Rahmen der Reform von 1985 verlorengegangene Unterscheidung zwischen den mit einem dinglichen Sicherungsrecht ausgestatteten Gläubigern und den übrigen ungesicherten Gläubigern wieder eingeführt. Dadurch werden die Verkäufersicherungsrechte, deren wirtschaftliche Wirksamkeit stark in Zweifel gezogen werden mußte, wesentlich aufgewertet. Dies trägt dazu bei, daß sich die Haltung der Kreditinstitute hinsichtlich der Risikobereitschaft bei der Kreditvergabe zugunsten der Unternehmen ändert.

IV.) Neue Gesetzesvorschläge zur Reform des Art. 1583 C.c., zur Sicherungsübereignung und zum Eigentumsvorbehalt

Neben diesen realisierten Gesetzesreformen wurden seit 1980 zahlreiche weitere Gesetzesvorschläge zur Weiterführung der vom Gesetzgeber 1980 begonnenen Reform unterbreitet, von denen nachfolgend einige ausgewählte behandelt werden sollen.

1.) Gesetzesvorschläge zur Reform des Eigentumsübergangs mit Vertragsschluß

Seit 1988 wurde der Gedanke der Reform des Eigentumsübergangs mit Vertragsschluß, wie er erstmalig von Millon und Cousté 1979 vorgeschlagen worden war, erneut mit unterschiedlichen Lösungsvarianten aufgenommen.
So wurde seitens einer vom "*Ministère de l'Industrie*" ins Leben gerufenen Kommission[1524] am 14. März 1988 in unmittelbarer Anlehnung an das deutsche

---

1522 *Malaurie/Aynès*, Cours de droit civil, t. IX, p. 291; *Soinne*, Rev. proc. coll. 1994, p. 482; *F. Pérochon*, J.C.P. 1995, Supp. 5, p. 25; *Simler/Delebecque*, p. 500, der dies allerdings bedauert.

1523 *Böckenhoff*, RIW 1994, p. 1055.

1524 Groupe de travail sur la clause de réserve de propriété de la Commission de technique de la soustraitance.

Recht der Vorschlag unterbreitet, Art. 1583 C.c. um drei weitere Vorschriften zu ergänzen.[1525] Durch diese Regelungen sollte, wie im deutschen Recht, ein einfacher Eigentumsvorbehalt im materiellen Recht festgelegt, Verarbeitungs- und Weiterveräußerungsklauseln eingeführt und schließlich ein der Sicherungsübereignung eines deutschen Anwartschaftsrechts entsprechendes System normiert werden. Diesem Vorschlag, der der vollständigen Übernahme des deutschen Rechts ins französische gleichkam, war jedoch kein Erfolg beschieden.
Der Gedanke, das Eigentum grundsätzlich nicht mehr unmittelbar mit Abschluß des Kaufvertrages übergehen zu lassen, wurde 1991 vom *"Institut de Liaisons et d'études des Industrie de consommation"* (ILEC) aufgegriffen. Anders als seine Vorgänger sah dieses jedoch keine Änderung des materiellen Zivilrechts im Rahmen des Art. 1583 C.c. vor. Der Gesetzesvorschlag erstreckte sich vielmehr auf eine Ergänzung des Code de commerce um einen Art. 109 *bis*, demzufolge der Eigentumsübergang beim Handelskauf erst bei vollständiger Zahlung erfolgen sollte.[1526] Der Vorteil dieser Regelung sollte darin bestehen, daß die geltenden Regeln des Code civil beibehalten werden könnten und der Eigentumsübergang ausschließlich beim Handelskauf geändert werde. Durch diesen eingeschränkten Reformvorschlag sollte die Gesamtrevision des französischen Kaufrechts umgangen werden. Dennoch blieb er erfolglos.
Aufgrund dieser neuentflammten Diskussion über den Eigentumsübergang reichte auch Millon trotz der Ablehnung seines ersten Gesetzesvorschlags von 1978 in den Jahren 1991 und 1993 den im wesentlichen unveränderten Gesetzesvorschlag erneut bei der Nationalversammlung ein.[1527] Indem der Eigentumsübergang von der vollständigen Zahlung abhängig gemacht wurde, wollte

---

[1525] Diese sollten erstens festlegen, daß der Eigentumsübergang durch die vollständige Zahlung aufschiebend bedingt werden könne, zweitens sollten sie dem Verkäufer die Möglichkeit bieten, sich durch vertragliche Abrede auch bei Verarbeitung oder Veräußerung der Ware durch den Käufer zu schützen und drittens sollte dem Käufer ermöglicht werden, sein Recht auf Eigentumserwerb an der gekauften Sache zu übertragen. Rapport de la Commission Technique de la soustraitance, mars 1988, p. 2.

[1526] Art. 109 *bis*: "Dans la vente entre commerçants, nonobstant les dispositions de l'article 1583 du Code civil, la propriété de la chose vendue n'est, sauf accord contraire, présumée acquise à l'acheteur à l'égard du vendeur qu'après complet paiement du prix convenu."

[1527] Propostion n° 2234 du 18. sept. 1991 et n° 73 du 20. avril 1993: Art. 1: Art. 1583. " La vente est parfaite entre les parties et la propriété acquise de droit à l'égard du vendeur dès qu'il est convenu de la chose et que le prix est payé. Il peut être dérogé à l'alinéa précédent sur accord des parties." Art. 2: "Les dispositons contenues dans la présente loi sont applicables aux établissements industriels ou commerciaux de caractère public ou privé. Elles ne s'appliquent pas aux marchés à termes organisés." Art. 3: "Les dispositions de la présente loi entreront en vigueur au plus tard six mois après la publication des décrets d'application."

Millon die dem deutschen Recht innewohnenden Vorteile auch dem französischen Recht zugänglich machen.[1528] Seinem Gesetzesvorschlag wurde seitens des Justizministeriums entgegengehalten, daß Art. 1583 C.c. nicht nur den Kreditkauf beweglicher Sachen im Handelsverkehr betreffe, sondern auch Kaufverträge zwischen Privatleuten und Grundstücksveräußerungsverträge in den Anwendungsbereich fallen. Vor allem für letztere bedeute die Regelung des Art. 1583 C.c. Erleichterung und Beschleunigung der Geschäftsabwicklung, da der Erwerber unmittelbar über die Sache verfügen könne. Des weiteren wurde Millon vorgeworfen, daß er in der Begründung im Rahmen seines *"exposé des motifs"* die Neuerungen der Reform von 1980 völlig unbeachtet lasse.[1529] Aufgrund dieser Einwände entschied die Ministerversammlung vom Juli 1993, daß dem Vorschlag von Millon nicht stattgegeben werden dürfe.
Trotz dieser Ablehnung wurden der Gesetzesvorschlag von Millon und das Problem der Verzögerung des Eigentumsübergangs aufgrund der erneuten Forderungen seitens der Praxis zum Gegenstand eines "*Journée d'Etudes*" vom 28. April 1995 gemacht und von der Lehre ausgiebig diskutiert.[1530] Im Ergebnis tendierte jedoch auch die Lehre überwiegend dazu, eine Reform des materiellen Kaufrechts abzulehnen. Malaurie kritisierte vor allem, daß der Fortschritt von Millons Vorschlag in der Wiedereinführung des römischen Rechts liege. "*...le progrès de Millon c'est de revenir 25 siècles en arrière.*"[1531] Seiner Ansicht nach werde durch eine losgelöste Reform des Art. 1583 C.c. dieser aus seinem Gesamtzusammenhang gerissen und das System des Code civil in Frage gestellt. Außerdem hielt Malaurie eine Reform auch insofern für unnötig, als von Art. 1583 C.c. nach dem Grundsatz "keine Regel ohne Ausnahme" im Rahmen gesetzlicher und vertraglicher Ausnahmen abgewichen werden könne. Eine solche Ausnahme auf vertraglicher Ebene sei der Eigentumsvorbehalt.[1532] Demnach konnte sich bislang keiner der genannten Gesetzesvorschläge zur Reform des Eigentumsübergangs mit Vertragsschluß durchsetzen.

1528 Er wies darauf hin, daß bislang keine wesentliche Verbesserung der wirtschaftlichen Situation eingetreten sei und die "*dettes commerciales*" mittlerweile auf nahezu 2000 Milliarden Francs angewachsen seien. Proposition de loi, A.N. n° 2234, p. 3.

1529 Wenn aber der nunmehr konkursfeste Eigentumsvorbehalt keine Beschleunigung der Zahlung bewirke, könne eine materiellrechtliche Lösung genausowenig zur Verkürzung der Zahlungsfristen beitragen. Die Einführung eines deutschen Systems in das französische Recht biete demnach keine Lösung der gegenwärtigen Probleme. So Perignot in einem unveröffentlichten Schreiben an Millon vom 14. Oct. 1991.

1530 Faut-il retarder le transfert de la propriété?, J.C.P. éd. E, 1995, Suppl. 5, p. 24.

1531 *Malaurie*, J.C.P., éd. E, Suppl. 5, p. 48.

1532 Ebenda, p. 51.

2.) Avant-projet für die Sicherungsübereignung

Da auch die Forderung nach der Übernahme der deutschen Sicherungsübereignung bei den französischen Juristen immer lauter wurde, war 1990 seitens des Justizministeriums ein *"avant-projet de loi relativ à la fiducie"* ins Leben gerufen worden, das die Einführung einer allgemeinen Sicherungsübereignung vorsah.[1533] Zur Begründung wurde angeführt, daß der englische "*trust*" und die deutsche Sicherungsübereignung sich als effektive Sicherungsmittel erwiesen hatten und man sich daher entschlossen habe, eine allgemeingültige Regelung der "*fiducie*" für Frankreich zu übernehmen. Der neue Gesetzestext sollte in Art. 2062 zunächst eine Legaldefinition enthalten.[1534] Des weiteren sollte festgelegt werden, daß die "*fiducie*" durch Vertrag begründet werde, der den Sicherungsgegenstand, die zu sichernde Forderung und den Sicherungsnehmer enthalten sollte. Dieser Vertrag sollte je nach Gegenstand in privatschriftlicher oder notarieller Form erfolgen können. Die "*fiducie*" sollte ein nichtakzessorisches Sicherungsmittel verkörpern, demzufolge der Gläubiger zwar verpflichtet sei, die Sache dem Schuldner mit Erfüllung der Forderung zurückzugeben, das Eigentum aber nicht gleichzeitig mit Erfüllung der Forderung erlösche.[1535] Im Falle der Zahlungsunfähigkeit sollte der Gläubiger Eigentümer der Sache bleiben.[1536]

Dieses *"avant projet"* wurde vom "*Conseil des Ministres*" am 19. Febr. 1992 gewählt und der Nationalversammlung vorgelegt.[1537] Obwohl sich die Sicherungsübereignung an Forderungen bereits durchgesetzt hatte[1538] und sich Witz unermüdlich für die Anerkennung der Sicherungsübereignung an beweglichen Sachen einsetzte, wurde der Gesetzesvorschlag bislang nicht verabschiedet.[1539] Der allgemeinen Anerkennung der Sicherungsübereignung wird nach wie vor vor allem die fehlende Publizität entgegengehalten, die einerseits einem effekti-

---

[1533] *Guillenschmidt*, Présentation de l'avant-projet de loi relatif à la fiducie, Rev. banc. 1990, n° 19, p. 105.

[1534] Art. 2062: "La fiducie est un contrat en vertue duquel un constituant transfère tout ou partie de ses biens et droits à un fiduciaire à charge pour celui-ci d'agir dans un but déterminé, au profit de bénéficiaires ou du constituant lui-même."

[1535] *Witz*, J.C.P. 1993, èd. E. 1993, I, p. 233; a.A.: *Crocq*, t. II, p. 183.

[1536] Abdruck des gesamten Gesetzestextes in Rev. Dr. Banc., n° 19, 1990, p. 122.

[1537] Proposition de loi, A.N. 1992, n° 2583.

[1538] Siehe "Loi Dailly" in der Form, die ihr der Gesetzgeber von 1984 gegeben hat.

[1539] *Witz*, La fiducie en droit privé français, 1981, n° 210; derselbe, L'avant-projet de loi sur la fiducie au regard des experiences étrangères, Rev. Banque et Droit, 1991, p. 225; derselbe, Reflexions sur la fiducie-sûreté, J.C.P. 1993, éd. E., p. 244; derselbe, La fiducie-sûreté en droit français-Chronique d'une réforme ajournée, in: Lebendiges Recht, 1995, S. 805.

ven Schutz der Rechte Dritter entgegenstehe und andererseits für den Gläubiger selbst die Gefahr bringe, daß er im Falle des Weiterverkaufs an einen gutgläubigen Dritten alle Rechte verliere.[1540]

3.) Gesetzesvorschlag von 1996 zum Eigentumsvorbehalt

Von der "*Féderation des Minerais et Metaux*" wurde im April 1996 ein Gesetzesvorschlag "*sur la loyauté et l'équilibre des relations commerciales*" unterbreitet.[1541] Der Vorschlag enthielt eine Ergänzung des Art. 121 Abs. 2 des Insolvenzgesetzes von 1994 dahingehend, daß der Eigentumsvorbehalt bei widersprüchlichen allgemeinen Geschäftsbedingungen nur dann seine Wirksamkeit verliert, wenn der Verkäufer ausdrücklich darauf verzichtet.[1542] Der Vorteil dieses Vorschlages liegt in der Festigung der Stellung des Verkäufers, der bei widersprüchlichen Geschäftsbedingungen grundsätzlich weiter auf den Schutz des Eigentumsvorbehalts vertrauen kann und im Rahmen von Vertragsverhandlungen einen Risikoausgleich für die Abstandsnahme vom Eigentumsvorbehalt durch Reduzierung der Zahlungsfristen, Preissteigerung oder Vertragsstrafen schaffen kann.[1543] Der Gesetzesvorschlag stellt außerdem eine weitere Annäherung an das deutsche Recht dar. Denn nach der h.M. in Deutschland ist bei Fehlen anderer Anhaltspunkte trotz der Abwehrklauseln davon auszugehen, daß der Eigentumsvorbehalt Inhalt des Schuldvertrags wird und der Käufer keine unbedingte Übereignung verlangen kann, wenn der Käufer die Sache in Kenntnis des Eigentumsvorbehalts, oder bei zumutbarer Möglichkeit der Kenntnisnahme, widerspruchslos abgenommen hat.[1544] Der Senat hat diesen Gesetzes-

---

1540 *Simler/Delebecque*, p. 455; *Malaurie/Aynès*, t. IX, p. 289, n° 753.

1541 Projet de loi sur la loyauté et l'équilibre des relations commerciales, note établie á l'intention de Mmes et MM. les parlementaires par la Fédération des minerais et metaux, April 1996.

1542 Art. 121: "La renonciation du vendeur au bénéfice d´une clause de réserve de propriété qu'il a inscrit dans des conditions de vente notifiées ne peut résulter que d´un écrit signé de sa main."

1543 Auch das "Ministère de l'Economie et des Finances" hatte sich anläßlich der Reform von 1994 dafür ausgesprochen, den Allgemeinen Geschäftsbedingungen des Verkäufers grundsätzlich den Vorrang einzuräumen. Denn die gegenwärtige Rechtsprechung, die den ablehnenden Allgemeinen Geschäftsbedingungen des Käufers Vorrang gewähre, führe dazu, daß die Käufer in ihren Allgemeinen Geschäftsbedingungen die Anerkennung des Eigentumsvorbehalts grundsätzlich verweigern und der Eigentumsvorbehalt damit unpraktikabel werde.

1544 BGH, NJW-RR 1986, 1378; BGH, NJW 1982, 1749; *Palandt/Putzo,* § 455, Rdn. 11; *Weber*, S. 141; *Baur/Stürner*, § 59 II, Rdn. 12; ausführlich: *Eckert/Nebel*, WM 42 (1988), S. 1549, der sogar allgemeine Branchenüblichkeit ausreichen läßt, um den Eigentumsvorbehalt trotz Abwehrklausel als wirksam zu erachten.

vorschlag im Juni 1996 mit einigen Änderungen anerkannt.[1545] Es bleibt abzuwarten wie die Assemblée National entscheiden wird.[1546]

V.) Zusammenfassung

Die Darstellung der letzten Entwicklungsperiode macht deutlich, daß das Gesetz von 1980 keineswegs in Vergessenheit geraten ist, wie zum Teil befürchtet worden war. Auch hat die Rechtsprechung das neue Gesetz nicht durch restriktive Auslegung in seinem Anwendungsbereich eingeschränkt, sondern ihre ehemals verkäuferfeindliche Haltung im wesentlichen aufgegeben und durch ihre extensive Entscheidungspraxis den Anwendungsbereich des Gesetzes von 1980 ausgedehnt. Auch in der Lehre geriet der Eigentumsvorbehalt keinesfalls in Vergessenheit, vielmehr wurde der Gesetzgeber aufgefordert, die begonnene Reform fortzuführen. Zwar waren dessen Reaktionen bislang recht verhalten, dennoch sind die Gesetze von 1981, 1985 und 1994 als erste Ansätze zur Fortführung der begonnenen Reform zu sehen. Vor allem das Gesetz von 1994 bestätigt die im Rahmen der Rechtsprechung hinsichtlich des Eigentumsvorbehalts erfolgte Rechtsfortbildung durch gesetzliche Normierung. In Anbetracht der zahlreichen Gesetzesvorschläge, über die noch nicht endgültig entschieden wurde, bleibt abzuwarten, wie der Gesetzgeber die Reform fortführen wird.
Festgehalten werden kann, daß der Gesetzgeber im Laufe der Zeit ständig bemüht war, die Rechte des Verkäufers auszudehnen und seine Position im Konkurs zu stärken. Gerade der aktuelle Gesetzesvorschlag von 1996 manifestiert einen weiteren Versuch zur Verbesserung der Verkäuferstellung und nähert den französischen Eigentumsvorbehalt weiter an das deutsche Recht an.[1547] Dies verdeutlicht, daß die vollständige Übernahme des deutschen Rechts nach wie

---

[1545] Proposition de loi, Sénat n° 2764: "Nonobstant toute clause contraire figurant dans des conditions générales d'achat, la clause de réserve de propriété est opposable à l'acheteur et aux autres créanciers, á moins que les parties n'aient convenue par écrit de l'écarter ou de la modifier."

[1546] Seitens des Justizministeriums wird gegenwärtig folgende Textfassung zur Ergänzung des Art. 121 vorgeschlagen: "La renonciation du vendeur au bénéfice d'une clause de réserve de propriété qu'il a inscrit dans des conditions de vente notifiées à l'acheteur ne peut résulter que d'un écrit signé de sa main."

[1547] In diesem Zusammenhang darf nicht unerwähnt bleiben, daß auch die Verbraucher weiteren Schutz durch den Gesetzgeber erfahren haben. Zunächst wurde durch das Gesetz vom 31. Dez. 1989 "relative à la prévention et au réglement des difficultés liées au surendettement des particulières et des famieles" sowie durch das Gesetz vom 5. Jan 1988 "relative aux actions en justice des associations agrées de consommateurs et l'information des consommateurs" der bestehende Schutz ausgeweitet und schließlich am 26. Juli 1993 ein umfassendes, die vorangegangenen Gesetze beinhaltendes Verbraucherschutzgesetz verabschiedet. (*Witz/Wolter*, ZEuP 1995, S. 35).

vor Diskussionsgegenstand ist und die Entwicklungen zum Eigentumsvorbehalt gegenwärtig noch nicht abgeschlossen sind.

Beachtlich ist im Rahmen der Entwicklung seit 1980, welchen Stellenwert das deutsche Recht inzwischen eingenommen hat. Es ist neben dem englischen auf dem Gebiet der Mobiliarsicherheiten einziges Vorbild für die französische Rechtsfortbildung und scheint letzterem in den vergangenen Jahren den Rang abgelaufen zu haben. Angesichts dieser Vorbildstellung des deutschen Rechts für die französische Rechtsfortbildung fühlt sich Simler dazu veranlaßt, für das 20. Jahrhundert von einer "germanomanie" zu sprechen: "*L'apparition en France de garantie fondée sur la propriété par suite d'une certaine germanomanie modifie sensiblement le paysage des sûretés mobilières sans déssaissinement.*"[1548]

1548 *Simler/Delebecque*, Droit civil, p. 469.

E.) SCHLUßBETRACHTUNG

Die Ergebnisse der vorangegangenen Untersuchungen sind vor dem Hintergrund der neueren Entwicklung des Eigentumsvorbehalts in Deutschland und den Vereinheitlichungsbestrebungen auf europäischer Ebene von Bedeutung. Daher sollen diese Aspekte in der folgenden Schlußbetrachtung Berücksichtigung finden.

I.) Zusammenfassung der historischen Entwicklung der Verkäufersicherungsrechte

Die Entwicklung der Verkäufersicherheiten in Frankreich zeigt, daß Deutschland und Frankreich mit dem Aufkommen der Nationalstaaten im 19. Jahrhundert getrennte Wege gegangen sind. In Deutschland nahm der Eigentumsvorbehalt an Mobilien bereits im 19. Jahrhundert eine gesicherte Position ein. Der deutsche Gesetzgeber hat bei der Schaffung des BGB an der Ablehnung besitzloser Pfandrechte festgehalten und statt dessen versucht, die Sicherung des Verkäufers durch den großzügigen Ausbau des in § 455 BGB geregelten Eigentumsvorbehalts zu gewährleisten. Der französische Gesetzgeber dagegen hat trotz vergleichbarer wirtschaftlicher Ausgangssituation einen völlig anderen Weg eingeschlagen. Der Code civil von 1804 kannte keinen Eigentumsvorbehalt, bei dem die Übereignung aufschiebend bedingt erfolgt und ein Recht auf Aussonderung im Konkurs erhalten bleibt. Grund dafür war zum einen, daß der Code civil beim derivativen Mobiliarerwerb dem Konsensualprinzip folgt. Die Konstruktion einer bedingten dinglichen Einigung über den Eigentumsübergang, wie sie § 455 BGB zugrundeliegt, schien zunächst in dieses Prinzip nicht hineinzupassen. Zum anderen war zum Zeitpunkt der Entstehung des Code civil der Barkauf die erstrebenswerte Form des Kaufes von beweglichen Sachen. Daher bestand zunächst auch kein Bedürfnis für ein Verkäufersicherungsmittel in Form des Eigentumsvorbehalts.

Dies änderte sich jedoch mit der Entstehung von Kredit- und Abzahlungskauf. Da der französische Gesetzgeber besitzlosen Mobiliarsicherheiten ablehnend gegenüberstand, wurde er dem neuen Bedürfnis durch die Einführung neuer Mobiliarsicherheiten in Form besitzloser Pfandrechte und Mobiliarhypotheken gerecht. Trotz des Bedarfs an effektiven Mobiliarsicherheiten gerieten die neu geschaffenen Spezialgesetze mit der Zeit teilweise völlig in Vergessenheit (*warrant industriel, warrant pétrolier*), teilweise kamen sie nie zur Anwendung (*warrant hôtelier*) und nur in seltenen Fällen war ihnen durchgreifender Erfolg (*gage automobile, nantissement d'outillage*) beschieden. Das Registerpfandrecht an Kraftfahrzeugen gewährt dem Verkäufer bei wirksamer Bestellung durch den fingierten Pfandbesitz eine Rechtsstellung, die ihm im Falle der Insolvenz seines Abnehmers zugute kommt. Denn aufgrund der besitzrechtlichen Fiktion kann der Verkäufer im Konkurs des Schuldners ein fiktives Zurückbehaltungsrecht geltend machen, welches dem "*droit de rétention*" des Faustpfandes gleichkommt und dem Pfandgläubiger einen für "*un créanciers d'un gage sans dépossession*" ungewöhnlichen absoluten Vorrang seines Anspruchs am erzielten Verwertungserlös gewährt. Fast ebenso günstig stellt sich die Situation für den Gläubiger eines "*nantissement de l'outillage et du matériel d'équipement*" dar: Das Pfandrecht an den der Berufsausübung dienenden Anlagegütern gewährt ihm im Konkurs des Käufers ebenfalls ein Recht auf bevorzugte Befriedigung und muß lediglich dem Werkunternehmerprivileg und dem "*superprivilège*" der Arbeitnehmer weichen. Einige praktische Bedeutung erlangte auch das "*nantissement du fonds de commerce*", das eine Mobiliarhypothek an einem Handelsunternehmen darstellt. Der Gläubiger eines "*nantissement du fond de commerce*" wird im Konkurs bevorzugt behandelt, tritt allerdings mit den bevorrechtigten Gehalts- und Fiskusforderungen sowie mit den durch die Verwertung entstandenen Gerichtskosten in Konkurrenz und erlangt daher selten volle Befriedigung.

Neben der Tatsache, daß es sich bei den genannten Registerpfandrechten um Spezialrechte handelt, die nicht verallgemeinerungsfähig sind, bieten sie trotz der Vorzugsstellung, die sie dem Verkäufer im Konkurs des Käufers einräumen, nicht den gleichen umfassenden Schutz wie das deutsche Verkäufersicherungsrecht. Erstrebt der Verkäufer eine konkursrechtliche Absicherung in Form eines Aussonderungsanspruchs, so bleibt ihm nur das kostspielige Leasingverfahren.

Obwohl der Eigentumsvorbehalt an beweglichen Sachen bereits seit Mitte der zweiten Hälfte des 18. Jahrhunderts "*inter partes*" anerkannt war, wurde ihm von der Rechtsprechung in der Regel die Wirksamkeit im Konkurs versagt. Das Problem bei dem mehr als 100 Jahre dauernden Streit zwischen Rechtsprechung und Lehre um die Anerkennung des Eigentumsvorbehalts im Konkurs war zum einen die Konkursrechtskonzeption des Code de commerce von 1838, die im Rahmen der "*théorie de l'apparence*" und der "*théorie de l'égalité*" den Schutz der Drittgläubiger in den Vordergrund stellte, zum anderen die Abneigung des französischen Gesetzgebers und der Rechtsprechung gegen publizitätslose Sicherungsmittel.

Die Konkursrechtsreform von 1955/1967 schränkte den Drittschutz ein und erklärte die vorgenannten Theorien für unhaltbar. Auf Grund der Abneigung des französischen Gesetzgebers gegen publizitätslose Sicherungsmittel und durch Schaffung zahlreicher Spezialgesetze wäre der Eigentumsvorbehalt beinahe in Vergessenheit geraten, wenn nicht die Rechtsvergleicher die Vorteile des deutschen Eigentumsvorbehalts immer wieder herausgearbeitet hätten. Die Rechtsvergleicher haben dem Eigentumsvorbehalt zu neuem Ansehen verholfen und die Reform von 1980 vorbereitet, durch die der einfache Eigentumsvorbehalt nach deutschem Vorbild gesetzlich normiert wurde.

Trotz des massiven Einsatzes der Rechtsvergleicher für eine komplette Übernahme des deutschen Systems, hat sich der Gesetzgeber aber nur zu einer Anerkennung der Konkursfestigkeit des einfachen Eigentumsvorbehalts im Rahmen des Insolvenzrechts durchringen können, ohne eine materiellrechtliche Regelung zu legitimieren. Diese Reform wurde von den Befürwortern des deutschen Systems daher nur als "erster Schritt in die richtige Richtung" verstanden, dem noch einige folgen sollten.

Eine weitere Annäherung an das deutsche Recht erfolgte durch die Rechtsfortbildung im Rahmen der Rechtsprechung zum Eigentumsvorbehalt und die neue Gesetzgebung von 1981, 1985 und 1994. Obwohl im Vergleich zum deutschen Recht die Verlängerungs- und Erweiterungsformen nach wie vor nicht vollständig anerkannt sind, scheint die allgemeine Entwicklungstendenz zu einer weiteren Anerkennung des Eigentumsvorbehalts und sogar zur Übernahme der Sicherungsübereignung zu führen.

Seit der Reform von 1980 wurden in Frankreich keine weiteren besitzlosen Pfandrechte an beweglichen körperlichen Sachen mehr ins Leben gerufen. Für unkörperliche Sachen dagegen, die von der Rechtsprechung bis dahin vom Anwendungsbereich des Eigentumsvorbehalts ausgeschlossen waren, wurden einige weitere besitzlose Pfandrechte kreiert.[1549] Diese Entwicklung verdeutlicht, daß der Eigentumsvorbehalt ein wirksames Ersatzmittel für die herkömmlichen Sicherungsmittel bietet und diese weitgehend ablöst. Seit seiner gesetzlichen Legitimierung nimmt er eine herausragende Stellung unter den französischen Sicherungsrechten ein und wird zu Recht als *"sûreté vedette du XX*^{ème} *siècle finissant"* oder als *"reigne des sûretés"* bezeichnet.[1550]

Die weitere Entwicklung des Eigentumsvorbehalts und die Anerkennung der Sicherungsübereignung hängen im wesentlichen davon ab, ob der französische Gesetzgeber den 1980 eingeschlagenen Kurs beibehält oder wieder zu dem über Jahrhunderte verankerten Grundsatz der Publizität der dinglichen Sicherungsrechte zurückkehrt. Die Debatte im Rahmen der Vorarbeiten zum Gesetz von 1994 ließ zunächst befürchten, der Gesetzgeber wolle - wie bei der Gesetzgebung zum *"crédit bail"* - auch beim Eigentumsvorbehalt nachträglich ein Publizitätserfordernis normieren. Obwohl sich diese Befürchtungen in der Regelung des Art. 115-1, wie gezeigt, nicht verwirklichten, scheint der Gesetzgeber den

---

1549 So das "gage sur brevets d'invention" vom 2. Jan. 1968, das "nantissement conservatoire des actions, parts sociales et valeurs mobilières" vom 9. Juli 1991 und das "nantissement du droit d'exploitation des logiciels" vom 10. Mai 1994, das die Umsetzung der EG-Richtlinie zum Schutz von Computerprogrammen vom 14. Mai 1991 darstellt und ein weiteres Spezialpfandrecht für Software einführt. Für Software als neue Art unkörperlicher Gegenstände, Patente etc. bestand mangels anwendbarer Sicherungsrechte keine Finanzierungsmöglichkeit.

1550 *Cabrillac/Mouly*, p. 571.

publizitätslosen Sicherungsmitteln immer noch mit Skepsis zu begegnen, was auch das Ausbleiben der gesetzlichen Normierung der Sicherungsübereignung erklärt.

II.) Inhaltliche und dogmatische Rechtfertigung der Einführung eines Eigentumsvorbehalts nach deutschem Vorbild

In erster Linie waren es wirtschafts- und wettbewerbspolitische Erwägungen, die den französischen Gesetzgeber 1980 veranlaßt haben, den konkursfesten Eigentumsvorbehalt nach deutschem Vorbild anzuerkennen.[1551] Durch die Einführung eines konkursfesten Eigentumsvorbehalts sollten die negativen Auswirkungen einer "*faillite en chaine*" zukünftig verhindert und gleichzeitig ein kostengünstiges Kreditsicherungsmittel für die französische Wirtschaft geschaffen werden.[1552] Die Möglichkeit der Absicherung durch Eigentumsvorbehaltsklausel hielt man vor allem für kleinere und mittelgroße Unternehmen für existentiell. Die wirtschaftspolitischen Gründe allein genügten jedoch nicht, um dem von Seiten der Wirtschaft vorangetriebenen Vorhaben zum Durchbruch zu verhelfen. Den Ausschlag gaben letztendlich die Verhandlungen der europäischen Mitgliedstaaten zur Schaffung eines Europäischen Konkursrechtsübereinkommens, in denen auf eine einheitliche Lösung der Mitgliedstaaten gedrängt wurde.

Dogmatisch wurde die Einführung des deutschen Eigentumsvorbehalts dahingehend begründet, daß das in Frankreich geltende Konsensprinzip der Einführung des Eigentumsvorbehalts in den Code civil nicht entgegen stehe, weil nach allgemeiner Meinung Art. 1583 C.c. von jeher als dispositiv angesehen worden sei.[1553] Es müsse daher den Parteien frei gestellt sein, die Kaufpreiszahlung zu einer Art "Tatbestandsmerkmal" des Eigentumsübergangs zu machen.[1554] Die Dispositivität begründete die Rechtslehre damit, daß zwar der Eigentumsübergang ein notwendiger Bestandteil des Kaufvertrages sei, dies jedoch nicht notwendigerweise für dessen sofortigen Vollzug gelte.[1555] Der "*effet translatif*" des Vertrages werde durch die Beifügung einer Bedingung nicht beseitigt; die Ei-

---

1551 *Böckenhoff*, Der Eigentumsvorbehalt im französischen Unternehmenssanierungsgesetz, S. 296.

1552 Ebenda, S. 296.

1553 Cass. req. 22.07.1872, D 1873, I, p. 111; Cass. civi. 08.06.1904, D.P: 1904, I, p. 455; Cass. civ. 19.01.1942, J.C.P. 1942; II, n° 1815; *Acquaviva-Bacrot*, p. 545.

1554 *Depser*, Eigentumsvorbehalt, S. 35; *Ehrig*, S. 102.

1555 *Margellos*, La protection du vendeur, p.36; *Mazeaud*, p. 188; *Ferid/Sonnenberger*, Bd. I, S. 92.

gentumsverschaffung bleibe Ziel der Parteien. Die Parteien können somit nach ihrem gemeinsamen Willen den Eigentumsübergang modifizieren. Diese Möglichkeit ist jedoch dadurch begrenzt, daß die betreffende vertragliche Vereinbarung den Eigentumsübergang nicht andauernd hemmen und so der gesetzlich normierten Rechtsfolge des Kaufvertrages, der Übertragung des Eigentums, zuwiderlaufen darf.[1556]

Eine Bestätigung dieser Ansicht findet sich in den Materialien zum Gesetz vom 12.05.1980. Im Rahmen der Beratungen hat die Konstruktion des Eigentumsvorbehalts breiten Raum eingenommen. Schließlich hat sich der Gesetzgeber ausdrücklich der Auffassung der Cour de Cassation angeschlossen und die Formulierung im Text des Gesetzes mit derjenigen der Leitsätze im "Mecarex-Urteil" abgestimmt.[1557]

Außerdem manifestiert der Gesetzgeber durch das neue Gesetz vom 12.05.1980 den Wandel des Verständnisses der Eigentumskonzeption in Frankreich: Dem Eigentum wird neben seinen traditionellen Funktionen auch eine reine Sicherungsfunktion zugesprochen. Bei den klassischen dinglichen Sicherungsrechten hatte der Schuldner bewegliche Sachen, die ihm gehörten und weiterhin ihm gehören sollten, zur Kreditsicherung eingesetzt, indem er ein Pfandrecht oder eine Hypothek daran bestellte. Beim Eigentumsvorbehalt bleibt dagegen der Vorbehaltsverkäufer Eigentümer, obwohl er den Gebrauch und den Nutzen der Sache aus der Hand gegeben hat. Im Ergebnis entspricht die dogmatische Konstruktion des Eigentumsvorbehalts in Frankreich heute, läßt man die grundsätzlichen Unterschiede aufgrund des Konsens- bzw. Abstraktionsprinzips außer Acht, derjenigen des deutschen Rechts.

III.) Der deutsche Einfluß auf die Entwicklung des Eigentumsvorbehalts

Der Einfluß des deutschen Rechts zeigt sich in ersten Ansätzen seit Ende des 19. Jahrhunderts. Zunächst orientierte sich der französische Gesetzgeber im 19. Jahrhundert jedoch mehr am englischen als am deutschen Recht. Durch die Übernahme englischer Rechtsinstitute erhoffte sich der Gesetzgeber den gleichen wirtschaftlichen Aufschwung, den England schon vor einigen Jahren erfahren hatte.

Bemerkenswert ist jedoch die Entwicklung des Eigentumsvorbehalts in Baden, das im 19. Jahrhundert zu den Gebieten des französischen Rechts in Deutschland gehörte. Im Badischen Landrecht von 1810, dem einzigen Tochterrecht des

---

1556 *Pérochon*, La Réserve de Propriété dans la vente de meubles corporels, p. 11; *Ferid/Sonnenberger*, Bd. II, S. 60.

1557 *Rudloff*, J. O. Déb. Sen. v. 19.04.1980, p. 1625.

Code Civil[1558], konnte sich - anders als im übrigen Rheinischen Recht und anders als im französischen Recht - der konkursfeste[1559] Eigentumsvorbehalt durchsetzen. Obwohl auch in den übrigen Gebieten des Rheinischen Rechts sowie in Frankreich das Institut des Eigentumsvorbehalts als aufschiebende Bedingung des Eigentumsübergangs bekannt war, setzte er sich nur in Baden als selbständige Struktur durch. Grund dafür war, daß die badischen Juristen sich mit der Pandektistik auseinander gesetzt hatten und ihnen das publizitätslose Sicherungsmittel vertraut war.

Die erste konkrete Möglichkeit, den deutschen Eigentumsvorbehalt zu übernehmen, bot sich dem französischen Gesetzgeber 1924, als für Elsaß-Lothringen das *"Droit local"* als Sonderrecht bestehend aus deutschen und französischen Elementen geschaffen wurde. Obwohl sich durch die Übernahme des deutschen Abzahlungsgesetzes eine indirekte gesetzliche Regelung des Eigentumsvorbehalts im *"Droit local"* wiederfindet, konnte sich der Gesetzgeber nicht entschließen, die materiellrechtliche Regelung des § 455 BGB beizubehalten.

Ab 1934 gewann der Eigentumsvorbehalt nach deutschem Vorbild zunächst bei den Rechtsvergleichern zunehmend an Ansehen. Spätestens seit 1963 wird von diesen die Übernahme des deutschen Systems propagiert. Von da an hat das deutsche Recht auf dem Gebiet der Verkäufersicherungsrechte seine Vorbildstellung ungemindert beibehalten. Während also die Entwicklung der Mobiliarsicherheiten im 19. Jahrhundert noch durch eine sog. "*anglomanie*" gekennzeichnet war[1560], läßt sich im 20. Jahrhundert von einer "*germanomanie*" sprechen.

IV.) Neuere Entwicklung des Eigentumsvorbehalts in Deutschland

Die starke Orientierung Frankreichs an Deutschland hinsichtlich des Eigentumsvorbehalts seit Mitte dieses Jahrhunderts ist in Anbetracht der Tatsache, daß der Eigentumsvorbehalt in dieser Zeit auch in Deutschland verstärkt zum Diskussionsgegenstand und seine Reform in Erwägung gezogen wurde, von besonderer Bedeutung. Ende der 70er Jahre wurde er angesichts der starken Zunahme der Insolvenzen auch in Zusammenhang mit den Schlagworten "Konkurs des Konkurses", "Sicherungswettlauf", "Ausverkauf der Konkursmasse" genannt, so daß anläßlich des 51. DJT 1976 einige Reformvorschläge diskutiert wurden.[1561]

1558 *Gross*, S. 10.

1559 Wie oben unter C.), 4. Kapitel, II, 1 b.) ausgeführt, war die Anerkennung des Eigentumsvorbehalts im Konkurs streitig.

1560 *Granger*, dans: Hamel, Le gage commercial, p. 160.

1561 *Drobnig*, Gutachten zum 51. DJT 1976 I, S. F 71 ff.

Dabei reichten die Vorschläge über die Praktikabilität von Registern und Sicherungsbüchern und das Verbot einzelner Mobiliarsicherungsreformen bis hin zur Gesamtreform der Mobiliarsicherungsrechte und des Insolvenzrechts. In seiner Mehrheit sprach sich der 51. DJT jedoch gegen eine drastische Beschneidung der Wirkungsweise des Eigentumsvorbehalts aus.[1562]

Im Rahmen der deutschen Insolvenzrechtsreform[1563] waren von der Kommission für Insolvenzrecht in den Jahren 1984 und 1985 die Grundsätze des neuen Insolvenzrechts entwickelt worden. Für die Mobiliarsicherheiten bedeutete dies die Beseitigung aller Konkursvorrechte und die Einbeziehung der Inhaber besitzloser Mobiliarsicherheiten in das Insolvenzverfahren.[1564] Eigentumsvorbehalt und Sicherungsübereignung sollten danach unterschiedslos ihrer Konkursfestigkeit beraubt und der Insolvenzmasse einverleibt werden.[1565] Frappierend ist die von der Kommission für Insolvenzrecht dahingehend angeführte Begründung: Mangels Publizität müsse beiden Rechtsinstituten in der Insolvenz die Wirksamkeit versagt werden.[1566] Dieselben Argumente, die in Frankreich jahrelang einer Anerkennung des konkursfesten Eigentumsvorbehalts entgegengestanden hatten und erst 1980 aufgegeben worden waren, sollten jetzt der deutschen Reform zugrundegelegt werden. Die Kommission war der Ansicht, daß Vorbehalts- und Sicherungseigentum als vom Gesetz nicht zugelassene rechtsgeschäftliche besitzlose Pfandrechte zu beseitigen seien und an deren Stelle eine "Einheitsmobiliarsicherheit" nach amerikanischem Vorbild treten müsse.[1567] Etwa zur gleichen Zeit wie in Frankreich wurde mithin auch in Deutschland die Einführung eines dem amerikanischen "*security interest*" entsprechenden Systems erwogen.
Dieser Vorschlag der Kommission für Insolvenzrecht stieß jedoch auf heftige Kritik. Gerügt wurde neben der generellen Verschlechterung der Rahmenbedingungen selbständiger Existenzen und der Aushöhlung der Gläubigerautonomie vor allem die unkritische Übernahme eines, den traditionellen deutschen Denk-

---

1562 51. DJT 1976 II, S. O 181, 183.

1563 Bereits 1978 hatte der damalige Justizminister Hans-Jochen Vogel den Auftrag erteilt, ein modernes, sanierungsfreundliches Insolvenzrecht zu entwickeln. *Pick*, NJW 1995, S. 993.

1564 *Hofmann*, DRiZ 1994, S. 412.

1565 *Serick*, Eigentumsvorbehalt, Bd. I, § 8 II 3, S. 220.

1566 Ebenda, S. 221.

1567 Ebenda, S. 221.

kategorien völlig unbekannten Systems, des Einheitsmobiliarsicherungsrechts.[1568]
Die ablehnenden Reaktionen auf den Entwurf der Kommission blieben auch im Bundesministerium nicht unbeachtet, so daß dieses sowohl in seinem 1988 vorgestellten Diskussionsentwurf einer Insolvenzordnung als auch in dem ihm nachfolgenden Referentenentwurf 1989 den durch Vorbehalts- oder Sicherungseigentum gesicherten Gläubigern die Insolvenzfestigkeit beließ und ihnen zumindest ein Absonderungsrecht einräumte.[1569] Am Konzept der Einheitsmobiliarsicherheit wurde jedoch festgehalten.[1570] Diese neuen Vorschläge mußten sich vor allem der vernichtenden Kritik von Serick stellen, der sich vehement gegen die Modifizierung der geltenden besitzlosen Mobiliarsicherungsrechte einsetzte.[1571] Er tituliert das Reformergebnis des Referentenentwurfs hinsichtlich des Eigentumsvorbehalts als die "Mißgeburt eines kastrierten Vorbehaltseigentums"[1572]. Durch die Reformvorschläge werde das bislang aussonderungsberechtigte Vorbehaltseigentum zu einer nur noch absonderungsberechtigten Pfandsache degradiert.[1573] Einer solchen Entwicklung stünden sowohl dogmatische als auch kreditwirtschaftliche Gesichtspunkte entgegen; sie sei mit den Bemühungen um Rechtsvereinheitlichung im EG-Bereich unvereinbar.[1574]

Aufgrund der starken Kritik wurde im Januar 1992 ein Regierungsentwurf zur Insolvenzordnung vorgelegt, der die vorangegangenen Entwürfe ablöste.[1575] Die bedeutende Neuerung dieses Regierungsentwurfs im Bereich der Mobiliarsicherheiten lag darin, daß der konkursfeste Eigentumsvorbehalt beibehalten und damit das Experiment der Einheitsmobiliarsicherheit aufgegeben wurde. Diese Aufwertung des Vorbehaltseigentums muß, um in den Worten Sericks zu sprechen, "als eine fast sensationelle Kehrtwendung in der 16-jährigen Geschichte der offiziellen Bemühungen um die Insolvenzrechtsreform" gesehen werden.[1576] Der Regierungsentwurf, der damit im Ergebnis der vielfachen Kri-

---

1568 *Gravenbrucher Kreis,* ZIP 1990, S. 476; *Serick*, BB 1990, S. 866; *Hofmann*, DriZ 1994, S. 413.

1569 *Serick*, Neue Rechtsentwicklungen, § 9 IV 2a, S. 254.

1570 Ebenda, S. 255.

1571 *Serick*, ZIP 1989, S. 409; derselbe, BB 1990, S. 861.

1572 *Serick*, BB 1990, S. 866.

1573 Ebenda, S. 866.

1574 Derselbe, Neue Rechtsentwicklungen, § 9 IV 2b, S. 255; So auch *Gravenbrucher Kreis*, ZIP 1990, S. 476.

1575 *Serick*, Neue Rechtsentwicklungen, § 9 IV 2 a, S. 254, *Marotzke*, ZZP 109 (1996), S. 431 m.w.N.

1576 *Serick*, Neue Rechtsentwicklungen, § 9 IV 2 a, S. 265.

tik von Serick folgte, wurde nach einigen Modifikationen am 21.4.1994 vom Bundestag als neue Insolvenzordnung (InsO) einstimmig verabschiedet.[1577] Der Termin des Inkrafttretens wurde allerdings bis zum 1.1.1999 verschoben, um die personellen und sachlichen Voraussetzungen für die Umstellung auf das neue Verfahren zu schaffen.[1578] Nach der neuen Regelung der §§ 47, 107 InsO ist der Eigentumsvorbehaltsverkäufer demnach zur Aussonderung berechtigt.[1579] Nach § 47 InsO ist derjenige kein Insolvenzgläubiger, der aufgrund eines dinglichen oder persönlichen Rechts geltend machen kann, daß ein Gegenstand nicht zur Insolvenzmasse gehört.[1580] Am Aussonderungsrecht dessen, der dem Schuldner eine bewegliche Sache verkauft und unter Eigentumsvorbehalt übereignet hat, ändert sich nur insofern etwas, als der Insolvenzverwalter des Käufers die Anfrage des Verkäufers, ob der Vertrag erfüllt werde (§ 103 II S. 2 InsO), grundsätzlich erst unverzüglich nach dem Berichtstermin zu beantworten braucht (§ 107 II InsO).[1581] Nach dem Willen der Gesetzesverfasser soll der Vorbehaltsverkäufer für die Dauer von höchstens drei Monaten gehindert sein, die gelieferte Ware vom Insolvenzverwalter herauszuverlangen.[1582]

1577 Gleichzeitig verabschiedete das Parlament ein Einführungsgesetz zur Insolvenzordnung (EGInsO). Bundesgesetzblatt 1994, I, S. 2866.

1578 *Pick*, NJW 1995, S. 993; *Obermüller*, WM 1994, S. 1873.

1579 *Marotzke*, ZZP 109 (1996), S. 431.

1580 § 47 InsO: "Wer aufgrund eines dinglichen oder persönlichen Rechts geltend machen kann, daß ein Gegenstand nicht zur Insolvenzmasse gehört, ist kein Insolvenzgläubiger. Sein Anspruch auf Aussonderung des Gegenstands bestimmt sich nach den Gesetzen, die außerhalb des Insolvenzverfahrens gelten."

1581 § 107 InsO: " (1) Hat vor der Eröffnung des Insolvenzverfahrens der Schuldner eine bewegliche Sache unter Eigentumsvorbehalt verkauft und dem Käufer den Besitz an der Sache übertragen, so kann der Käufer die Erfüllung des Kaufvertrages verlangen. Dies gilt auch, wenn der Schuldner dem Käufer gegenüber weitere Verpflichtungen übernommen hat und diese nicht oder nicht vollständig erfüllt hat. (2) Hat vor der Eröffnung des Insolvenzverfahrens der Schuldner eine bewegliche Sache unter Eigentumsvorbehalt gekauft und vom Verkäufer den Besitz an der Sache erlangt, so braucht der Insolvenzverwalter, den der Verkäufer zur Ausübung des Wahlrechts aufgefordert hat, die Erklärung nach § 103 Abs. 2 Satz 2 erst unverzüglich nach dem Berichtstermin abzugeben. Dies gilt nicht, wenn in der Zeit bis zum Berichtstermin eine erhebliche Verminderung des Wertes zu erwarten ist und der Gläubiger den Verwalter auf diesen Umstand hingewiesen hat.

§ 103 Abs. 2 InsO: "(2) lehnt der Verwalter die Erfüllung ab, so kann der andere Teil eine Forderung wegen der Nichterfüllung nur als Insolvenzgläubiger geltend machen. Fordert der andere Teil den Verwalter zur Ausübung seines Wahlrechts auf, so hat der Verwalter unverzüglich zu erklären, ob er die Erfüllung verlangen will. Unterläßt er dies, so kann er auf der Erfüllung nicht bestehen."

1582 *Uhlenbruck*, Das neue Insolvenzrecht, S. 67; *Marotzke*, ZZP 109 (1996), S. 431; *Obermüller*, Insolvenzrecht in der Bankpraxis, S. 820, Rdn. 6.359.

Beseitigt wurde nur das, im Ergebnis wie ein Eigentumsvorbehalt wirkende, Verfolgungsrecht des Versendungskäufers und des Einkaufskommissionärs durch die Nichtaufnahme einer dem § 44 KO entsprechenden Vorschrift.[1583]
Wie auch bislang von der Rechtsprechung de lege lata aus der analogen Anwendung des § 48 KO gefolgert wurde[1584], haben Sicherungsübereignung sowie die Verlängerungs- und Erweiterungsformen des Eigentumsvorbehalts gemäß § 49 InsO keine Aussonderungskraft, sondern gewähren Anspruch auf abgesonderte Befriedigung.[1585] Abgeschafft wurde allerdings der Konzernvorbehalt. Nach dem gleichzeitig mit der InsO in Kraft tretenden § 455 II BGB ist der Eigentumsvorbehalt nunmehr nichtig, soweit er davon abhängig gemacht wird, daß der Käufer Forderungen eines Dritten, insbesondere eines mit dem Verkäufer verbundenen Unternehmens, erfüllt.[1586]
Durch § 107 I InsO wird nunmehr auch dem Anwartschaftsrecht des Vorbehaltskäufers ein insolvenzrechtlicher Schutz zuteil, da der Käufer die Erfüllung des Kaufvertrages verlangen kann, wenn der Schuldner die bewegliche Sache vor Eröffnung des Insolvenzverfahrens unter Eigentumsvorbehalt verkauft und dem Käufer den Besitz übertragen hat.[1587] Der einfache Eigentumsvorbehalt ist damit in Deutschland gegenwärtig einer umfassenden Reform entgangen und hat im wesentlichen seine herkömmlichen Strukturen bewahrt.[1588]

V.) Vereinheitlichungsbestrebungen auf europäischer Ebene

Die im Rahmen dieser Arbeit gewonnenen Erkenntnisse verdeutlichen, welche bedeutende Rolle die Rechtsvergleichung bei der Fortentwicklung des nationalen Rechts spielt. Trotz der verschiedenen nationalstaatlichen Gesetzgebungen fand aufgrund der Arbeiten der Rechtsvergleicher stets ein reger Transfer juristischen Wissens zwischen den einzelnen Rechtsordnungen statt.
Rechtsvergleichung ist aber nicht nur im Rahmen der nationalen Rechtsfortbildung von Bedeutung, sondern auch Voraussetzung der europäischen Rechtsvereinheitlichung. Das französische Gesetz von 1980 wurde in diesem Zusammenhang als Beitrag zur europäischen Rechtsangleichung, d.h. als erster Schritt in Richtung eines "*droit européen de la faillite*" verstanden.[1589] Denn die Vorbe-

---

1583 *Marotzke*, ZZP 109 (1996), S. 432.

1584 BGH, JZ 1971, S. 505; BGHZ 98, S. 160(170).

1585 Ebenda, S. 432; *Obermüller*, Insolvenzrecht in der Bankpraxis, S. 821, Rdn. 6.361.

1586 *Obermüller*, Insolvenzrecht in der Bankpraxis, S. 821, Rdn. 6.362.

1587 *Uhlenbruck*, Das neue Insolvenzrecht, S. 90.

1588 *Marotzke*, ZZP 109 (1996), S. 457; *Obermüller*, WM 1994 S. 1873; *Uhlenbruck*, Das neue Insolvenzrecht, S. 67.

1589 *Chartier*, Rev. jur. com. 1982, n° spéc., p. 159.

haltsfeindlichkeit des französischen Insolvenzrechts hatte der Absicht der Realisierung einer europäischen Konvention zur einheitlichen Regelung der konkursrechtlichen Behandlung des einfachen Eigentumsvorbehaltes entgegengestanden.[1590] Da die meisten europäischen Länder den konkursfesten einfachen Eigentumsvorbehalt inzwischen anerkennen, harmoniert das französische Gesetz vom 12.05.1980, das die allgemeine Wirksamkeit des Eigentumsvorbehalts im Konkurs- und Vergleichsverfahren des Käufers normiert, mit dem Rechtsstandpunkt der meisten europäischen Nachbarn und fördert das Zusammenwachsen der EU-Staaten.[1591] Dennoch bestehen zwischen den einzelnen Ländern teilweise große Abweichungen hinsichtlich der Grundvoraussetzungen des konkursfesten Eigentumsvorbehalts. Auch die Anerkennung von Verlängerungs- oder Erweiterungsformen desselben ist bei den meisten europäischen Ländern recht selten.[1592] Trotz erster vorsichtiger Schritte hinsichtlich der Angleichung der Rechtssysteme scheint die Realisierung eines europäischen Einheitsrechts auf dem Gebiet der Mobiliarsicherheiten ein nur schwer zu bewältigendes Unterfangen zu sein.[1593] Seit vielen Jahren befassen sich die Europäische Kommission sowie internationale Organisationen wie die UN-Kommission für internationales Handelsrecht "UNCITRAL"[1594] und das Römische Institut für Internationale Vereinheitlichung des Privatrechts "UNIDROIT"[1595] mit der Angleichung, Harmonisierung und Vereinheitlichung des Insolvenzrechts und des Rechts der Mobiliarsicherheiten.

Seit Ende der sechziger Jahre hatte UNCITRAL die Bemühung unternommen, weltweit eine Vereinheitlichung der vertraglichen besitzlosen Mobiliarsicher-

---

1590 Débat Sénat, Séance 11. déc. 1979, J.O. 1979, p. 5324; *Arnold*, BB 1981, S. 273; *Tene-Boukary*, p. 20.

1591 Zu den Ländern, die dem Eigentumsvorbehalt auch gegenüber Dritten und im Konkurs Wirksamkeit zusprechen, gehören neben Deutschland und jetzt Frankreich, auch Italien, England, die Niederlande, Österreich, Norwegen, Schweden, Portugal, Spanien, Dänemark (für Dänemark gilt dies allerdings nur in sehr eingeschränktem Maße, nämlich nur bei nicht zum Verkauf bestimmten Gegenständen). Die Anzahl der europäischen Länder, die den Eigentumsvorbehalt gegenüber Dritten gar nicht anerkennen, ist dagegen wesentlich geringer. Hierzu zählen Belgien, Luxemburg und Griechenland. (*von Bernstorff*, RIW 1993, S. 365; *Westphal*, Iusto iure, 1995, S. 55).

1592 *Heide*, Rev. dr. int. comp. 1995, p. 460.

1593 Abgesehen vom Recht der Transportmittel: Brüssler Übereinkommen vom 10.4.1926 zur einheitlichen Feststellung einiger Regeln über Privilegien und Hypotheken an Seeschiffen, Genfer Abkommen vom 19.6.1948 über die internationale Anerkennung von Rechten an Luftfahrzeugen.

1594 "United Nations Commission on International Trade Law". Französische Bezeichnung: "Commission des Nations Unies pour le Droit Commercial International" (CNUDCI).

1595 "Institut international pour l'unification du droit privé".

heiten zu erreichen.[1596] Ohne zu einem Ergebnis gelangt zu sein, wurden die Arbeiten 1980 eingestellt, da sich eine Vereinheitlichung in Anbetracht der grundlegenden Differenzen der einzelnen Rechtsordnungen gegenwärtig nicht realisieren lasse. In dem entsprechenden Abschlußbericht heißt es: "*...world wide unification of the law of Security Interests in goods....was in all likelihood unatteinable....and...no further work should at present be carried out by the Secretariat.*"[1597]
Auch UNIDROIT befaßte sich seit seiner Gründung im Jahre 1926 allgemein mit der Privatrechtsvereinheitlichung. Auf dem Gebiet der Verkäufersicherungsrechte erstellte Ernst Rabel 1936 im Auftrag des Instituts eine Studie über das internationale Kaufrecht[1598], das schließlich im Haager Einheitlichen Kaufrecht von 1964 kodifiziert wurde und in seiner heutigen fortentwickelten Fassung als UN-Kaufrecht (CISG) Geltung hat.[1599] Obwohl der Entwurf zu diesem Übereinkommen ursprünglich auch einen Annex mit einheitlichen Sachnormen über den Eigentumsvorbehalt enthielt, wurden diese Bestimmungen in das Übereinkommen weder integriert noch als Zusatzkonventionen zur Zeichnung aufgelegt. 1970 widmete sich UNIDROIT in einer ausführlichen rechtsvergleichenden Studie dem Ratenkauf und dabei vor allem der Regelung des Eigentumsvorbehaltes in den verschiedenen Ländern Europas, mit dem Ziel, eine Basis zur Vereinheitlichung der Regelungen des Ratenkaufs zu finden.[1600] Angesichts der Vielfalt der nationalen Regelungen auf dem Gebiet des Eigentumsvorbehaltes kam UNIDROIT zu dem Ergebnis, daß sich der Eigentumsvorbehalt gegenwärtig nicht zur Vereinheitlichung eigne.[1601] Vielmehr sei eine Vereinheitlichung erst dann möglich, wenn auch eine gewisse Harmonisierung der insolvenzrechtlichen Regelungen erfolge. Eine solche Änderung scheitere jedoch in der Regel daran, daß es sich bei den Vorschriften über die Wirksamkeit der Verkäufersicherungsrechte im Konkurs häufig um solche des "*ordre public*" handle.[1602] Auch das spätere UN-Kaufrecht von 1980[1603] enthält keine eigenen Vorschriften über das Sachenrecht. Es schließt vielmehr in seinem

---

1596 *Kreuzer*, Rev. cr. dr. intern. pr., 1995, n° 3, p. 499.

1597 Uncitral Yearbook XI (1990) n° 28, p. 7, 11, zitiert nach *Kreuzer*, Rev. cr. dr. intern. pr., 1995, n° 3, p. 500.

1598 *Rabel*, Das Recht des Warenkaufs I, 1936.

1599 Übereinkommen vom 01.07.1964 zur Einführung eines einheitlichen Gesetzes über den internationalen Kauf beweglicher Sachen.

1600 Etude de droit comparé par l'UNIDROIT, Vente à tempérament et à crédit d'objets mobilières corporels dans les états membres du Conseil de l'Europe, Straßbourg 1970.

1601 Etude de droit comparé par UNIDROIT, p. 250.

1602 Ebenda, p. 250.

1603 UN-Übereinkommen vom 11.04.1980 über Verträge über den internationalen Warenkauf, BGBl. 1989 II, S. 586 ff.

Art. 4 lit. b ausdrücklich die Wirkungen eines Kaufvertrages auf das Eigentum an der verkauften Ware von seinem Anwendungsbereich aus und regelt nur den Gefahrübergang (Art. 66-77).[1604] Bis heute wurde in das UN-Kaufrecht keine Regelung zum Eigentumsvorbehalt aufgenommen.[1605]

Seit einigen Jahren arbeitet UNIDROIT erneut an einer einheitlichen Regelung der "*sûretés grevant le matériel d'équipement mobile*".[1606] Die Arbeiten sind bereits weit fortgeschritten und stehen in Teilbereichen kurz vor ihrem Abschluß.[1607]

1973 erarbeitete die Europäische Kommission eine "*proposition de directive sur la reconnaissance des sûretés mobilières sans déssaisissinement et des clauses de réserve de propriété dans les ventes mobilières*".[1608] Das Projekt sah die Anerkennung des besitzlosen Pfandrechts und des Sicherungseigentums bei Eintragung in ein Spezialregister vor. Außerdem enthielt es eine materiellrechtliche Regelung des einfachen Eigentumsvorbehalts.[1609] Aufgrund der zahlreichen Probleme, die sich bei der weiteren Bearbeitung dieses Vorschlags ergaben, wurde das Projekt ab 1979 auf die Harmonisierung des materiellen Rechts auf dem Gebiet des Eigentumsvorbehalts beschränkt.[1610] Die Arbeiten zu diesem "*projet*" wurden jedoch Anfang der achtziger Jahre unterbrochen und danach bis heute nicht wieder aufgenommen.

Zur Unterbrechung der Bemühungen der Kommission hatten die Arbeiten des Europarates geführt, die 1982 zu einem "*Projet de Convention européene sur la clause de réserve de propriété simple*" führten.[1611] Aufgrund der in zahlreichen Ländern vorgenommenen Konkursrechtsreformen und vor allem wegen der von der Kommission selbst im Rahmen des Entwurfs zum EG-Konkursrechtsübereinkommen von 1980 verstärkt aufgenommenen Bemühungen zur Harmonisierung des Konkursrechts, waren die Arbeiten 1983 vorerst ausgesetzt worden und wurden bislang ebenfalls nicht wieder aufgegriffen.

1604 Erfolg hatte die UNIDROIT-Konvention vom 28.05.1988 über das internationale Finanzierungsleasing, denn diese Konvention ist am 01.05.1995 zwischen Frankreich, Italien und Nigeria in Kraft getreten.

1605 *Honsell*, Kommentar zum UN-Kaufrecht, Art. 30, Rdn. 14, m.w.N.; *Magnus*, ZEuP 1999, S. 643.

1606 *Siehr*, RabelsZ 59 (1995), S. 457; *Kreuzer*, Rev. cr. dr. intern. pr., 1995, n° 3, p. 502.

1607 Auskunft auf Nachfrage bei UNIDROIT, 28 via Panisperna, 00184 Rome, Italy.

1608 Ebenda, p. 500: Commission des Communautés Européennes, Direction Générale du Marché Intérieur, Dokument XI/466/73.

1609 *Thieme*, RabelsZ 45 (1981), S. 459.

1610 Proposition d'une directive sur les effets juridiques des clauses de réserve de propriété simples dans les ventes mobilières, Droit et affaires 1980, p. 61.

1611 *Kreuzer*, Rev. cr. dr. intern. pr., 1995, n° 3, p. 501.

Wie bereits ausgeführt[1612] beschäftigte diese Vereinheitlichung des Konkursrechts die Kommission bereits seit 1960. Die Beratungen des ersten Entwurfs von 1980 wurden bald eingestellt, da sich herausstellte, daß die Mitgliedstaaten eine derart weitgehende Universalität, wie sie in diesem Entwurf vorgesehen war, nicht verwirklichen konnten.[1613]
Deshalb erschien am 30.07.1984 ein revidierter Entwurf des EG-Konkursübereinkommens. Darin hatte sich die ad-hoc-Kommission hinsichtlich des Eigentumsvorbehalts für die international-privatrechtliche Lösung entschieden. Danach sollte für die Gültigkeit der Kaufverträge unter Eigentumsvorbehalt das Vertragsstatut gelten und für die Wirksamkeit des Eigentumsvorbehalts im Konkurs die lex rei sitae maßgeblich sein, d.h. das Recht desjenigen Vertragsstaates, in dessen Gebiet sich die Vorbehaltsache bei Konkurseröffnung befindet.[1614] Diesem Entwurf wurden jedoch die gleichen Vorbehalte entgegengebracht wie seinem Vorgänger. Es wird sogar die Ansicht vertreten, daß dieser revidierte Entwurf teilweise drastische Verschlechterungen gegenüber dem ersten aufweise und insgesamt noch weniger akzeptabel sei als der frühere Entwurf.[1615]
Im April 1990 wurde die Erarbeitung eines Konkursübereinkommens für die Mitgliedstaaten der EG erneut in Angriff genommen. Eine beim Europarat angesiedelte Arbeitsgruppe entwarf 1991 ein avant-projet, das am 25.09.1995 von den fünfzehn Mitgliedstaaten paraphiert wurde.[1616] Dieses Übereinkommen unterwirft grundsätzlich jedes Insolvenzverfahren den Regeln des Vertragsstaates, in dem es eröffnet wurde. Nur auf dem Gebiet der Mobiliarsicherheiten sollen einige Sonderregelungen gelten, nach denen die dinglichen Rechte der Gläubiger an Gegenständen jeder Art, seien es körperliche oder unkörperliche, bewegliche oder unbewegliche, von der Eröffnung des Insolvenzverfahrens unberührt bleiben.[1617] Art. 7 schränkt die Wirkungen des Insolvenzverfahrens auch bei Vereinbarung eines Eigentumsvorbehalts ausdrücklich ein.[1618] Das

---

1612 Siehe oben D.), Kapitel 4, I.) 3.).

1613 Der Entwuf war stark universalistisch geprägt: Er beruhte auf der Vorstellung einer europaweiten Anerkennung eines einzigen Konkursverfahrens und der Zentralisierung dieses Verfahrens im Staate seiner Eröffnung. Der Verwalter hatte dementsprechend grenzüberschreitende Rechte bei der Verwertung der Masse.

1614 *Drobnig*, in: Vorschläge und Gutachten zum Entwurf des EG-Konkursrechtsübereinkommens, S. 497.

1615 Ebenda, S. 497.

1616 *Strub*, EuZW 1996, S. 71.

1617 Ebenda, S. 71.

1618 Art. 7: (1.) Die Eröffnung des Insolvenzverfahrens gegen den Käufer einer Sache läßt die Rechte des Verkäufers aus einem Eigentumsvorbehalt unberührt, wenn sich diese Sache zum Zeitpunkt der Eröffnung des Verfahrens im Gebiet eines anderen

Übereinkommen umgeht damit die Probleme der mangelnden Harmonisierung der nationalen Rechte auf dem Gebiet der dinglichen Sicherheiten und der Befriedigungsreihenfolge im Insolvenzverfahren, indem es die dinglichen Rechte von den Wirkungen des ausländischen Verfahrens ausschließt.[1619] Zwar wurde das Konkursrechtsübereinkommen der EG-Staaten angesichts der Ratstagung der Justizminister vom 26.09.1995 als wichtiger Schritt hin zu einem einheitlichen Europäischen Insolvenzrecht begrüßt,[1620] eine materiellrechtliche Vereinheitlichung der Mobiliarsicherheiten auf dem Gebiet des Insolvenzrechts wurde jedoch nicht realisiert. Die Probleme, die angesichts der zahlreichen unterschiedlichen nationalen Regelungen der Mobiliarsicherheiten und des Insolvenzrechts auftreten, bleiben weiterhin ungemindert bestehen.[1621]

VI.) Fazit

Es bleibt zu hoffen, daß die Vereinheitlichung der Mobiliarsicherheiten vor allem auf konkursrechtlicher Seite im Rahmen der Gemeinschaftsgesetzgebung, etwa in Form einer Richtlinie, in Zukunft fortgesetzt wird. Denn die Mobiliarsicherheiten erfüllen ihre Funktion nur dann, wenn sie im Konkurs des Schuldners ein Vorzugsrecht gegenüber Dritten gewähren. Langfristig gehört damit vor allem der europäischen Konkursrechtsvereinheitlichung die Zukunft.

Da eine Vereinheitlichung auf dem Gebiet der dinglichen Verkäufersicherungsmittel bislang weder in materiellrechtlicher Hinsicht noch im Konkursrecht erreicht wurde, muß in der Handelspraxis nach wie vor darauf geachtet werden, daß die fallenden Grenzen innerhalb Europas nicht gleichzeitig die Rechtsangleichung in den EG-Staaten bedeuten und nach wie vor auf unterschiedliche Regelungen in anderen Rechtsordnungen Rücksicht genommen werden muß.

Vertragsstaates als dem der Verfahrenseröffnung befindet. (Bislang unveröffentlichter Text des EG-Übereinkommens).

1619 Ebenda, S. 73.

1620 Pressemitteilung der Europäischen Kommission vom 26.9.1995, Rapid, IP/95/1037.

1621 Das Übereinkommen wurde am 23. Nov. 1995 zur Ratifizierung aufgelegt und von 13 Mitgliedstaaten gezeichnet. Irland und das Vereinigte Königreich dürften in nächster Zeit unterzeichnen. Pressemitteilung der Europäischen Kommission vom 2.3.1996, Rapid, Pres/96/63.

Peter Lang · Europäischer Verlag der Wissenschaften

Verein Junger RechtshistorikerInnen Zürich (Hrsg.)

¿Rechtsgeschichte(n)? ¿Histoire(s) du droit? ¿Storia/storie del diritto? ¿Legal Histori(es)?

Europäisches Forum Junger Rechtshistorikerinnen und Rechtshistoriker Zürich 28.-30. Mai 1999

Frankfurt/M., Berlin, Bern, Bruxelles, New York, Oxford, Wien, 2000.
392 S., 3 Abb.
Rechtshistorische Reihe. Bd. 220
Verantwortlicher Herausgeber: Pio Caroni
ISBN 3-631-36490-3 · br. DM 98.–*

Das Treffen der jungen Rechtshistorikerinnen und Rechtshistoriker Europas fand 1999 erstmals an der Universität Zürich in der Schweiz statt. Der Band versammelt die an dieser Tagung gehaltenen Referate. Das thematische Spektrum reicht von der Antiken Rechtsgeschichte über die Geschichte des ius commune und der Frühen Neuzeit bis hin zur juristischen Zeitgeschichte. Zu den behandelten Ländern gehören u.a. auch Rußland, Spanien und Italien.

FSC
www.fsc.org
MIX
Papier | Fördert gute Waldnutzung
FSC® C083411

Kolibri 360 GmbH
Ferdinand-Jühlke-Straße 7
99095 Erfurt, Deutschland
produktsicherheit@kolibri360.de

Druck:
CPI Druckdienstleistungen GmbH
im Auftrag der
Kolibri 360 GmbH
Ferdinand-Jühlke-Str. 7
99095 Erfurt